教育部人文社会科学重点研究基地项目成果

现代汉语

（第二版）

主编：邢福义 汪国胜

编委：（按音序排列）

陈淑梅 冯学锋 何洪峰 卢卓群

邵则遂 孙松发 汪国胜 王求是

王群生 吴永德 熊一民 曾常年

赵和平 赵世举 郑梦娟 周建民

普通高等教育『十一五』国家级规划教材

语言学系列教材

华中师范大学出版社

新出图证(鄂)字 10 号
图书在版编目(CIP)数据

现代汉语(第二版)/邢福义,汪国胜主编. —2 版. —武汉:华中师范大学出版社,2011.5(2021.5 重印)
ISBN 978-7-5622-4871-2

Ⅰ.①现… Ⅱ.①邢…②汪… Ⅲ.①现代汉语 Ⅳ.①H109.4

中国版本图书馆 CIP 数据核字(2011)第 062210 号

现代汉语
(第二版)
© 邢福义 汪国胜 主编

责任编辑:刘晓嘉　　责任校对:伍　铭　　封面设计:新视点
编辑室:高教分社　　电话:027-67867364
出版发行:华中师范大学出版社有限责任公司
社址:湖北省武汉市珞喻路 152 号
电话:027-67861549(发行部) 027-67861321(邮购)
传真:027-67863291
网址:http://press.ccnu.edu.cn　　电子信箱:press@mail.ccnu.edu.cn
印刷:湖北新华印务有限公司　　督印:刘　敏
字数:440 千字
开本:787mm×960mm　1/16　　印张:25.5
版/印次:2021 年 5 月第 2 版第 10 次印刷
印数:45001—50000　　定价:46.00 元

目　　录

第一章 现代汉语和现行汉字

第一节 现代汉语

一 语言·汉语·现代汉语

（一）语言

语言是人类社会最重要的交际工具和思维工具，是一种符号系统。

从社会属性来看，语言是最重要的交际工具。语言是劳动的产物，它和人类社会一起诞生，并随着社会的发展而发展。与手势、旗语、图画等各种交际工具相比较，语言使用的轻便性、负载信息的无限性、表意传情的精细性，使它成为人类社会最重要的交际工具。同时，语言也是人类的思维工具，因为思维活动必须以一种物质形式为依托，最方便、最灵活的依托就是语言。没有任何依托的思维是不存在的。

语言的社会交际工具性决定了它的全民性。不论穷人还是富人，不论统治阶级还是被统治阶级，语言都一视同仁地为整个社会服务。每一个社会成员都可以利用语言传达信息，交流思想，协调行为，组织生产。语言与社会相互依存，一种语言如果离开了社会，就失去了存在的基础；一个社会如果离开了语言，就失去了发展的可能。

从自然属性来看，语言是一种符号系统。符号是事物的标记，语言符号是用声音形式标记事物或思想的。语言的各种要素和单位，形成一个有机的系统。在这个系统内，它们相互对立、相互联系、相互制约。语音、语汇、语法是语言系统的三要素，其中语法结构和基本语汇决定着一种语言的基本面貌。

语言有口语和书面语两种形式。口语是书面语的源泉，对书面语的发展起着决定性作用。书面语是口语的记录形式和加工形式，对口语的规范起着积极的促进作用。我们对书面语进一步加工和规范，就形成了标准语，即文学语言。

（二）汉语

汉语是汉民族的语言。如同汉民族的历史一样，汉语的历史也可谓源远流长。从古到今，汉语的发展大致经历了五个阶段：汉字产生以前，只有口语而没有书面语，属于原始阶段；先秦时代，属于上古汉语阶段；两汉至隋唐时代，属于中古汉语阶段；从晚唐五代开始至五四运动以前，属于近代汉语阶段；五四运动以后，随着长期言文分歧的重新统一和现代汉民族共同语的逐步形成，进入了现代汉语阶段。

任何一种语言的发展都不是突变的，而是渐进的，它是通过旧质到新质的逐渐积累、转化而实现的。同时，语言内部各要素的发展变化也是不平衡的。一般说来，语汇对社会的各种变化最为敏感，几乎处在经常的不断变化之中；语音的演变比较缓慢，通常需要经过相当长一段时间才能明显地觉察出来；而基本语汇和语法的变化则最为缓慢，是语言中最稳固的部分。汉语也不例外，其发展也呈现出渐变性和不平衡性。

在语言谱系分类上，汉语同我国境内的藏语、彝语、苗语、壮语、傣语、侗语以及境外的泰语、缅甸语、老挝语等都是亲属语言，同属汉藏语系。一般认为，汉藏语系除汉语外还有藏缅、苗瑶、壮侗（侗台）三个语族。中国是使用汉藏语系语种最多、使用人口最多的国家。

（三）现代汉语

现代汉语是现代汉民族的语言，是现代汉民族最重要的交际工具。“现代汉语”一词有广义和狭义两种理解：广义的现代汉语指现代汉民族共同语和现代汉语方言；狭义的现代汉语指现代汉民族共同语。本教材使用的是广义的现代汉语。

现代汉民族共同语是以北京语音为标准音，以北方方言为基础方言，以典范的现代白话文著作为语法规范的普通话。

广义的现代汉语包括共同语和方言。方言有社会方言和地域方言之分。社会方言是社会内部不同的性别、年龄、职业、阶层的人们在语言使用上表现出来的一些变体，是言语社团的一种标志。地域方言是社会内部某一地区的人们所使用的语言，是民族共同语的地域分支或地方变体。本教材所说的方言是指地域方言。民族共同语对方言来说是一种高级形式，从语音、语汇、语法等方面给方言的发展以积极的影响，方言的作用随着民族共同语的推广和影响的扩大而缩小。

世界上的数千种语言当中，现代汉语是使用人数最多的语言。

在国内，现代汉语不仅是占我国人口95%以上的汉族人民相互交际的工具，而且是我国各兄弟民族之间最主要的交际语言。香港、澳门回归祖国以后，普通话在两地的地位日渐提高。可以说，现代汉语对于我国各民族之间的交往和互相学习，对于国家的统一，对于促进和加强民族大团结，都有十分重要的作用。

在国际上，使用汉语的人占世界人口的四分之一。世界上其他国家和地区还有1000万华侨或华裔仍在学习和使用汉语。汉语也是新加坡、马来西亚等国使用的语言之一。1973年联合国把汉语列为六种工作语言之一。其他五种法定工作语言是：英语、法语、俄语、西班牙语、阿拉伯语。自我国进入现代化建设新时期以来，随着对外开放步伐的加快，世界各国同我国的交往越来越频繁，我国的国际影响愈来愈显著，汉语在国际上的地位日益提高，世界各国学习和研究汉语的人也日益增多。对外汉语教学成为一门新兴的语言分支学科，1993年汉语水平考试（HSK）被正式确定为国家级标准考试。

现在，在高科技领域，汉语信息处理及其自动化服务系统的研究和开发已成为世界电子技术领域的主攻方向之一。中文信息处理中的汉字键盘输入技术、汉字自动识别技术和汉语语音识别技术三方面都取得了引人注目的成果，并逐步走向广泛的实际应用，从而大大地推动了社会文明的历史进程。可以预言，随着相关的社会科学、自然科学研究的进一步开展，汉语必将在国内及国际舞台上发挥更大的作用。

二　现代汉语共同语

现代汉语共同语是现代汉民族共同用来交际的语言。在中国大陆称为普通话，在台湾称为国语，在新加坡、马来西亚称为华语。

民族共同语对方言来说是一种高级形式，它不仅从语音、语汇、语法等方面给方言的发展以一定的影响，而且还在一定程度上制约方言的发展。纵观古今中外，越是社会统一、经济发展、文化繁荣的时代，共同语的制约作用就越强，方言与共同语之间、方言与方言之间的分歧就会较快地缩小，甚至自然地消失。反之，方言就会离心发展，加大分歧，甚至成为新的独立语言。

我国是一个多民族多方言的国家，基于各民族各地区之间频繁交往的需要，1982年第六届全国人民代表大会制定的《中华人民共和国宪法》第十九条规定："国家推广全国通用的普通话。"1994年国家语言文字工作委员会、国家教委、广播电影电视部下达了《关于开展普通话水平测试工作的决定》的文件，这是促使推广普通话工作逐步走向科学化、规范化、制度化的重要举措。2001年正式实施的《中华人民共和国通用语言文字法》是我国历史上第一部语言文字的专门法律，标志着我国语言文字规范化、标准化开始走上法制化的轨道。

（一）现代汉语共同语的形成

1. 共同语的基础方言

民族共同语是在一种方言的基础上形成的。作为民族共同语基础的方言称为基础方言。比如，英吉利的共同语是在伦敦方言的基础上形成的，伦敦方言便是它的基础方言。现代汉民族共同语是近几百年来在北方方言的基础上逐步形成的，因此北方方言是现代汉民族共同语的基础方言。北方方言之所以成为现代汉民族共同语的基础方言，有着历史发展的必然性。

其一，北方方言的代表城市北京，长期以来是我国的国都所在。自公元 1153 年金迁都到中都燕京（北京）以来，上下 800 多年，北京始终是我国的政治、经济和文化中心，从而为以北京话为代表的北方方言最终上升到民族共同语的高度提供了特殊的社会背景。

其二，北方方言在汉语诸方言中分布地域最广、使用人口最多。北方方言的分布面积占全国总面积的四分之三，使用人口占说汉语人数的三分之二；并且方言内部的一致程度高，从哈尔滨到昆明，南北相距达 3000 千米，两地人通话不存在很大困难，这在世界上也是绝无仅有的。

其三，从晚唐五代以来直至明清，前后逾千年，许多重要的白话文学作品都是用北方方言或在北方方言的基础上写成的。这些作品流传到广大的非北方方言区，对非北方方言区的作家、作品也产生了重大影响。

北方方言能成为现代汉语共同语的基础方言，正是以上各种重要因素相互作用、相互影响的结果。

2. 共同语的形成过程

以北方方言为基础形成现代汉语共同语的过程，可以从书面语和口语两个方面来考察。

(1) 书面语方面：以北方方言为基础的书面语经历了一个长期的发展过程，最终成为现代汉语共同语的书面形式。

长期以来，文言文是统一的书面语言。最初，这种书面语也是建立在口语基础上的。但从两汉开始二者逐渐脱节，差异越来越大。这种状态一直延续到 20 世纪初叶。口头讲的是发展中的汉语，笔头写的则是以先秦诸子以及《左传》、《史记》等为范本的古文文体，这一状况与社会及语言的发展很不适应。

到了晚唐五代，在禅宗语录和通俗文学作品中出现了一种同口语直接相联系的书面语“白话”，这就是现代汉语共同语书面形式的主要源头。从晚唐五代的变文，到宋代的话本，乃至元代的杂剧、明清的章回小说，如明清的《水浒传》、《红楼梦》等，尽管仍带有一定的文言色彩和地方色彩，但基本上都是用以北京话为代表的北方方言写的。这些作品在北方方言区，同时也在非北方方言区的广泛流传，不仅扩大了北方方言的影响，而且促使非北方方言区的作者也用北方方言从事创作。不过，这一时期白话文还未走出通俗文学作品的圈子而成为通用的书面语。

1919 年五四运动爆发后，民族民主革命运动的高潮使白话文的发展进入了一个新的历史时期。反对文言文，提倡白话文，这一文体改革运动对汉语的发展具有划时代的意义。文言文终于被以北方方言为基础的白话文所取代，只是残存在政府公文、法律条文、报刊社论、新闻及上层社会交往应酬的书信等领域中。但当时的白话文尚未反映共同语口语的全貌，常常夹杂着不同程度的文言成分、方言成分以及滥用的欧化句式等，需要进一步改革。

20 世纪 30 年代开展的大众语运动是五四以来白话文运动的继续和发展。它既批判文言，又批判带文言腔和西洋腔的白话文，推动了白话文的大众化，促使现代白话文逐步走向成熟。中华人民共和国成立后，党和政府对汉语言文字工作给予了高度的重视，报纸、公文、法律等一律采用白话文，从而使白话文这一共同语的书面形式得到了进一步的规范和统一。

(2) 口语方面：北方方言的代表北京话在全国范围内广为传播，逐步发展成为现代汉语共同语的口语形式。

在白话文学作品流传的同时，北方方言的代表北京话作为政府的通用语也随着传播开来，并成为各方言区之间的共同交际工具。明清时代，它被称为“官话”，清末正名为“国语”。进入 20 世纪，辛亥革命、五四运动的相继发生，加速了现代汉语共同语的发展。从提倡和推行“读音统一”到“国语运动”的蓬勃开展，从注音字母、国语罗马字一直到拉丁化新文字的先后制订和推行，对共同语应有地位的进一步确立，对共同语在更广阔范围的推广，无不产生了积极的影响。中华人民共和国成立后，“国语”这一称呼在我国大陆被含义明确的“普通话”所取代，普通话在全国范围内得到了历史上前所未有的推广和普及。

在现代汉语共同语的形成过程中，口语和书面语两种存在形式相互影响，共同促进，推动着共同语向不断完善的方向发展。

3. 共同语标准的确立

1955 年召开的全国文字改革会议和现代汉语规范问题学术会议，从语音、语汇、语法三个方面确立了现代汉语共同语的标准。

（1）语音，以北京语音为标准。共同语的语音通常以基础方言的代表话的语音系统为标准。在大方言区内，语音系统并不完全一致，因此不可能以整个区域的语音为标准。而各方言区之间的语音分歧更为复杂，人为地兼采不同语音系统的音作为标准显然是不切实际的。1913 年，"读音统一会"为现代汉语共同语拟定的国音标准（后称"老国音"），以京音为主，兼顾其他方音，结果证明不可行。在现代汉语共同语的形成过程中，事实上已经形成了北京语音的标准音地位。1923 年，"国语统一筹备会"对"老国音"加以调整，采用北京语音作为国音标准（后称"新国音"）。

对于北京语音系统中的一些特殊的土音成分和异读现象，需要加以审定和取舍。1985 年，国家语言文字工作委员会、国家教委、广播电影电视部颁布的《普通话异读词审音表》，是涉及普通话异读词读音的国家标准。例如，"复杂"只读 fùzá，"比较"只读 bǐjiào，"教室"只读 jiàoshì。

（2）语汇，以北方方言语汇为基础。现代汉语共同语是在北方方言的基础上形成的，北方方言语汇自然是共同语语汇的基础和主要来源。作为共同语语汇的基础，北方方言语汇也要舍弃其某些过于土俗的成分。比如，"玉米"一词，在北方方言区就有"包米"（东北）、"棒子"（河北、山东）、"玉茭"（山西）等多种说法，这些词的使用范围太小，不能作为共同语的词语。

另一方面，共同语也要从其他方言、古语词和外来词中吸收所需要的富有表现力的词语，像"名堂、尴尬，接洽、商榷，沙发、的士"等词就已吸收进或保留在共同语中。

（3）语法，以典范的现代白话文著作为语法规范。语法规范的标准是典范的现代白话文著作。"现代白话文著作"要与早期的白话文著作相区别，无论是宋元明清的白话文，还是五四时期的白话文，都同现代白话文有明显的差别；"典范的"要与一般的相区别，"典范的"是指具有广泛代表性的，有广泛的代表性，才能在规范的发展和巩固上起决定性的作用。典范的现代白话文著作的语法规范是经过加工、提炼的规范化的文学语言，是民族共同语的高级形式，它可以把规范的标准稳固下来，便于人们遵循。

（二）现代汉语共同语的特点

现代汉语共同语同印欧语、汉藏语其他语言以及古代汉语比较，显示出其鲜明的特点。

1. 与印欧语比较所显示的特点

（1）语音方面：声调是音节的重要组成部分，具有音位价值；音节中元音占优势，没有复辅音；音节总数有限，音节简短，界限分明。

汉语是有声调的语言。每个音节都有声调，声调具有区别语素及词的语音形式从而区别意义的作用。例如，“西（xī）”、“席（xí）”、“喜（xǐ）”、“戏（xì）”四个语素的意义不同，就是靠声调的不同来区别的。印欧语普遍属于非声调语言，词的意义与音节的高低升降无关。

元音是现代汉语共同语一般音节中不可缺少的成分。一个音节至少有一个元音，最多有三个元音。相反，不一定每个音节都有辅音。辅音主要出现在音节的开头，只有少数辅音可以处在音节的末尾。汉语没有复辅音，即音节里没有两个或两个以上的辅音相连的情况。

现代汉语共同语的基本音节只有 410 个左右，加上不同的声调，一共只有 1300 多个音节。印欧语，如英语，音节的总数则大大超过汉语。

上述语音特点，使现代汉语共同语具有独特的音乐性：节奏明朗、声音悦耳、韵律和谐。

（2）语汇方面：语素以单音节为主，词以双音节占优势，构词主要采用词根复合法。

汉语语素绝大多数是单音节，这是汉语语素的基本形式。在书写形式上，一个汉字通常代表一个语素。多音节语素较少，主要用来构成联绵词、叠音词、拟声词和音译外来词，如“琵琶、猩猩、噼里啪啦、乌鲁木齐”等。

词以双音节词所占比重最大。例如《现代汉语词典》共收录了词条 5 万多个，其中双音节词约 4 万个左右，单音节词约 3 千个左右，其余为三个音节以上的词语。

构词主要采用词根复合法，其词法关系与句法关系基本相同，即语素与语素组合成词和词与词组合成短语的构造规则基本一致。与印欧语不同，词缀附加法在汉语构词法中不占主要地位。

（3）语法方面：缺乏严格意义的形态变化，以语序和虚词为主要语法手段；词类具有多功能性，与句法成分之间不存在简单对应关系；句子和短语的构造规则基本一致；有独具特色的词类和短语，句式多样化。

现代汉语共同语的词类缺乏构词形态和构形形态。构词形态的形式主要是词缀，主要附加在词根上构成新词。构形形态是指为了表达一定的语法意义而改变词的形式。除了“子、儿、头”等以外，汉语的词缀为数不多。同时，汉语也缺乏严格意义上的构形形态，即汉语的词在任何语法环境中基本上不改变词形。印欧语则不同，在构词方面有丰富的前缀和后缀；在词形变化方面，名词有性、数、格等变化，动词有时、体、态等变化，形容词有级的变化。因此，现代汉语共同语不像印欧语那样主要依靠形态变化来表示语法意义和语法关系，而是以语序和虚词作为主要的语法手段。如“计划经济”与“经济计划”的结构不同是由于语序不同造成的，“说话”与“说的话”的结构不同是由于添加了虚词而造成的。

汉语也正是由于缺乏形态，才造成了词类的多功能性。汉语有一部分词具备两类或几类词的主要语法功能，词类与句子成分之间没有一一对应的关系。比如，“星期天”在“今天星期天”中充当谓语，在“星期天下雨了”中充当主语，在“星期天的任务完成了”中又充当定语。并且，汉语句子的构造规则和短语的构造规则基本一致，都有主谓、动宾、偏正、正补、联合五种基本语法结构关系。印欧语则不同，词类的功能比较单纯，与句法成分形成比较简单的对应关系，如名词与主语和宾语对应，动词与谓语对应，形容词与定语对应。

现代汉语共同语还有十分丰富的量词，有能表达各种语气差异的语气词，还有印欧语所缺乏的主谓谓语句等句法形式。

2. 与汉藏语其他语言比较所显示的特点

汉语和汉藏语其他语言存在着亲属关系，在语音、语汇、语法各方面普遍存在着共性。大致说来，都有起区别意义作用的声调，缺乏形态变化，构词以词根复合法为主等等。但是在经历了漫长的发展演变之后，它们彼此有了相当大的差异。这种差异突出地体现在语音和语法方面。

(1) 语音方面：现代汉语共同语没有复辅音，塞音、塞擦音等辅音也没有清、浊的对立；可以做韵尾的辅音只限于 [n]、[ŋ]；元音不分长短。

与汉语不同的是，汉藏语的其他语言里，有的至今保留着复辅音，如藏语、布依语、苗语；有的塞音、塞擦音仍存在着清、浊对立，如哈尼语、水语、黎语；有的元音仍分成长、短音，如壮侗语族以及藏语、珞巴语、独龙语、勉语。

(2) 语法方面：现代汉语共同语某些句法成分在句法结构中的位置、词重叠形式的分布和表示的语法意义，与汉藏语的其他语言不尽相同。

动词与宾语、定语与中心语的位置，现代汉语共同语与藏缅语的其他语言存在差异。汉语一般采用“主语＋动词＋宾语”、“定语＋中心语”结构，而藏缅语的藏语、彝语、景颇语等普遍采用“主语＋宾语＋动词”、“中心语＋定语”结构。

汉藏语系语言都有词的重叠形式。在现代汉语共同语里，只有一部分动词、形容词和单音节量词可以重叠。动词重叠后表示尝试态或短时态，形容词重叠表示程度的加深或合适，量词重叠表示“每”的意思。而在汉藏语其他语言里，名词、代词、动词等均可以重叠。如，纳西语的动词重叠表示“相互”的意义，景颇语的名词重叠表示多数，凉山彝语的动词重叠表示疑问。

3. 与古汉语比较所显示的特点

现代汉语是古代汉语的继承和发展。但由于时代的变迁，语言的发展，二者在语音、语汇、语法等方面都存在着程度不同的差异。我们把先秦时代的古汉语拿来作比较，看现代汉语共同语的特点。

(1) 语音方面：从总体上讲，语音系统呈简化的趋势。现代汉语共同语的浊塞音、浊塞擦音和清鼻音声母消失；韵尾辅音大大减少；入声不再独立成为调类。

与现代汉语共同语不同的是，上古汉语的塞音、塞擦音不仅分送气、不送气，而且还有一套不送气的浊音，同时鼻音也分清、浊；还存在 [b]、[d]、[g]，[p]、[t]、[k]，[m]、[n]、[ŋ] 等辅音韵尾。在长期的历史演变过程中，浊塞音、浊塞擦音都已清化；可以作韵尾的辅音只限于 [n]、[ŋ]。古代汉语有平声、上声、去声、入声四个调类，现代汉语有阴平、阳平、上声、去声四个调类；古入声字在现代汉语里分别归并到阴平、阳平、上声和去声字中。

(2) 语汇方面：新生词大量产生；词的双音节化倾向很明显；词缀和类词缀有所增加，词缀附加法构成的合成词增多。

现代汉语共同语的语汇，通过增加新词语、大量吸收其他民族语言和其他来源的词语等途径，不断得到充实和扩大。如“电脑、打工仔、热水器、精神文明、汉堡包、T恤衫”等。《现代汉语新词词典》收录的1978年—1990年12年中的新词新语，将近4000条。

古代汉语单音节词占优势，在历史的演进中，伴随着音节结构的单纯化，词的双音节化趋势在现代汉语里越来越明显。古代汉语里的单音节词大多被双音节词代替，如“理——道理、理论”，“光——光亮、灯光”。新产生的词也很少出现单音节，如“电视”、“互联网”、“希望工程”。有些多音节短语被缩减为双音节词，如“高等教育——高教”、“彩色电视机——彩电”。

就词缀而言，古今汉语都比较缺乏，但现代汉语的构词词缀有所增加。由于双音节的产生，一些在古代汉语中作词根的语素，在现代汉语中逐渐虚化为词缀、类词缀，由词缀附加法构成的合成词也因此增多。例如现代汉语共同语常见的词缀，前缀有“老、阿”等，后缀有“子、儿、头”以及正处于虚化过程中的类词缀“家、员、手、化、热”等。

(3) 语法方面：现代汉语共同语的量词非常丰富；先秦时代没有的动态助词成为常用的词类；词类活用现象显著减少；代词宾语在否定句、疑问句中的位置发生了改变；句子连带成分增多，结构趋于复杂，表意更为精确。

上古汉语量词为数不多，数词通常与名词直接组合；在现代汉语中，数词一般不能直接修饰名词，而必须同量词组合。所以，量词日趋丰富，还出现了“人次”、“架次”之类的复合量词。现代汉语的动态助词“着、了、过”，先秦时代并没有，宋元以后才开始使用。

古代汉语的词类活用现象相当常见。如“友风而子雨”（《荀子·赋》）中的名词“友”、“子”用作意动，“是以君子远庖厨也”（《孟子·梁惠王上》）中的形容词“远”用作使动。这种现象在现代汉语中已不常见。

否定句中的代词宾语、疑问句中疑问代词宾语置于动词之前，是上古汉语在句法结构上的一个很突出的特点。例如，“居则曰：‘不吾知也。’”（《论语·先进》）代词宾语“吾”在动词“知”之前，“臣实不才，又谁敢怨?”（《左传·成公三年》）疑问代词宾语“谁”在动词“怨”之前。在现代汉语中，不论是否定句还是疑问句，宾语一般都放在动词之后。

现代汉语共同语的句子，特别是书面语句子，短语充当句法成分的现象很常见。附加成分明显增多，还常有多层次的定语、状语，句式有所增长，结构趋于复杂，表意也更为精密。

三　现代汉语方言

语言随着社会的产生而产生，也随着社会的发展而发展。语言在发展过程中，会出现统一与分化现象。语言的统一形成了共同语，语言的分化则形成了不同的语言或方言。古老的汉语发展到今天，既形成了汉民族共同语，又保存有各具特色的方言。

现代汉语方言是现代汉语的地域分支，也就是通行于某一地域的地方话，它具有地方性的特征。任何一种方言都是从属于共同语的，汉语的方言也从属于汉民族共同语。汉民族共同语和方言之间存在着明显的差异，方言与方言之间有的甚至不能直接通话，但汉语共同语和汉语方言有着共同的历史来源，语音上有整齐的对应规律，基本词汇和语法系统也大体相同，因此汉语方言并不是独立的语言，而是汉语的地域分支。

现代汉语方言的形成，既有外部的因素，也有内部的因素。外部因素主要是社会、历史、地理等，如社会分化、人口迁徙、山川阻隔等；内部因素主要是语音、词汇、语法诸方面在各地域发展的不平衡，与外族语言的接触等。

汉语方言的差异突出地表现在语音方面，其次是词汇方面，再次是语法方面。

汉语方言的研究一向比较注重语音，并取得了较大的成绩；在词汇方面注重于收集基本的方言词汇；语法研究近年来也受到了重视，并取得了较大的进展。

（一）现代汉语方言的分区

汉语方言比较复杂。关于汉语方言的分区，目前主要有两种意见。

1. 七区说

1955年10月，现代汉语规范问题学术会议提出，把汉语方言分为八区，即：官话、吴语、湘语、赣语、客家话、闽北话、闽南话、粤语。后来又有人把闽北话和闽南话合为闽方言，形成了“七区说”。现代汉语教材大多采用这一说法。七区的大体情况是：

官话（北方方言），是现代汉民族共同语的基础方言，以北京话为代表，又分为四个次方言：(1) 华北东北方言，分布在北京、天津、河北、河南、山东、东三省及内蒙的部分地区；(2) 西北方言，分布在山西、陕西、甘肃等省，青海、宁夏、内蒙的部分地区，新疆汉族的方言地区；(3) 西南方言，分布在四川、云南、贵州等省及湖北大部分地区，广西西北部，湖南西北角等；(4) 江淮方言，分布在安徽、江苏长江以北地区、镇江以西九江以东的长江南岸沿江一带。

吴语，以苏州话为代表。分布在上海、江苏长江以南镇江以东地区、南通的小部分、浙江大部分地区。

湘语，以长沙话为代表。分布在湖南大部分地区。

赣语，以南昌话为代表。分布在江西大部分地区。

客家话，以广东梅县（今梅州）话为代表。分布在广东、福建、台湾、江西、广西、湖南、四川等省，以粤东、闽西、赣南、桂东南地区为主。

闽语，内部分歧最大，可分为闽东、闽南、闽北、闽中、莆仙五个次方言，最重要的是闽东、闽南方言，分别以福州话和厦门话为代表。闽语分布在福建、海南大部分地区、广东潮汕地区、雷州半岛部分地区、浙江温州部分地区、台湾大多数汉民族居住区。

粤语，以广州话为代表。分布在广东中部、西南部和广西东部、南部。

客家话、闽语和粤语，还随华侨传布于海外。

2. 十区说

随着调查研究工作的全面和深入，人们对汉语方言的分区的理论认识越来越深刻，分区也就越来越精细。20世纪80年代，由中国社会科学院组织编写的《中国语言地图集》，根据前人的研究和新近的调查，提出了新的汉语方言的分区理论及新的分区意见。

在方言区的划分依据上，主要是两个标准：一是古入声字的演变，据此区分官话区和非官话区，官话方言除江淮官话外古入声字今不读入声，非官话方言古入声字今仍读入声；二是古浊音声母字的演变，据此划分九个非官话方言。

在方言分区的层级上，按五个层次来划分：大区—区—片—小片—点。

按这一理论，现代汉语方言分为十个区：

官话区　晋语区　吴语区　徽语区　赣语区

湘语区　闽语区　粤语区　平话区　客家话区

其中，官话区是大区，下面又分为八个区：

东北官话区　北京官话区　冀鲁官话区　胶辽官话区

中原官话区　兰银官话区　西南官话区　江淮官话区

相对官话而言，其他九区是非官话区。

下面介绍的就是这一分区情况。

（二）官话方言的分布和内部差异

官话是汉民族共同语的基础方言，也叫北方话或北方方言，分布在我国长江以北和西南各省区的广大地区，使用人口约占汉语总人口的三分之二强。

官话内部的一致性比较强，从南京到乌鲁木齐，从哈尔滨到昆明，都能通话。官话方音的共同特点是：

(1) 一般没有入声，例外的只有江淮官话及和其他零星地点的官话。声调多数是阴平、阳平、上声、去声四类。古入声派入平、上、去三声，全浊入声归阳平。如古入声字“织、直、只、质”，北京话分别念阴平、阳平、上声、去声。

(2) 古全浊声母字今读塞音、塞擦音时，变为清音，平声送气，仄声不送气。如古全浊平声字“桃、曹”，北京话读 [tʻ、tsʻ] 声母；古全浊仄声字“道、皂”，北京话读 [t、ts] 声母。

(3) 辅音韵尾只有 [n]、[ŋ] 两个鼻辅音。比如“三、山、生”和“湿、杀、石”的古音韵尾分别是鼻辅音 [m]、[n]、[ŋ] 和塞音 [p]、[t]、[k]。现在广州话里还是这六种辅音韵尾，如上面的字广州话读 [꜀sam]、[꜀san]、[saŋ] 和 [sɐp꜆]、[sat꜆]、[sɛk꜆]。官话方言里塞音尾消失了，[m]、[n] 尾合为 [n] 尾，保留了 [ŋ] 尾。

官话方言的内部差异主要表现在声调方面，依据古清音声母入声字的演变，把官话分为八区。

(1) 北京官话：分布在北京市及其郊县和邻近的河北、辽宁、内蒙古的部分地区以及新疆北部，分为京师、怀承、朝峰、克石四个片，包括北京市及昌平，怀柔、武清、承德、多伦，朝阳、赤峰、克什克腾，克拉玛依、石河子、布尔津等地。北京官话的语音是普通话的标准音。与其他官话的区别主要是古清声母入声字今分别归入阴平、阳平、上声、去声。如下列古清音入声字，“发、泼、黑”北京话读阴平，“节、结、折”读阳平，“铁、百、塔”读上声，“括、阔、切”读去声。

(2) 东北官话：分布在黑龙江、吉林、辽宁以及内蒙古与这三省毗邻的地区，分为吉沈、哈阜、黑松三个片，包括吉林、沈阳、延吉，哈尔滨、长春，黑河、佳木斯、齐齐哈尔等172个市县旗。东北官话与北京官话比较接近，古清音入声字今音也是分归阴平、阳平、上声、去声，主要的区别是古清音声母入声字今读上声的比北京多，如“塌、削、割”，“福、革、国”，“百、铁、脚”，“腹、粟、客”等字在哈尔滨、长春、沈阳等地都念上声。此外，东北官话大多没有 [ʐ] 声母，把北京话 [ʐ] 声母字读作零声母。如哈尔滨、长春等地读“如、人、柔、软”等于“鱼、银、油、远”。

(3) 冀鲁官话：分布在河北南部、天津市以及山东西北部地区，分为保唐、石济、沧惠三个片，包括阜平、保定、天津、唐山、昌黎、抚宁，石家庄、邢台、济南，沧州、惠民、日照等164个市县。冀鲁官话的主要特点是古清音声母入声字今读阴平，或大多读阴平。如“滴、福、百、刻”济南读 [꜀ti]、[꜀fu]、[꜀pei]、[꜀k‘ei]，都是阴平。

(4) 胶辽官话：分布在山东省的胶州半岛和辽宁省的辽东半岛，分为青州、登连、盖桓三个片，包括青岛、潍坊，文登、大连，盖县、桓仁等44个市县。胶辽官话的主要特点是古清音声母入声字今读上声。如“接、发，骨、竹，曲、脚，客、缺”等字，烟台都念上声。

(5) 中原官话：分布在河南、河北、陕西、山西、山东、江苏、安徽、甘肃、宁夏、青海、新疆等11个省区，以河南省、陕西省关中、山东省西南部为中心。分为郑曹、蔡鲁、洛徐、信蚌、汾河、关中、秦陇、陇中、南疆九个片，包括郑州、大名、临沂、淮北、睢宁，上蔡、曲阜、颍上，洛阳、成武、徐州、砀山，信阳、蚌埠，汾西、新绛、河津、灵宝，西安、宁县、泾源，汉中、陇西、固原、西宁，天水、海原、民和，库尔勒、吐鲁番、伊宁等390个市县。中原官话的主要特点是古清音声母入声字今读阴平，古次浊入声字也读阴平。比如西安话“滴、福、铁、腹”都念阴平，“鹿、木、力、密”也念阴平。

(6) 兰银官话：分布在甘肃、宁夏、新疆等地，分为金城、银吴、河西、塔密等四个片，包括兰州、榆中，银川、吴忠，酒泉、玉门，塔城、乌鲁木齐、哈密等56个市县。兰银官话的主要特点是古清音声母入声字今读去声。比如“塌、擦、杀、刷”，兰州话都念去声。

(7) 西南官话：分布在四川、云南、贵州三省及湖北、湖南、广西、陕西、甘肃、江西等省区的部分地区，分为成渝、滇西、黔北、昆贵、灌赤、鄂北、武天、岑江、黔南、湘南、桂柳、常鹤十二个片，包括成都、重庆、宜昌、汉阴、大庸，大理、维西、瑞丽，遵义、威信、怀化，昆明、贵州，灌县、赤水、泸州、内江、雅安、剑川，襄樊、十堰、随州、钟祥，武汉、天门、临湘，岑巩、台江、靖县，都匀、贵定，郴州、零陵，南宁、柳州，常德、鹤峰等 517 个市县。西南官话的主要特点是古入声字大多数地方不论清浊都读阳平。比如“接、别、铁、灭”等字，成都、昆明、武汉都读阳平。

(8) 江淮官话：分布在湖北、安徽、江苏三省长江以北沿江地带，分为洪巢、泰如、黄孝三个片，包括合肥、南京，泰州、如皋，黄冈、孝感等 108 个市县。江淮官话是官话到非官话的过渡地区，与其他官话的主要区别是古入声仍读入声。比如“接、铁、叠、灭”，扬州读［tɕie꜆］、［tʻ ieˀ꜆］、［tieˀ꜆］、［mieˀ꜆］，都是入声。

官话方言各区的古入声今调类的异同列表如下：

	北京官话	东北官话	冀鲁官话	胶辽官话	中原官话	兰银官话	西南官话	江淮官话
古清音	阴阳上去	阴阳上去	阴平	上声	阴平	去声	阳平	入声
古次浊	去声	去声	去声	去声	阴平	去声	阳平	入声
古全浊	阳平	阳平	阳平	阳平	阳平	阳平	阳平	入声

（三）非官话方言的分布和特点

非官话区除晋语外，主要分布在长江以南的东南各省区。非官话区的方言分歧较大，一致的特点是仍然保留有入声。

(1) 晋语：“晋语是指山西省及其毗连地区有入声的方言。”（《中国语言地图集》）山西省除西南部 28 个市县属中原官话、西北角广灵县属冀鲁官话外，全部属晋语。河北省西部张家口等地，河南省黄河以北地区，内蒙古自治区中部黄河以东地区，陕西省延川以北地区，均属晋语区。晋语分为并州、吕梁、上党、五台、大包、张呼、邯新、志延八个片，包括太原、文水，汾阳、佳县、兴县，长治，五台、米脂，大同、包头、榆林，张家口、呼和浩特，邯郸、新乡，志丹、延川等 175 个市县旗。晋语有入声，根据这条标准可以把晋语跟周围的官话分开。比如“发、杀、克、德”，太原读［faˀ꜆］、［saˀ꜆］、［kʻəˀ꜆］、［tieˀ꜆］，都是入声。

(2) 吴语：分布在江苏省东南部和上海市，浙江省及其毗连的赣东北、闽北地区；此外安徽南部也有14个市县穿插吴语。吴语分为太湖、台州、瓯江、婺州、处衢、宣州六个片，包括常州、苏州、上海、杭州，天台，瓯海、温州，金华，衢州、上饶，铜陵等128个市县。吴语的主要特点是，古全浊声母字今仍读浊音。比如“稻—到”、“技—寄”两组字，上海读［dɔ⊇］—［tɔ⊃］、［dʑi⊇］—［tɕi⊃］，声母清浊不同：“稻、技”是浊声母字，“到、寄”是清声母字。

(3) 徽语：分布于新安江流域的旧徽州府，浙江的旧严州府，以及江西的德兴、旧浮梁县等地，位于整个皖南地区南部。徽语分为绩歙、休黟、祁德、严州、旌占五个片，包括绩溪、歙县，休宁、黟县、婺源，祁门、景德镇，淳安，旌德等16个市县。徽语的主要特点是，古全浊声母字今读塞音、塞擦音时，大多读送气清音，近似赣语，如“步”字休宁读［p‘u⊇］，“共”字绩溪读［k‘uã⊇］；带鼻音韵尾的字比较少，近似浙南吴语，如“塞”字歙县读［⊆hɛ］，“线”字绩溪读［sɛ̃i⊃］。

(4) 赣语：主要分布在赣江中下游和抚河流域及鄱阳湖地区，以及湖南东部、西南部，湖北东南部，安徽南部，福建西北部。赣语分为昌靖、宜浏、吉茶、抚广、鹰弋、大通、耒资、洞绥、怀岳九个片，包括南昌、靖安、平江，宜春、浏阳，吉安、茶陵，抚州、广昌、建宁，鹰潭、弋阳，大冶、通城、岳阳，耒阳、资兴，洞口、绥宁，怀宁、岳西等101个市县。赣语的主要特点是，古全浊声母字今读塞音、塞擦音时，读为送气清音。如“头、大，茶、坐”字，南昌读［t‘ɛu］、［t‘ai］，［ts‘a］、［ts‘o］，都是送气音。

(5) 湘语：主要分布在湖南的湘水、资水、沅水流域以及广西的全州、兴安、灌阳和资源。湘语分为长益、娄邵、吉溆三个片，包括长沙、益阳、衡阳，娄底、邵阳、全州，吉首、溆浦等61个市县。湘语的主要特点是，古全浊声母字今读塞音、塞擦音时，读为不送气清音。如“爬、桥”字，长沙读［⊆pa］、［⊆tɕiau］；老湘语平声大多读浊音，仄声读不送气清音，如“铜、茶”，“病、坐”，吉首读［⊆doŋ］、［⊆dza］，［pin⊇］、［tso⊇］。此外“东”读如“登”，如长沙“董、农、忠”念［ᶜtən］、［⊆lən］、［⊂tsən］，等于“等、能、蒸”。

(6) 闽语：分布在福建、台湾、海南大部地区、广东东部雷州半岛；此外，广西、浙江南部、安徽南部、江苏南部、江西东北部也都有闽语。《中国语言地图集》把闽语看作大区，下分为七区：闽南区、莆仙区、闽东区、闽北区、闽中区、琼文区、邵将区；包括厦门、台北、潮州，莆田、仙游，福州、福安，建瓯，三明，海口、文昌、万宁、崖县、东方，邵武、将乐等111个县市。闽语的主要特点是古全浊音声母字今读塞音、塞擦音时，今多数读不送气清音，少数读送气清音，“猪、张、池、陈”等字读［t］声母；如“猪”字，厦门读［꜀tu］（文）、［꜀ti］（白），福州读［꜀ty］；“池”字，厦门读［꜁ti］，福州读［꜁tie］。

（7）粤语：当地人叫“白话”，分布在广东、广西，以珠江三角洲为中心；此外，香港、澳门以及东南亚、北美洲、澳大利亚、新西兰的华侨大多也说粤语。粤语分为广府、四邑、高阳、勾漏、吴化、邕浔、钦廉等七个片，包括广州、深圳、珠海、韶关、梧州，鹤山，高州、阳江，四会、玉林，吴川、化州，南宁、柳州、邕宁，钦州、北海等88个县市。粤语的主要特点是，古全浊音声母字今读塞音、塞擦音时，大多今逢阳平阳上读送气清音，逢阳去阳入读不送气清音。此外，塞擦音声母各地都只有一套，一般只有［ts、ts‘］或［tʃ、tʃ‘］，没有［tʂ、tʂ‘］或［tɕ、tɕ‘］，如“猪、在，蚕、床，街、桥”，广州读［꜀tʃy］、［tʃ‘ɔi꜄］，［꜁tʃam］、［꜁tʃ‘ɔŋ］，［꜀kai］、［꜁k‘iu］；多数地区有以［œ］为主要元音的一套韵母，如广州的“朵”［꜂tœ］、“虚”［꜀hœy］、“津”［꜀tsœn］、“香”［꜀hœːŋ］、“略”［lœːk꜆］。

（8）平话：广西中部地区的汉语方言，分布在桂林、柳州、南宁之间交通要道附近。平话分为两片，从桂林以北的灵川向南，沿铁路到南宁形成主轴线，柳州以下为桂南平话，鹿寨以上为桂北平话；包括融水、融安、百色、龙州、横县，阳朔、平乐、钟山、富川、贺县等地。平话的主要特点是，古全浊声母字今读塞音、塞擦音时，一般都是不送气清音，比如“途、度，渠、巨”，南宁亭子平话念［꜁tu］、［tu꜅］，［꜁ty］、［ty꜅］；又如“桃、求”，三街平话念［꜁tau］、［꜁tɕiou］，九屋平话念［꜁tɤ］、［꜁kiaɯ］。

（9）客家话：分布于广东、广西、福建、台湾、江西、湖南、四川等七省区，主要集中在广东东部、中部，福建西部和江西南部地区。分布比较集中的客家话可以分为粤台、粤中、粤北、惠州、汀州、宁龙、于桂、铜鼓八个片，包括梅县、新竹、高雄、兴宁、惠阳、韶关，和平，惠州，英德，长汀，宁都、龙南，于都、桂东，铜鼓、浏阳等200多个县市。客家话古全浊声母字今读塞音、塞擦音时，读送气清音，如“鼻、倍、病、白，穷、件、坐、直”，梅县读［p‘i꜄］、［p‘ɔi꜄］、［p‘iaŋ꜄］、［p‘ak꜇］，［꜁k‘iuŋ］、［k‘ian꜄］、［꜂ts‘o］、［ts‘ət꜇］，这一点与赣语相似；但客家话“渠、辫、笨、队、赠、铡”等字多数读不送气清音，与赣语不同，如“辫、笨”梅县读［꜀piɛn］、［pun꜄］，南昌读［p‘iɛn꜅］、［p‘un꜅］。部分古全浊上声字与次浊上声字都有读阴平的，如“马、冷，弟、柱”，梅县读［꜀ma］、［꜀laŋ］，［꜀t‘ai］、［꜀ts‘u］，这是客家话区别于其他方言的主要特点。

上述的方言分区代表了目前汉语方言研究的最新成果。但是汉语方言十分复杂，这种复杂性的外部表现是，同一个区域内，不同的方言穿插交错分布，形成同省同县乃至同乡而方言不同的局面；内部表现是，同一方言内部分歧较大，不但可以划分出方言片，还可以划分出小片，甚至方言点。比如广东省分布有粤语、客家语、闽语和韶州土话四种方言。其中客家话可以分为粤台片、粤中片、粤北片、惠州片四个片；粤台片又可以分为嘉应小片、兴华小片、新惠小片、韶南小片四个小片；嘉应小片分布在梅县、蕉岭、平远等三个县市以及台湾的苗栗、桃园、新竹三个县与屏东、高雄的部分地区。

对汉语方言的这种分区，汉语方言学界有些争议，主要是有的学者对晋语与平话独立设为一区有不同的看法。

检测与思辨

一、语言作为人类最重要的交际工具，具有哪些特点？

二、什么是现代汉民族共同语？试对汉语的历史、现状及未来作简要说明。

三、通过与你所学的一门外语作比较，概述现代汉民族共同语的主要特点。

四、共同语和方言是一种什么关系？

五、《中国语言地图集》划分现代汉语方言的标准是什么？现代汉语方言分为哪十区？官话大区包括哪八区？

六、请在下表空格里填写各城市所属方言区的名称。

西安		兰州		乌鲁木齐	
大连		柳州		呼和浩特	
南京		黄山		福州	
梅县		台北		南宁	
南昌		衡阳		济南	
西宁		深圳		张家口	
郑州		成都		哈尔滨	
杭州		厦门		石河子	

七、指出你的家乡话所属的方言区，说说你的家乡话与普通话相比较的主要特点。

第二节　现行汉字

一　汉字概说

汉字是世界上起源很早的文字之一。现行汉字是由古汉字演变而来的，是对古代汉字的继承和发展。

（一）汉字的性质

文字是记录语言的符号系统。几万年前，产生了语言；数千年前，产生了文字，这是人类社会进化到文明时代的重要标志。远古的人们采用实物记事和图画记事，后来一定的图形跟一定的语言单位相结合并且固定下来，产生了真正的文字。文字具有储存、传播信息等重要功能，它帮助语言突破时空的限制，使有声语言可以传于异地，留于异时，扩大它的社会功能。

汉字是记录汉语的书写符号系统，是世界上最古老的文字之一。

在商代后期（公元前 14 世纪—前 11 世纪）汉字已是一个发展成熟的符号体系了。从那个时期的卜辞（甲骨文）和铜器铭文（金文）资料来看，汉字已能记录当时的汉语，体系完整而且意义明确，它已经经历了一个相当长的发展时期。西安半坡遗址出土的陶器和陶片上刻画的几何形符号，山东泰安大汶口发现的象形符号，很可能就是汉字的前身。可以假定，汉字产生于商朝初年甚至夏朝末年，大约公元前 17 世纪。

世界上独立形成的古老的文字体系主要有：古埃及的圣书字、古美索不达米西的楔形字、中美洲的玛雅文和我国的汉字。汉字是惟一到今天还在使用的自源文字，其他三种文字体系都已消亡。

世界上的文字可以分为三类：一类是音素文字，一个字母代表一个音素，如英文、俄文；一类是音节文字，一个字母代表一个音节，即辅音和元音的结合体，如日文；一类是语素文字，它的单位是字，字是有意义的，汉字是这类文字的代表。汉字的形和它所表示的语素的音和义紧密结合在一起，形成了一个形音义的统一体。汉语语素大多数是单音的，如“天、地、水、火、的、着”；但也有一些多音的，如联绵词“犹豫、彷徨”，叠音词“淙淙、洋洋”，译音词“沙发、坦克、迪斯科”等。记录多音语素的每个汉字，如“犹、徨、淙”只有形体和读音，而没有意义，因而不是形音义的统一体。不过这样的字数量不多，不反映汉字的本质，不影响汉字是语素文字的性质。

从文字的发展史看，有表形文字、表意文字和表音文字。汉字是表意体系的文字，但汉字有大量的形声字，既有意符又有音符，又可以称作意音文字。

汉字造字法可以归为两类：一类是不带表音成分的象形、指事、会意，一类是带表音成分的形声。象形是描摹事物的形体，如“人、心、子、山、羊”。指事是用象征性符号或在象形符号的基础上加提示性符号来表示无法模拟的客观事物或抽象概念，如“上、下、刃、本、叉、甘”。会意是用两个或两个以上的字作为意符结合起来表示一个新的意义。如“涉”表示徒步在水中淌过；“林”用两株树代表树林；“森”用三株树表示林木繁茂的森林。形声是用表示意义类属的字作形符，再取一个读音相同或相近的字作声符，如“经、招、箕”。

随着汉字的发展，其字形、字音、字义都在发生变化。进入到今文字阶段后，象形字已经不象形，如“日”；指事字指义也不明确了，如“寸”；形声字中相当一部分声旁已失去表音功能，如“江”的声旁“工”。有的简化字已破坏了原来的造字理据，如“趙”简化为“赵”，“㐅”就变成了一个记号，它既不表形，也不表音。有的字就成了只有区别意义作用的符号。

（二）汉字的特点

汉字的特点指的是汉字与其他文字（主要是拼音文字）的不同之点。

第一，汉字与汉语相适应。汉语是以单音节语素为主的，汉字就用一个符号表示一个音节。汉语是非形态语言，不用音素来表示形态变化。印欧语有形态变化，它主要用音素来表示，反映到文字上就是要用字母来表示。如英语名词的复数一般是在单数形式的后面加-s，如 book（单）-books（复）。这种变化用字母表示十分方便，如果用单音节的汉字来表示就很困难。这样，汉字跟汉语之间有很强的适应性，这是汉字富有生命力的根本原因。

第二，汉字是形音义的统一体。一个汉字代表汉语里的一个语素，把字形、字音、字义集合在一起，便于独立使用。汉字有形，即使音同，但字形不同，便于区别同音字；汉字有义，它的形体负载着较多的文化因素。

第三，汉字有一定的超时空性。就时间来说，古今汉语语音发生了很大的变化，但是汉字形体变化要小得多。汉字使得中华民族的悠久文化得以保存和传播，在推动中国历史和中国文化的发展中起到了积极的作用。就空间来说，同一汉字在不同的方言区可能有不同的读音，但不同方言区的人对同一个汉字的字义理解却是相同的。不同方言区的人，要是不说普通话，彼此又不懂对方的方言，就很难用语言沟通，可是用文字交流并没有困难，可以阅读同一份报纸。汉字的这种超方言性对维持华夏民族的统一，对推动华夏文明的发展，起到了积极的作用。

第四，汉字数量多，字形结构复杂。汉字记录的是汉语中的语素，汉语语素的数量很多，所以汉字的数量也非常多。如果计算历代积累的总字数，有五六万以上。现代汉语的通用字就有 7000 字，而拼音文字的字母一般只有几十个，比汉字少得多。从形体上说，汉字的点和线构成笔画，笔画组合为部件，部件再组合为单字。笔画的变化形式和部件的种类都很多，笔画的组合方式和部件的组合方式也不少，这样就形成了汉字形体结构复杂多变的特点。

第五，汉字用于国际交流比较困难。使用拉丁字母的国家，进行文字交流十分方便，科技术语和人名地名可以转写，而汉字的国际流通性比较弱，翻译费时费力，跟不上科技发展的步伐。

汉字具有贯通古今、沟通四方的功能，为中华民族的发展作出了重要贡献。在历史上，曾被朝鲜、日本、越南等邻国借用，形成超越国界的汉字文化圈，对上述国家的文化发展作出了贡献。但汉字也有费时费力、滞后于时代发展的缺点。我们要充分发扬汉字的优点，同时要设法弥补汉字的缺陷，使汉字适应现代化的进程。

二　现行汉字的形体和构造

现行汉字是记录现代汉语的书写符号系统。自古至今，汉字在不断增加。东汉许慎《说文解字》收字 9353 字，另有异体字 1163 字，合计 10516 字；宋代陈彭年等著的《广韵》，收字 26194 字；清代张玉书等著的《康熙字典》收字 47043 字；当代徐中舒主编的《汉语大字典》收字 54678 字，但并不反映现在使用汉字的实际，它是历代积累起来的总字数。日常使用的汉字并不太多。1988 年公布的《现代汉语通用字表》收汉语通用字 7000 字，其中包括《现代汉语常用字表》的 3500 字。根据现代白话文著作所用字数统计，现代汉语的常用字大约有 3000 多，其中最常用字有 2000 多。

下面联系汉字的历史，从形体和结构两个方面讨论现行汉字。

（一）汉字的形体

商代晚期的甲骨文就已经是发展相当成熟的意音文字系统。三千多年来，汉字在不断发展和演进。具体表现在三个方面：(1) 表形字的消亡，也就是图画性逐渐消失，符号性逐渐增强。(2) 形声字的增加。在甲骨文中，形声字大约占 15%，现代汉字中的形声字，已达 90%。(3) 假借字的减少。甲骨文中有大量的假借字，后来逐渐被形声字所代替。

汉字在几千年的历史演变中，出现过甲骨文、金文、籀文、小篆、隶书、楷书、草书、行书等多种字体。前四种属于古文字，后四种属于今文字。

1. 甲骨文

甲骨文是刻在龟甲兽骨上的文字，又叫“卜辞文字”、“契文”或“殷墟文字”，内容多为占卜的记录，为公元前14世纪到11世纪间殷商时期的文字。甲骨文是现在能见到的最早的数量最多而又成系统的古汉字，既反映了汉字的原始性，又反映了汉字的成熟性。它有大量的象形字，不少字保存了造字的原意，形体结构还没有完全定型，大量使用了假借字，形声字已出现，约占15%。

2. 金文

金文是铸刻在青铜器上的文字，又叫“钟鼎文”、“彝器铭文”或“吉金文字”。主要指西周时期青铜器上的文字。金文和甲骨文字体系一脉相承，但也有差异。由于金文是浇铸而成的，笔画肥大而圆转，字形粗壮丰满。有些字的写法比甲骨文更原始，所画物象非常逼真。结构也没有定型化，异体字仍然很多，笔画变化多端，装饰意味浓厚。

3. 籀文

籀文又称“大篆”，是春秋战国时期通行于秦国的文字，因著录于《史籀篇》而得名，现在还能见到《说文解字》据《史籀篇》收录的籀文223字。陕西宝鸡出土的唐初鼓形刻石上的文字“石鼓文”，上面刻有四言古诗，内容为歌咏田猎之事，形体同《说文解字》所收的籀文很相似。大篆的主要特点是笔画趋于线条化，结构趋于整齐，不像殷周文字那样接近图画形体，这为汉字方块化打下了初步基础。

4. 小篆

小篆是大篆的对称，也叫秦篆，是秦始皇统一六国后采用的标准字体，是在大篆的基础上发展而来的。小篆同大篆的区别在于字式的简化：一是去繁复，二是趋简易。小篆的主要特点是书写线条化，文字符号化，形体统一化，结构定型化。小篆的产生，为汉字的隶变准备了条件。

5. 隶书

隶书产生于秦，是在战国时代秦国文字简俗字的基础上形成的。隶书是下级人员（隶人）用于日常书写的辅助字体。秦隶发展到汉代更加趋于简单易写，从而形成汉隶，是汉代通行的正式字体。汉隶又叫今隶，与之相对的秦隶又称为古隶。隶书在汉字发展史上占有重要地位，它是古汉字演变为现代汉字的转折点。隶书改造了篆书的偏旁，打破了篆书的形体结构，字形转为扁平，笔画进一步简化，变曲线为方折，变弧形为直线，后来又逐渐有了波磔和挑法。隶书使汉字进一步变成纯粹符号性质的文字，大大降低了汉字的繁难程度，奠定了楷书的基础。

6. 楷书

楷书又称“真书”“正书”，“楷书”就是端端正正可做楷模的字体。它产生于汉末，由隶书楷化而成，魏晋南北朝已很通行，并一直沿用至今，成为历代书写、印刷的标准。它的特点是波磔笔法被取消，笔画更加平直，字形方正，也更加简化，易于书写。

7. 草书

汉代的草书，是草率的隶书，是与汉隶平行的一种字体。后经文人加工，流行于汉章帝时代的草书，称为章草。其特点是使用部分联绵笔画，字与字不相牵连，仍带隶书笔法，有明显隶书形迹。今草成熟于东晋，特点是打破隶书偏旁和结构，一字通常“一笔而成，偶有不连而血脉不断”，上下字往往牵连相通，书写简易快速，但不易辨识。唐代出现了以张旭、怀素为代表的狂草，往往偏旁混同，任意连写，变化多端，极难辨认，只能作为书法艺术欣赏，使用价值不大。

8. 行书

行书产生于东汉，由隶书写法简化而来，是介于草书与正体字之间的一种流畅的手写体。近于楷书而不拘谨，近于今草而不放纵，笔画虽联绵但各字独立，清晰易认。这种字体最为实用，从晋朝到现在，一般手写都用行书。

现行汉字的字体从使用手段上分为印刷体和手写体。手写体汉字主要用楷书、行书，有时也运用草书、各类艺术字体及其他字体。印刷体仍以楷书为范式，采用楷书和楷书的印刷变体，常用的有古宋体、仿宋体、大宋体和黑体。

古宋体也称老宋体、宋体、普通体，起于明代中叶。它的特点是横细竖粗，结构严谨端正，适用于一般报刊、图书中的正文和注释。

仿宋体，又称真宋体，比较接近宋代印刷体，是仿宋版本所用的形体。笔画均匀细腻，字迹秀丽，讲究顿笔，常用来排印古书和杂志的正文。

大宋体，又称楷体、活体，是用于印刷的楷书字体，字形端庄自然，适用于通俗读物、儿童读物、小学课本等。

黑体，又称方头体、粗体、黑头字。它粗壮醒目，使用粗笔画，撇、捺等笔画都不带尖。用于文章大小标题以及文章中需要重点突出的内容。

上述四种字体现在一般通称为宋体、仿宋体、楷体、黑体。

（二）汉字的构造

汉字的构造包括构造原理和结构系统。

1. 构造原理

汉字是成熟的文字，采用的构字方法主要是表意和表音，所以又叫意音文字。汉字的理据性主要表现为用意符（又称形旁、形符）来表意，用音符（又称声旁、声符）来表音。

现行汉字是对古代汉字的继承和发展。从构造上考察，古今汉字的不同集中表现在汉字发展的形声化趋势上。甲骨文、金文以不带表音成分的构造方式为主，往后形声字逐渐增多，在《说文解字》中上升到80%左右，现行汉字中形声字比例已达90%，是形声字占绝对优势的文字体系。形声字的音符跟所记录的语素的读音相联系，因而比没有表音成分的象形字、指事字、会意字优越得多。同一意符加上不同的音符就可以造出意义相关而读音不同的一大批字；反过来，同一音符加上不同的意符也可以造出一大批读音相同或相关的一组字。它具有很高的能产性，近代出现的一些新字，绝大多数是用形声造字法造出来的，如“炸、烤、煨、氧、氙、胺、噻、吨、咖、啦、嗨”等。

由于古今字音的演变，相当一部分形声字的声旁已丧失表音功能，如“诣、颁、都、垩、技、溉”并不分别念“旨、分、者、亚、支、既”。由于古今字义的演变，一些形声字的形旁也失去了表意作用。如“荤”，本义是臭菜，即有浓厚气味的蔬菜（葱、蒜、韭），自“荤”表示鸡鸭鱼肉等食物后，草头的表意作用就不准确了。又如“特”，本义是公牛，所以用“牛”作形旁，自“特”表示与众不同的意义后，“牛”就没有表意作用了。但是，也不能全盘否定形声字的形旁、声旁在现行汉字中的作用。尚有部分形声字，形旁仍能显示字义的类属，有助于理解和掌握字义，避免写错别字；也还有一定数量的形声字，声旁仍有表音作用，能提供字音信息，有助于识字教学。

现行汉字，还包括用来取代繁体字的简化字。简化字的简化方法有以下几种：

1）保留原字轮廓，如：齐（齊）、奋（奮）、虑（慮）；

2）保留原字特征部分，如：号（號）、云（雲）、丽（麗）；

3）更换原字偏旁，如：洁（潔）、劝（勸）、轰（轟）；

4）另造新形声字，如：惊（驚）、板（闆）、护（護）；

5）另造新会意字，如：灶（竈）、体（體）、笔（筆）；

6）草书楷化，如：长（長）、专（專）、为（爲）；

7）同音代替，如：谷（穀）、后（後）、几（幾）；

8）采用古体，如：从（從）、网（網）、尘（塵）。

现行汉字中，有些字的造字法跟传统的“六书”不一致。如“甭”，采用的是切音合义造字法，“甭”（béng）从字音上看是“不”和“用”的切音，字义是“不用”，字形是“不”和“用”的合形。又如“浬”，采用的是合音合义造字法，“乒”“乓”采用的是省形造字法。这些字虽然不多，但也反映了汉字造字法的新发展。

2. 结构系统

(1) 构形单位。

汉字最小的构形单位是笔画。笔画指构成汉字字形的各种形状的点和线。在书写过程中，从落笔到起笔所构成的点和线就是一个笔画。现行汉字的笔画系统以五种基本笔画为基础构成，它们是横、竖、撇、点、折。前四种是单一笔画，后一种是复合笔画。复合笔画是由两种以上基本笔画的连接构成的笔画。书写时笔画的方向有所变化的是派生笔画，主要指各种各样的折笔，可以分出 30 多种。注意掌握各种笔画的特点，如笔画的细微变化、正确计算汉字笔画数以及笔画的组合关系，有助于正确书写汉字和提高汉字的书写水平。

为准确和美观地书写汉字，书写时还必须注意多个笔画组合时的书写顺序，即要注意笔顺。笔顺指写字时的笔画顺序。笔顺有一定的规则，基本规则是：先横后竖，先撇后捺，先上后下，先左后右，先外后内，先中间后两边，先进去后关门。有少数字的笔顺，往往不止一种写法，取舍的标准是《现代汉语通用字笔顺规范》，它列出了7000个通用汉字的笔顺。

笔画有三种组合方式：

1）相离，如：二八三川小氵；

2）相接，如：匕厂丁上口正；

3）相交，如：十九力丈丰车。

汉字的基本结构单位是构字部件。部件是由笔画组成的具有组配汉字功能的构字单位。从构成汉字的三个结构层次说，部件介于笔画和整字之间，它大于或等于笔画，小于或等于整字。部件是由笔画组成的，所以它大于笔画，如部件“人”有两笔，“天”有四笔，“每”有七笔。有时单笔画在构字时具有独立性，在整字中占有重要位置，这样的单笔画也是部件，如“一”和“乙”，它们既是部件也是单笔画，这样的部件就等于笔画；处于分离状态的横、竖、撇、折、点等单笔画，也可以构成部件，如“丽”的“一”与“勺”的“、”。部件要小于整字，如“如”有两个部件，“碧”有三个部件。但有的整字只有一个部件，在这样的字里面，部件等于整字，如“手、口、羊、人”等。

传统文字学对汉字字形的分析采用的是偏旁分析法，即用偏旁来分析合体字的构成。偏旁跟部件一样，都是介于笔画和整字之间的构字单位，两者有一致的地方，如“河、株、李、研”等字的两个部分既是偏旁，也是部件。但两者并不完全相等。偏旁是对会意字、形声字中表意和表音成分的分析；而部件是对现代汉字内部结构系统分析的结果，部件可以表意、表音，也可以不表意，不表音。如“想”从偏旁来看，只有“相”和“心”两个偏旁；而从部件分析来看，则有“木、目、心”三个部件，“木”和“目”作为部件，在“想”字中，既不表音，也不表意，只是构字的单位。部件可大可小，是有级别的，而偏旁是固定的。

在汉字分析中还经常使用“部首”这一概念。部首是具有字形归类作用的偏旁，是专为汉字分类检索而设立的部目，即字书、字典、词典中各部的首字，如字典可以把从“木”的编为一部，“木”就是该部的部首。字典中大部分部首都是由汉字中有表意作用的偏旁充当的，如“口”、“巾”、“戈”、“火”、“户”、“耳”、“鱼”、“鬼”、“鼠”等。不过，部首不等于部件。有些部首还可以再分为几个部件，如“鼠”、“黑”、“麻”等还可以分出两个或两个以上的基础部件。现代辞书也以起笔笔形的笔画作为部首，如“干”、“于”、“丈”、“不”、“亚”等独体字都以“一”（横）作为部首。现代部首可以是意符，也可以是某些笔画。

(2) 构形方式。

现行汉字的构形方式有单部件成形与多部件组合两类，以多部件组合为主。

由一个部件构成的字是独体字，由两个或两个以上末级部件构成的字是合体字。独体字来自象形字、指事字；合体字来自会意字、形声字，占现行汉字的90%以上。多部件组合的合体字，其基本结构类型有三种：左右结构、上下结构、包围结构。现行汉字以左右结构为主，约占总数的67%。具体说来，合体字结构有12种：

1) 左右结构：材把保豹粘朝伤研；

2) 左中右结构：衡斑掰辩衢惭滩锹；

3) 上下结构：笔星是骂类药姜想；

4) 上中下结构：葺曼莹喜膏哀率器；

5) 全包围结构：固园因囿回困国囚；

6) 上三包围结构：问向同用甩风凤；

7）下三包围结构：凶画击函幽凼；

8）左三包围结构：匡匣匿叵匠臣；

9）左上包围结构：厄压病屎居屡；

10）左下包围结构：这延翘毽勉适；

11）右上包围结构：旬习司氧甸匀；

12）右下包围结构：斗头。

实际上，合体字的结构关系还不止以上 12 种，如“巫”、“爽”、“噩”、“乖”也可称作框架关系或对称关系。汉字往往由多个部件组成，每个部件的复杂程度以及所占空间不完全相同，多个部件在构字时又要做到结构匀称合理，整字美观大方。

由最小的构形单位“笔画”，构成基本结构单位“部件”，由部件构成文字的运用单位“字”，汉字就是这样一种层级装置。从有限的笔画，到数百个基本构件，组成数千个现在通用的汉字，形成现行汉字的文字体系。

三　现行汉字的规范化和现代化

（一）汉字的规范化和标准化

传统汉字存在的主要问题是繁与乱。繁是笔画繁多，乱是异体纷呈，读音歧异，给汉字的学习和运用带来了不便。随着信息时代的到来，社会对汉字提出了更多更高的要求。整理现行汉字，制定各项有关标准，促进现行汉字的规范化、标准化，是当前文字工作的一项主要任务。具体内容和要求是：定量、定形、定音、定序，即通过科学、系统、全面的整理，使现行汉字字数有定量，书写有定型，认读有定音，排检有定序。

1. 定量

定量即确定现代汉语用字的使用总量。甲骨文时代汉字只有几千个，经过三千多年的发展演变，汉字积累了相当大的字量。《汉语大字典》收字 54678 个，《中华字海》收字 87019 个，在这些字中，有许多是异体字、繁体字，也有许多是历史上曾经使用过，而现代书面语中已经基本不用的“死”字。今天已经不用的废字应当排除，分歧旁出的异体字应当通过整理决定取舍。现行汉字的常用字、通用字、人名地名专用字等的字数都应在科学分析统计基础上加以确定。

为了适应语文教学、辞书编纂以及汉字机械处理和信息处理等方面的需要，1988 年 1 月，国家语言文字工作委员会、国家教育委员会发布了《现代汉语常用字表》，共收常用汉字 3500 个，被分为两级，其中一级常用字 2500 个，二级次常用字 1000 个，这些字都具有常用性、能产性、稳定性、简易性等特点。1988 年 5 月，国家语委和新闻出版署发布《现代汉语通用字表》，确定了通用汉字 7000 个，包括了《现代汉语常用字表》的字。这些字使用频率较高，构词能力较强，学科分布较广，日常生活使用度较高，这与 1992 年公布的《现代汉语字频统计表》（收字 7754 个）的结果基本一致。从贯彻实行《中华人民共和国国家通用语言文字法》的需要说，我们还要有《规范汉字表》，或者是《现代汉语用字全表》。此外还要有各种专门用字表和各种专业用字表。

2. 定形

定形即规定现代汉语用字的标准字形。无论印刷体、手写体都要有明确的字形标准，要把一字多形、多形随意使用改为一字一形，消除异体。标准字形既要考虑汉字字形的继承性，又要考虑实际使用中的简便快捷、易学易用。

从汉字整理的历史来看，过去的汉字整理研究也非常注重对字形的整理和规范，并取得了相当大的成效。《简化字总表》、《印刷通用汉字字形表》、《第一批异体字整理表》、《现代汉语常用字表》、《现代汉语通用字表》等文献的发布，基本上确立了现代汉字的标准形体。通过简化和整理而确立起来的汉字正字法，已经被我国人民所接受，发挥着积极的作用。大规模的简化和整理已经告一段落，但细微的调整是不可避免的，事实上也在不停地进行着。

3. 定音

定音即规定现代汉语用字的标准读音。标准读音是北京语音，需要定音的主要是异读字的读音。要对异读字加以审定，消除异读现象，要做到每个现行汉字都有明确规定的普通话读音。

过去在异读词整理方面已经取得了一定的成绩，普通话审音委员会于 1957 年到 1962 年分三次发表了《普通话异读词审音表初表》的正编、续编和第三编。1963 年辑成《普通异读词三次审音总表初稿》，共计审音 1800 多条。1982 年以后，审音委员会以符合普通话语音发展规律为原则，以便利广大群众学习普通话为着眼点，采取约定俗成、承认现实的态度，对异读词进行了重新审定，经国家语言文字工作委员会和广播电影电视部审核，于 1985 年公布了《普通话异读词审音表》，以此作为教育、出版、广播以及其他部门、行业在涉及普通话异读词时的读音、标音的依据。

4. 定序

定序即规定现代汉语用字的排列顺序。字典、词典的编写，各类索引的编排，各类资料、卡片的储存，查字和资料检索，计算机字库的编制，都需要汉字有合理的稳定的排列顺序，以便于汉字的查检。汉字的定序工作，主要指规定标准的汉字查字法。

为了适应不同的使用需要，可以有不同的排列法和检索法，如音序排检法、笔画笔形排检法、部首排检法、四角号码排检法等。

音序法是按照字音来排列汉字的顺序。当代的字典、词典，如《新华字典》、《现代汉语词典》以及《简化字总表》等都是按汉语拼音方案字母表的拉丁字母顺序来排列汉字的。如果想查的字不会念，不知道读音，就无法查检了。

笔画笔形法是根据笔画数和笔形的顺序来排列汉字。遇到同笔画数、同笔形顺序的字，不同的字典或文献在排列顺序上就可能有分歧。

部首法是按照部首来编排汉字。如《说文解字》是把具有相同表义偏旁的字汇集在一起，建立一个“部”，每个部就用那个相同的偏旁作代表，放在一部之首，这个字就叫部首。后来，不同字典、词典确立部首的数目很不统一，分部没有统一标准，字无定序，给查检带来不便。

号码法是按字形确定的号码来排列汉字的方法。它规定一套笔形和号码的对应规则，按照规则把汉字的笔形转换成数字，然后把数字组成代码。把代码由小到大排成系列时，与代码相应的汉字也就排成了序列。通行的是 1925 年王云五发明的四角号码法。缺点是笔形和号码之间缺乏理据，需要死记硬背，而且容易出错。

为了相互补充，许多字典、词典往往使用多种检字法。为了实现汉字排序标准化，各种排检法的整理和统一工作还在进行之中。

（二）汉字信息处理

人类社会已经进入信息网络时代。一个国家语言信息处理的水平和处理的量，标志着这个国家现代化、信息化的发展水平。用计算机来处理语言文字所包含的信息，就是“语言信息处理”。用计算机来处理汉语信息，就是汉语信息处理。汉字是记录汉语的法定文字，中文信息处理离不开汉字，必须让计算机接受和处理汉字。汉字信息处理经过语言文字学家和计算机科学家的长期努力，已经取得了许多成就。汉字的信息处理主要包括以下内容。

1. 汉字的计算机输入

汉字信息处理的第一步是要将汉字输入到计算机中去。目前汉字输入的方式主要有三种：汉字键盘输入、汉字字形识别输入、汉字语音识别输入。

(1) 汉字键盘输入。

键盘是信息进入计算机的入口。汉字键盘输入是由打字键盘实现符号代码的输入。目前常见的汉字键盘输入主要是“形码”和“音码”。

形码输入法是将每个汉字编成一个计算机可识别的代码，然后运用国际通用的小键盘把代码输入计算机。它着眼于字形，提取字形特征信息进行编码，不管字的读音，如“五笔字型输入法”。对于不知道读音的字可以使用形码输入。它还可以区别同音字，录入时速度快，重码少，码长短。这种输入法需要记忆的单位较多，要经过专门的学习和一定时间的练习才能熟练掌握，不容易普及到每个文字工作者。

音码输入法是以汉语拼音连续输入为手段，由计算机自动转换为汉字的一种汉字输入法。不需要专门培训，只要会汉语拼音就会拼音输入。但汉字同音字多，因而重码多，选字费时，也容易出错；而且普通话不太好的方言区的人，或汉语拼音不熟悉的人，使用起来困难较多。

还有一种兼顾字音和字形的码，俗称“形音码”或“音形码”，原意是要避免音码和形码的毛病，但是所遇到的问题和纯音、形码的情况相似，无法完全克服以上困难。人们追求的理想编码是速度快而且易学易记。

(2) 汉字字形识别输入。

通过图形扫描器（仪）对汉字文本进行扫描以使汉字输入计算机，实现扫描仪跟计算机的对接，这个过程叫汉字字形识别。目前使用得最多的扫描装置是扫描仪配合识别软件，识别汉字的速度很快。汉字字形识别输入可以分为印刷体汉字自动识别和手写体汉字自动识别。印刷体汉字自动识别是国内汉字字形自动识别的主流，基本技术已经达到实用化阶段。手写体汉字字形识别技术是文字识别中最难的。它又分为联机识别和脱机识别两种。联机手写体汉字识别，是由使用者在一块跟计算机连接的写字板上写汉字，计算机同时接受笔的运行轨迹并进行识别输入，它是边写边识别。脱机手写识别是识别预先手写在纸上的文字。

(3) 汉字语音识别输入。

汉字语音识别是计算机对人说的汉语口语进行语音分析，从而实现汉字输入。讲话人对着话筒讲话，发出来的语音信号传输到计算机，计算机对语音信号进行分析处理，从而得到一个个音节，然后把这一个个音节转换成相应的汉字的内部码。这样形成了人机的直接对话，不仅输入方式简单，而且输入速度快。目前语音识别已经进入实用阶段，但识别的效率和正确率还需进一步提高。

2. 汉字的计算机输出

汉字输入计算机以后，要先转换成由相应的计算机系统所确定的机内代码，然后还原成汉字，再进行输出。输出一般有两种形式，一种是屏幕显示输出，按一定方式输入汉字以后，跟计算机相连的显示器屏幕就可以直接显示出所输入的汉字；另一种是打印输出，由跟计算机相连接的打印机把输入的汉字打印出来。计算机贮存汉字字形的仓库叫字库，是用二进制数表示的汉字字形，叫做数字化字模。计算机在汉字输出以前，每个汉字都以内部码的形式来保存和进行处理，当需要输出时，就要使用字库。

(1) 点阵字库。

在汉字库内，汉字的字形是用点阵方式来存储的。一个汉字的字形和汉字库中的一个代码对应。汉字打印机、汉字显示终端以及计算机——激光汉字编辑排版系统等汉字输出设备，都需要把汉字变成数字化的点阵。为了使汉字点阵合乎汉字规范、统一，必须建立汉字点阵字形标准。汉字输出的效果跟汉字字形点阵数相关，点阵数越大，字形失真就越小，字形库的容量也就越大，输出的汉字效果就好。目前，按照国家标准《信息交换用汉字编码字符集·基本集》的规定字数，先后研制了16×16、24×24、32×32三种常见汉字点阵字形标准，它们达到了五性，即字体的正确性、整幅字的一致性、实际字形的清晰性、笔形部件的规范性、实用效果的美观性。

点阵字形的缺点是数据存储量大且字形不宜放大和变化，字形放大后有明显的锯齿感或折线感，必须对点阵字库里的信息进行压缩。

(2) 矢量字库。

具有一定长度、一定方向、一定位置的直线线段，在数学上叫做一个矢量。一个汉字笔画周围的轮廓线可以看成曲线。曲线可以用一组首尾相接的矢量去近似地表示，数学上叫做直线逼近。每个矢量的起点称为曲线上的一个结点，于是曲线就可以近似地用一组有次序的结点的坐标来表示。用这种方法去描述汉字的字形，信息量比直接用点阵描述要小得多。用这种方法做成的汉字字模叫矢量字模。由矢量字模构成的字库叫做矢量字库。矢量字库已能满足高质量输出的要求且具有存储量小的优点。至今，矢量字库已比较多地用于打印机，并已有宋、仿宋、楷、黑四种字体的国家标准。

为提高汉字信息处理的效率和质量，必须加强汉字自身的研究。首先必须加强汉字规范化和标准化的研究。如果汉字不规范，就难以自动识别，字形不标准，也难以输入或输出。其次要加强汉字属性研究，如字音、字频、字序、笔画、笔顺、部首、部件、结构、编码等，为计算机提供尽可能多的关于汉字的各种信息，从而提高计算机进行汉字信息处理的效率。

检测与思辨

一、写出本节的内容提要。（300字左右）

二、有人说汉字“是天下第一不方便的器具”，又有人说“汉字是科学、易学、智能型、国际性的文字”。请谈谈你的看法。

三、请举例说明形声字意符和声符的作用和局限性，并谈谈在现代汉字学习中应该如何利用意符和声符的作用。

四、英文的键盘输入和中文的汉语拼音键盘输入有什么异同？

第二章　现代汉语语音

第一节　语音概说

一　语音和语音学

（一）语音及其性质

语音是语言的物质外壳，是由人的发音器官发出的具有表义作用的声音。语音是一种声音，从物理学的角度看，它和自然界的声音有着共同的物理基础。但它又是一种特殊的声音，这种特殊性表现在两个方面：一是这种声音是由人的发音器官发出的；二是这种声音必须表达某种意义。不是由人的发音器官发出的音不能叫语音，即便是由人的发音器官发出的音，如果不表达某种意义也不能称为语音，如人咳嗽的声音，婴儿的啼哭等都不能叫做语音。因为语音和一般的声音有共同的物理基础，所以语音具有物理性；因为语音是由人的发音器官发出的，所以语音具有生理性；因为语音能够表达某种意义，所以语音具有社会性。社会性是语音的最根本属性。

1. 语音的物理性

由于物体的振动产生音波，音波作用于人耳，刺激听觉神经，就使人产生了声音的感觉。因振动而发声的物体叫声源。声音的产生首先要有一个声源，其次还要有传播声音的媒介。空气是传播声音的最主要媒介，此外其他很多物质都可以传播声音，如水、金属等。下面是一个简单的基本波形（图 1）。

图 1 中 A、A′叫“波峰”；B、B′叫“波谷”；A——A′、B——B′之间的距离叫“波长”；A——C、A′——D 之间的距离叫“振幅”。声音有乐音和噪音之分，周期性出现重复波形的音波叫乐音，不是周期性出现重复波形的音波叫噪音（图 2）。

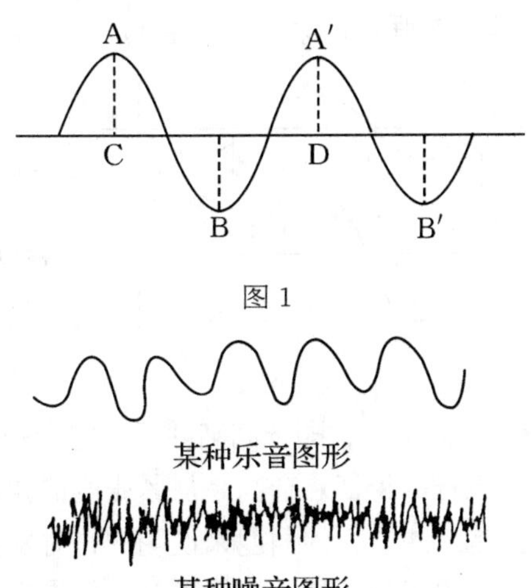

图 1

某种乐音图形

某种噪音图形

图 2

语音和其他声音一样，具有音高、音强、音长、音色四个要素。

(1) 音高。

音高指的是声音的高低，它决定于发音体振动的快慢。在同一时间里，振动次数多（即频率高）的声音高，振动次数少（即频率低）的声音低（图 3）。

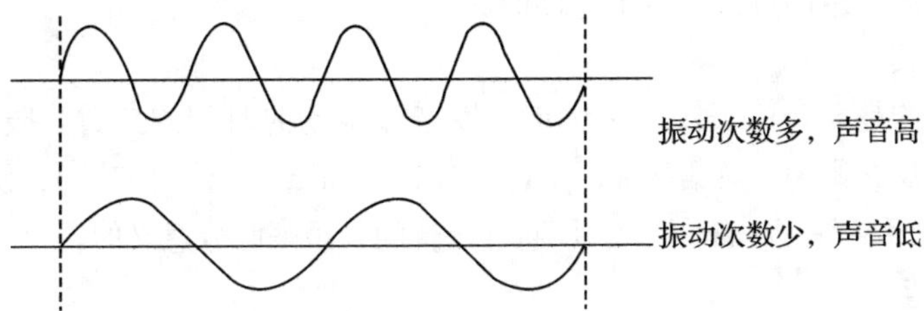

图 3

一般地说，大的、粗的、厚的、长的、松的物体振动的频率低，音高就低；反之则音高就高。语音的高低和人们的声带有关，通常情况下，女子的声带较男子短些、薄些，所以女子的音高比男子高。同一个人可以发出高低不同的声音，是由于人们能够控制自己声带的松紧。声带拉紧，音高就高；声带放松，音高就低。

音高在语言中的作用主要在声调和语调。比如汉语四声的差别，就是由音高的不同变化形式造成的。

(2) 音强。

音强指的是声音的强弱，它与发音体振动幅度的大小有关。发音体振动的幅度叫做“振幅”。振幅大，声音就强；反之则弱（图4）。

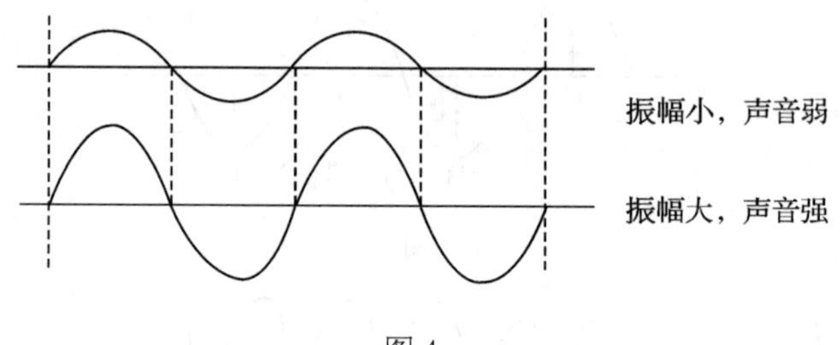

图4

音强和音高之间没有对应关系，即音高高并不一定音强就强，反之亦然。音高和音强是从不同角度说明声音的特征。音高是从紧张度的角度来说明的，发音体越紧张，音高就越高；音强是从冲击力的角度来说明的，对发音体的冲击力越大，音强就越强。打个比方说，人的声带就是一根橡皮筋，如果它的长度不变（即相同的紧张度），用不同的力去弹它（即不同的冲击力），那么它的振动幅度是不一样的；如果弹橡皮筋的力保持不变（即相同的冲击力），而改变它的长度（即不同的紧张度），那么它颤动的频率也不一样。音强在语音中的作用主要是构成轻重音。例如英语 present［ˈprezənt］（礼物）和 present［priˈzent］（赠送），重音的位置不同（当然，元音发音也有所不同），意义就发生了变化；汉语的“东西”中的第二个音节读成轻声和不读轻声的意义也是不一样的。

（3）音长。

音长指的是声音的长短，它决定于发音体振动的时间的久暂。振动时间持久，声音就长，反之则短。英语的 sit［sit］（坐）和 seat［siːt］（座位），汉语广州话的“心［sam］”和“三［saːm］”，都是通过元音的长短来区分意义的。

（4）音色。

音色又叫音质，指的是声音的个性、特色。音色的不同主要是由于音波振动的形式不同造成的（图5）。

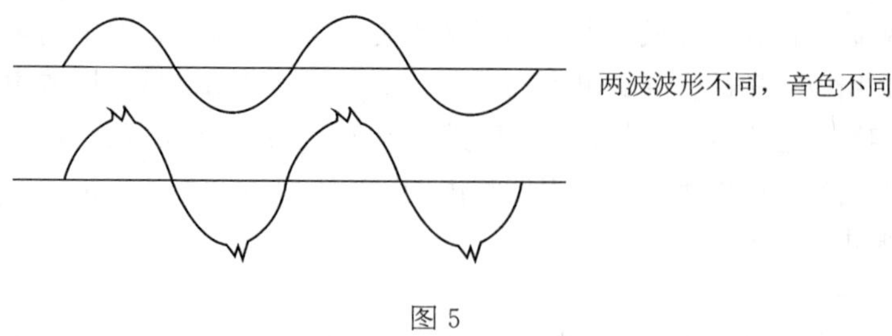

图5

造成音色不同的原因主要是以下三个：

第一，发音体不同。小提琴的发音体是琴弦，口琴的发音体是簧片，二者发音体不同，尽管演奏的是同一高度的曲调，但人们还是可以听出来哪是小提琴的声音，哪是口琴的声音。因为这两种发音体振动时发出的音波形式是不同的。每一个人的声带都有细微的差别，因此每个人的声音也就不同。

第二，发音方法不同。同样是小提琴，用弓拉和用手指弹拨，给人的音响感觉是不一样的，这是由于发音方法不同造成的。b 和 p 是普通话不同的两个声母，它们的不同是由于在发音时控制气流的强弱不同造成的。

第三，共鸣器的形状不同。我们敲击一个空瓶子，然后在这个瓶子里装上水再敲击，那么听到的声音是不一样的，因为瓶子装了水以后，改变了瓶子的共鸣器形状而使瓶子发出不同的音来。普通话里的元音 i 发音时嘴唇是展平的，而元音 ü 发音时嘴唇是拢圆的，这种唇形的不同造成了口腔不同的形状，形成了不同的共鸣器，因而听上去就是两个不同的音。

2. 语音的生理性

语音是由人的发音器官发出的。人类的发音器官可以分为三大部分：

(1) 肺和气管。

肺和气管在发音中的主要作用是为发音提供动力。发音时，由肺呼出的气流，从气管到达喉头，颤动声带，经过咽头及口腔、鼻腔等共鸣体的调节，从而构成各种各样的音。

(2) 喉头和声带。

人类发音的振动体是长在人的喉头里的声带。喉头由甲状软骨、环状软骨和两块杓状软骨以及与它们相连的肌肉和韧带组成，上通咽头，下连气管。声带位于喉头的中间，是一对唇形的薄膜，富有弹性，它的前端附着在甲状软骨上，后端分别和两块杓状软骨相连，两片声带之间的空隙叫声门。通过肌肉的收缩，杓状软骨活动起来，可使声带放松或拉紧，使声门打开或关闭。从肺呼出的气流通过声门使声带振动发声，而控制声带的松紧就可以发出高低不同的音来，因此声带在发音中的主要作用是成声（图 6）。

(3) 口腔和鼻腔。

从声带发出的音，还要通过口腔和鼻腔的共鸣才能形成各种不同的音。口腔和鼻腔是人类发音器官的主要共鸣器，通过唇、齿、舌等器官的各种位置变化形成不同的共鸣器，从而发出各种不同的音。因此口腔和鼻腔在发音中的主要作用是构音（图 7）。通过口腔共鸣发出的音叫口音，通过鼻腔共鸣发出的音叫鼻音，同时通过口

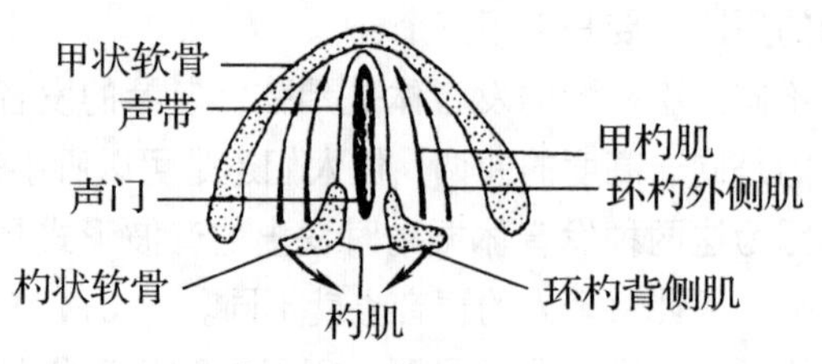

(声门及喉肌切面剖视)

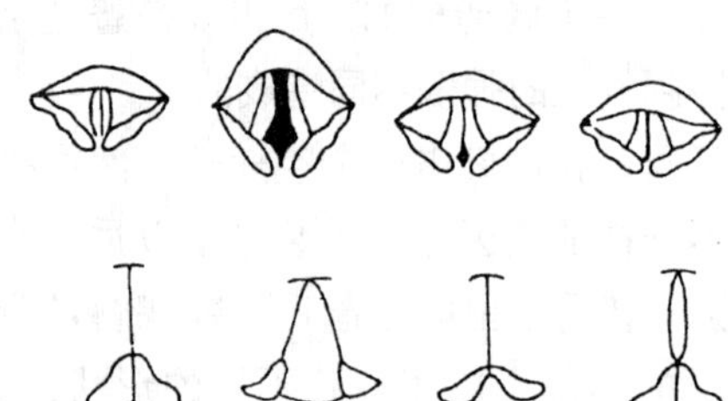

① 咳嗽前 ②呼吸时 ③ 耳语时 ④ 发音时

(声带发音活动剖视)

图 6

腔和鼻腔共鸣发出的音叫鼻化音（也叫半鼻音或口鼻音）。

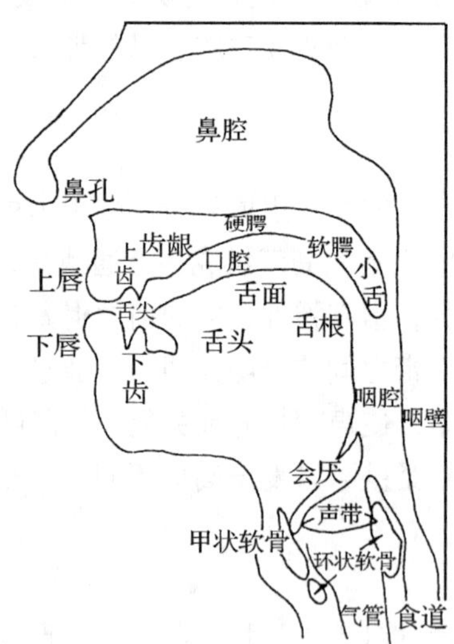

图 7

3. 语音的社会性

语音和一般声音的不同在于，语音能够表达一定的意义，而这个意义正是人类情感和抽象思维成果的体现，因此我们说语音具有社会性。语音的社会性表现在许多方面。首先，从音和义的关系看，一个声音表示什么意义，或一个意义用什么声音来表示，并不是由这个声音或意义本身决定的，而是由使用这种语言的全体社会成员约定俗成的。一旦音和义的关系通过这种约定俗成固定下来，那么使用这种语言的全体社会成员就必须遵守这个规则，不能随意改变，否则交际就无法顺利进行。其次，语音的社会性还可以从各个语言或方言语音系统性的差别上看。例如，英语有齿间音［θ］、［ð］，而汉语没有；汉语有 b—p、d—t、g—k、j—q、zh—ch、z—c 几组不送气音和送气音的对立，而英语没有；汉语普通话有卷舌音 zh、ch、sh 和平舌音 z、c、s 两组不同的音位，而武汉话却只有平舌音 z、c、s，普通话读卷舌音 zh、ch、sh 的字，在武汉话中全部读成了平舌音 z、c、s。此外，各个语音系统的音素和音素的组合关系也不一样，普通话的 g、k、h 三个声母只能和开口呼、合口呼韵母相拼，不能和齐齿呼、撮口呼韵母相拼，而广州话的 g、k、h 三个声母不仅能和开口呼、合口呼韵母相拼，也能和齐齿呼、撮口呼韵母相拼。各种语言或方言在语音系统上的种种差异，是由使用这种语言或方言的全体社会成员约定俗成的结果。

（二）语音学

语音学是以语音为研究对象的一门学科。语音是一种复杂的具有多方面性质的现象，从不同角度用不同的方法来研究语音，就形成了语音学的各个分支学科。言语交际可以粗略地分为三个阶段：发音——传递——感知。在发音阶段，说话人的大脑指令发音器官发出语音，这是一个从心理现象转换到生理现象的过程；在传递阶段，语音以空气为媒介传递到听话人的耳朵里，这是一种物理现象；在感知阶段，语音通过听觉器官被听话人的大脑所感知，这是一个从生理现象转换到心理现象的过程。现代语音学根据这三个阶段分为三个主要分支。

1. 生理语音学

研究发音器官在发音阶段的生理特性，有较长的历史，在19世纪中期前后就已经逐渐形成，成为传统语音学的主要内容，目前已是相当成熟的学科。近年来由于医疗器械的发明和完善，又有了很大的发展。

2. 声学语音学

研究语音传递阶段的声学特征，过去主要是声学家研究的内容，称为“语声学”，近几十年和传统语音学相结合，用声学知识来解释各种语音现象，大大促进了语音学的研究工作，是目前发展非常迅速的一门新学科。

3. 感知语音学

研究语音感知阶段的生理和心理特征，即研究耳朵是怎样听音的，大脑是怎样理解这些声音的，和心理学关系密切，是近十几年来才发展起来的新学科，目前还处于探索阶段。

二　语音单位和语音标记

（一）语音单位

1. 音节、音素、音位

(1) 音节。

音节是最自然的语音单位。所谓“最自然”，可以理解为一个没有经过语音训练的人能够听到的最小语音单位。比如，我们说出“现代汉语”这个语言片段，一个没有经过语音训练的人就能够听出这个语言片段是由四个更小的语言片段（现、代、汉、语）构成，那么这个“更小的语言片段”就是我们所说的音节。从生理上看，每发一个音节肌肉都会紧张一次。例如，发“先 xiān”时肌肉只紧张一次，所以是一个音节，而发“西安 xī'ān”时肌肉紧张两次，所以是两个音节。一般说来，一个汉字就表示一个音节，只有儿化词如“花儿”是两个汉字读成一个音节。

(2) 音素。

音素是从音色角度划分出来的最小的语音单位。如果我们把音节进一步分析，就可以得到更小的语音单位，如 xian 这个音节可以进一步分析为 x、i、a、n 四个更小的单位，也就是四个音素。有的音节是由多个音素构成的，有的音节是由一个音素构成的。

(3) 音位。

音位是一个语音系统中能够区别意义的最小语音单位。音位和音素都是一种语言中的最小语音单位，但音素是从音色的角度划分出来的，而音位则是从区别意义的角度划分出来的。比如“花 hua”这个音节中包含 a 这个音，但每个人读 a 时都可能有细微的差别，从音素的角度看，它们都是不同的音素，即 a_1、a_2、a_3、……a_n；但从音位的角度来说，这些 a 不具有区别意义的作用，它们在“花 hua”这个音节中读成其中任何一个都不会让听话人理解成别的意思。因此我们可以把 a 看做一个音位，而把相互之间有细微差别的 a_1、a_2、a_3、……a_n 看做是 a 的音位变体。

然而，如果我们把“花 hua”中的 a 读成了 o，即 huo，那么意义就发生了变化，因此 a 和 o 就是两个不同的音位。

2. 元音、辅音

音素可以分为辅音和元音两大类。

(1) 辅音。

气流在口腔或咽头受到阻碍而形成的音叫辅音，又叫子音。如 b、m、f、d、l、zh、z 等。

(2) 元音。

气流振动声带，在口腔、咽头不受阻碍而形成的音叫元音，又叫母音。如 a、o、e 等。

元音和辅音最主要的区别在于，元音发音时气流不受阻碍，各个发音器官保持均衡的紧张，气流较弱，而辅音发音时气流要受到阻碍，气流较强。此外，发元音时声带振动，而发辅音时声带不一定振动。

3. 声母、韵母、声调

按照汉语传统的分析方法，把一个音节分析成声母和韵母两部分，再加上一个贯穿整个音节的声调。

(1) 声母。

声母是指音节开头的辅音。如“中 zhōng、国 guó”的声母分别是 zh、g。有的音节开头没有辅音，叫做零声母音节，如“爱 ài”。声母和辅音不是一个概念，虽然声母由辅音充当，但有的辅音不能作声母，如普通话中的 ng 是一个辅音，但它只能出现在音节末尾作韵尾，不能出现在音节开头作声母；有的辅音既可以作声母也可以作韵尾，如“难 nán”中的两个辅音 n。

(2) 韵母。

韵母是指音节中声母后面的部分。如“大 dà、家 jiā”里的 a、ia 分别是这两个音节的韵母。韵母和元音也不是一个概念，韵母可以由一个元音构成，如“他 tā”音节中的 a；也可以由两个或三个元音构成，如“代 dài、怪 guài”中的 ai、uai；还有的韵母是由元音加辅音构成的，如“甘 gān、更 gèng”中的 an、eng。

(3) 声调。

声调是指音节中具有区别意义作用的音高的变化。例如，“学 xué”读起来音高是从低向高变化，“校 xiào”读起来音高是从高到低的变化。声调具有区别意义的作用，声母韵母都相同，声调不同，意义就会发生变化，如“妈 mā、麻 má、马 mǎ、骂 mà”。

（二）语音标记

标记汉字的读音，人们采用过多种方法。古人常用直音法和反切法给汉字注音。所谓直音法，就是用一个同音字来给另外一个字注音，如“之，音枝”。直音法的优点是直截了当，容易掌握，缺点是有时候找不到同音字或同音字很冷僻。所谓反切法，就是用两个汉字给另一个汉字注音。如“东，德红切”，“东”是被注音的字，“德”叫反切上字，“红”叫反切下字，“切”是拼合的意思。其基本原理是，反切上字取其声母，反切下字取其韵母和声调，两者拼合就是被注音字的读音。反切法比直音法进步，因为它对汉语音节有了初步的分析。反切法的缺点是，由于古今音和方言之间的差别，很多古代的反切注音跟现代普通话读音不合。

五四运动前后创制的“注音字母”（后来改称注音符号）也是一种比较有影响的给汉字注音的方案，它采用简单的汉字笔画式符号，不仅把汉语音节分为声母和韵母，而且在韵母中分出了韵头，因此注音字母给汉字注音最多可以用三个符号，如“现ㄒㄧㄢ°”（阴平不标调，阳平、上声、去声、入声分别在注音字母的左下、左上、右上、右下用小圆圈标注）。注音字母在韵母中分出了韵头，音节的分析比反切注音更进一步。但注音字母仍然不是一种音素化的注音方案，因而还不是一种科学的注音方案。

此外，还有威妥玛式方案（1867 年）、国语罗马字拼音法式（简称“国罗”）（1928 年）、北方话拉丁化新文字（简称“北拉”）（1929 年）等，也都是影响比较大的汉字注音方案。

《汉语拼音方案》和国际音标是两种音素化了的注音方案，比上面介绍的各种注音方法都要科学。下面介绍这两种注音方案。

1.《汉语拼音方案》

《汉语拼音方案》是标记汉语普通话语音系统的一套记音符号。它于 1958 年 2 月 11 日由第一届全国人民代表大会第五次会议批准公布，是我国法定的拼音方案，比过去的各种汉字注音方案更科学。在字母形式上，汉语拼音方案采用国际通行的拉丁字母，便于人民群众学习和国际交流；在注音方法上，采用音素化的方法，使记音更准确科学。应该注意的是，汉语拼音方案只能用来拼写现代汉语普通话语音，不能拼写方言和古音。

汉语拼音的主要用途是给汉字注音和作为推广普通话的工具。此外，还可以用来作为我国各少数民族创制和改革文字的共同基础，用来帮助外国人学汉语，用来音译人名、地名和科学术语，以及用来编制索引和代号等等。

《汉语拼音方案》附录如下：

汉语拼音方案

一、字母表

字母：	Aa	Bb	Cc	Dd	Ee	Ff	Gg
名称：	ㄚ	ㄅㄝ	ㄘㄝ	ㄉㄝ	ㄜ	ㄝㄈ	ㄍㄝ
	Hh	Ii	Jj	Kk	Ll	Mm	Nn
	ㄏㄚ	ㄧ	ㄐㄧㄝ	ㄎㄝ	ㄝㄌ	ㄝㄇ	ㄋㄝ
	Oo	Pp	Qq	Rr	Ss	Tt	
	ㄛ	ㄆㄝ	ㄑㄧㄡ	ㄚㄦ	ㄝㄙ	ㄊㄝ	
	Uu	Vv	Ww	Xx	Yy	Zz	
	ㄨ	ㄪㄝ	ㄨㄚ	ㄒㄧ	ㄧㄚ	ㄗㄝ	

V 只用来拼写外来语、少数民族语言和方言。

字母的手写体依照拉丁字母的一般书写习惯。

二、声母表

b	p	m	f	d	t	n	l
ㄅ玻	ㄆ坡	ㄇ摸	ㄈ佛	ㄉ得	ㄊ特	ㄋ讷	ㄌ勒
g	k	h		j	q	x	
ㄍ哥	ㄎ科	ㄏ喝		ㄐ基	ㄑ欺	ㄒ希	
zh	ch	sh	r	z	c	s	
ㄓ知	ㄔ蚩	ㄕ诗	ㄖ日	ㄗ资	ㄘ雌	ㄙ思	

在给汉字注音的时候，为了使拼式简短，zh ch sh 可以省作 ẑ ĉ ŝ。

三、韵母表

	i 丨衣	u ㄨ乌	ü ㄩ迂
a ㄚ啊	ia 丨ㄚ呀	ua ㄨㄚ蛙	
o ㄛ喔		uo ㄨㄛ窝	
e ㄜ鹅	ie 丨ㄝ耶		üe ㄩㄝ约
ai ㄞ哀		uai ㄨㄞ歪	
ei ㄟ欸		uei ㄨㄟ威	
ao ㄠ熬	iao 丨ㄠ腰		
ou ㄡ欧	iou 丨ㄡ忧		
an ㄢ安	ian 丨ㄢ烟	uan ㄨㄢ弯	üan ㄩㄢ冤
en ㄣ恩	in 丨ㄣ因	uen ㄨㄣ温	ün ㄩㄣ晕
ang ㄤ昂	iang 丨ㄤ央	uang ㄨㄤ汪	
eng ㄥ亨的韵母	ing 丨ㄥ英	ueng ㄨㄥ翁	
ong （ㄨㄥ）轰的韵母	iong ㄩㄥ雍		

（1）“知、蚩、诗、日、资、雌、思”等七个音节的韵母用 i，即：知、蚩、诗、日、资、雌、思等字拼作 zhi，chi，shi，ri，zi，ci，si。

（2）韵母儿写成 er，用作韵尾的时候写成 r。例如：“儿童”拼作 értóng，“花儿”拼作 huār。

(3) 韵母ㄝ单用的时候写成 ê。

(4) i 行的韵母，前面没有声母的时候，写成 yi（衣），ya（呀），ye（耶），yao（腰），you（忧），yan（烟），yin（因），yang（央），ying（英），yong（雍）。

u 行的韵母，前面没有声母的时候，写成 wu（乌），wa（蛙），wo（窝），wai（歪），wei（威），wan（弯），wen（温），wang（汪），weng（翁）。

ü 行的韵母，前面没有声母的时候，写成 yu（迂），yue（约），yuan（冤），yun（晕），ü 上两点省略。

ü 行的韵母跟声母 j，q，x 拼的时候，写成 ju（居），qu（区），xu（虚），ü 上两点也省略；但是跟声母 n，l 拼的时候，仍然写成 nü（女），lü（吕）。

(5) iou，uei，uen 前面加声母的时候，写成 iu，ui，un。例如 niu（牛），gui（归），lun（论）。

(6) 在给汉字注音的时候，为了使拼式简短，ng 可以省作 ŋ。

四、声调符号

阴平	阳平	上声	去声
ˉ	ˊ	ˇ	ˋ

声调符号标在音节的主要母音上。轻声不标。例如：

妈 mā	麻 má	马 mǎ	骂 mà	吗 ma
（阴平）	（阳平）	（上声）	（去声）	（轻声）

五、隔音符号

a，o，e 开头的音节连接在其他音节后面的时候，如果音节的界限发生混淆，用隔音符号（'）隔开，例如 pi'ao（皮袄）。

2. 国际音标

国际音标是标记各种语言语音的国际通用的一套记音符号。它由国际语音学会制定，于 1888 年发表，后经多次修订补充，一直使用至今。国际音标的一个符号代表一个音素，一个音素只用一个符号表示，每个音标的音值都是确定不变的。国际音标的形体是以拉丁字母的小写印刷体为基础，并用大写、草体、合体、倒排、变形、增添附加符号等办法加以补充，可以很精确的记录各种语言或方言的语音。按照惯例，国际音标记音时通常用方括号括起来，以区别于其他记音符号。掌握国际音标对语言教学和语言研究都很有帮助，语言文字工作者应该努力学会国际音标。

下面是国际音标简表和三种记音符号对照表。

国际音标简表

	发音方法＼发音部位		双唇（上唇下唇）	唇齿（上齿下唇）	舌尖前（舌尖背）	舌尖中（舌尖上齿龈）	舌尖后（舌面硬腭前）	舌叶	舌面前（舌前面硬腭前）	舌面中（舌中面硬腭）	舌面后（舌根软腭）	喉
辅音	塞音	清 不送气	p			t				c	k	ʔ
		清 送气	pʻ			tʻ				cʻ	kʻ	
		浊	b			d					g	
	塞擦音	清 不送气		pf	ts		tʂ	tʃ	tɕ			
		清 送气		pfʻ	tsʻ		tʂʻ	tʃʻ	tɕʻ			
		浊			dz		dʐ	dʒ	dʑ			
	鼻音	浊	m	ɱ		n	ɳ		ȵ		ŋ	
	闪音	浊					ɽ					
	边音	浊				l						
	擦音	清	ɸ	f	s		ʂ	ʃ	ɕ	ç	x	h
		浊	β	v	z		ʐ	ʒ	ʑ	j	ɣ	ɦ
	半元音	浊	w ɥ	ʋ					j(ɥ)	(w)		

	舌位＼口腔＼唇形＼舌位＼类别		舌尖元音				舌面元音						
			前		后		前		央			后	
			不圆	圆	不圆	圆	不圆	圆	不圆	自然	圆	不圆	圆
元音	高 最高	闭	ɿ	ʮ	ʅ	ʯ	i	y				ɯ	u
	高 次高						ɪ						ʊ
	中 高中	半闭					e	ø		ə		ɤ	o
	中 正中				ɚ					(ɚ)			
	中 低中	半开					ɛ	œ				ʌ	ɔ
	低 次低						æ			ɐ			
	低 最低	开					a			A		ɑ	ɒ

三种记音符号对照表

拼音字母	注音符号	国际音标	拼音字母	注音符号	国际音标	拼音字母	注音符号	国际音标
b	ㄅ	[p]	z	ㄗ	[ts]	ia	ㄧㄚ	[iA]
p	ㄆ	[p‘]	c	ㄘ	[ts‘]	ie	ㄧㄝ	[iɛ]
m	ㄇ	[m]	s	ㄙ	[s]	iao	ㄧㄠ	[iau]
f	ㄈ	[f]	a	ㄚ	[A]	iou	ㄧㄡ	[iou]
v	ㄪ	[v]	o	ㄛ	[o]	ian	ㄧㄢ	[iɛn]
d	ㄉ	[t]	e	ㄜ	[ɤ]	in	ㄧㄣ	[in]
t	ㄊ	[t‘]	ê	ㄝ	[ɛ]	iang	ㄧㄤ	[iaŋ]
n	ㄋ	[n]	i	ㄧ	[i]	ing	ㄧㄥ	[iŋ]
l	ㄌ	[l]	-i(前)	ㄭ	[ɿ]	ua	ㄨㄚ	[uA]
g	ㄍ	[k]	-i(后)	ㄭ	[ʅ]	uo	ㄨㄛ	[uo]
k	ㄎ	[k‘]	u	ㄨ	[u]	uai	ㄨㄞ	[uai]
ng	ㄫ	[ŋ]	ü	ㄩ	[y]	uei	ㄨㄟ	[uei]
h	ㄏ	[x]	er	ㄦ	[ɚ]	uan	ㄨㄢ	[uan]
j	ㄐ	[tɕ]	ai	ㄞ	[ai]	uen	ㄨㄣ	[uən]
q	ㄑ	[tɕ‘]	ei	ㄟ	[ei]	uang	ㄨㄤ	[uaŋ]
/	ㄬ	[ȵ]	ao	ㄠ	[au]	ueng	ㄨㄥ	[uəŋ]
x	ㄒ	[ɕ]	ou	ㄡ	[ou]	ong	ㄨㄥ	[uŋ]
zh	ㄓ	[tʂ]	an	ㄢ	[an]	üe	ㄩㄝ	[yɛ]
ch	ㄔ	[tʂ‘]	en	ㄣ	[ən]	üan	ㄩㄢ	[yɛn]
sh	ㄕ	[ʂ]	ang	ㄤ	[aŋ]	ün	ㄩㄣ	[yn]
r	ㄖ	[ʐ]	eng	ㄥ	[əŋ]	iong	ㄩㄥ	[yŋ]

三 语音的规范

语音的规范化就是根据汉语语音发展的内部规律和习惯读音，确定汉民族共同语的语音标准。现代汉民族“以北京语音为标准音”。这句话是指以北京语音的语音系统为标准，而不是说北京话中的每一个字词的读音都是汉民族共同语的标准。因为北京话也是一种方言，在语音上有许多土音成分，这些土音成分当然不能作为汉民族共同语的标准读音。此外北京语音中还有很多异读词，一个词不同的人可以读出不同的读音。异读词太多不利于交际，也不利于民族共同语的学习和推广，因此异读词也是语音规范化的对象。

（一）北京土音的规范

北京口语中有很多土音成分，主要是两类：

1. 特殊的读音和音变现象

这些特殊的读音和音变现象，主要在文化程度较低的北京人口中出现，尤其是在文化程度较低的老年人口中出现的机会更多。因此普通话语音应该是排除了土音成分的北京语音，也可以说是一般具有中等文化水平以上的北京人的语音。例如：

太好了 tuī hǎo le　　不言语 bù yuán yi
淋湿了 lún shī le　　论斤卖 lìn jīn mài
明白 míng bèi　　四个 sè

2. 带土音色彩的轻声和儿化

北京语音中轻声和儿化现象特别多，普通话吸收了相当多的富有表现力和能够区别词义或词性的轻声和儿化。但有些带北京土音色彩的轻声和儿化，普通话则没有必要吸收进来。例如“纪念、明天、措施、顽固、职业、牢骚”，这些词在北京语音中可以读轻声也可以不读轻声，普通话也没有必要吸收它们的轻声读音。又如在北京话中，“今儿、天儿”等一定得儿化，“帮忙（儿）、有事（儿）、写字（儿）”等儿化不儿化两可，因其无辨义作用，普通话就不必采用儿化读音。

（二）异读词的规范

异读词是指词形相同，词义也相同，而读音不同的词。普通话中的异读词，常见的大约有 1000 条。异读词的大量存在对人们的交际和推广普通话是不利的。1985 年 12 月国家公布的《普通话异读词审音表》是语音规范化的一个重要文件，也使异读词的读音有了明确的标准。

异读词的产生原因很多，从来源上看，主要有以下几个方面：

1. 文白异读

文白异读就是读书音和口语音不同。下面是《普通话异读词审音表》中列举的文白异读的例子（前面是文读，后面是白读）：

薄 bó—báo　　给 jǐ—gěi　　虹 hóng—jiàng
血 xuè—xiě　　剥 bō—bāo　　差 chā—chà

澄 chéng—dèng　逮 dài—dǎi　貉 hè —háo
嚼 jué —jiáo　壳 qiào—ké　馏 liú —liù
绿 lù —lǜ　露 lù —lòu　落 luò—lào、là
蔓 màn—wàn　泌 bì —mì　疟 nüè —yào
荨 qián—xún　翘 qiáo—qiào　色 sè —shǎi
塞 sè —sāi　杉 shān—shā　葚 shèn—rèn
螫 shì—zhē　熟 shú—shóu　苔 tāi—tái
削 xuē —xiāo　钥 yuè —yào

2. 方音影响

有些方言词的读音被普通话所吸收，而同普通话原有读音并存，形成异读。例如“揩油 kāyóu”来自吴方言，同普通话的 kāiyóu 读法并存。

3. 讹读影响

有些字被人读错了，而这错误的读音却流行开了，与正确的读音并存，形成异读。例如“（商）埠”原读 bù，但被人讹读为 fù。

4. 背离规律

有些词按语音发展规律应该读某音，但又出现了一个不合规律的读音，两音并存，形成异读。例如“帆”字是古代浊声母平声字，按规律应该读阳平，但又出现了阴平的读法。

四　方音的记录和整理

普通话语音系统和汉语各个方言的语音系统有整齐的对应关系。因此在学好普通话语音的基础上,还应该对方言的语音系统有所了解,只有这样才能更好地学好普通话语音,才能开拓学习汉语语音的视野。下面简要介绍一下记录和整理方音的一些基本方法。

（一）方音的记录

记录方音一般以中国社会科学院语言研究所编订的《方言调查字表》为材料。它是以广韵音系为框架，用现代语音学原理加以编排的。记录完这个调查字表，便能摸清某个方言的语音系统，并能比较容易地整理出方音跟普通话、古音的对应关系。《方言调查字表》由声韵调例字表和单字表两部分构成，声韵调例字表字数较少，通过它可以整理出方音的语音系统，单字表字数比较多，通过它可以整理出方音的同音字表。

1. 声调的记录

记录方音的声调可利用《方言调查字表》中的《声调例字表》。见下：

声调例字表

组	行	例字
第一组	1	高猪专尊低边　安
	2	开抽初粗天偏
	3	婚　伤三　飞
	4	穷陈床才唐平
	5	寒　神徐　扶
	6	鹅娘人龙难麻文云
第二组	7	古展纸走短比　碗
	8	口丑楚草体普
	9	好　手死　粉
	10	五女染老暖买网有
	11	近柱是坐淡抱
	12	厚　社似　父
第三组	13	盖帐正醉对变　爱
	14	抗　唱菜　怕
	15	汉　世送　放
	16	共阵助贱大病
	17	害　树谢　饭
	18	岸　让漏怒帽望用
第四组	19	急竹织积得笔　一
	20	曲　出七秃匹
	21	黑　湿锡　福
	22	割桌窄接搭百　约
	23	缺　尺切铁拍
	24	歇　说削　发
	25	月　入六纳麦袜药
	26	局宅食杂读白
	27	合　舌俗　服

《声调例字表》是按古调类和古声母的清浊排列的。第一组是平声字，其中 1～3 行是清声母字，4～5 行是全浊声母字，第 6 行是次浊声母字。第二组是上声字，其

中 7～9 行是清声母字，第 10 行是次浊声母字，11～12 行是全浊声母字。第三组是去声字，其中 13～15 行是清声母字，16～17 行是全浊声母字，第 18 行是次浊声母字。第四组是入声字，其中 19～24 是清声母字，第 25 行是次浊声母字，26～27 行是全浊入声字。

2. 声母的记录

记录方音的声母可利用《方言调查字表》中的《声母例字表》。见下：

声母例字表

第一组	布—步	别	怕	盘
	门—闻	飞—灰	冯—红	扶—胡
第二组	到—道	朵	太	同
	南—蓝	怒—路	女—吕	莲—年—严
第三组	贵—跪	杰	开	葵
	岸—暗	化—话	围—危—微	午—武
第四组	精—经	节—结	酒—九	秋—丘
	齐—旗	修—休	全—权	旋—玄
第五组	税—费			
第六组	糟—招—焦		仓—昌—枪	
	曹—巢—潮—桥		散—扇—线	
	组—主—举		醋—处—去	
	从—虫—穷		苏—书—虚	
	增—争—蒸		僧—生—声	
	粗—初	锄—除	丝—师—诗	
第七组	认—硬		绕—脑—袄	
	若—约		闰—运	而—日
	延—言—然—缘—元		软—远	

声母例字表共有 115 个字，可以分为七组。这个例字表是按北京音排列的，同时照顾古音。第一组考察北京唇音声母字在方言中的读音，第二组考察北京舌尖声母字在方言中的读音，第三组考察北京舌根音字和零声母字在方言中的读音，第四组考察方言尖团音的分合情况，第五组考察北京话 sh 与 u 介音拼合时方言的读音，第六组考察北京话塞擦音和擦音在方言中的读音，第七组考察北京话 r、n 以及零声母在方言中的读音。

3. 韵母的记录

记录方音的韵母可利用《方言调查字表》中的《韵母例字表》。见下：

韵母例字表

第一组 资—支—知 耳 爬 河 蛇
第一—地 架 姐 故 花 过
野—以—雨 色 虚 靴

第二组 落—鹿—绿 各—郭—国 月—欲—药
铁—踢 确—缺
直 日 辣 舌 合 割 北 百 急
接 夹 木 出 刮 活

第三组 怪—桂—贵 盖—介 饱—保 斗—赌
丑—母 烧—收 倍 妹 桃 帅 条 流

第四组 短—胆—党 酸—三—桑
减—检—紧—讲 连—林—邻—灵
心—新—星 光—官—关
权—船—床 魂—横—红
群—琼—穷 竿—间 含—衔 根—庚
良—廉 温—翁 圆—云 勋—胸 东

《韵母例字表》共有111个字，可以分为四组。第一组考察北京开尾韵在方言中的读音，第二组考察古入声韵在方言中的读音，第三组考察北京元音韵尾在方言中的读音，第四组考察北京鼻音韵尾在方言中的读音。

4. 记录方音时应注意的问题

在记录声韵调例字表时要注意下面的一些问题：

第一，记录方音一般从声调开始。声调记音就是记录声调例字的调值。记调值一般用五度标调法，可以用调型符号或数字表示五度音高的变化。记字调时要仔细辨别音高的变化，确定调值时要注意字调的相对音高。调值记录完毕以后，再进行调类的归纳，把调值相同的字合为一类，调类的名称仍然沿用古代平上去入四声的叫法，如果每一类内部还有分化，则按声母的清浊分为阴阳两类分别命名，即阴平、阳平、阴上、阳上、阴去、阳去、阴入、阳入。声调记音可以让发音人先把例字表每一行的第一个字读一遍，看看可能有几种调值，然后一行一行地记，调值记在每行例字的末端，一行之中如有不同的调值，可把少数不同的字圈起来，并记下不同的调值。

第二，调值、调类确定以后再记声母例字和韵母例字。一般情况下，声母和韵母例字的声韵调要全记下来，如果记全字音有困难，也可以分开记，声母例字只记声母，韵母例字只记韵母，然后再从头来记每个字的全字音。

第三，声母韵母例字表中，有些字之间有一条横线，这是比较字音用的。前后两个字完全同音或不同音的，可以在横线上用不同的记号表示出来。

第四，方言里有些字有文读和白读的分别时，文读和白读都要记下来，并且用不同的记号表示出来。

第五，整理出声韵调的初稿。声韵调的排列要按音理排列，并列举有代表性的例字。

（二）方音的整理

1. 音位的归纳

上面记录的声韵调例字，是按照音素的实际读音记录的，下面的工作是归纳音位，即将那些具有辨义功能的音素分为不同的音位，将那些不具有辨义功能的音素并为同一个音位。在归纳音位时应该注意语音的对补性、相似性、系统性等基本原则。

如果几个相关的音素在相同的语音环境中能够区别意义，那么这几个音素具有音位的性质。例如北京话的“霸［pa⁵¹］”和“怕［p‘a⁵¹］”，韵母和声调相同，其意义区别是通过声母［p］和［p‘］来实现的，那么［p］和［p‘］就具有音位性质，应该归纳为两个不同的音位。如果几个相关的音素出现在互补分布的语音环境中，那么这几个相关的音素就可以合并为一个音位。例如北京话的元音［a］［ᴀ］和［ɑ］出现的环境就是互补的，［a］出现在韵尾［n］或［i］的前面，［ɑ］出现在韵尾［ŋ］或［u］的前面，而没有韵尾的时候是［ᴀ］，那么这三个元音在北京话中就应该归纳为一个音位。

在归纳音位时应该注意相似性原则，即属于同一音位的几个不同音位变体在音值上应该具有相似性。例如北京话的舌面音［tɕ］［tɕ‘］［ɕ］和舌根音［k］［k‘］［x］出现的环境是互补的，前者只能和齐齿呼和撮口呼韵母相拼，后者只能和开口呼和合口呼韵母相拼；但从相似性原则考虑，两者在音值上的差别明显，所以应该归纳为不同的音位。需要指出的是，几个音素的音值是否相似，应该以说这种方言的人的语感为标准。

语音系统的一个显著特征就是系统性，因此在归纳音位系统时一定要考虑系统性原则。这种系统性表现在音位上就是音位往往呈现出很整齐的对应关系。例如北京话中有［p］和［p‘］、［t］和［t‘］、［k］和［k‘］、［tɕ］和［tɕ‘］、［tʂ］和［tʂ‘］的对立，它们一个不送气一个送气。又如上海话中有［p］和［b］、［t］和［d］、

[k] 和 [g] 的对立，它们一个是清音，一个是浊音。当然，一个语音系统不可能所有的音位都存在这种整齐的对应关系，也有少数不整齐的现象，例如在北京话语音系统中只有舌尖前清擦音 [s]，而没有与之对应的舌尖前浊擦音 [z]。

2. 音系的描写

整理方言除了要归纳一个语音系统的音位之外，还要对这个语音系统的语音成分、结构规律等方面进行必要的分析和说明，这就是音系的描写。下面以湖北宜昌方言为例，说明在对音系描写时应该注意的几个问题。

第一，方言的声韵调通常采用列表的方式进行描写。声母表按发音部位和发音方法排列，同一横行发音部位相同，同一竖行发音方法相同。韵母表要照顾介音、主要元音和韵尾，通常按四呼排列，开尾韵在前，[i] 尾、[u] 尾、鼻韵尾、塞音韵尾韵母依次随后。声调表按古调类平上去入次序排列，分阴阳的先阴后阳。

第二，声韵调表里的音标符号标注的是语音系统的音位，但是它们所代表的实际音值有时候可能有些出入，所以列表之后还得给这些音标符号作些简要的说明。

第三，声韵调表中都要列举有代表性的例字。例字一般要大致能反映声韵调的拼合情况；如果一个音位有不同的音位变体，那么要尽量把每一个音位变体的代表字列出来；例字要尽可能地提供古今语音演变规律和方言之间的语音对应规律的线索。例如宜昌方言的平舌音 z [ts]、c [ts‘]、s [s] 包括了北京话的平舌音和卷舌音，那么例字要能反映这种对应关系。

宜昌方言的声韵调系统

1. 声母（18 个，包括零声母）

p 包倍笔	p‘ 坡普迫	m 麻买貌	f 夫肥放
t 多岛得	t‘ 他涛特	n 拿努略	
ts 资最主	ts‘ 此擦茶		s 斯扫舒
			ʐ 柔绕如
tɕ 机建甲	tɕ‘ 其巧洽		ɕ 西袖学
k 规改戒	k‘ 堪考困		x 挥好懈
ø 埃摇于			

n 可以自由变读为 l，n 与 l 不区分意义。

tʂ、tʂ‘、ʂ 与 ts、ts‘、s 相混，都念成舌尖前音 ts、ts‘、s，但有舌尖后浊擦音声母 ʐ。

零声母字的范围比普通话的略大些。如“牛、逆、孽”等古疑母字，宜昌方言都念成零声母。

2. 韵母（37 个）

a 马诧八	ia 嘉雅夏	ua 瓜夸化	
o 波泼莫	io 约脚却	uo 多卧课	
ɤ 则车射	ie 耶且铁		ye 掘雪月
ɯ 去			
ɚ 儿耳二			
ɿ 紫词是	i 比皮益	u 布故忽	y 鱼举叙
ʅ 日			
ai 该开彩		uai 淮外快	
ei 悲培每		uei 灰翠微	
au 高到劳	iau 焦消要		
əu 头走沟	iəu 流就秀		
an 南谈看	iɛn 廉剑言	uan 酸管弯	yɛn 权宣院
ən 跟深邓	in 音心星	uən 温困昏	yn 均群训
aŋ 张刚昂	iaŋ 讲良样	uaŋ 光黄望	
oŋ 东中宋			yŋ 雄穷勇

uo 在零声母音节中和与［k］组声母相拼时更为明显。

ɯ 是后、高、不圆唇元音，宜昌市方言中 ɯ 韵母字只有一个 k'ɯ（“去”的口语音）。

ʅ 韵母只与 ʐ 相拼，常用字只有一个“日”字。

开、合、齐、撮四呼齐全，撮口呼韵母最少，只有 y、ye、yɛn、yn、yŋ 5 个。

3. 声调（4 个，不包括轻声）

阴平：55，诗刚尊飞

阳平：12，时穷才云

上声：42，使左走好

去声：35，是正唱大

宜昌话 4 个声调，调型有平、升、降 3 种，无曲折调。阳平是低升调，宽式可记作 13。

古入声字绝大部分归入阳平。

检测与思辨

一、用《方言调查字表》中的声韵调例字表记录自己的方言，然后整理出自己方言的语音系统。

二、有人给音素下了这样的定义“音素是最小的语音单位，它是从音色的角度划分出来的”。你如何理解音素“是从音色的角度划分出来的”这句话？

三、多音词的存在和异读词的存在一样，不利于人们的交际和推广普通话，因此也是语音规范化的重要对象，这种说法正确吗？

四、为什么不能用汉语拼音方案来给方言注音？

第二节 普通话语音系统

普通话语音系统是普通话各种语音要素及其配合关系、变化规律的总和。普通话音素的组合，声、韵、调的配合关系及变化规律，轻重音形式，儿化、腔调的特征等，都属于普通话语音系统的范畴。普通话以北京话语音为标准音，这是就语音系统而言的，从具体的音节形式、音变特征等看，两者并不完全一致。如普通话的“儿化”比北京话少得多，普通话口语的腔调，明显有别于北京方言。因此，在学习普通话语音系统时，应当充分认识其规律性和独特性。

一 声 母

（一）声母的分类

普通话 21 个辅音声母的发音是由发音部位和发音方法决定的，因此，可以根据声母的发音部位和发音方法给声母分类。

1. 按发音部位分类

发音部位指气流成阻的位置。按发音部位，声母可以分为七类：双唇音，如 b、p、m；唇齿音，如 f；舌尖前音，如 z、c、s；舌尖中音，如 d、t、n、l；舌尖后音，如 zh、ch、sh、r；舌面音，如 j、q、x；舌根音，如 g、k、h。

2. 按发音方法分类

发音方法指气流受阻方式。按发音方法分类，可以从以下三个方面着手：

(1) 根据形成阻碍和排除阻碍的方式，可以把声母分为塞音、擦音、塞擦音、鼻音、边音等五类。

塞音　发音时，发音部位先形成闭塞，然后保持对气流的阻塞，最后让气流冲破阻碍，爆发成声。如 b、p、d、t、g、k。

擦音　发音时，两个发音部位靠近，形成缝隙；然后让气流从窄缝中挤出，摩擦成声。如 f、s、sh、r、x、h。

塞擦音　即先塞后擦的音。发音时，发音器官的相关部位先是闭合，阻塞气流，然后打开一条窄缝，气流从窄缝中挤出，摩擦成声。如 z、c、zh、ch、j、q。

鼻音　发音时，口腔中阻碍气流的部位完全闭塞，软腭下降，打开鼻腔通道，气流振动声带，从鼻腔通过。如 m、n。

边音　发音时，舌尖与上齿龈接触，舌头的两边留有空隙，气流从舌头两边通过。如 l。

(2) 根据发音时气流的强弱，可以把声母中的塞音、塞擦音分为送气音和不送气音两类。

送气音　发音时，口腔呼出的气流比较强。如 p、t、k、c、ch、q。

不送气音　发音时，口腔呼出的气流比较弱。如 b、d、g、z、zh、j。

(3) 根据发音时声带是否颤动，可以把声母分成清音和浊音两类。

清音　发音时，声带不颤动。如 b、p、f、d、t、g、k、h、j、q、x、zh、ch、sh、z、c、s。

浊音　发音时，声带颤动。如 m、n、l、r。

（二）声母的发音

辅音声母的发音有“成阻、持阻、除阻”三个阶段。根据发音部位和方法，可以把普通话 21 个辅音声母的发音特点归纳成普通话辅音声母发音表。

普通话辅音声母发音表

发音方法 发音部位	清塞音		清塞擦音		清擦音	浊擦音	浊鼻音	浊边音
	不送气	送气	不送气	送气				
双唇音	b [p]	p [p‘]					m [m]	
唇齿音					f [f]			
舌尖前音			z [ts]	c [ts‘]	s [s]			
舌尖中音	d [t]	t [t‘]					n [n]	l [l]
舌尖后音			zh [tʂ]	ch [tʂ‘]	sh [ʂ]	r [ʐ]		
舌面音			j [tɕ]	q [tɕ‘]	x [ɕ]			
舌根音	g [k]	k [k‘]			h [x]			

下面对普通话的 21 个辅音声母的发音逐一加以说明。

b、p 的发音。发 b 时，双唇闭合，软腭上升，堵塞鼻腔通道，然后，气流冲破双唇的阻碍，声带不颤动，气流较弱。发 p 时，除气流较强外，其他发音特点都与 b 同。例如下列词语的声母：

b　摆布　奔波　标兵　辨别　壁报　北边

p　枇杷　批评　乒乓　澎湃　偏颇　匹配

m 的发音。发音时，双唇闭合，软腭下降，打开鼻腔通道，声带颤动，气流从鼻腔通过。例如下列词语的声母：

m　冒昧　门面　明媚　命名　买卖　盲目

f 的发音。发音时，下唇接触或接近上齿，软腭上升堵塞鼻腔通道，然后，气流从下唇和上齿之间的缝隙中通过，摩擦成声，声带不颤动。例如下列词语的声母：

f　肺腑　非凡　芬芳　丰富　方法　发福

z、c 的发音。发 z 时，舌尖与上齿背形成闭塞，软腭上升，堵塞鼻腔通道，紧接着松开舌尖阻碍的一道窄缝，然后，气流从舌尖和上齿背之间的缝隙中挤出，摩擦成声，声带不颤动，气流较弱。发 c 时，除气流较强外，其他发音特点都与 z 同。例如下列词语的声母：

z　宗族　罪责　自尊　栽赃　走卒　枣子

c　层次　苍翠　从此　参差　粗糙　猜测

s 的发音。发音时，舌尖接近上齿背，形成一道缝隙，软腭上升，堵塞鼻腔通道，然后，气流从舌尖和上齿背之间的缝隙中挤出，摩擦成声，声带不颤动。例如下列词语的声母：

s　松散　诉讼　琐碎　洒扫　思索　色素

d、t 的发音。发 d 时，舌尖抵住上齿龈，软腭上升，堵塞鼻腔通道，然后，气流冲破舌尖的阻碍，声带不颤动，气流较弱。发 t 时，除气流较强外，其他发音特点都与 d 同。例如下列词语的声母：

d　道德　大胆　等待　奠定　打断　跌倒

t　探讨　淘汰　天堂　疼痛　铁蹄　妥帖

n 的发音。发音时，舌尖抵住上齿龈（在训练时，也让舌面前部靠住上齿龈），软腭下降，打开鼻腔通道，声带颤动，气流从鼻腔通过。例如下列词语的声母：

n　男女　农奴　恼怒　能耐　奶牛　泥泞

l 的发音。发音时，舌尖抵住上齿龈，软腭上升，堵塞鼻腔通道，然后，声带颤动，气流从舌尖两边通过。例如下列词语的声母：

l　劳累　嘹亮　拉拢　冷落　轮流　领略

zh、ch 的发音。发 zh 时，舌尖上翘，接触硬腭前部，软腭上升，堵塞鼻腔通道，紧接着松开舌尖阻碍的一道窄缝，然后，气流从舌尖和硬腭前部之间的缝隙中挤出，摩擦成声，声带不颤动，气流较弱。发 ch 时，除气流较强外，其他发音特点都与 zh 同。例如下列词语的声母：

zh　指针　政治　助长　战争　茁壮　郑重

ch　长城　超产　车床　踌躇　穿插　驰骋

sh、r 的发音。发 sh 时，舌尖上翘，接近硬腭前部，形成一道窄缝，软腭上升，堵塞鼻腔通道，然后，气流从舌尖和硬腭前部之间的缝隙中挤出，摩擦成声，声带不颤动。发 r 时除声带颤动外，其他发音特点都与 sh 同。例如下列词语的声母：

sh　沙石　闪烁　舒适　神圣　赏识　生疏

r　仍然　荣辱　忍让　如若　柔软　荏苒

j、q 的发音。发 j 时，舌面前部接触硬腭前部，软腭上升，堵塞鼻腔通道，紧接着松开舌面前部阻碍的一道窄缝，然后，气流从舌面前部和硬腭前部之间的缝隙中挤出，摩擦成声，声带不颤动，气流较弱。发 q 时，除气流较强外，其他发音特点都与 j 同。例如下列词语的声母：

j　坚决　经济　家具　军舰　捷径　阶级

q　亲切　全球　欠缺　群起　情趣　恰巧

x 的发音。发音时，舌面前部接近硬腭前部，形成一道窄缝，软腭上升，堵塞鼻腔通道，然后，气流从舌面前部和硬腭前部之间的缝隙中挤出，摩擦成声，声带不颤动。例如下列词语的声母：

x　虚心　小学　现象　新鲜　宣泄　星宿

g、k 的发音。发 g 时，舌根（舌面后部）隆起，抵住软腭，软腭上升，堵塞鼻腔通道，然后，气流冲破舌根的阻碍，声带不颤动，气流较弱。发 k 时，除气流较强外，其他发音特点都与 g 同。例如下列词语的声母：

g　改革　高贵　拐棍　灌溉　巩固　骨干

k　可靠　宽阔　夸口　慷慨　坎坷　刻苦

h 的发音。发音时，舌根接近软腭，形成一道窄缝，软腭上升，堵塞鼻腔通道，然后，气流从舌根和软腭之间的缝隙中挤出，摩擦成声，声带不颤动。例如下列词语的声母：

h　好汉　航海　呼唤　挥霍　缓和　花卉

除了以上 21 个辅音声母之外，普通话里还有一些音节没有辅音声母，如“英

ing、昂 ang、讴 ou”等，这类音节的声母，语音学上称为零声母。

（三）声母辨正

各地方言的声母跟普通话的声母不尽相同，方言区的人学习普通话，就需要特别注意方音中跟普通话相异的声母，以便纠正跟普通话不一致的地方。

1. 分辨 z c s 和 zh ch sh

在普通话语音里，舌尖前音 z c s 和舌尖后音 zh ch sh 是两组发音截然不同的声母。可是在许多方言区却只有 z c s，没有 zh ch sh，因而把“主力 zhǔlì”说成“阻力 zǔlì”，如上海话、苏州话、广州话、长沙话、汉口话、成都话等；还有少数方言区只有 zh ch sh，没有 z c s，因而把“粗布 cū bù”说成“初步 chūbù”，如湖北钟祥旧口话、湖北京山杨峰话；有的方言区虽然两组声母都有，但是各自管辖的具体字跟普通话不完全一致，如西安话部分 zh ch sh 的字念成［pf］［pf‘］［f -］。

因此，方言区的人学习普通话，分辨 z c s 和 zh ch sh 很重要。分辨这两组声母的办法是：

（1）把握发音要领　这两组声母发音的主要差异是：z 组声母是舌尖平伸接触或接近上齿背，zh 组声母是舌尖上翘接触或接近硬腭前部。

（2）熟记常用字　记常用字，需要下一番苦功，在这个基础上，还可以利用以下方法。

其一，根据声旁进行类推。汉字中形声字是主体，而同声旁的字往往声母相同。例如：

者—诸、猪、著、奢、署、煮、暑（都是翘舌）

次—瓷、茨、姿、咨、恣、趑（都是平舌）

其二，借助声韵调配合规律来分辨。例如：

ua uai uang 只与翘舌声母相拼，所以，“抓、拽、庄、窗、双”等字只能是翘舌。

普通话只有 song，没有 shong，所以，“松、耸、宋、诵、送、颂”等字只能是平舌。

ze 只有阳平，ce se 只有去声。记住这一点，碰到能根据声调的对应判定 ze zhe 不是阳平，ce che se she 不是去声时，便可以马上断定它们都是翘舌音。如“遮、者、车、扯、奢、蛇、舍”等。

其三，记少丢多。普通话中翘舌音较多，平舌音较少。因此主要只记平舌音的字，大量的翘舌字就可以放心地发翘舌音了。

其四，记翘舌音字。由于汉语方言中平、翘不分的地方，主要是 zh、ch、sh 混入 z、c、s，所以直接记翘舌音字也是一种区分平、翘舌字的好办法。可先记住一部分最常用的，如“十、上、是、这、吃、穿”等，使 z、zh 声母的字能有所区别，然后再扩大翘舌音字的数量和范围，最终实现区分平、翘舌字的目的。

2. 分辨 n 和 l

在汉语方言中，n、l 混读的现象相当普遍。如西南官话的大部分（如成都话、汉口话）、江淮官话的部分地区（如扬州话、南京话）、兰银官话的部分地区（如兰州话）都存在这一现象。南方湘、赣、闽等方言也有大片 n、l 混读的地区，如长沙话常把“南、兰”都说成 nan，南昌话却把“南、兰”都说成 lan，而在厦门话里，n、l 同被并入到浊音声母［d］中去了。

分辨这两个声母的方法是：

(1) 把握发音要领。这两个声母发音的主要差别是：发 n 时，气流从鼻腔通过；发 l 时，气流从舌头两边出来。

(2) 记住一部分 n、l 声母的字。汉语普通话中，鼻音 n 的字很少，边音 l 的字比较多。因此，只记常用的鼻音字比较省事。其余一般为 l 母字，常用的鼻音 n 的字可以分成两类记忆：

一类是能用声旁类推的。例如：

乃—奶　奈—捺　倪—霓

你—您　聂—蹑　念—捻

南—喃楠　奴—努怒

那—哪挪娜　农—浓脓哝

内—纳呐衲钠　尼—妮呢泥昵

宁—咛拧狞柠泞　囊—攮囔　脑—恼

另一类是不能类推的。例如“男、女、牛、闹、拗、耐、尿、溺、凝、馁、挠、难、能、弄、拟、年、腻、逆、暖、嫩、碾、黏、孽、娘、酿、拿”等。

3. 分辨 h 和 f

普通话中的唇齿音 f 和舌根音 h 分得很清楚。我国南方湘、赣、客家、闽、粤等方言大都不能分清 f 和 h，北方方言的江淮官话、西南官话也不同程度地存在着类似现象。有的地方 f 与 h 分混的方式与普通话也有差异。多数地方是把部分 h 声母的字混入 f，如长沙话、南昌话、重庆话把合口呼的“湖”说成 fu；也有的地方把 f 混入 h，如厦门话、潮州话、湖北巴东话，把“飞、风”说成“灰、烘”。

这两个声母发音部位不同。分辨的重点应放在常用字的记忆上，弄清哪些字的声母是 f，哪些字的声母是 h。

比较下列几组词语的发音：

仿佛—恍惚　防风—黄昏　花生—发生　包饭—包换

会话—废话　方地—荒地　翻腾—欢腾　公费—工会

4. 分辨送气音和不送气音

普通话声母里有不送气音 6 个：b、d、g、z、zh、j；送气音 6 个：p、t、k、c、ch、q。各地方言中也有送气与不送气的对立，但归属不太一致。有些方言中把普通话的一部分不送气音念成了送气音，如广东梅县话把“部（bu）”念成 pu，把“道（dao）”念成 tao，福建长汀话把“在（zai）”念成 cai，把“坐（zuo）”念成 cuo，南昌话把“跪（gui）”念成 kui，把“轴（zhou）”念成 cou；有些方言中把普通话的一部分送气音念成了不送气音，如海口话。有类似情况的人，应熟记有关的字。

5. 分辨清音和浊音

普通话中浊辅音声母只有 m、n、l、r 这 4 个。但在有些方言中，如吴方言和湘方言中还保留着中古汉语的一些浊辅音，即有一套与清声母 b、d、g、zh、z、s 等相配的浊声母。如苏州话中“拜”（中古清声母“帮”母）与“败”（中古浊声母“并”母）有别，“冻”（中古清声母“端”母）与“洞”（中古浊声母“定”母）有别。这些方言区的人说普通话，就要把后边的浊声母字改成相应的清声母字。平声字一般要改读成送气清声母，念阳平；仄声字一般要改成不送气声母，念去声。

6. 分辨 j q x 和 g k h

普通话中舌面音 j q x 和舌根音 g k h 是两组不同的声母。而在南方一些方言中（如闽方言、粤方言、客家方言）却把普通话中一些 j q x 的字读成了 g k h。包括北方方言中的兰银官话和西南官话也在一定程度上存在着这类现象。如广州话（粤方言）、汉口话（西南官话）都把“间（jian）”说成 gan。

7. 分辨 zh ch sh 和 j q x

普通话中的舌尖后音 zh ch sh 中的一部分合口呼字，在一些方言区，如汉口话（西南官话）、长沙话（湘方言）念成 j q x。如把“准（zhun）”、“蠢（chun）”、“顺（shun）”分别说成 jun、qun、xun。有关地区要注意改读。例如下面这些常用字：

zh　抓专猪主煮注准

ch　出揣传船穿川厨纯春

sh　拴书鼠树殊暑刷帅水

8. 分辨尖音和团音

汉语传统音韵学将平舌音 z c s 跟 i [i] 类、ü [y] 类的韵母拼合的音节叫尖音；舌面音 j q x 跟 i [i] 类和 ü [y] 类的韵母拼合的音节叫团音。普通话没有尖音，只有团音，所以普通话不分尖团音。一些方言中有尖团音的分别，如郑州、青岛、苏州、株洲等地。郑州人将“聚”念成 [tsy]，将“秋”念成 [ts‘iou]，将“宣”念成 [syɛn]。这些地方的人学习普通话时，要注意把尖音改成团音。下列各组字，每组前一字不应读成尖音：

际—计　齐—其　洗—喜　焦—交

笑—孝　节—洁　酒—九　津—今

二　韵　母

(一) 韵母的分类

普通话 39 个韵母，可以根据韵母的内部结构特点分类，也可以根据韵母开头元音的发音特点分类。见《普通话韵母分类总表》。

普通话韵母分类总表

	开口呼	齐齿呼	合口呼	撮口呼
单韵母	-i [ɿ] [ʅ]	i [i]	u [u]	ü [y]
	a [ʔ]	ia [iʔ]	ua [uʔ]	
	o [o]		uo [uo]	
	e [ɤ]			
	ê [ɛ]	ie [iɛ]		üe [yɛ]
	er [ɚ]			
复韵母	ai [ai]		uai [uai]	
	ei [ei]		uei [uei]	
	ao [au]	iao [iau]		
	ou [ou]	iou [iou]		
鼻韵母	an [an]	ian [iɛn]	uan [uan]	üan [yɛn]
	en [ən]	in [in]	uen [uən]	ün [yn]
	ang [aŋ]	iang [iaŋ]	uang [uaŋ]	
	eng [əŋ]	ing [iŋ]	ueng [uəŋ]	
			ong [uŋ]	iong [yŋ]

1. 韵母的结构分类

根据韵母的内部结构特点，可以把韵母分成单韵母、复韵母、鼻韵母三类。

(1) 单韵母。

单韵母是由单元音构成的韵母，也叫单元音韵母。单韵母有 10 个，其中 ɑ、o、e、ê、i、u、ü 等 7 个都是舌面元音韵母，-i [ɿ]（前）、-i [ʅ]（后）是舌尖元音韵母，er [ɚ] 是卷舌元音韵母。7 个舌面元音既可以单独作韵母，也可以与其他的元音构成复韵母；剩余的 3 个韵母不是舌面元音，统称特殊元音韵母。

(2) 复韵母。

复韵母是由两个或三个元音复合而成的韵母，又叫复元音韵母。普通话有 13 个复元音韵母：ɑi、ei、ɑo、ou、iɑ、ie、iɑo、iou、uɑ、uo、uɑi、uei、üe。

(3) 鼻韵母。

鼻韵母是由一个或几个元音带上作韵尾的鼻辅音结合而成的韵母。带前鼻音韵尾 n 的韵母叫前鼻音韵母，带后鼻音韵尾 ng 的韵母叫后鼻音韵母。普通话中有 8 个前鼻音韵母：ɑn、en、in、ün、iɑn、uɑn、üɑn、uen；8 个后鼻音韵母：ɑng、eng、ing、ong、iong、iɑng、uɑng、ueng。

2. 韵母的四呼分类

根据韵母开头元音的发音性质，可以把韵母分成开口呼、齐齿呼、合口呼、撮口呼四类，简称“四呼”。

开口呼：不是 i、u、ü 或不以 i、u、ü 起头的韵母属于开口呼。

齐齿呼：i 或以 i 起头的韵母属于齐齿呼。

合口呼：u 或以 u 起头的韵母属于合口呼。

撮口呼：ü 或以 ü 起头的韵母属于撮口呼。

“四呼”分类更深层次的原因是声韵拼合规律。也就是说，同呼的韵母，它们的拼合规律是大致相同的。比如，开口呼可与 b、p、m、f 相拼，合口呼（除 u 以外）不与 b、p、m、f 相拼。判定“四呼”，不能以韵母开头字母的书写形式为依据，而要以韵母的实际发音为依据。例如，韵母分类总表中的 ong 不归入开口呼，而归入了合口呼，是因为它的实际发音是 [uŋ]；iong 不归入齐齿呼，而归入了撮口呼，是因为它的实际发音是 [yŋ]。再如两个开口呼韵母舌尖前元音-i [ɿ] 和舌尖后元音-i [ʅ] 不能归入齐齿呼，也是以实际发音的口形为依据的。

（二）韵母的发音

1. 单元音韵母的发音

(1) 舌面元音韵母的发音。

舌面元音是发音时舌面起主要作用的元音。舌面元音的发音是由三个方面的条件决定的：舌面的前后、舌位的高低（口腔的开合）、圆唇不圆唇。下边对每一个舌面元音的发音进行描写。

ɑ [A] 舌面、央、低、不圆唇元音。发音时，口腔大开，舌位低，双唇呈自然状态展开，声带颤动。如“打靶”、“发达”。

o [o] 舌面、后、半高、圆唇元音。发音时，舌位后部隆起，后缩，口半开，舌位半高，嘴唇拢圆，声带颤动。如“泼墨、默默”。

e [ɤ] 舌面、后、半高、不圆唇元音。发音时，舌位前后、高低与 o 基本相同，所不同的是双唇展开。如“特色、折射”。

ê [ɛ] 舌面、前、半低、不圆唇元音。发音时，舌面前部隆起，舌尖抵住下齿背，口腔半开，舌位半低，唇形不圆，声带颤动。ê [ɛ] 不与声母相拼，只能给“欸”这一个汉字注音；此外，还能进入 üe [yɛ]、ie [iɛ] 这两个复韵母中。

i [i] 舌面、前、高、不圆唇元音。发音时，舌面前部隆起，舌头前伸，抵下齿背，口腔开度很小，嘴唇展开呈扁形，声带颤动。如“地皮、稀泥”。

u [u] 舌面、后、高、圆唇元音。发音时舌面后部突起，口腔开度很小，两唇收缩呈圆形，声带颤动。如“互助、铺路”。

ü [y] 舌面、前、高、圆唇元音。发音时，舌位前后、高低与 i 基本相同，所不同的是双唇拢圆。如“区域、序曲”。

(2) 舌尖元音韵母的发音。

普通话中有两个舌尖元音。

-i [ɿ] 发音时，舌尖前伸靠近（但不接触）上齿背，口腔开度很小，嘴唇向两边展开，只与 z、c、s 相拼，如“自私、刺字”。

-i [ʅ] 发音时，舌尖靠近（但不接触）硬腭前部，口腔开度很小，嘴唇向两边展开，声带颤动，只与 zh、ch、sh、r 相拼，如“支持、时日”。

舌尖前元音-i [ɿ] 与舌尖后元音-i [ʅ] 分别与舌面元音韵母 i 形成互补关系。因此，《汉语拼音方案》用一个 i 表示 3 个韵母。

(3) 卷舌元音韵母的发音。

普通话的卷舌元音韵母 er [ɚ] 是卷舌（舌面、舌尖上卷）、央、中、不圆唇元音。er 只能自成音节，给少数几个汉字注音。如“儿、而、耳、尔”等。

单元音韵母分类和发音表

类别 舌位前后 唇形圆展 舌位高低	舌面					舌尖		卷舌
	前		央	后		前	后	央
	展	圆	展	展	圆	展	展	展
高(闭)	i[i]	ü[y]			u[u]	-i[ɿ]	-i[ʅ]	
半高(半闭)				e[ɤ]	o[o]			
中								er[ə˞]
半低(半开)	ê[ε]							
低(开)			ɑ[A]					

2. 复韵母的发音

复韵母的发音，舌位、唇形都有变化，即由一个元音向另一个元音的发音过渡。在过渡中，舌位、开口度、唇形等是逐渐变化的，同时气流要连贯，发音要形成一个整体。

韵腹是一个韵母的主干。复韵母的发音以韵腹为中心。根据韵腹在韵母中的位置，可以把复韵母分为前响、后响和中响三类。前响和后响都是二合的，中响是三合的。

(1) 前响复元音韵母。

其发音的共同特点是：开头的元音开口度大，收尾的元音开口度小，舌位由低向高滑动。开头的元音响亮清晰，收尾的元音轻短模糊。例如：

ɑi 海带 拆台 拍卖 采摘
ei 蓓蕾 配备 肥美 黑煤
ɑo 操劳 宝刀 骚扰 懊恼
ou 收购 丑陋 抖擞 绸缪

(2) 后响复元音韵母。

其发音的共同特点是：开头的元音开口度小，收尾的元音开口度大，舌位由高向低滑动。开头的元音音素不太响亮比较短促，收尾的元音音素响亮清晰，舌位移动的终点是确定的。例如：

iɑ 假牙 压价 夏家 恰恰
ie 贴切 结业 借鞋 谢谢
uɑ 挂花 耍滑 娃娃
uo 硕果 阔绰 懦弱 蹉跎

ue 决绝　绝学　雀跃　约略

(3) 中响复元音韵母。

其发音的共同特点是：舌位从高向低滑动，再由低向高滑动，前后的元音都比较短促模糊，中间的元音响亮清晰。例如：

iao 逍遥　巧妙　调料　缥缈

iou 悠久　优秀　求救　牛油

ual 外快　摔坏　怀揣　乖乖

uei 追随　摧毁　荟萃　愧悔

3. 鼻韵母的发音

鼻韵母发音时，发音器官由元音的舌位向鼻辅音的舌位逐渐移动，鼻音成分逐渐增加，最后完全变成鼻音。

(1) 前鼻音韵母。

韵尾 n 与声母 n 发音基本一致，所不同的是，作韵尾时，n 除阻阶段不发音，舌尖（或舌尖的舌面部位）抵住上齿龈后，不是很快离开上齿龈，而让这个动作成为整个韵母发音的收尾动作。例如：

an 展览　谈判　参赞　烂漫

en 根本　沉闷　人参　愤恨

in 信心　辛勤　引进　濒临

ün 均匀　军训　逡巡　醺醺

ian 惦念　简便　先天　前线

uan 贯穿　婉转　专款　软缎

uen 温存　论文　春笋　温顺

uan 全权　源泉　轩辕　圆圈

(2) 后鼻音韵母。

前鼻音韵尾 n 与后鼻音韵尾 ng 发音的主要差别在于阻碍气流的部位一前一后。前鼻音韵尾 n 是舌尖（或舌面前部）抵住上齿龈，后鼻音韵尾是舌根后缩抵住软腭。如“沾”与“张”的韵尾不同。普通话中辅音 ng 一般不作声母，只作韵尾。例如：

ang 沧桑　帮忙　上访　螳螂

eng 整风　更生　逞能　丰盛

ing 宁静　评定　倾听　经营

ong 冲动　红松　总统　从容

iong 汹涌　穷凶　炯炯　熊熊

iang 想象　粮饷　强将　襄阳

uang 狂妄　状况　双簧　矿床

ueng 翁　嗡　蓊　瓮　蕹

（三）韵母辨正

1. 区分单韵母与复韵母

普通话的单韵母与复韵母是各成系统的。一些方言中存在着单韵母与复韵母相互转化的现象。这突出地表现在两个方面：一是复韵母的单元音化倾向，一是单韵母转化为复韵母的现象。

复韵母的单元音化倾向，在吴方言中表现最为突出，在湘方言、闽方言、客家方言和北方方言区的陕西关中地区、山东济南、云南昆明、安徽合肥、江苏扬州、湖北郧县等地方都有不同程度的反映。如普通话 ai、ei、ao、ou 等复韵母在上海话中念单元音，“摆”念［pa］，“代”念［dɛ］，“悲”念［pe］，“飞”念［fi］，“包”念［pɔ］，“谋”念［mɤ］。昆明话“晒”念［ʂæ］，“扫”念［sɔ］，“黑”念［xə］。

少数方言有单韵母转化为复韵母的现象。主要是［i］、［u］、［y］转化为复韵母。这一现象在粤、闽方言中表现较为明显，北方方言的西南官话中也有一定的体现。如广州话“谜［mɐi］”，“素［ʃou］”，“絮［ʃæy］”；常德话、武汉话将“闭”说成［pei］，“杜”说成［tou］，“蓄”说成［ɕiəu］。

2. 区分 o、uo、e

这一组韵母，方言区的人学习普通话时应注意辨认。

有些方言区 o 和 uo 不分。如桂林话只有 o 韵母，没有 uo 韵母。常德话虽然分 o 与 uo 两个韵母，但 o 只与声母拼合，uo 只成为零声母音节。如“玻、坡、多、拖、罗、锅”都念成 o 韵母。

有些方言区 o 和 e 不分。如山东、四川等地只用 o 不用 e，该用 e 的时候都用了 o；如重庆话将“喝、河、合、禾、鹅”等念成了［o］。东北方言中，则大多数该用 o 的却用了 e，如哈尔滨、黑河、齐齐哈尔等地将“拨、泼、摸”分别念成了 be、pe、me。

有些方言 uo 和 e 不分。如武汉话、常德话将普通话的“俄、禾”（韵母 e）念成了韵母 uo。宜昌话把普通话的“可、哥、河、贺”（韵母 e）等念成韵母 uo。鄂东南的阳新等地把“火、果、货”（韵母 uo）念成韵母 e。

分辨 o、e、uo 这组韵母，可以首先分析韵母的发音要领，以便从音色上准确把握它们各自的发音，然后从普通话的拼合规律入手加以区分。

在普通话里，单韵母 o 只跟声母 b、p、m、f 相拼，不跟其他声母相拼；而 uo、e（“什么”的“么 me”除外）则刚刚相反，不跟 b、p、m、f 拼合，可以和其他声母（除 j、q、x 外）相拼。

在与 g、k、h 相拼时，e 与 uo 容易发生混淆，要仔细分辨。练习下列词语：

鸽子—锅子　隔音—国音　老歌—老郭

客气—阔气　合口—活口　干戈—坩埚

河马—活马　赫然—豁然　骨骼—古国

3. 防止丢失韵头

普通话的复韵母和鼻韵母的韵头 i 和 u，在有些方言区中却没有。如广州话把“流”说成［lɑu］，“钻”说成［tsan］；上海话把“队”说成［de］，“吞”说成［t‘əŋ］。西南官话和江淮官话也不同程度地存在这样的情况。武汉话把“六”说成［nou］，“损”说成［sən］；安庆话把“队”说成［tei］，“吞”说成［t‘ən］。此外，广西桂林话、柳州话、湖南常德话、湖北宜昌话中，还有“袄、咬”同音的现象，这也是一种韵头的丢失。这些方言区的人学习普通话必须注意增加韵头，有时声母、韵母、韵尾也要作相应的改变。练习这类发音，在有辅音声母的音节里，可以运用三拼连读法，先慢后快，使韵头到位。如“岁”，方言中容易念成 sei，练读时注意不要忽略了介母的发音，念成 s-u-ei。练习下列词语：

下降　阶级　牙齿　哑巴　钻石　哀悼　尊严

追寻　对付　推论　寸心　团体　盘存　计算

4. 鼻音韵尾的分合、脱落与错位

现代汉语普通话中只有 n、ng 两个韵尾。

(1) 韵尾-n 的保存与少量丧失。

汉语的绝大部分地区完整地保留了-n 尾，只有个别地区有失落-n 尾的现象。如安徽歙县话的-n 韵基本上已经脱落，前鼻音韵母都混入了单韵母或复韵母，如“单、旦、叹、寒、看、难、览”等的韵母念成［ɛ］，歙县话将“元”念成“危”的同音，将“川”念成“吹”的同音。另外，少数地方将-n 尾混入了-ng 尾，如上海、福州、潮州、建瓯等地。兰银官话的一些地方，也有类似混读，如宁夏话，将“心”与“星”，“慎”与“盛”都念成后鼻音-ng。

(2) 韵尾-ng 的保存、失落与错位。

汉语方言中大都有-ng 韵尾，只有部分地区的部分后鼻音韵尾有弱化和错位的现象。江淮官话如南通、南京等地的前鼻音韵尾和 ang、uang 的韵尾弱化了，分别念成了元音加鼻化音。还有大部分地区将后鼻音韵尾混入了前鼻音韵尾，如湖北荆州的个别地方把“买床”说成“买船”。

在一些方言中，ng 韵尾出现一种错位：韵尾没变，而主要元音改换了。如北方方言中的西南官话和江淮官话的一些地方，将 eng 念成 ong 或近似于 ong 的音，如“朋、蓬、蹦、猛、孟、逢、峰、风、崩、捧、梦、冯、封”这些汉字，在昆明、成都、武汉、天门、安庆、芜湖等地都念成了 ong 韵母。普通话中，b、p、m、f 不与 ong 相拼，方言中的这一类音节，都应改读为 eng。练习下列词语：

红心—红星　信服—幸福　亲生—轻声　申明—声明
金鱼—鲸鱼　小陈—小程　长针—长征　吩咐—丰富
陈旧—成就　弹词—搪瓷　赞颂—葬送　轮子—笼子
浑水—洪水　鲜花—香花　专车—装车　勋章—胸章

普通话有 16 个鼻韵母，前鼻音韵母 8 个，后鼻音韵母 8 个，基本上形成两两相对的七组：

	一级		二级			三级	
前鼻音韵母	in	en	an	uan	ian	uen	ün [yn]
后鼻音韵母	ing	eng	ang	uang	iang	ueng	iong [yŋ]
						ong	(üan [yɛn])

值得指出的是，这七组成对的韵母的分混程度并不是处在同一层次上的。根据混读程度，可以将七组韵母分成三个等级。就方音辨正的全局来说，级别排前的比排后的混读严重一些。第三级很少混读，只在个别地方出现，如银川话说“春天”是“冲天”。第二级在少数地区存在混读，如南京话“蓝”与“方”，“双”与“团”，韵母相同，昆明话也有类似情况。此外，客家人说“政治思想要加强（qiang）”却说成了“政治思想要加钱（qian）”。第一级的混读则较为普遍。如吴、湘、赣、客家等方言区，包括中原官话（如甘肃天水话）、西南官话（如重庆话），一般都是将 ing、eng 混入了 in、en。

分辨前鼻音韵尾与后鼻音韵尾，除了要区分-n 与-ng 的发音外，应该记住普通话中哪些字是前鼻音，哪些字是后鼻音。记字的办法主要是：

其一，利用声旁类推。前鼻音韵尾的声旁如：申艮今分真林；后鼻音韵尾的声旁如：争凌正令生。

其二，记声韵调拼合规律。例如：普通话中，d、t 不与 in 相拼，只与 ing 拼。常用字如“丁、顶、定、听、挺、停”等都是后鼻音。

n、l 不与 en 相拼（除“嫩”外），只与 eng 拼。常用字如“能、愣、冷、楞”

等都是后鼻音。

bing 没有上声字，“秉、丙、炳、柄”等常用字都是后鼻音。

ping 没有上声和去声字，“品、聘”等常用字是前鼻音。

xin 音节只有阴平和去声，没有阳平和上声；xing 音节只有阳平和上声，没有阴平和去声。所以，阴平、去声一定是前鼻音，阳平和上声一定是后鼻音。

其三，记少丢多。记住了 g-en 只有“跟、根、亘”三个常用字，也就记住了“庚、赓、羹、耕、更、耿、梗”等后鼻音的常用字。

记住了 h-en 只有“痕、很、恨、狠”等四个常用字，也就记住了“亨、哼、横、衡、恒”等后鼻音的常用字。

记住了 z、c、s 和 en 相拼的只有“怎、参、岑、森”等字，也就记住了“曾、增、层、赠、憎、蹭、僧”等后鼻音的常用字。

记住了 n-in 只有“您”这一个字，也就记住了“宁、拧、柠、咛、泞、狞、凝、佞”等后鼻音常用字。

5. 区分撮口呼、合口呼、齐齿呼

(1) 区分撮口呼与齐齿呼。

普通话的撮口呼、齐齿呼两类韵母，在一些方言中会发生混淆。有些方言，如客家方言、闽南方言、西南官话的部分地区（如云南昆明话、四川西昌话）没有撮口呼韵母，把撮口呼念成齐齿呼，“买鱼”说成“买疑”，“聚会”说成“计会”，“拳脚”说成“前脚”。此外，还有的地方在少数字中出现齐齿呼、撮口呼错位，即把应该念齐齿呼的字念成了撮口呼，把应该念成撮口呼的字念成了齐齿呼。如武汉话把“茄子”说成“瘸子”，“掀起”说成“宣起”，而把“雪线”说成“斜线”，“女婿”说成“女细”。对于前者，要训练撮口呼的发音，分辨撮口呼和齐齿呼的发音动作；对于后者，则主要是注意纠正那些容易出错的少数字。如下列词语：

i—i 积极　地理　提议　笔记

ü—ü 雨具　旅居　区域　序曲

i—ü 体育　鲤鱼　崎岖　急需

ü—i 雨夜　玉米　余地　语义

(2) 区分撮口呼与合口呼。

普通话的撮口呼、合口呼两类韵母，在少数方言区也出现混淆。如武汉话、河南信阳话都把“朱、厨、书”念成 ju、qu、xu。湖北（鄂东、黄冈、浠水等）这类现象比较典型。这一带的撮口呼韵母有一个舌尖后圆唇元音 [ʮ]。例如：

雨 [ʮ]　月 [ʮɛ]　圆 [ʮɛn]　云 [ʮn]

这些由合口呼混入撮口呼的，主要限于普通话中 zh、ch、sh 与合口呼相拼的一部分音节。学习普通话，应将方言中的这些撮口呼改读为合口呼。

三 声 调

（一）声调的性质

声调是一个音节高低升降的变化。比如，“妈、麻、马、骂”四个音节的差异，就在于高低升降的变化不同。

声调的变化主要决定于音高，和音长也有关系。从声调形成的物理特征看，声调的音高变化，与声带的松紧及单位时间内声带振动的频率有关，声带拉紧，振动快，声音就高，反之则低。而声调的音高又是相对的。比如，说普通话的人，每个人都有自己的“55、35”等调值，但儿童声音的绝对音高大大高于一般成年人。

声调的主要作用是区别意义。比如，“衣、姨、椅、义”的意义不同，就是声调的不同造成的。又比如，“抢手≠枪手”，“流向≠六箱”，这两组词语声母、韵母相同，语义有别，也是声调的区别作用所致。

汉语是有声调的语言，声调反映着普通话或任何一种汉语方言语音的基本特征。因此我们可以说，声调作为能区别意义的音高变化，它在汉语语音系统中具有特殊的重要地位。

（二）调值、调类和调型

调值是声调的实际读法，是一个音节高低升降变化的具体形式。

记录声调的调值，通常采用“五度标调法”，即画一条竖线，将它由低而高分作五度，然后用线条标出声标的具体调值。下图标记的是北京话四个声调的调值：

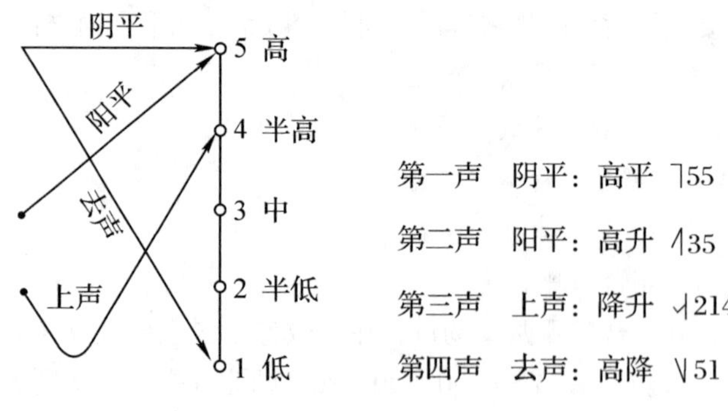

调值示意图

与调值相关的是调型。调型是高低升降变化形式相似的调值的类别。现代汉语声调最基本的调型有平调、升调、降调、降升调、升降调五种。平调是平直的调，如“33、22、11”都是平调，北京话的阴平“55”就是（高）平调。升调是前低后高的调，如“45、23、14”都是升调，北京话的阳平“35”是升调。降调的特点是前高后低，如“51、42、31”都是降调，北京话的去声“51”是降调。降升调是先降再升的调，如“213、515、412”是降升调，北京话的上声调“214”也是降升调。升降调是先升后降的调，如“131、242、353”都是升降调，福州话的阳去声“353”就是升降调。

调型在语音学习、语音教学中有重要意义。了解和掌握普通话或一种方言的声调系统，首先就要确定平调中的高平调55、低平调11、中平调33这些“定位”调值，因为其他的调值可由这些定位调值推出来。重视这个问题，在普通话教学训练中也会收到理想效果。调型在语音识别和语音研究中也有重要意义。在普通话测试中，调值不到位，只算缺陷，调型不对，则计错误。比如，普通话的“214”，如果读作“212”，调值不到位，但调型是对的；但如果读成“21”，则按错误计算，因为调型错了。

调类是声调的分类，它是将一种语言中调值相同的字归纳在一起形成的类别，因而，一种语言或方言有多少个调值，也就有多少种调类。比如，山东烟台话只有三个调值“31、214、55”，因而只有三个调类：平声、上声、去声，而广西博白有10个调值，也就有10个调类：阴平，阳平，阴上，阳上，阴去，阳去，上阴入，下阴入，上阳入，下阳入。

（三）古今调类的对应关系

现代汉语调类名称是沿用古代汉语调类名称，或在古调类名称的基础上命名的。古代汉语有“平声、上声、去声、入声”四个调类，现代汉语中则有阴平、阳平、上声、去声、入声等调类名称。由于今调类名称是承古所制，而千百年来，汉字声调的实际调值在各地方言中已经发生了很大变化，调类也发生了分化或合并等。因此，古今调类比较时，就出现了调类相同、调值不同，调类不同而调值相同，或调类数量、名称很不相同的现象。下面是古今声调对照表：

声 调 对

今声调 古调类 地点		平声			上声		
		清	浊		清	浊	
		春天	唐	名	短体	老冷	拒抱
官话区	北京	阴平 55	阳平 55		上声 214		
	沈阳	阴平 44	阳平 35		上声 214		
	济南	阴平 213	阳平 42		上声 55		
	兰州	阴平 53	阳平 31		上声 42		
	烟台	平声 31			上声 214		
	郑州	阴平 13	阳平 42		上声 54		
	武汉	阴平 55	阳平 313		上声 42		
	南京	阴平 31	阳平 13		上声 22		
晋语区	太原	平声 11			上声 53		
吴语区	上海	阴平 53	阳去		阴去	阳去	
	苏州	阴平 44	阳平 13		上声 52	阳去	
徽语区	绩溪	阴平 55	阳平 24		上声 213		
赣语区	南昌	阴平 42	阳平 24	阴去	上声 213		
湘语区	长沙	阴平 33	阳平 13		上声 42		
	双峰	阴平 55	阳平 23		上声 21		
闽语区	福州	阴平 55	阳平 53		上声 31		
	厦门	阴平 55	阳平 35		上声 53		
粤语区	广州	阴平 55 53	阳平 11		阴上 35	阳上 13	
	博白	阴平 55	阳平 213		阴上 33	阳上 23	
平话区	灵川（三街）	阴平 24	阳平 42		上声 44		
客家话区	梅县	阴平 44	阳平 11		上声 21		

照表

去声			入声				声调数
清		浊	清		浊		
快	半	共洞	八	德	目日	白达	
去声 51			阴阳上去		去声	阳平	4
去声 41			阴阳上去		去声	阳平	4
去声 21			阴平		去声	阳平	4
去声 24			去声			阳平	4
去声 55			平上去				3
去声 31			阴平			阳平	4
去声 35			阳平				4
去声 44			入声 5				5
去声 45			阴入 2			阳入 54	5
阴去 34		阳去 13	阴入 5		阳入 2		5
	阴去 412	阳去 31	阴入 5		阳入 2		7
阴去 35		阳去 31	入声 32				6
阳去	上声	阴去 35　阳去 11	入声 5				6
阳去	阴去 55	阳去 21	入声 24				6
阳去	阴去 35	阳去 33	阳平（多）、阴去（少）				5
阳去	阴去 213	阳去 353	阴入 13		阳入 55		7
阳去	阴去 21	阳去 22	阴入 11		阳入 55		7
	阴去 33	阳去 22	上阴入 5	下阴入 33	阳入 2		9
	阴去 51	阳去 21	上阴入 5	下阴入 33	上阳入 23	下阳入 21	10
阴去 45		阳去 21	入声 54				6
去声 52			阴入 22		阳入 55		6

从表中可以得知，古今调类数量、名称都有一定差异。如有的方言没有入声，有的有入声或入声又分作几类；有的上声、去声还依“清、浊”分化作“阴、阳”，有的调类不是分化而是合并等。

从表中还可以看到，古今调类的演变有一定的对应规律。如古调类和北京话的对应规律主要是：

1. 古平声字，在今北京话中分化成阴平和阳平两类。

2. 古上声清声母字和古上声的部分浊声母字，在今北京话中仍归入上声调。

3. 古去声和古上声的部分浊声母字，归入今北京话的去声调。

4. 古入声的清声母字，一般分别派入今北京话的“阴平、阳平、上声、去声”四个调类，而浊声母字则派入去声和阳平。

古今调类的对应规律，可以帮助我们了解古今调类演变情况。根据这种对应规律，我们学习和掌握普通话的声调，也会有一定的方便。

（四）普通话的声调

普通话有四个基本调值，即55、35、214、51，因而有四个调类，即阴平调、阳平调、上声调、去声调。普通话的声调调型是：

阴平—高平调　阳平—中升调

上声—降升调　去声—全降调

《汉语拼音方案》规定用“ˉ　ˊ　ˇ　ˋ”四个符号作为普通话声调的“调号”。由于普通话只有四个声调，调型刚好是“平、升、降升、全降”，因而普通话的这四个调号就有特定的三重身份：表示普通话的四个调值，表示普通话的四个调类，也表示普通话的四个调型。

普通话的四个声调是“平、升、曲、降”，升降差异显著，并且明显地区别于其他汉语方言，因而就成了普通话语音最显著和最基本的特征。

这里对普通话的四个声调作一些具体分析。

阴平。普通话的阴平调由5度到5度，调值55，音值高而平直，是高平调。中原官话区各地方言，阴平一般是中升或低升调，这些地方的人学习普通话的阴平，要注意其“高而平”的特点。例如：

青山 qīngshān　乡村 xiāngcūn　出击 chūjī

失约 shīyuē　突出 tūchū　师专 shīzhuān

阳平。普通话的阳平调是由3度到5度，调值35，发音时直线上升，是中升调。学习时要注意两点：一个是要“直线上升”，切忌“先降再升”，读作“324”这样的降升调；再一个是把握“定位”高度，应上升到“阴平”同值高度（5度）。例如：

人民 rénmín　　儿童 értóng　　红旗 hóngqí

习得 xídé　　洁白 jiébái　　直觉 zhíjué

上声。普通话的上声调是降升调，调值是214，特点是先降再升。学习普通话的上声调，要注意三点：(1) 先降再升，降要降到底（1度）。(2)“升”要有一定音长并且达到相应高度（4度）。(3) 降升过程是连续的自然滑动，切忌只降不升，读作“21”或“211”，或“直嗓子”上升，先降再垂直上升。例如：

笔 bǐ　导 dǎo　水 shuǐ　语 yǔ　走 zǒu

去声。普通话的去声调是全降调。学习时，要注意其高起低收的特点。例如：

大地 dàdì　　电视 diànshì　　万象 wànxiàng

策略 cèlüè　　毕业 bìyè　　密切 mìqiè

（五）声调辨正

普通话语音和汉语方言的主要区别在于声调的不同。学习普通话必须突破声调关。

方言区的人学习普通话声调应当注意以下三个方面的问题：

1. 读准调值

读准普通话四声的调值，是声调辨正的第一步。可以分以下几个步骤进行：

(1)“务虚”。即在教师指导下，先训练“定位”调值“55、33、11”，做到有效地控制声带，把握音高，准确到位。再练习“13－35”、“31－21”、“21－212”这些根据定位调值推演出来的调值。

(2) 记熟普通话四声代表字的普通话声调。要反复练读下列字：

山 shān　明 míng　水 shuǐ　秀 xiù

桌 zhuō　识 shí　笔 bǐ　客 kè

这8个字中，前4个字“山、明、水、秀”的古调类和普通话调类一致，可作普通话四声的代表字。而“桌、识、笔、客”则是派入普通话“阴、阳、上、去”的古入声字。读准、记熟这8个字，听读普通话就有了客观标准，对我们“依类辨值”也会有一定帮助。

(3)“比照”。比照就是借助自己方言中的某些声调，来练准普通话调值。比如，郑州方言的阴平读“13”，与普通话的阴平“55”相去甚远，而郑州话的上声是“55”，这样，郑州人练习普通话阴平的“55”值，只要仿照郑州方言的上声调值“55”就行了。当然，这种“比照”还应当注意音长和声韵调组合过程的问题。

2. 辨明调类，依类辨值

读准了普通话四个声调调值，还会遇到“哪些字该归什么调类”的问题。比如，“山、明”在古调类中为“平”声，在普通话中“山”归阴平调，“明”归阳平调，古今调类一致；而绝大部分汉语方言中，“山、明”的归类与普通话一致，这样，依照声调对应规律，只要大胆地把方言的“山、明”改读成普通话的“55、35”调值就行了。（参看前文《古今声调对照表》）在大部分汉语方言中，上声字也可以根据古今调类的对应规律依类辨值，将方言声调改读作普通话声调，但应注意部分全浊上声字归入去声的问题。广州等地，去声分作“阴去、阳去”，但“阴去、阳去”在普通话中都读去声，仍可直接“依调辨值”。

根据声调对应规律辨正声调，在各方言区都适用，但是，能解决的主要是“古今”基本一致的“阴、阳、上、去”四个调类的字，而且就是这些字，也不能解决全部问题，因为语言的学习还是要抓“听读讲练”，在语言实践中去学习声调。

3. 入声字的改读

古代汉语中归入入声调类的字，今天还称作“入声字”，如“桌、识、笔、客、黑、白、雪、月”。入声字在粤语、闽语、赣语等方言中一般还有“[p]、[t]、[k]、[ʔ]”这样的入声韵尾成为促入声。在江淮官话、湘语等方言中则失去入声韵尾，成为舒入声，但仍作为一个入声调类存在。中原官话、西南官话、兰银官话等官话方言区内，入声则派入了方言的“阴平、阳平”等调类，不再成为“入声调类”了。这样一来，由于入声字在普通话中和在汉语方言中的“分派”差异很大，方言区的人学习普通话都有个辨明入声字、改派入声字、读准入声字普通话声调的问题。

入声字的改派、改读有一定规律可循。比如“声母是 m、n、l、r 或零声母的入声字，普通话中一般读去声”等，但常用的入声字就有七百个左右，“依类辨值”是无法解决全部问题的；而且，入声字由古到今，在演变过程中，不仅有调类的分派问题，其声母、韵母也发生了很大变化。所以入声字的改读，要根本解决问题，靠“依类辨值”是不行的。解决的办法主要是：（1）直接读、记《入声字普通话读音表》。（2）要记住一批最常用的入声字，读准其普通话读音，再逐步扩大认读范围。（3）坚持讲用普通话，在“读、听、记、讲”四个方面下功夫。如果努力做到这几点，是能够突破入声字关的。

4. 学好普通话腔调

学习普通话，读准普通话的声调调值很重要，但在语流中，单字的声调只是个“音符”，就像音乐中的“都、来、米、发”。学习普通话语音，必须充分认识掌握普通话腔调的重要性。有的人普通话四声单调读得好像还比较准，但连读时却与普通话有明显距离，这主要是“腔调”的问题，当然也有语调问题和其他方面的问题。

普通话腔调是以普通话四个声调连读形式为核心，包括变调、轻声等在内的整体性语言特征，是普通话声调系统基本因素的有机组合。

普通话的单个字调固然重要，但它不能反映普通话语音的基本面貌。当一个人说一句话，或读出某一语言片段时，声调的连读形式出现，则反映出了普通话语音的本质特征（方言亦然）。比如，一个讲普通话的人和几个讲方言的人（北京、沈阳、天津、郑州、长沙）在一起交谈，让一位有一定语音知识的人来判断这几个人，谁讲的是普通话，谁讲的是沈阳话、天津话、长沙话，是无须考察声母、韵母、词汇、语法的，仅凭腔调，则可迅速而准确地作出判断。普通话与北京话的根本差异同样表现在腔调的差异上。

在普通话测试中，一个人读单字，方言腔调不易显露，但在朗读和谈话时，方言腔调则比较明显。原因是，词语连读时音节或音素相互影响，会发生一定的变化(上声调的变化是最明显的腔调变化之一)，读单字调时不明显的问题，在连读中则会暴露出来，具体表现就是腔调不到位。实际上，普通话声调的连读形式中，总伴随有声调相互影响引起的变化——这正是普通话腔调的具体体现。这里以普通话三字连读的声调变化为例，说明字调在形成腔调过程中的这种变化。例如：

①交流会　宣传部　同情心　吹牛皮　邀朋友　西红柿

②温度计　开夜车　千字文　生命力　消费品　开大会

上面两组例词，①组的三字词语中，开头的音节为阴平或阳平，第二音节是阳平，这个音节的调值在连读时会变得接近阴平，即“35—55”。②组的三字词语的第二音节为去声调，在连读中，其调值则由51变作53。

实践证明，声调连读、形成腔调的过程中调值会有许多的变化，不少变化是我们能感受到的，只是目前还不能准确地描述出来罢了；但是，读准单字调不等于掌握了普通话的腔调，则是个不容置疑的事实。在普通话测试中，有的人读单音节字词和双音节词语时，声调还差不多，但朗读短文时，腔调就变了样，谈话时问题更明显，这正是学习普通话不能满足于读准单字声调，更要努力把握声调连读形式——普通话腔调的最好说明。学习普通话腔调，首先要能真正读准普通话的四个声调，那种认为学声调就是随意读一下“山明水秀、大好河山”的认识是不全面的。实际上，一些人朗读、谈话中腔调不准的问题，就隐含在单字声调之中，只是读单字调时，问题暴露得不充分罢了。

其次，要注意音节连读时声调发音的规范程度，因为连读时，形成腔调的过程中，单个声调会有一定的变化，连读中的声调，和单个字音的声调不尽相同。

第三，学习普通话腔调，要努力培养普通话语感，仔细揣摸普通话腔调，多听、多读、多练。普通话腔调水平上去了，普通话的等级水平也一定会得到提高。

检测与思辨

一、决定辅音声母发音的条件是什么？举例说明。

二、根据提供的条件写出声母：

① 舌尖中不送气清塞音（　　）

② 舌尖前送气清塞擦音（　　）

③ 双唇送气清塞音（　　）

④ 舌尖后不送气清塞擦音（　　）

⑤ 舌面不送气清塞擦音（　　）

⑥ 舌根送气清塞音（　　）

⑦ 唇齿清擦音（　　）

⑧ 舌尖后浊擦音（　　）

三、描写下列辅音的发音特点：

n　l　sh　t　g　c　q　ng

四、下面两组声母或辅音在发音部位和发音方法上各有什么不同？

d—p　sh—r　n—l　n—ng

五、读准下列词语的声母：

摆布　乒乓　冒昧　肺腑　发福　宗族　粗糙　琐碎

大胆　天堂　能耐　劳累　年龄　助长　踌躇　沙石

仍然　柔软　经济　群起　新鲜　灌溉　慷慨　花卉

永远　冗员　高昂　瓜瓤　日子　儿子　如此　鱼刺

六、声母对比训练：

支援—资源　摘桃—栽桃　战时—暂时　纯种—存种

推迟—推辞　插手—擦手　商业—桑叶　收集—搜集

浓重—隆重　年长—连长　留念—留恋　了却—鸟雀

南部—蓝布　旅客—女客　水牛—水流　恼怒—老路

七、写出下列各字的声母，并说明每组两个字的声母发音上的区别：

揍—凑　趾—耻　庇—毗　渣—猹　鼻—皮　层—成

桑—商　邹—皱　资—支　则—铡　浓—隆　南—兰

娘—粮　脑—老　念—恋　浮—湖　发—话　放—晃

富—互　费—会　街—该　界—盖　敲—拷　鞋—孩

咸—喊　如—鱼　阮—远　肉—沤　饶—翱　绕—傲

八、普通话可以从哪几个角度给韵母分类？

九、什么是“四呼”？给下列汉字进行“四呼”归类：

决　爱　万　杰　烟　软　迟　凿　勇　夜

令　文　雨　重　恩　论　壮　越　江　自

十、根据提供的条件写出韵母：

① 舌面前半低不圆唇元音（　　）

② 舌尖后高不圆唇元音（　　）

③ 舌面后半高不圆唇元音（　　）

④ 舌面前高圆唇元音（　　）

⑤ 舌面后高圆唇元音（　　）

⑥ 舌面央中不圆唇元音（　　）

十一、读准下列词语各音节的韵母：

打靶　薄膜　折射　稀泥　互助　区域　自私　时日

赖债　配备　骚扰　丑陋　压价　结业　耍滑　硕果

雀跃　缥缈　优秀　怀揣　追随　烂漫　振奋　逡巡

前线　婉转　温存　源泉　上当　承蒙　倾听　从容

汹涌　洋相　状况　瓮城

十二、注音（注意分辨前鼻和后鼻）：

① 民兵　品名　心病　银杏　钦敬　拼命　金星　引擎

② 灵敏　清贫　行进　精心　省亲　领巾　听信　青筋

③ 本能　深层　纷争　人称　真正　神圣

④ 诚恳　冷门　风尘　烹饪　憎恨　承认

⑤ 反抗　肝脏　南方　散场　盘账　健将

⑥ 钢板　畅谈　浪漫　档案　盎然　抢光

⑦ 愤恨　勤恳　音信　民心　认真　枕巾

⑧ 生病　庆幸　鹏程　影星　冰冷　情形　丰盛　声明

⑨ 禁令　神经　镇静　神经　新生　尊重　端庄　健将

⑩ 并进　正品　声音　风琴　兴奋　农村　乡间　江边

十三、判断正误。对者打“√”，不对的，怎样修改？

① 一个韵母最多可以由四个音素构成，如 zhuang。

② 汉语拼音方案的韵母表中有35个韵母，所以普通话只有35个韵母。

③ 普通话的单元音韵母共有ɑ、o、e、i、u、ü、er 7个。

④ ie、ei这两个韵母的韵腹相同，都是e，其音质也是相同的。

⑤ ou、uo这两个韵母的结构相同，都是“韵头+韵腹”。

⑥ iou、uei、uen都是中响复元音韵母。

⑦“亘、恒、朕、郑”这四个音节的韵尾相同。

⑧ iu、ui与un不同，iu、ui的韵腹在后，un的韵腹在前。

⑨ 语音里的“韵母”跟诗歌中的“韵”是相同的概念。

⑩ in、ing、en、eng、ian、iang等都是鼻韵母。

十四、什么是调值？调值和调类的关系是怎样的？

十五、什么是调型？现代汉语声调基本的调型有哪几种？掌握这些基本调型对普通话声调的学习有何意义？

十六、以北京话为例，说明古今调类的对应规律。

十七、在将古今调类进行比较时，为什么会出现“调类相同、调值不同，调类不同而调值相同，或调类数量、名称很不相同的现象？

十八、将北京话、烟台话、广州话声调调类进行比较，指出它们的异同。

十九、普通话的调值、调类、调型各是怎样的？举例说明。

二十、什么是入声字？舒入声和促入声的主要区别是什么？

二十一、有人说：“我们那里的方言没有去声调，我们那里的‘快、看’读成‘44’，所以学习普通话的去声调很困难。”这样的说法正确吗？为什么？

二十二、读准记熟下列词语的普通话声调：

① 四声顺序字

山　明　水　秀　　桌　识　笔　客

英　雄　好　汉　　黑　白　雪　月

② 单字声调

诗　巴　抛　昌　　吾　胡　夺　残

雨　马　毁　请　　饿　干　帽　痛

③ 同声同韵母四声顺序调

诗　时　使　式　　巴　拔　靶　爸

抛　袍　跑　炮　　昌　常　厂　唱

乌　吴　捂　误　　呼　胡　虎　户

多　夺　躲　垛　　参　蚕　惨　灿

④ 四声逆序调

大 好 河 山　　热 火 朝 天

刻 苦 读 书　　奋 起 直 追

万 里 长 征　　赤 胆 红 心

刻 骨 铭 心　　字 里 行 间

⑤ 对比

参 加 防 洪　　实 行 包 工

斗 志 昂 扬　　从 长 计 议

赶 紧 报 到　　诗 歌 舞 蹈

鲜 花 水 果　　毕 业 展 览

第三节　语音组合和语流音变

一　语音组合

（一）音节结构

普通话的音节是由不同的语音零部件按照一定的方式组合而成的。

普通话音节结构表

结构成分 / 音节 / 例字		声母	韵母				声调
			韵头（介音）	韵腹（主要元音）	韵尾		
					元音	辅音	
雨	yǔ			ü			上声
娃	wá		u	a			阳平
爱	ài			a	i		去声
又	yòu		i	o	u		去声
输	shū	sh		u			阴平
雪	xuě	x	ü	ê			上声
拼	pīn	p		i		n	阴平
粮	liáng	l	i	a		ng	阳平

普通话音节的结构，可以从不同的角度来分析。

1. 声、韵、调角度分析音节结构

传统的汉语音韵学分析音节结构的方法，将音节分为声母、韵母两大部分，音节前面的部分是声母，后面的部分是韵母。声调是贯穿音节始终的音高现象。声母、韵母、声调是沿用传统音韵学分析音节结构的概念。

从音节结构表可以看出，有的音节开头没有辅音，这样的音节称为零声母音节，其声母称为零声母。

韵母内部又分韵头、韵腹、韵尾。韵腹是音节的主要元音，是音节中发音最响亮、听感上最显著的部分。每个音节都有韵腹。作韵腹的有 ɑ、o、e、ê、i、u、ü、-i [ɿ]、-i [ʅ]、er10 个。韵头是韵腹前面的音，为了教学的方便，又叫介音，是介于声母和韵腹之间的音；韵头有 i、u、ü 3 个。作韵尾的有-i、-u、-n、-ng 4 个。

从声母和韵母两大部分的组合来分析，普通话的音节结构有以下 8 种类型：

(1) 有主要元音，即韵腹，没有声母、韵头、韵尾，如“雨”；

(2) 有韵头、韵腹，没有声母、韵尾，如“娃”；

(3) 有韵腹、韵尾，没有声母、韵头，如“爱”；

(4) 有韵头、韵腹、韵尾，没有声母，如“又”；

(5) 有声母、韵腹，没有韵头、韵尾，如“输”；

(6) 有声母、韵头、韵腹，没有韵尾，如“雪”；

(7) 有声母、韵腹、韵尾，没有韵头，如“拼”；

(8) 有声母、韵头、韵腹、韵尾，如“粮”。

由此可见，音节除韵腹不能缺少之外，声母、韵头、韵尾中的某个成分有可能缺少。声调是每个音节都具备的。声调符号标在韵腹即主要元音上。

根据音节结构表和以上的分析，可以看出普通话的音节结构有以下几个主要特点：

(1) 每个音节都有韵母和声调，不是都有辅音声母。也就是说，韵母带上声调可以自成音节 (-i、ong 除外)。

(2) 音节都有韵腹 (10 个单韵母 ɑ、o、e、ê、i、u、ü、-i [ɿ]、-i [ʅ]、er 都可以作韵腹)，不是都有韵头和韵尾。

(3) 音节中的韵头由 i、u、ü 充当，韵尾由 i、u、n、ng 充当。

(4) 有的音节由声母、韵头、韵腹、韵尾四个部分组合而成，有的音节只由韵腹一个部分构成。

2. 从音素角度分析音节结构

从音素角度分析音节，音节结构具有如下几个主要特点：

(1) 音节至少由1个元音音素构成，如“雨”；最多由4个音素组合而成，如“粮”。

(2) 音节的声母都由辅音充当；韵母由元音或元音组合而成，或由元音与辅音组合而成，如“输、雪、拼”。

(3) 音节中的元音最多有3个，而且可以连续排列，分别作韵母的韵头、韵腹、韵尾，如“又、怀”。

(4) 音节开头可以没有辅音，由元音自成音节，如“娃”。音节中的辅音出现在音节的开头作声母，或出现在音节的末尾作韵尾，如“观”。没有辅音连续排列的现象。

(5) 音节中韵母的韵头由元音 i、u、ü 充当；韵腹由10个元音充当；韵尾由元音 i、u 和辅音 n、ng 充当。

3. 从字母角度分析音节结构

无论是声母、韵母，还是元音、辅音，它们都是由汉语拼音字母这一书写符号来表示的。从字母角度分析音节结构，就是看音节的声母、韵母或元音、辅音是由哪些书写符号、多少书写符号来表示的。

汉语拼音字母是表示声母、韵母的书写符号，它包括字母的名称、形体、顺序。从字母角度分析音节的结构主要运用字母的名称，以便字母同声母、韵母相区别。比如，音节 zhuang 是由声母 zh 和韵母 uang 组合而成的，那么，zh 和 uang 分别是由哪些字母表示的呢？声母 zh 是由字母 z（zê）、h（ha）表示的，韵母 uang 是由字母 u（u）、a（a）、n（nê）、g（gê）表示的，也可以说是由6个字母表示的。又如，音节 nan 由3个音素组合而成，辅音音素 n 由字母 n（nê）表示，元音音素 a 由字母 a（a）表示，辅音韵尾 n 由字母 n（nê）表示。

（二）声韵调配合规律

普通话语音的21个辅音声母、39个韵母和4个声调，是构成普通话语音系统的零部件。普通话语音系统的构成，需要声母、韵母、声调的匹配和拼合。

普通话语音的声母、韵母和声调的配合有很强的规律性。了解和掌握普通话语音的声韵配合规律，对于学好普通话，克服方音的干扰，掌握汉语拼音音节的拼写，具有重要作用。

声韵配合关系是指声母和韵母之间的连接关系。声母与韵母的连接最直接的是声母与韵母开头的音的关系。因此，其规律性主要表现在声母的发音部位和韵母四呼的关系上。传统的汉语音韵学将韵母分为开口呼、齐齿呼、合口呼、撮口呼四类。普通话语音借用传统的“四呼”将韵母分行排列。

根据声母的发音部位和韵母的“四呼”，普通话声韵配合关系列表如下：

普通话语音声韵配合关系表

配合关系 韵母四呼 / 声母		开口呼	齐齿呼	合口呼	撮口呼
双唇音 b p m		+	+	+（限于 u）	−
唇齿音 f		+	−	+（限于 u）	−
舌尖中音	d t	+	+	+	−
	n l	+	+	+	+
舌根音 g k h		+	−	+	−
舌面音 j q x		−	+	−	+
舌尖后音 zh ch sh r		+	−	+	−
舌尖前音 z c s		+	−	+	−
零声母 ø		+	+	+	+

表中的“+”表示有声韵配合关系，“−”表示没有声韵配合关系。

从上表可以看出普通话声母和韵母配合的主要规律：

(1) 同开口呼韵母配合的声母最多，只有舌面音 j、q、x 不能配合。

(2) 同撮口呼韵母配合的声母最少，只有舌面音 j、q、x 和舌尖中音的 n、l 能配合。

(3) 同四呼韵母都配合的只有舌面中音 n、l。

(4) 舌根音 g、k、h，舌尖后音 zh、ch、sh、r，舌尖前音 z、c、s，这三组声母只同开口呼、合口呼韵母配合，不同齐齿呼、撮口呼韵母配合。

(5) 舌面音 j、p、x 只同齐齿呼、撮口呼韵母配合，不同开口呼、合口呼韵母配合。

(6) 双唇音 b、p、m 和唇齿音 f 同合口呼韵母配合仅限于单韵母 u。

表中所示的某组声母与某呼韵母没有配合关系，是指该组声母不与该呼的任何一个韵母相拼合。某组声母与某呼韵母有配合关系，并不是指该组声母与该呼所有的韵母相配合，只是与部分韵母相配合。比如，n、l 同撮口呼韵母配合，实际只与 ü、üe 配合，但并不与 üan、ün 配合。又如，d、t 与齐齿呼韵母有配合关系，但 d、 t 并不同齐齿呼韵母 in 拼合，却同 ing 配合，利用这个规律，可以判定“丁、盯、钉、顶、定、听、停、挺”是后鼻音，方言区的人可以依照这个规律记准普通话字音。还比如舌尖前音 z、c、s 同合口呼韵母有配合关系，但却不同 ua、uai、uang 相配合，利用这个规律，就能断定“抓、刷、拽、踹、甩、庄、窗、双”这些字的声母不是平舌音而是翘舌音。

上述 6 条规律是比较粗略的。普通话 21 个辅音声母和 39 个韵母按照声韵配合规律，可以拼出 400 多个基本音节。将这些音节编制成一个《普通话基本音节表》(见插表)，可以帮助我们具体地了解每一个音节的拼合情况，掌握普通话声韵配合规律，以矫正方音。

（三）音节的拼读和拼写

1. 音节的拼读

(1) 拼读的要领。

拼读时要注意以下几点：第一，声母要念本音。绝大多数音节都有辅音声母，辅音的发音不响亮。《汉语拼音方案》声母表中规定声母的后头带着一个元音。如 d 念成 de（得），称作“呼读音”。拼音的时候，要把声母后的元音去掉，只用它的本音即实际音值跟韵母相拼。第二，声母和韵母之间不要间断。拼音就是把声母和韵母连续快读成音节，例如，“趴”的拼音，就是把 p 和 a 连续快读成 pa，p 和 a 之间不能停顿。第三，复韵母和鼻韵母要念得准确熟练。复韵母是两个或三个元音音素组合而成的，鼻韵母是由一个或两个元音音素与一个辅音音素组合构成的。这些音素结合紧密，拼读时，要把它们作为一个整体同声母拼合，念准确，以免出现拼音时把韵头、韵腹、韵尾读得不自然、不和谐，或者丢失韵头或韵尾的情况。

(2) 拼音的方法。

拼音有以下几种方法：第一，两拼法。两拼法就是用 21 个声母和韵母表中的 35 个韵母直接拼成音节。不管韵母的结构是简单还是复杂，都把韵母当作一个整体与声母相拼。例如：

沙 sh—ā→shā　　货 h—uò→huò

团 t—uán→tuán　　炯 j—iǒng→jiǒng

第二，三拼法。三拼法就是拼音时把有韵头的复韵母、鼻韵母的 i、u、ü 分离开来，按照“声母—韵头—主要韵母”的顺序快速连读。例如：

娘 n—i—áng→niáng　　快 k—u—ài→kuài

卷 j—ü—ǎn→juǎn

三拼法有一个突出的优点，就是不必单独去学习 i、u、ü 韵头的韵母，节省学习时间，减轻记忆 ia、iao、ua、uo、uai、ian、iang、iong、uan、uang、ueng、üan 的负担。先期学会了 a、o、i、u、ü、ai、ao、an、ang、ong、eng，有韵头的韵母的拼音就可以通过三拼法来解决。

第三，声介合母法。声介合母法是先把声母和介音（韵头）i、u、ü 拼合为整体，称为基础音节，再与后随的主要韵母相拼成音节。例如：

装 zhu—āng→zhuāng　　　　表 bi—ǎo→biǎo

全 qu—án→quán

声介合母共有 30 个：

bi　pi　mi　di　ti　ni　li　ji　qi　xi

du　tu　nu　lu　gu　ku　hu　zhu　chu　shu　ru　zu

cu　su

nü　lü　ju　qu　xu　yu

声介合母法适用于有介音的韵母的拼合，但不是所有 i、u、ü 起头的韵母都能采用声介合母法。其中 ie、iu、in、ing、ui、un、üe、ün 8 个韵母，只能使用两拼法。

在中小学，为了省教一些拼写规则，采用三拼法和声介合母法，还要求学生记住 16 个整体认读音节。它们是：

zhi　chi　shi　ri　zi　ci　si

yi　wu　yu　ye　yue　yin　ying　yun　er

2. 音节的拼写

《汉语拼音方案》对普通话音节的拼写有以下一些规定：

(1) y、w 的使用。

①《汉语拼音方案》韵母表中齐齿呼韵母，i、in、ing 在自成音节时，要分别写成 yi、yin、ying；ia、ie、iao、iou、ian、iang、iong 在自成音节时，要分别写成 ya、ye、yao、you、yan、yang、yong。

②《汉语拼音方案》韵母表中合口呼的韵母，u 在自成音节时，要写成 wu；ua、uo、uai、uei、uan、uen、uang、ueng 在自成音节时，要分别写成 wa、wo、wai、wei、wan、wen、wang、weng。

③《汉语拼音方案》韵母表中撮口呼的韵母，ü、üe、üan、ün 在自成音节时，前面加 y，并省去 ü 上两点，写成 yu、yue、yuan、yun。

上述三呼的韵母自成音节时，在原韵母前加 y、w 或改 y、w，主要是让 y、w 起分隔音节界限的作用。如果不分别加改 y、w，在拼读汉语拼音词语时就可能产生一些误会。例如：

lín yǔ（淋雨），若不加 y，可能误为 línǚ（离女）；

shēng wù（生物），若不加 w，可能误为 shēn gù（深故）；

xiān yàn（鲜艳），若不改 i 为 y，可能误为 xiā niàn（瞎念）。

（2）隔音符号（'）的使用。

① 零声母音节中以 a、o、e 开头的音节，连接在其他音节后面，如果音节的界限发生混淆，要用隔音符号隔开。例如：

yán'ān（延安）　　jiāng'ōu（江鸥）　　dìng'é（定额）

② 有些 a、o、e 开头的音节，即使不与前一音节的界限混淆，但为了使音节一目了然，也需加用隔音符号。例如：

kě'ài（可爱）　　mù'ǒu（木偶）　　shù'é（数额）

（3）ü 上两点的省略。

① ü 行的韵母同声母 j、q、x 相拼的时候，ü 上两点省略，分别写成：

jū（鞠）　　qú（渠）　　xù（蓄）

jué（绝）　　què（雀）　　xuě（雪）

juān（捐）　　quàn（券）　　xuǎn（选）

jūn（均）　　qún（群）　　xùn（迅）

② ü 行的韵母 ü、üe 同声母 n、l 相拼的时候，ü 上两点不能省略。因为 n、l 也同 u 相拼。例如：

nǚ（女）—nǔ（努）　　lǚ（旅）—lǔ（鲁）

（4）iou、uei、uen 的省写。

iou、uei、uen 与声母相拼时，它们分别省写为 iu、ui、un。例如：

m—iòu→miù（谬）　　t—uěi→tuǐ（腿）

s—ūen→sūn（孙）

（5）标调的方法。

① 声调符号标在音节的主要元音（韵腹）上。例如：

wù（务）　　è（恶）　　móu（谋）　　chǎn（铲）

lí（梨）　　qù（去）　　piāo（漂）　　guāng（光）

② 声调符号标在 i 上时，i 上的点儿省写。例如：

yī（一）　　pǐn（品）　　dìng（定）　　xíng（行）

③ iou、uei 省写成 iu、ui 之后，声调符号标在后一个元音上。例如：

xiù（绣）　　cuī（催）　　qiú（球）　　shuǐ（水）

④ 轻声不标调号。例如：

zhuōzi（桌子）　wǒmen（我们）　dòufu（豆腐）

(6) 汉语拼音正词法基本规则。

汉语是以词为单位的，汉语拼音当然应该以词为单位来拼写现代汉语。《汉语拼音方案》自 1958 年公布，全国掀起了学习汉语拼音、推广普通话的热潮。1982 年，原中国文字改革委员会组成“汉语拼音正词法委员会”，开始草拟正词法规则。1984 年 10 月，发表了《汉语拼音正词法基本规则（试用稿）》。1988 年 7 月 1 日，《汉语拼音正词法基本规则》由原国家教育委员会、国家语言文字工作委员会联合公布施行。

“正词法”又叫“正字法”或“拼写法”，指文字的形体标准和使用规范。汉语拼音正词法是用汉语拼音拼写现代汉语的规范。它包括：分词连写法，成语拼写法，人名地名拼写法，标调法，标点符号使用法，移行规则等。

① 分词连写法　以词为书写单位，这是汉语拼音拼写普通话的基本规则。词与词之间分写，词本身连写。例如：

fēngjǐng hěn měi（风景很美）

niánqīng de péngyou（年轻的朋友）

diànshìjī（电视机）　qiūhǎitáng（秋海棠）

wúfèng gāngguǎn（无缝钢管）

hóngshízìhuì（红十字会）

niánnián（年年）　shuōshuo（说说）

yánjiū yánjiū（研究研究）

xuěbái xuěbái（雪白雪白）

② 成语拼写法　四言成语是分为两个双音节来念的，中间加短横。例如：

fēngpíng-làngjìng（风平浪静）

àizèng-fēnmíng（爱憎分明）

shuǐdào-qúchéng（水到渠成）

diānsān-dǎosì（颠三倒四）

不能按两段来念的四言成语、熟语等，全部连写。例如：

bùyìlèhū（不亦乐乎）

zǒng’éryánzhī（总而言之）

hēibuliūqiū（黑不溜秋）

③ 人名、地名拼写法　汉语姓名的姓氏和名字分写。姓和名的第一个字母大

写。例如：

Láng Píng（郎平） Fú Míngxiá（伏明霞）

Shàngguān Yínzhū（上官银珠）

地名的专名和通名分写。分写的每段第一个字母大写。例如：

Sōnghuā Jiāng（松花江） Tài Hú（太湖）

Cháng'ān Jiē（长安街） Táiwān Hǎixiá（台湾海峡）

Wútóng Xiàng（梧桐巷） Zhāngzhīdòng Lù（张之洞路）

行政区域名称的专名与通名分写。专名和通名的第一个字母大写。例如：

Wǔhàn Shì Qiáokǒu Qū（武汉市硚口区）

Húběi Shěng Tiānmén Shì Duōbǎo zhèn

（湖北省天门市多宝镇）

地名中的数词一般用拼音书写。例如：

Sānmén Xiá（三门峡） Wǔzhǐ Shān（五指山）

Jiǔlóng Jiāng（九龙江）

企事业单位名称中的代码和序数词用阿拉伯数字书写。例如：

Yíchāng 403 Chǎng（宜昌 403 厂）

501 Kuàngqū（501 矿区）

Hángtiān 3 Yuàn（航天 3 院）

④ 大写字母的用法　句子开头的第一个字母大写。这里所说的句子，是指散文里以句号为单位的一句话，也指诗歌中的每一行。例如：

Hé tā de wéirén yīyàng，tā zuò xuéwen yě shì yīsī-bùgǒu de.

和他的为人一样，他做学问也是一丝不苟的。

Kūshù zài lěngfēng li yáo， 枯树在冷风里摇，
Yěhuǒ zài mùsè zhōng shāo. 野火在暮色中烧。
A! 啊！
Xītiān hái yǒu xiē cánxiá， 西天还有些残霞，
Jiào wǒ rúhé bù xiǎng tā? 教我如何不想她？

汉语人名、地名拼写大写字母的使用，详见上述人名、地名拼写法。

国家、团体、组织等专有名词的第一个字母大写。专有名词由几个词组成的，各个词分写，每个词的第一个字母大写。例如：

Zhōnghuá Rénmín Gònghéguó 中华人民共和国

Húběi Shěng Fùnǚ Liánhéhuì　　湖北省妇女联合会
Shàonián Xiānfēngduì　　少年先锋队
Tiānjīn Shèhuì Kēxuéyuàn　　天津社会科学院

报刊名称、商标和商店名称、书名和文章题目、宣传专栏标题，可以全部用大写字母，不标声调。例如：

GUANGMING RIBAO　　光明日报
YUWEN JIANSHE　　语文建设（杂志）
XINHUA SHUDIAN　　新华书店

⑤ 短横的使用　短横“-”作为连接号，表示词语之间的连接关系。例如：

lù-hǎi-kōngjūn　　陆海空军（并列关系）
zhèng-xié　　政协（缩略语）
shíwǔ-liù tiān　　十五六天（概数）
rén-jī duìhuà　　人机对话（便于阅读理解）

短横还可以用于拼写的移行。拼音句子的双音节或多音节词语在书写或排印时，因行末的位置不够，一个词语没能连在一起，移行时可将短横放在上行末，表示该词语上下行音节的连接。如果要移行的音节处原本就有一个短横，就在下一行开头再加一个短横。

⑥ 标点符号的使用　在用汉语拼音书写完整的句子时使用的标点符号，与汉字书写时使用标点符号基本相同，只有句号使用上的区别。汉语拼音书写时的句号用实心圆点“.”，以免使用“。”同汉语拼音字母“o”发生混淆。

二　语流音变

在言语活动过程中，由于相连音节的相互影响或表情达意的需要，有些音节的语音发生程度不同的变化，这种现象称为语流音变。

语流音变是普通话中的自然现象。汉语声调和语调的平升曲降，大量语词的轻重格式搭配，组词造句的较大灵活性，以及人们对语言的约定俗成，使语音中的一些因素自然要发生变化。

掌握了语流音变，给人以语音自然和谐之感，不觉生硬、别扭。比如，方言区的人常把对人尊称的“先生”说成 xiān shēng，把“知识”说成 zhīshí，就不合普通话的习惯。又如，普通话中的儿化韵能表示一种亲切喜爱的感情色彩，如“小孩儿 xiǎoháir”，就有这种意味。

普通话的语流音变主要包括变调、儿化、语气词“啊”的变化。

（一）变调

在语流中，由于相连音节的相互影响，使某个音节本来的调值发生了变化，这种变化叫做变调。

1. 轻声

(1) 什么是轻声。

语流中的不少音节失去其原有的声调，念成又短又轻的调子，这种声调就是轻声。轻声主要由音长决定，又短又轻是轻声的本质特征。例如：

他的　巴掌　熟悉　麻烦　动静　太阳　老实　喜欢

轻声音节的音值往往发生一些变化。最明显的是韵母的弱化。例如：

哥哥 gēge [kɤ kə]　　棉花 miánhua [miæhuə]

这两个轻声音节的元音舌位趋于中央。有时轻声音节会导致某些音素脱落，如"豆腐"、"丈夫"、"工夫"中的 fu，韵母 u 几乎在口语中消失，只留下清辅音 f。

(2) 轻声的作用。

① 一部分双音节轻声词有区别词义的作用。例如：

东西 dōngxī（指东和西两个方向）：这条路是东西向的。

dōngxi（物件）：这是什么东西？

眉目 méimù（眉毛和眼睛）：眉目清秀。

méimu（事情的头绪）：住房扩建的事还没有眉目。

是非 shìfēi（正确和错误）：我们要明辨是非。

shìfei（口舌、纠纷）：这个小孩儿尽惹是非。

② 有的双音节轻声词能区别词性和词义。例如：

自然 zìrán（名词）：他是从事自然科学研究的。

zìran（形容词）：在陌生人面前他显得很不自然。

花费 huāfèi（动词）：不要把时间花费在闲聊上。

huāfei（名词）：买书的花费真不小。

③ 有的双音节轻声词改变了语素组合后的性质，语言单位的大小有别。例如：

干事 gàn shì（短语）：他干事利索。

干事 gànshi（名词）：老孙当了六年的文教干事。

拉手 lā shǒu（短语）：小朋友拉手告别。

拉手 lāshou（名词）：衣柜上的拉手很漂亮。

④ 还有的轻声词和非轻声词，词形有异。例如：

眼镜 yǎnjìng（名词）：这是一副老花眼镜。

眼睛 yǎnjing（名词）：他的眼睛很好。

字句 zìjù（名词）：字句通顺。

字据 zìju（名词）：一张借钱的字据。

电子 diànzǐ（名词）：正负电子对撞机。

垫子 diànzi（名词）：上体育课需要十床垫子。

(3) 轻声的规律。

轻声比较灵活，有一些是有规律可循的。有较强规律性的轻声词，从词形上比较容易识别和掌握。

① 结构助词“的、地、得”，动态助词“着、了、过”，语气助词“吗、吧、呢、啊、啦、嘛”一般读轻声。例如：

我的　高兴地说　洗得干净　听着　熟了　看过

去吗　走吧　他呢　你真行啊　得啦　别客气嘛

② 名词、代词的后缀“子、头、巴、们、么”一般读轻声。例如：

扇子　木头　嘴巴　咱们　人们　什么　那么

③ 名词、代词后的方位词“上、下、里、边”等一般读轻声。例如：

桌上　地下　屋里　那边

④ 动词、形容词后的趋向动词“去、来、开、起来、出去、过来”等一般读轻声。例如：

拿去　回来　过来　让开　站起来　跑出去　搬过来

⑤ 叠音词的第二个音节及重叠动词中的“一”和“不”一般读轻声。例如：

说说　看看　读读　谈一谈　想一想

来不来　肯不肯　收拾不收拾

⑥ 某些量词“个、些”等一般读轻声。例如：

这个　那些　买个脸盆　披件衣服

⑦ 作宾语的人称代词“我、你、他”一般读轻声。例如：

他借我钢笔　请你来　叫他吃饭

⑧ 动词后的介词“在、到”一般读轻声。例如：

放在里边　拿到车上

⑨ 动词的某些结果补语一般读轻声。例如：

站住　打开　关上

⑩ 部分四音节词语的衬字一般读轻声。例如：

糊里糊涂　丁零当啷　黑不溜秋

⑪ 音节重叠的亲属称谓第二个音节一般读轻声。例如：

奶奶　妹妹　爸爸　哥哥

(4) 规律性不强的轻声词和“必读轻声词”。

普通话中不少双音节词习惯上念轻声，这些轻声词规律性不强。例如：

女婿　媳妇　豆腐　头发　玻璃　结实

明白　应酬　眼睛　窗户　苍蝇　认识

北京话里有3000多个双音节词习惯上念轻声，大部分双音节轻声词不起区别意义的作用。经过语言学者的统计研究，筛选出常用必读轻声词200条。

必读轻声词200条

巴结　巴掌　包袱　本事　荸荠　编辑　扁担　别扭　玻璃　薄荷　簸箕　不是
裁缝　苍蝇　柴火　称呼　出息　畜生　炊帚　刺激　聪明　凑合　耷拉　大方
大爷　大意　大夫　耽搁　得罪　灯笼　嘀咕　地道　地方　地下　东西　动弹
豆腐　对头　多少　哆嗦　耳朵　翻腾　分析　风筝　高粱　胳膊　疙瘩　工夫
功夫　姑娘　故事　棺材　官司　规矩　闺女　过去　哈欠　含糊　核桃　合同
狐狸　葫芦　胡同　糊涂　滑溜　馄饨　活泼　伙计　机灵　家伙　见识　糨糊
交情　街坊　结实　戒指　精神　开通　口袋　窟窿　困难　喇叭　烂糊　老婆
老实　老爷　冷战　篱笆　里脊　利害　痢疾　粮食　趔趄　铃铛　溜达　琉璃
啰嗦　萝卜　骆驼　麻烦　马虎　买卖　玫瑰　棉花　明白　名堂　名字　蘑菇
模糊　脑袋　念叨　奴才　暖和　佩服　朋友　琵琶　枇杷　屁股　便宜　葡萄
千斤　亲戚　清楚　情形　人家　认识　软和　丧气　扫帚　商量　烧饼　少爷
牲口　生意　石榴　实在　使唤　事情　收成　收拾　舒服　算盘　踏实　抬举
太阳　体面　笤帚　头发　妥当　外甥　晚上　温和　窝囊　稀罕　吓唬　下水
先生　相声　消息　笑话　心思　新鲜　行李　兄弟　休息　秀才　学生　牙碜
衙门　烟筒　砚台　秧歌　养活　吆喝　钥匙　衣服　衣裳　意识　意思　应酬
冤枉　鸳鸯　月饼　云彩　在乎　早上　造化　张罗　丈夫　帐篷　招呼　折腾
芝麻　知识　指甲　妯娌　嘱咐　主意　状元　琢磨

2. 上声的变调

上声调只在单念、词句末尾念全上调值214度。大多数情况下念变调。

(1) 在非上声即阴平、阳平、去声、轻声前，念半上调，即只降不升，调值是211。例如：

上声＋阴平：北京　首都　老师　港湾　紧张　火车

上声+阳平：海洋　满足　火柴　准则　可能　果园

上声+去声：保证　反映　酒店　美丽　使用　讨论

上声+轻声：我们　椅子　老婆　耳朵　姐姐　姥姥

(2) 两个上声相连，前一个上声变成阳平。例如：

指导　理解　本领　水果　女子　老板　所以

(3) 三个上声音节相连，一般是前两个上声变阳平。例如：

展览馆　洗脸水　手写体　选举法　管理组

也可以按照语音间歇来变。如果间歇在第一个音节，第一个音节念半上，第二个音节念阳平，第三个音节不变。例如：

纸老虎　柳组长　厂党委　好领导　很理想

3. “一”“不”的变调

(1)“一”的变调。

“一”单念、在词句末、在年月日中和表序数时，念本调阴平，如“一切、国家的统一、一九九一年一月二十一日、一年级的成绩全校第一”。在下面三种情况下变调：

①“一”在非去声（阴平、阳平、上声）前变去声。例如：

在阴平前：一天　一般　一生　一家　一斑

一瞥　一心　一些　一张　一经

在阳平前：一年　一条　一直　一群　一时

一鸣　一齐　一团　一同　一行

在上声前：一亩　一起　一手　一宿　一准

一早　一举　一板　一眼　一股

②“一”在去声前变为阳平。例如：

一定　一切　一致　一律　一共　一向　一并

③“一”夹在词语中间念轻声。例如：

瞧一瞧　走一走　跑一跑　跳一跳　试一试

(2)“不”的变调。

“不”在单念、在句末念本调去声，如“不、我偏不”；在非去声（阴平、阳平、上声）前也念去声，如“不安、不能、不久”。在下面两种情况下变调：

①“不”在去声前变阳平。例如：

不用　不幸　不会　不论　不怕　不愧　不坏

② 夹在动词、形容词或动补结构之间，念轻声。例如：

要不要　做不做　行不行　好不好　大不大

说不清　学不会　读不准　跑不动　跳不远

（二）儿化

er除自成音节之外，还可以和前一个音节结合，使这个音节的韵母发生变化，成为卷舌韵母，这种音变现象叫“儿化”。因儿化发生音变的韵母叫“儿化韵”。

1. 儿化的发音

儿化的发音，要把握一条基本规则：便于卷舌的直接加-r，不便于卷舌的加er，或去掉复韵母、鼻韵母末尾的音素，尾音脱落后再加-r或er。这一规律，大致表现在四种情况中：

(1) 便于卷舌的直接加-r。“便于卷舌”是指韵母的发音开口度大，末尾音素是舌位较低或较后的元音（ɑ、o、e、ê、u），卷舌时舌尖不受阻碍。例如：

鲜花儿 xiānhuār　　　大伙儿 dàhuǒr

唱歌儿 chànggēr　　　白兔儿 báitùr

(2) 不便于卷舌的就加er。“不便于卷舌”是指原韵母发音的舌位与卷舌发生冲突，末尾音素是前、高元音（i、ü），舌尖元音（-i），或鼻韵尾（n、ng），卷舌时舌尖受到阻碍，有的抵住了上齿龈，有的抵住了硬腭前端。具体说来就是：

① 加er或丢掉主要元音（-i前，-i后）之后再加er。例如：

小鸡儿 xiǎojīer　　　金鱼儿 jīnyúer

词儿 c（í）er　　　事儿 sh（ì）er

② 带韵尾的韵母不便于卷舌的，韵尾脱落后加-r。例如：

椅背儿 yǐbè（i）r　　　墨水儿 mòshǔ（i）r

一点儿 yìdiǎ（n）r　　　树根儿 shùgē（n）r

③ 有后鼻韵尾-ng的韵母，除-ng脱落，按上述规则变化外，主要元音还要读成鼻化音（用“～”表示）。例如：

电影儿 diãnyǐ(ng)er　　小庄儿 xiǎozhuã(ng)r

2. 儿化的作用

(1) 区别词义和词性。例如：

头（脑袋）≠头儿（首领，领导）

盖（动词）≠盖儿（名词）

(2) 儿化词含有“小”、“少”、“轻微”的意思。例如：

小孩儿（儿童）　　一丁点儿（指量极少）

小事儿（不是重要的事）

(3) 儿化常带有某种特殊的感情色彩。例如：

红红的小脸蛋儿（喜爱的感情）

他是一个慈祥的老头儿（亲切的语气）

一股难闻的臭味儿（厌恶）

他是个小偷儿（鄙视）

您可慢慢儿走（关心）

3. 掌握必读儿化词

儿化词使说话更加和谐、生动，富有表现力，对那些起区别意义作用、使用频率较高的儿化词，应尽快掌握。下面是“必读儿化词”。

必读儿化词表（1）

瓣儿 老伴儿 板擦儿 碴儿 没错儿 脸蛋儿 点儿 一点儿 兜儿 份儿饭 干儿 包干儿 盖儿 笔杆儿 光杆儿 羊羔儿 饱嗝儿 打嗝儿 个儿 易拉罐儿 打滚儿 冰棍儿 光棍儿 男孩儿 女孩儿 小孩儿 外号儿 猴儿 核儿 会儿 一会儿 活儿 大伙儿 皮筋儿 劲儿 烟卷儿 角儿 壳儿 块儿 一块儿 时髦儿 门儿 纳闷儿 面儿 哪儿 那儿 娘儿俩 牌儿 照片儿 球儿 圈儿 雪人儿 桑葚儿 口哨儿 模特儿 大婶儿 聊天儿 头头儿 奔头儿 劲头儿 老头儿 玩儿 味儿 被窝儿 心窝儿 馅儿 眼儿 心眼儿 字眼儿 好样儿的 爷儿俩 玩意儿 这儿 子儿 庄儿

必读儿化词表（2）

（本表儿化词是表（1）单音词的主要衍生词）

花瓣儿 蒜瓣儿 豆瓣儿酱 橘子瓣儿 一瓣儿蒜 老伴儿 板擦儿 碗碴儿 玻璃碴儿 冰碴儿 没错儿 脸蛋儿 差点儿 快点儿 晚点儿 有点儿 雨点儿 半点儿 一点儿 裤兜儿 衣兜儿 网兜儿 份儿饭 鱼干儿 豆腐干儿 葡萄干儿 包干儿 壶盖儿 瓶盖儿 宝盖儿 指甲盖儿 笔杆儿 光杆儿 羊羔儿 饱嗝儿 打嗝儿 矮个儿 大个儿 高个儿 挨个儿 易拉罐儿 打滚儿 冰棍儿 光棍儿 男孩儿 女孩儿 小孩儿 外号儿 大猴儿 孙猴儿 猴儿王 耍猴儿 梨核儿 杏核儿 煤核儿 等会儿 坐会儿 多会儿 这会儿 一会儿 干活儿 零活儿 重活儿 力气活儿 庄稼活儿 大伙儿 皮筋儿 闯劲儿 干劲儿 使劲儿 有劲儿 起劲儿 心劲儿 天真劲儿 一个劲儿 烟卷儿 丑角儿 名角儿 配角儿 捧角儿 主角儿 蚌壳儿 贝壳儿 蛋壳儿 乌龟壳儿 子弹壳儿 硬壳儿 外壳儿 脑壳儿 土块儿 石块儿 冰块儿 碎块儿 成块儿 块儿煤 一块

儿 时髦儿 柜门儿 炉门儿 月亮儿 走后门儿 纳闷儿 胡椒面儿 栗子面儿 药面儿 哪儿 那儿 娘儿俩 老牌儿 名牌儿 冒牌儿 杂牌儿 黄牌儿 照片儿 煤球儿 糖球儿 玻璃球儿 卫生球儿 火圈儿 里圈儿 外圈儿 线圈儿 圆圈儿 转圈儿 眼圈儿 面包圈儿 雪人儿 桑葚儿 口哨儿 模特儿 大婶儿 聊天儿 头头儿 奔头儿 劲头儿 老头儿 好玩儿 闹着玩儿 玩儿命 臭味儿 风味儿 京味儿 鲜味儿 香味儿 走味儿 被窝儿 心窝儿 馅儿饼 肉馅儿 什锦馅儿 露馅儿 扣眼儿 窟窿眼儿 红眼儿病 心眼儿 字眼儿 好样儿的 爷儿俩 玩意儿 这儿 瓜子儿 花子儿 结子儿 石头子儿 枪子儿 张庄儿 赵庄儿

（三）“啊”的音变

“啊”作为语气词单念，随语气和感情的变化，有多种不同调值的念法。在句末表示各种不同的语气和感情，往往与前一音节连读时产生连读音变。“啊”的连读音变主要有以下几种：

1. 在元音后的音变

（1）在 a、o、e、ê、i、ü 后念 ia，其汉字形体也可以写作“呀”。例如：

你说的是他啊/呀！

你得仔细琢磨琢磨啊/呀！

多么迷人的秋色啊/呀！

明天是教师节啊/呀！

我的笔丢到什么地方去了呢？奇怪啊/呀！

好大的雨啊/呀！

（2）在 u（ao、iao 中的 o 实际发音是较松的 u）后念 ua，其汉字形体也可以写作“哇”。例如：

听人说大厅里在展销新书啊/哇！

你看这葡萄长得多好啊/哇！

我都十八岁了，还小啊/哇！

（3）在-i（后）（zhi、chi、shi、ri）和 er 后念 ra，在-i（前）（zi、ci、si）的后面念 [za]。例如：

唐诗啊，宋词啊，他能背两百多首。

这么精密的仪器可不能闹着玩儿啊！

2. 在两个辅音韵尾后的音变

(1) 在-n 后念 na，其汉字形体也可以写作“哪”。例如：

今年真是风调雨顺啊/哪！

小心触电啊/哪。

(2) 在-ng 后念 nga。例如：

这么快就做完了，你可真行啊！

长江后浪推前浪，一代更比一代强啊！

检测与思辨

一、汉语音节结构可以从哪几个角度来分析？

二、普通话声母和韵母的配合主要有哪几条规律？

三、什么是“四呼”？“四呼”各包括哪些韵母？

四、分析下列音节的结构成分：

把 bǎ　　骇 hài　　我 wǒ　　鸟 niǎo　　吹 chuī

永 yǒng　　训 xùn　　别 bié　　狂 kuáng　　鹅 é

五、根据声韵配合规律，改正下列音节的拼写错误，并说明理由：

zhiǎng 长　　jān 监　　tín 庭　　suài 帅　　nò 落

tuēng 通　　pǒng 捧　　bé 白　　shǔ 许　　luì 累

六、下列音节的拼写都有错误，请予以纠正：

愿望 üànuàng　　悠久 yoūjiǒu　　穷困 qóngkuèn

预约 yùyűe　　野鸭 yiěyiā　　菱藕 líengǒu

硬卧 ìnguò　　顺水 shùenshueǐ　　雄鹰 xóngīng

企鹅 qǐuó　　军营 jūnún　　外围 uàiueí

七、拼写下列词语：

影院　　润色　　确凿　　遵守　　夸奖　　否定

年轮　　海鸥　　标准　　顶峰　　桂林　　宣传

谋略　　碰壁　　团结　　赔偿　　邮册　　能人

八、读准下列轻声词，并注拼音：

休息　　麻烦　　村子　　体面　　留下　　对的

坐着　　头发　　钥匙　　衣裳　　葡萄　　嘴巴

懂得　　相声　　棉花　　他们　　聪明　　学过

梦里　　清楚　　什么　　口袋　　行吗　　兄弟

太阳　　出来　　脑袋　　姑娘　　跟头　　芝麻

九、写出下面“一”、“不”变调的实际读音：

一问一答　　一手一足　　一左一右　　一字一板

一五一十　　一心一意　　一丝不苟　　一着不慎

一毛不拔　　一成不变　　一窍不通　　一文不名

不知不觉　　不蔓不枝　　不好不坏　　不慌不忙

不卑不亢　　不伦不类　　不屈不挠　　不三不四

不声不响　　不闻不问　　不大不小　　不言不语

不可一世　　不名一文　　不经一事　　不长一志

十、读准下列上声字的变调：

① 祖先　　北京　　铲车　　耳机　　美称　　指标

② 准则　　表白　　讲学　　语言　　访谈　　海轮

③ 转变　　反对　　扰乱　　朽木　　舞会　　讨论

④ 哨子　　脱下　　枕头　　叔叔　　尾巴　　上去

⑤ 保险　　粉笔　　冷饮　　讲解　　所长　　主体

⑥ 讲演稿　买水果　品种少　有影响　往北走

十一、有节奏地朗读下列诗歌，注意读准儿化韵：

① 风儿吹，云儿飘，
小山羊儿，咩咩儿叫，
西山坡儿上吃着草儿。
小牧童儿，大高个儿，
放学回家做点事儿，
招呼这群乖乖儿宝儿。

小黑妞儿，扎小辫儿，
手拿一束山茶花儿；
身着红背心儿，
脚穿花布鞋儿；
树上黄莺鸟儿，
地上长毛兔儿。
不是在画画儿，
像是拍像电影儿。

② 有个小孩儿叫小兰儿，

口袋里装着几个小钱儿，
又打醋，又买盐儿，
还买了一个小饭碗儿。
小饭碗儿真好玩儿，
红花绿叶镶金边儿，
中间还有个小红点儿。

十二、朗读下列句子，写出“啊”的实际读音：

珠海的环境多美啊！（　　）
这个厂的效益并不差啊！（　　）
中南地区最大的口腔医院啊！（　　）
一连下了十五天的大雨啊！（　　）
防止官僚主义滋生啊！（　　）
你不能总是挑人家的刺啊！（　　）
花了一年功夫才写出这首长诗啊！（　　）
你得三思而行啊！（　　）
要致富，先修路啊！（　　）
小商品市场的货物还真不少啊！（　　）

第四节　语音的节律

一　句　调

句调是语音的高低升降变化。它是贯穿整个句子的，但往往在句尾的音节上表现得特别明显。不同的句调可以表达不同的语气和语意。

（一）句调的类型

普通话的句调大体上可以分为平调、升调、曲调和降调四种基本类型。

1. 平调

全句的调子比较平直舒缓，没有明显的升降变化，只是有时句尾略呈下降的趋势。表示平淡、冷静、叙述等语气常用平调。例如：

① 你有什么话，嘱咐嘱咐我吧。（孙犁《荷花淀》）

②我希望这一生不要再见你。（曹禺《雷雨》）

③这条法国邮船白拉日隆子爵号正向中国开来。（钱钟书《围城》）

2. 升调

全句的调子由平升高，句尾明显上扬。表达喜悦、惊异、号召、反问等语气常用升调。例如：

④造反了！↗造反了！↗（鲁迅《阿Q正传》）

⑤全世界无产者，联合起来！↗

⑥你不怕丢脸？↗（老舍《骆驼祥子》）

3. 曲调

全句的调子先升后降，或先降后升。表达含蓄、讽刺、怀疑等语气常用曲调。例如：

⑦摆什么↗惊诧的臭脸孔呢？↘（鲁迅《"友邦惊诧"论》）

⑧这是何等地↘有责任心呀！↗（毛泽东《反对党八股》）

⑨这个卖牡蛎的↘怎么这样像于勒？↗（莫泊桑《我的叔叔于勒》）

4. 降调

全句的调子由平降低，句尾明显下抑。表示申斥、请求、劝阻、感叹等语气常用降调。例如：

⑩不要来问我！↘（茅盾《春蚕》）

⑪求你老人家可怜可怜吧！↘（赵树理《求雨》）

⑫你的心眼太好了！↘（老舍《龙须沟》）

（二）句调和字调的关系

句调的抑扬最明显地表现在句末那个字上，这样就往往会影响句末那个字的读音，使其调值发生种种变化。具体情况大致如下。

1. 升句调对字调的影响

(1) 当句调是升调时，若句末的字调也是上升（包括降升）的，则该字调再稍扬。例如：

你不怕疼$^{35\rightarrow35+}$？（"5＋"表示略高于5度）

你不怕苦$^{214\rightarrow215}$？

(2) 当句调是升调时，若句末的字调是平直的，则该字调后部稍扬。例如：

你不怕脏$^{55\rightarrow55+}$？

(3) 当句调是升调时，若句末的字调是下降的，则该字调变成降升。例如：

你不怕累$^{51\to513}$？

2. 降句调对字调的影响

(1) 当句调是降调时，若句末的字调也是下降的，则该字调再稍抑。例如：

快去看$^{51\to31}$！

(2) 当句调是降调时，若句末的字调是平直或上升的，则该字调调级落低。例如：

快去说$^{55\to33}$！

快去抬$^{35\to23}$！

(3) 当句调是降调时，若句末的字调是降升的，则该字调后部稍抑。例如：

快去写$^{214\to212}$！

以上说的是在一般情况下常见的几种变化。当说话人带有强烈的感情色彩时，还会出现临时的特殊变化。比如，在发怒时，勒令某人走开，就可以说：

叫他滚$^{214\to24}$，滚$^{214\to24}$，滚$^{214\to3255}$！

在用带有不耐烦的情绪催促人时，可以说：

要说^{55}就赶快说$^{55\to551}$！

要来^{35}就赶快来$^{35\to351}$！

要走^{214}就赶快走$^{214\to2141}$！

要去^{51}就赶快去$^{51\to5121}$！

在表示惊奇的时候，可以说：

好$^{214\to51}$家$^{55\to33}$伙^{1}！

总之，在语流中，字调因受句调的影响而产生的变化是极其复杂、细微的。我们耳朵所听到的实际调值可以说是字调和句调的合成。

二 重 音

人们在念复音词时，并不是对词中的各个音节都平均用力的，因此音节的轻重不相同。发音时用力大，音量就大，音节的读音也就重些。反之，音节的读音就轻些。一般把读音的轻重大致分为重、中、轻三个等级。

（一）词重音

词重音是指复音词里读得较重的音节。普通话中，复音词读音轻重的一般规律如下。

1. 双音节词

带有轻声音节的双音节词，按“重轻”格式读；不带轻声音节的，按“中重”格式读。例如：

石头　玻璃　打扫　衣服

事实　许多　地球　流行

2. 三音节词

中间带有轻声的三音节词，按“中轻重”格式读；不带轻声的，按“中中重”格式读。例如：

棉花糖　指甲油　太阳岛

夹心糖　黄蜡油　秦皇岛

3. 四音节词

第二个音节为轻声的四音节词，按“中轻中重”格式读；不带轻声的，按“中重中重”格式读。例如：

黑不溜秋　稀里糊涂　圆咕隆咚

清华大学　光杆司令　据理力争

（二）句重音

句重音是指一句话里读得较重的词或短语。句重音可分为语法重音和逻辑重音两种。

1. 语法重音

根据句子的语法结构，用自然音量读成的重音叫语法重音，其一般规律如下。

(1) 谓语或谓语中的主要动词比主语读得重一些。例如：

今天星期三。

秋天到了。

火车开来了。

(2) 宾语比动词读得重一些。例如：

兄弟两个，一个学文科，一个学理科。

今年暑假她去成都了。

(3) 定语、状语、表结果和表程度的补语比中心语读得重一些。例如：

雷锋的一生是平凡而伟大的一生。

他非常懊悔。

麦苗长得绿油油的。

九寨沟漂亮极了。

(4) 疑问代词和指示代词比别的词读得重一些。例如：

刚才，四老爷和谁生气呢？

那儿来了一个人。

2. 逻辑重音

为了突出语意重点或为了表达强烈感情而加强音量读出来的重音，叫逻辑重音。其一般规律如下。

(1) 一句话中，能体现说话人的表意重点的词语，如表示肯定、否定、对比、比喻、夸张、反复等词语，都读逻辑重音。例如：

是的，你说得不错，我是这样说过。

不在沉默中爆发，就在沉默中灭亡。

完了完了，这场球输定了。

(2) 一句话中，能突出表达说话人强烈感情的词语，如表示诘问、愤慨、憎恶、惊惧、讥讽、敦促、夸赞等感情色彩的词语，都读逻辑重音。例如：

难道这个字你不认识？

无耻叛徒，你出卖了我们！

多美啊，北京的初冬！

另外，还须指出两点。第一，语法重音要服从于逻辑重音，就是说，一句话里如果有了逻辑重音，语法重音就要随着消失。例如：

周朴园　……你自己带走的儿子在哪儿？

鲁侍萍　他在你的矿上做工。

周朴园　我问，他现在在哪儿？（曹禺《雷雨》）

在前一个问句中，“哪儿”是疑问代词，按语法重音规律，应重读；在后一个问句中，“哪儿”照说也是语法重音，但实际上不能重读。这是因为，当时的语境是，周朴园想知道，就在他跟鲁侍萍谈话的那个时刻，他们的儿子在什么地方，所以“现在”应该读逻辑重音。当然，逻辑重音和语法重音刚好重合的现象也是常有的。

第二，语法重音对意义的影响很小，而逻辑重音对语意的表达有关键性作用。有时，同样一句话，逻辑重音不同，意思也就不同。例如：

他会骑自行车。（表示：是他，而不是别人。）

他会骑自行车。（表示：是会，而不是不会。）

他会骑自行车。（表示：是骑，而不是修理。）

他会骑自行车。（表示：是自行车，而不是别的车。）

三 节 奏

语音以其音步的回旋、停顿的久暂、韵脚的和谐、平仄的变化等特征，形成明快、晓畅的节奏，体现出语言的音乐美。

（一）音步

音步又称节拍，是指每隔一定的时间重复出现有一定强弱分别的一系列拍子。它是显示节奏的基本单位。汉语的每个音步包括1～3个音节，以2音节为最普遍。人们即使单念一个词或短语，也有一定的习惯，往往把一串音节分成几个音步，每个音步的时值（音的长度所占的时间）大体相同。情况大致如下。

(1) 3音节词语的音步　3个音节的词语读成2个音步，语音段落是2＋1。例如：

太阳/能　大动/脉　真善/美

(2) 4音节词语的音步　4个音节的词语读成2个音步，语音段落是2＋2。例如：

彩色/粉笔　教他/汉语　在世/界上

打/落水狗　电视/机厂　男女/老少

(3) 5音节词语的音步　5个音节的词语读成3个音步，语音段落一般是2＋2＋1，或2＋1＋2。例如：

兵败/如山/倒　快刀/斩/乱麻

或者读成2个音步，语音段落一般是2＋3，或3＋2。例如：

工人/文化宫　两条腿/走路

(4) 7音节词语的音步　7个音节的词语读成4个音步，语音段落一般是2＋2＋2＋1，或2＋2＋1＋2。例如：

一个/萝卜/一个/坑　不到/黄河/心/不死

或者读成3个音步，语音段落一般是2＋2＋3。例如：

人民/教育/出版社

汉语使用者长期以来的语言习惯形成了上述节拍规律，并依此规律来组织语句。若组织语句时违背此规律，例如把“横挑/鼻子/竖/挑眼”说成“竖挑/眼/横挑/鼻子”，念起来就拗口。

这种习惯反映在诗歌里，通常是三字句、四字句读成2个音步，五字句、六字句读成2～3个音步，七字句读成3～4个音步。同时，诗歌要求各句的音步数比较匀称、均衡，以增强节奏感。当然，格律诗要求严一些，自由诗要求宽一些。例如下面诗歌的音步可以这样划分：

① 骏马，
　在/平地上/如飞地/奔走；
　有时却/不敢越过/湍急的/河流；
大雁，
　在春天/爱唱/豪迈的/进行曲，
　一到/严厉的/冬天
　歌声里/就满含着/哀愁；
公民们！
你们
　在祖国的/热烘烘的/胸脯上/长大，
　会不会
　　在/困难面前/低下了/头？（郭小川《向困难进军》）

② 心口呀/莫要/这么/厉害地跳，
灰尘呀/莫把/我眼睛/挡住了……

手抓/黄土/我/不放，
紧紧儿/贴在/心窝/上。（贺敬之《回延安》）

（二）停顿

停顿是指人们在进行言语活动时，在词语、句子或段落之间语音上的间歇。恰当地处理停顿，语言才显得间歇有序，节奏自然，语意层次分明。停顿可分为语法停顿和逻辑停顿两种。

1. 语法停顿

为了表现语法单位之间的语法关系所作的停顿，叫语法停顿。书面上的标点符号大体上可以表示语法停顿的时间，如句号、问号、感叹号＞分号、冒号＞逗号＞顿号。段落以至章节的停顿比句号等标点之后的停顿还要长一些。但是，语法停顿不能完全受标点的制约。没有标点的地方，有时也需要停顿；有标点的地方，有时也不一定停顿。

语法停顿的一般规律是：

(1) 较长的主语之后、较长的谓语之前和较长的宾语之前要停。例如：

① 我对松树怀有敬意的更重要的原因/却是它那种自我牺牲的精神。(陶铸《松树的风格》)

② 汽笛叫声/突然从那边远远的河身的弯曲地方传了来。(茅盾《春蚕》)

③ 这次走在访问猎户的路上，才忽然想到/自己原来对打猎有着这样浓厚的兴趣。(吴伯箫《猎户》)

(2) 较长的联合短语和较长的复指短语之间要停，独立语前后要停，表时空的、表情态的全句修饰语之后要停。例如：

④ 这儿有的是二十世纪的技术、/机械、/体制/和对这种体制忠实服役的十六世纪封建制度下的奴隶！(夏衍《包身工》)

⑤ 自然界中生物的发展，终于导致人类/这种能改造和征服自然的特殊生物的出现。(李四光《人类的出现》)

⑥ 据说/结婚的那几户家属，更感到光荣。(马烽《结婚现场会》)

(3) 如果有几个“的”或“地”，前几个“的”或“地”之后可停，离中心语最近的“的”或“地”之后一般不停，但中心语较长时这个“的”或“地”之后可停。例如：

⑦ 当我穿过圆穹似的/莲灰色的/繁花覆盖的/甬道的时候，也曾使我起了一阵低沉的感觉。(冰心《樱花赞》)

⑧ 那人站在原地方，小心地/两脚交替地踏着……(高尔基《母亲》)

(4) 在“主语+是+宾语”句式中，表示判断的，主语后可停，“是”之后不停；表示提请注意的，主语后不停，“是”之后可停。例如：

⑨ 广州的花市上，吊钟、桃花、牡丹、水仙等/是特别吸引人的花卉。(秦牧《花城》)

⑩ 最难得的是，/菜地西北的石崖底下有一个石窠，挖出石窠里的乱石沉泥，石缝里就涔涔地流出泉水。(吴伯箫《菜园小记》)

2. 逻辑停顿

为了突出某种语意或表达某种感情所作的停顿，叫逻辑停顿。这种停顿没有特定的规律。它因文而异，因人而异，与说话人的意图和感情有着密切的关系。逻辑停顿和语法停顿有时一致，有时不一致。例如：

⑪ 赶超，关键是时间。时间/就是生命，时间/就是速度，时间/就是力量。(郭沫若《科学的春天》)

⑫ 谁/是我们最可爱的人呢？我们的部队，我们的战士，我感到/他们/是最可爱的人。(魏巍《谁是最可爱的人》)

例⑪中标出的三处停顿，若按语法停顿的一般规律是不停顿的，但这里为了强调可以有短暂的停顿。例⑫“谁”后的停顿，既是语法停顿又是逻辑停顿，两者重合了；“他们”后面的停顿是为了强调所作的逻辑停顿。

进行言语活动时，恰当地处理停顿，能把句子的节奏显示出来，同时使语意更加明确。例如：

⑬ 工农分子，可/以自己的光荣出身傲视知识分子；知识分子，又可/以自己有某些知识傲视工农分子。（毛泽东《放下包袱，开动机器》）

如果在“可”字之后不停顿，势必读成“可以”，整个句子的意思也就不能准确地表达出来。

有时，同一句话如果停顿的地方不同，表达的意思也就不同。例如：

a. 我/要是/不要呢？

b. 我/要/是/不要呢？

某人送东西给“我”，想收买“我”。如果按 a 种停顿念，表示不接受贿赂，而且包含着言外之意：你不要以为金钱万能。如果按 b 种停顿念，表示自己在犹豫，在考虑“要”或者“不要”将引起什么样的结果。

散文的节奏性虽然不像诗歌那样突出，然而也要注意音节的整齐和协调。朗读散文，有的词句读得快一些，有的则读得慢一些；有的地方稍作停顿，有的地方则紧密连读。这样，快、慢、断、连错落有致，加上轻重音的配合，就把句子的节奏显示出来了，同时也使语意更加鲜明。试读下面的一段话，体会一下停顿的作用：

⑭ 我/从事革命斗争，//已经十余年了。///在这长期的奋斗中，//我一向是过着朴素的生活，从没有奢侈过。///经手的款项，总在数百万元；//但为革命而筹集的金钱，//是一点一滴的/用之于革命事业。///这在国方的伟人们看来，/颇似奇迹，或认为夸张；//而矜持不苟，舍己为公，却是每个共产党员具备的美德。///所以，//如果有人问我/身边有没有一些积蓄，//那/我可以告诉你/一桩趣事：///……（方志敏《清贫》）

例中符号，“/”表示略停，“//”表示稍长的停顿，“///”表示较长的停顿，“⌣”表示缩短停顿时间或者不停顿，“——”表示慢读，“══”表示快读，“.”表示重读。

（三）韵脚

在韵文里，几个处于句子末尾的同韵音节叫韵脚。让同韵音节有规律地在句尾重复出现，这叫押韵。这里所说的“同韵音节”，包括整个韵母相同的音节和韵腹、韵尾相同或相近的音节。恰当地安排韵脚，使同韵音节在相应的位置上重复出现，可使语言形成一种回环复沓的韵律美。

1. 十三辙和十八韵

“十三辙”是明清以来北方艺人归纳出来的十三个大致相近的韵部。每个韵部以两个代表字命名，如“发花”辙、“怀来”辙、“油求”辙等。当时的北方说唱文学差不多都按“十三辙”押韵，现代北方的歌谣、戏曲和不少诗歌的用韵，也都以“十三辙”为依据。除了“十三辙”之外，还有两道用儿化音节构成的“小辙儿”。把十三道大辙的一部分儿化韵归纳成两个韵部，即是两道小辙儿——“小言前儿”和“小人辰儿”。

“十八韵”是我国语言学者于 1941 年议定的作新诗的十八个韵部。每个韵部以一个代表字命名，如“麻”韵、“波”韵、“歌”韵等。

“十三辙”和“十八韵”都是根据北京音系的韵母系统归纳出来的韵部，只是前者宽一些，后者严一些。“十八韵”基本上是根据“韵腹和韵尾相同的才算同韵”的原则归纳出来的。“十三辙”中的多数辙也符合这个原则，只有少数辙，如“一七”辙、“梭坡”辙、“中东”辙比较宽，其韵腹只是大体相近罢了。

“十三辙”、“十八韵”与普通话韵母的对应关系见下表：

<table>
<tr><th rowspan="2">十八韵</th><th colspan="2">十　三　辙</th><th rowspan="2">普通话韵母</th></tr>
<tr><th>十三道大辙</th><th>两道小辙儿</th></tr>
<tr><td>一　麻</td><td>发　花</td><td rowspan="3">小言前儿</td><td>a、ia、ua</td></tr>
<tr><td>九　开</td><td>怀　来</td><td>ai、uai</td></tr>
<tr><td>十四寒</td><td>言　前</td><td>an、ian、uan、üan</td></tr>
<tr><td>五　支</td><td rowspan="4">一　七</td><td rowspan="9">小人辰儿</td><td>-i [ɿ、ʅ]</td></tr>
<tr><td>六　儿</td><td>er</td></tr>
<tr><td>七　齐</td><td>i</td></tr>
<tr><td>十一鱼</td><td>ü</td></tr>
<tr><td>二　波</td><td rowspan="2">梭　坡</td><td>o、uo</td></tr>
<tr><td>三　歌</td><td>e</td></tr>
<tr><td>四　皆</td><td>乜　斜</td><td>ê、ie、üe</td></tr>
<tr><td>八　微</td><td>灰　堆</td><td>ei、uei</td></tr>
<tr><td>十五痕</td><td>人　辰</td><td>en、in、uen、ün</td></tr>
<tr><td>十　姑</td><td>姑　苏</td><td rowspan="6"></td><td>u</td></tr>
<tr><td>十二侯</td><td>油　求</td><td>ou、iou</td></tr>
<tr><td>十三豪</td><td>遥　条</td><td>ao、iao</td></tr>
<tr><td>十六唐</td><td>江　阳</td><td>ang、iang、uang</td></tr>
<tr><td>十七庚</td><td rowspan="2">中　东</td><td>eng、ing、ueng</td></tr>
<tr><td>十八东</td><td>ong、iong</td></tr>
</table>

2. 押韵的方式

安排韵脚有以下几种常见的方式。

(1) 隔行韵。

每隔一行就出现同韵的字。一般是逢双数句押韵，单数句中只有第一句可以押韵。例如：

梳妆台啊，千万载，
梳妆台上何人在？
乌云遮明镜，
黄水吞金钗。
但见那：辈辈艄公洒泪去，
却不见：黄河女儿梳妆来。(贺敬之《三门峡——梳妆台》)

(2) 连句韵。

也叫排韵，每句都出现同韵的字。例如：

哦，我的青春、我的信念、我的梦想……
无不在北方的青纱帐里染上战斗的火光！
哦，我的战友、我的亲人、我的兄长……
无不在北方的青纱帐里浴过壮丽的朝阳！(郭小川《青纱帐——甘蔗林》)

(3) 双行韵。

每两句为一组，每组用一对同韵的字。陕北民歌“信天游”一般都是押双行韵的。例如：

打着了狐狸兔子搬家，
听见闹革命崔二爷心害怕。

白天夜晚不能睡，
一垛墙想堵黄河水。

明里查来暗里访，
打听谁个随了共产党。

听说王贵暗里闹革命，
崔二爷头上冒火星。(李季《王贵与李香香》)

除了上面几种常见的方式外，还有单数句与单数句交叉押韵和隔两三行甚至三四行才押一次韵的，这里就不一一举例了。

（四）平仄

“平”和“仄”是汉语声调的两个大的类型。“平”是平直的意思，因为阴平和阳平的声音都比较长，没有降，所以归入平声一类；“仄”是窄促的意思，上声和去声以及某些方言的入声，声音都比较短，有曲有降，所以归入仄声一类。

平声高扬、开朗、绵长，仄声低沉、收敛、短促，音的性质各有特点，因而产生的情调也不同。恰当地安排平仄，让不同的声调在相应的位置上交替出现，可使语言形成一种抑扬顿挫的声律美。

我国近体格律诗对平仄有严格的要求，安排平仄须遵循以下几条总的原则。

(1) 在一句之内，平仄以音步为单位相间交错，即“平平”之后便是“仄仄”，“仄仄”之后便是“平平”。最后一字是韵脚的须是“平”，非韵脚的须是“仄”。

(2) 在一联之内，上下两句的平仄以音步为单位双双对立，即“平平”对“仄仄”，“仄仄”对“平平”。

(3) 在两联之间，相邻两句的第二、四、六字的平仄两两相粘（就是一致），即“平”粘“平”，“仄”粘“仄”。

以上三点，对于处在节奏点上的第二、四、六这三个字，要求是很严格的，而对第一、三、五这三个字是可以通融的。不过，当第六、七两字的平仄已经相同时，则要求第五字的平仄跟它们不同，所以第五字的平仄的灵活性是很有限的。而像“平平仄仄平”这样五言句的第一字，“仄仄平平仄仄平”这样七言句的第三字，也不可通融。如果这两处用了仄声字，则犯了“孤平”（即一句之中除韵脚为平声外，只有一个平声字)。这也是近体诗之大忌。因此，所谓“一、三、五不论”不能一概而论，有的一、三、五则是非论不可的。

律诗的平仄格式，不外乎平起式和仄起式两种。毛泽东的《七律·长征》是平起式，下面录的毛泽东的《七律·到韶山》是仄起式：

别梦依稀咒逝川，
仄 仄 平 平 仄 仄 平
故园三十二年前。
(仄)平(平)仄仄平平
红旗卷起农奴戟，
仄 平 仄 仄 平 平 仄

黑手高悬霸主鞭。
仄仄平平仄仄平
为有牺牲多壮志，
（平）仄平平平仄仄
敢教日月换新天。
（仄）平仄仄仄平平
喜看稻菽千重浪，
（仄）平仄仄平平仄
遍地英雄下夕烟。
仄仄平平仄仄平

例中加“（　）”的字，表示这里的平仄不是标准的而是通融的。“别、十、戟、黑、日、月、菽、夕”是古入声字，所以属于仄声。

现代汉语里有不少四字语继承了古典诗词的特点，注意了平仄交替，平仄对立。例如：

千方百计（平平仄仄）　　万紫千红（仄仄平平）
七手八脚（平仄平仄）　　破私立公（仄平仄平）
百花齐放（仄平平仄）　　居高临下（平平平仄）

四字全为平声或全为仄声的四字语是比较少的，因为念起来不够协调，如“张三李四（平平仄仄）”比“张三王八”（平平平平）好听，因为声调有抑扬，和谐而不单调。另外，一些熟语，如“听君一席话，胜读十年书”、“君子报仇，十年不晚”，前半句和后半句或是仄起平收，或是平起仄收，因而起伏变化，跌宕有致。

自由诗、民歌以及散文等虽然不像格律诗词那样严格讲究平仄，但是如果在不影响语意表达的前提下，有意识地调配平仄，一定能增加诗文的节奏感。

检测与思辨

一、句调和字调有什么区别？用你的家乡话读下列各句，看看句调对字调有没有影响，有什么样的影响。

今天是星期天？　　今天是星期天。
他姓唐？　　他姓唐。
那里很冷？　　那里很冷。
他跑得快？　　他跑得快。
这是地洞？　　这是地洞。

这是无尘粉笔？　　　　这是无尘粉笔。

报告要经过他过目？　　报告要经过他过目。

她皮肤很白？　　　　　她皮肤很白。

二、试以下面的短语为例，说明有的语句因停顿的地方不同，表达的意思也就不同。

救过她的姐姐的孩子

妻子死了丈夫发誓不再结婚

三、根据括号内所要表达的意思，说明哪个词应该读重音。

① 我知道小张会唱歌。（别人不知道小张会唱歌。）

② 我知道小张会唱歌。（谁说我不知道？）

③ 我知道小张会唱歌。（别人会不会我不知道。）

④ 我知道小张会唱歌。（怎么说不会呢？）

⑤ 我知道小张会唱歌。（会不会唱戏我不知道。）

四、"发花"、"怀来"、"言前"三道大辙的儿化韵为什么可以并为"小言前儿"这一道小辙儿？

第三章　现代汉语语汇

第一节　语汇概说

一　语汇和语汇学

（一）语汇

语汇，也称作词汇，是一种语言里所有的语汇成分——语素、词和固定短语——的总汇。如“汉语语汇”、“英语语汇”、“日语语汇”等，就是指汉语、英语、日语等语言中所有的语汇成分的总合。另外，在某个局部范围内语汇成分的总合，也可以叫做语汇。例如“古代汉语语汇”、“现代汉语语汇”分别指古代汉语、现代汉语里语汇成分的总合；“北京话语汇”、“武汉话语汇”等，是指某种方言中语汇成分的总合；“鲁迅的语汇”、“《茅盾文集》的语汇”等，是指某个人或某部著作所使用的语汇成分的总合；根据某种标准划分的语汇成分的集合也可以称语汇，如“基本语汇”、“非基本语汇”、“行业语汇”等。总之，语汇是一个集合概念，单个的语素，单个的词，或者单个的固定短语都不能称作语汇。“语汇”一词单用时，一般是指一种语言的语汇。

语汇是语言的建筑材料，是构成语言的要素之一。语汇反映语言的状态，语汇越丰富、越纷繁，那么语言也就越丰富、越发达。（参见斯大林《马克思主义与语言学问题》）汉语是世界上最发达的语言之一，汉语的语汇是丰富多彩的。现代汉语是从古代汉语、近代汉语发展而来的。它在漫长的历史进程中，逐步充实和积累了大量的语汇，仅在《现代汉语词典》（1996 年修订本）这样一部中型词典中，就收入字、词、熟语等 6 万余条。丰富的语汇客观上为使用这种语言来反映纷繁的事物或现象的人们提供了丰富的语言材料。就个人来说，某人所掌握的语汇越丰富，那么他驾驭语言的能力就越强，也就越能精确生动地表达自己的思想感情。

（二）语汇学

以语言的语汇为研究对象的科学是语汇学，属于语言学的一个部门。语汇中的词包括实词和虚词，语汇学一般只研究实词而不研究虚词。因为虚词的语汇意义已经虚化，有的虚词甚至完全失去了语汇意义，只剩下语法意义，所以它们主要是语法学研究的对象。

语汇学通常分为普通语汇学和具体语汇学。研究各种语言语汇的共同规律的，叫普通语汇学；研究一种具体语言的语汇系统的，叫具体语汇学，如“汉语语汇学”、“英语语汇学”、“德语语汇学”。

具体语汇学又可以分为历史语汇学和描写语汇学。对语汇的起源和发展的历史作历时（diachronic）研究的，是历史语汇学；对某种语言的某个时期的语汇系统作共时（synchronic）描写的，是描写语汇学。现代汉语语汇学属于描写语汇学，是主要以汉语普通话语汇作为研究对象的。

（三）语汇系统

1. 语汇成分之间的联系

一种语言中有成千上万个语素、词和固定短语，它们相互之间具有错综复杂的联系。这种联系使它们形成网络，构成系统。语汇成分之间的联系多种多样，难以尽述，常见的有以下五种。

（1）意义方面的联系　例如“暗藏—潜伏｜榜样—模范—表率”等具有同义联系，“本—末｜富贵—贫贱｜怨天尤人—自怨自艾”等具有反义联系，“水果—香蕉｜汽车—卡车｜家具—衣柜”等具有上下义联系，“助教—讲师—副教授—教授”等具有类义联系。

（2）音形方面的联系　例如“术—树—竖—恕｜攻势—公式—公事－宫室”等具有同音联系，“行（xíng）—行（háng）｜劲（jìn）—劲（jìng）”等具有同形联系。

（3）结构方面的联系　例如“上辈—上宾—上等—上升—春上—圣上—祖上｜故事—事故｜蜜蜂—蜂蜜”等具有一个或几个相同语素的同素联系，“裁缝—艰难｜奇观—苦瓜｜充满—推广｜书本—枪支”等具有相同语法结构的同构联系。

（4）功能方面的联系　例如“看—走｜高兴—丰富｜吗—呢”等具有相同造句

功能的联系。

(5) 同源方面的联系　例如“广—旷｜坚—紧｜空—孔｜宽—阔｜改—更”等具有同源关系的同源语素之间的联系。

除此以外，外来词语之间、方言词语之间、口头词语之间、书面词语之间、基本词语之间等等，也都以各自的特殊方式发生联系。还要提及两点：其一，一组词语之间可能只有一个方面的联系，也可能具有多个方面的联系。例如“小学—中学—大学”这组词，都含有“学”，是部分语素相同的同素词；内部构造一样，是同构词；都是学校，是类义词。其二，一个词语可能会跟很多词语发生多方面的联系。如“喜爱”这个词，同“恨、讨厌”等发生反义联系，同“喜欢、爱好”等发生同义联系，同“喜庆、母爱”等发生同素联系，同“道路、迅速”等发生同构联系。

语汇系统的每种联系方式，都可以把一些语汇成分聚成一个组系，由于这些联系方式的错综交叉，使语汇网络呈现出非常复杂的面貌。

2. 语汇系统的性质

语汇系统具有三种主要性质。

(1) 体系性。

语汇是一个有序的集合，这个集合中的各种秩序显示了语汇系统的体系性。语汇网络的联系虽然错综复杂，但并不混乱，相反，是井然有序的。语汇网络的每一个网结发生变化，就会带来有关的网眼的相应变化。比如“臭”本指感知于鼻的气味，“味”本指感知于舌的味道；后来，“臭”的语义范围缩小，专指坏的气味，于是与之关系密切的“味”的语义范围扩大，泛指可嗅可尝的一切气味和味道。再如“红色”和“白色”本来只指颜色，后来“红色”引申出“革命、进步”的意义，于是“白色”受“红色”的影响，就产生了“反革命”或“不进步”的意义。语汇的体系性还表现为各语汇成分都要受到语汇总体规律的制约。比如汉语的词在音节数目、结构方式上都有自己的特点，外来词进入汉语都必须经过民族化的改造，以适应这些特点。比如英语的 jacket 进入汉语成了“夹克”，语音形式有了变化，带上了声调，去掉了收尾的辅音 t；意义上也有了变化，jacket 在英语中指一般的“短上衣、坎肩”之类，但在汉语中只指“一种长及腰部，下口束紧的短外套”，因为汉语中已有了“短袖衫、坎肩”之类的词语。对外来词语的民族化改造，是语汇系统体系性的典型反映。

(2) 层级性。

语汇成分不是处在同一个平面上，而是处在不同的层级上。语汇成分大致可以分为语素、词、固定短语三个层级。语素是语汇的基础层级，是构词的材料。词是高于语素的一个层级，是语汇的主体层级，数量最大。固定短语又是高于词的一个层级，它是以词为基础构成的。这三个层级互有联系又各有特点。

(3) 开放性。

词汇是一个开放的集合，其成员是难以枚举的。语素依据一定的构词法能够自由地生成新词，词依据一定的语法规则和语义关系也能较自由地生成固定短语。人们根据现实交际的需要可以较自由地创造新词语，淘汰旧词语，吸收古代词语和外来词语。由于语汇成员经常有进有出，因而语汇系统比语音系统、语法系统具有更大的开放性。

二　语汇单位

（一）语素

1. 语素的确定

语素是最小的语音语义结合体，是构成词的语言单位。例如：

楼＋房→楼房　　　　游＋泳→游泳

橄榄＋球→橄榄球　　吉普＋车→吉普车

"楼"、"房"、"游"、"泳"、"橄榄"、"球"、"吉普"、"车"，每个单位都有一定的读音，有一定的意义，音义紧密结合成一个整体，成为一个语素。"楼"和"房"是构成"楼房"一词的两个语素，"橄榄"和"球"是构成"橄榄球"一词的两个语素。"橄榄"、"吉普"都不能拆开，如"橄榄"拆开以后，"橄"或"榄"都只能表示读音而不能表示明确的意义了；只有合起来念作 gǎnlǎn，才表示"花为白色、果实呈长椭圆形的一种常绿乔木"这个意义。它还可以和别的语素一起构成别的词，如"橄榄油"、"橄榄枝"、"橄榄石"等。同理，"吉普"也是一个语素而不是两个语素。

确定一个语言单位是不是语素，可以运用替换法，即某一语言单位，能以别的有意义的语言单位来替换的，就是一个语素，否则不是语素。例如：

语言	__言	语__	识别	__别	识__
	前言	语法		辨别	识相
	戏言	语序		鉴别	识货
	预言	语病		分别	识趣
	忠言	语感		区别	识羞

枇杷　　__杷　枇__

　　　　?　　?

“语”和“言”、“识”和“别”都可以被替换，都是语素；“枇”和“杷”都不能被替换，都不是语素。

运用替换法确定语素要注意两点：

第一，一个语言单位，以双音节为例，若两端都能替换，则算两个语素；若仅一端能够替换，则只能算一个语素。前者例如：“语言”、“识别”；后者例如：

嘹亮　　__亮　嘹__

　　　　洪亮　?

　　　　清亮

　　　　响亮

“嘹亮”只有一端可以替换，所以是一个语素。

第二，一个语言单位，一端被替换后，所留下的另一端若跟替换而成的词的同端意义相同，则算两个语素；若意义不同，则算一个语素。前者例如：“识别”的“识”和“识相、识货、识趣、识羞”的“识”意义相同，都是“认识、知道”的意思；“识别”的“别”和“辨别、鉴别、分别、区别”的“别”意义相同，都是“分辨、区分”的意思。后者例如：

沙发　　__发　沙__

　　　　收发　沙滩

　　　　分发　沙砾

　　　　印发　沙石

从形式（字形）上看，“沙”和“发”似乎都可以被替换，但从实质（意义）上看，“沙发”的“发”和“收发、分发、印发”的“发”、“沙发”的“沙”和“沙滩、沙砾、沙石”的“沙”意义上毫无联系。因此，“沙发”这个外来的（英 sofa）音译词只是一个语素。

2. 语素的分类

语素可以从不同的角度分类。根据语音形式，语素可以分为单音节语素、双音节语素和多音节语素；根据组词能力，语素可以分为自由语素、半自由语素和不自由语素。自由语素和半自由语素相当于有人说的词根，不自由语素相当于有人说的词缀。

(1) 单音节语素、双音节语素和多音节语素。

单音节语素是由一个音节表示的语素。例如：

路　道　吃　落　赤　冷　万　条

初　阿　者　性　的　唉　吗　叭

个别单音节的不是单语素，主要有两种情况：一种是儿化词，如“画儿（huàr）、玩儿（wánr）、亮儿（liàngr）”等；一种是几个带方言色彩的词，如“甭（béng，不用）”、“俩（liǎ，两个）”、“仨（sā，三个）”等。

双音节语素是由两个音节表示的语素。双音节语素主要有两种：一种是从古代汉语中继承下来的联绵语素，一种是近代、现代用音译的办法产生的外来译音语素。例如：

慷慨　匍匐　蜻蜓　霹雳　吩咐　妯娌

咖啡　柠檬　吉他　扑克　淋巴　幽默

另外，拟声语素如“扑哧”、“滴答”等，叠音语素如发“茫茫”、“皑皑”等也是双音节语素。

多音节语素是由三个或三个以上的音节构成的语素。这类语素主要是外来译音语素。例如：

托拉斯　奥林匹克　布尔什维克　英特纳雄耐尔

汉语语素一直是以单音节为主的。单音节语素在汉语语素的总数中占绝对的优势，同时又有极强的构词能力，可以繁衍出成千上万的词语。《新华字典》（1998年修订本）收单字（包括繁体字、异体字）1万余个，据粗略统计，其中的97.8%都是单音节语素，都可以跟别的语素组合成许多新的词语。多音节语素数量少，有的根本没有构词能力，有的构词能力有限，一般只跟一些表示类属意义的语素组合。例如：“柠檬汁”、“沙发床”、“巧克力豆”、“奥林匹克村”等。

按音节对语素进行分类，我们可以看出汉语语素的一个重要特点，就是单音节语素是汉语语素的基本形式。多音节语素在汉语中没有发展的趋势，相反，还有萎缩的趋势。

（2）自由语素、半自由语素和不自由语素。

自由语素能独立成词，一般也能跟别的语素组合成词。例如：“人”、“学”、“热”都可以独立成词，用来造句。如“那边来了一个人。”“我们学英语。”“今天很热。”也可以跟别的语素自由地组合成词，位置可在前也可在后。例如：

“人”在前的：人才　人格　人生　人造　人口

　　　在后的：爱人　老人　工人　亲人　主人

“学”在前的：学校　学历　学术　学科　学徒

在后的：才学　博学　讲学　自学　复学

“热”在前的：热爱　热忱　热望　热潮　热带

在后的：火热　炎热　狂热　酷热　炽热

有的自由语素只能独立成词，没有构词能力。这种语素主要是一部分双音节语素和语法学中所讲的虚词。例如：

澎湃　肮脏　往往　统统　刹那　扑通

的　着　了　过　吗　呢　喂　咦

半自由语素不能独立成词，但能跟别的语素组合成词，位置可在前也可在后。如“习”、“鄙”、“幸”在现代汉语中不能独立成词，不能单独用来造句，但可以用来组词，一般前后位置灵活。例如：

“习”在前的：习惯　习俗　习题　习用　习作

在后的：补习　恶习　复习　实习　演习

“鄙”在前的：鄙薄　鄙俗　鄙夷　鄙视　鄙人

在后的：卑鄙　边鄙　粗鄙　可鄙　猥鄙

“幸”在前的：幸福　幸而　幸免　幸运　幸亏

在后的：不幸　万幸　荣幸　庆幸　宠幸

现代汉语中的大部分半自由语素在古代汉语中都是作为词独立使用的，现在一般不单独成词，只在一些文言成语中还保留自由语素的资格。例如，现代汉语中“目”、“睛”不能单独成词，只能作“目击”、“目光”、“耳目”、“眼睛”等的构词成分，但在“目不转睛”、“目空一切”、“历历在目”、“画龙点睛”、“火眼金睛”等文言成语中，则是独立作词使用的。自由语素和半自由语素意义比较实在、具体，是实语素。

不自由语素不能独立成词，在跟别的语素组合成词时，位置往往固定，或者只能在前，或者只能在后。因此，这类语素可以分为前加不自由语素和后加不自由语素。

前加不自由语素构词时只用在别的语素之前，数量不多，常见的有“老、阿、可、第、初”等。

后加不自由语素构词时只用在别的语素之后，数量多一些，常见的有“子、儿、头、员、者、家、手、性、式、化、度、然”等。

不自由语素有的从来就是不自由的，有的是由自由或半自由语素因语汇意义虚化而演变成的。例如：“老”，初期意义比较实在，表示年老或年长，如《论语·季氏》：“及其老也，血气既衰，戒之在得。”后来，它的意义逐渐虚化，姓氏前可以加

"老"，如唐代白居易的诗"常被老元偷格律"，"老元"即元稹；动物名前也可以加"老"，如唐代僧人寒山的诗："老鼠入饭瓮，虽饱难出头。"这样，"老"便渐渐虚化成前加不自由语素。自由语素和不自由语素又是可以临时转化的。有的语素，在一般情况下是不自由语素，在特殊场合中是自由语素。例如"你是党员，我也是党中的一员"，前一个"员"是不自由语素，后一个"员"是自由语素。不自由语素意义较虚，是虚语素。

按组词功能对语素分类，我们可以看出汉语构词上的一个基本特点：在汉语语素中，自由、半自由语素是大量存在的，它们在语言中异常活跃，构词能力强，位置灵活；不自由语素为数不多，可以列举，构词时位置比较固定。

3. 语素和汉字

汉语的语素在口头上用音节表示，在书面上用汉字表示。语素是语言的意义单位，汉字是记录语言的符号，是书写单位。语素和汉字的关系，主要有下列几种情况。

(1) 一素一音一字　一个语素由一个音节表示，写成一个汉字。例如：

贺 hè　谬 miù　焚 fén　沸 fèi　虹 hóng

戈 gē　喉 hóu　虐 nüè　怎 zěn　渐 jiàn

(2) 几素一音一字　几个语素由一个音节表示，写成一个汉字。这就是同形同音字。例如：

雪 xuě　雪花：雪白。

　　　　洗去、除去：雪恨。

划 huá　拨水前进：划船。

　　　　合算：划得来。

"雪白"的"雪"和"雪恨"的"雪"，读音相同，意义没有联系，是两个不同的语素，而书面上只写成同一个汉字。"划船"的"划"和"划得来"的"划"也属于这种情况。

(3) 几素一音几字　几个语素由同一个音节表示，分别写成几个不同的汉字。这就是异形同音字。汉语里的异形同音字比较多，如念 gōng 音的字就有 10 多个：

工　攻　功　龚　供　恭　肱

公　蚣　弓　躬　宫　觥

(4) 几素几音一字　几个语素由几个音节表示，却写成同一个汉字。例如：

将 jiāng　将要、快要：船将起航。

　jiàng　军官：兵来将挡。

咽 yān　喉咙：咽头。

yàn　吞食：狼吞虎咽。

yè　悲哀得说不出话来：呜咽、哽咽。

(5) 一素几音一字　一个语素由几个音节表示，写成一个汉字。例如：

杉 shān　用于"水杉"、"红杉"。

shā　用于"杉木"、"杉篙"。

壳 ké　用于"鸡蛋壳"、"核桃壳"。

qiào　用于"地壳"、"甲壳"。

(6) 一素几音几字　一个语素由几个音节表示，写成几个不同的汉字。这就是联绵语素中的和外来语素中的字。例如：

参差 cēncī　　凡士林 fánshìlín　　歇斯底里 xiēsīdǐlǐ

(二) 词

1. 词的内涵

词是具有一定语音形式的、能独立运用的、最小的语言单位。例如：

① 夕阳｜把｜草原｜映｜得｜更加｜光辉｜灿烂。(刘坚《草地晚餐》)

这句话可以分成 8 个单位，每个单位都有其语音形式，都是能够独立运用的最小意义单位。它们是 8 个词。

所谓"能够独立运用"，是指词这种单位本身具有一定的语法功能，可以独立地自由地用来造句，或者充当句子成分，或者表示词与词之间的结构关系，或者表示句子的语气。例如：

② 我用什么方法来报答母亲的深恩呢？(朱德《回忆我的母亲》)

③她永远想念着我……(同上)

④我家是佃农。(同上)

"我"这个词能作句子的某些成分，在例②中作主语，在例③中作宾语，在例④中作定语。例②中，"的"这个词表示"母亲"和"深恩"之间是偏正关系；"呢"这个词表示全句是疑问语气。

所谓"最小的语言单位"，是指词这种单位本身就是一个整体，表示一定的意义(包括语汇意义和语法意义)，不能再分解。

首先，如"把"、"映"、"得"等单音节词的本身不能分解；"灿烂"、"菠萝"、"菩萨"等双音节词，也不能再分解成两个有意义的造句单位。

其次，如"夕阳"、"草原"、"光辉"、"语言"、"人民"、"朋友"、"游泳"等等，虽然是由两个有意义的部分构成的，但分解后至少有一部分不能自由地用来造句。在现代汉语里，“夕”、“阳”、“原”、“辉”、“语”、“言”、“民”、“朋”、“友”、“泳”等，除了在一些文言格式或某些列举、对举等特殊格式里还能独立运用之外，一般情况下是不能像“夕阳”、“草原”、“语言”等单位那样独立而自由地运用的。

再次，如“黑板”、“江山”、“败坏”、“吃香”、“心疼”、“千万”等等，虽然可以分解成两个有意义的单位，而且都能够独立地自由地运用，可是，整个词的意义并不等于这两个部分的意义的简单相加。例如，“黑板”不等于“黑”加“板”，“江山”不等于“江”加“山”，“败坏”不等于“败”加“坏”。这些词的两个部分的组合，跟词与词的组合，如“小｜黑板”、“江山｜秀丽”、“败坏｜名誉”等，性质是不同的。因此，从这个角度看，它们仍然是属于不能分解成更小的能够独立运用的单位的。

此外，还有一种情况，如“布鞋”、“猪肉”、“笔谈”、“生长”、“雪白”、“冰凉”等等，都可以分解成有意义的能够独立运用的单位，而且整体的意义基本上是两个部分意义的复合，但我们还是把它们看作是一个一个的词，而不是两个词的组合。这是因为，它们长期地、经常地作为一个单位来使用，在结构上具有相对的凝固性，在意义上具有相对的整体性。因此，从这个角度看，它们还是用来造句的最小的语言单位。

2. 词的确定

常用的确定词的方法有以下几种。

(1) 直判法。

因为词是能够独立运用的最小语言单位，所以，如果某个单位能单独回答问题，或充当句子、短语的成分，就可以直接判定这个单位是词。例如：

①“这是什么？”

“梨。”(或答“梨子。”)

“那是什么？”

“葡萄。”(不能答“葡。”或“萄。”)

②“你买的皮鞋是新式的还是老式的？”

“新式的。”(不能答“新式。”)

③“那部电视连续剧很长吧？”

“很长。”(不能答“很。”)

例①中，“梨”、“梨子”、“葡萄”能单说，能单独回答问题，是词；“葡”、“萄”不能单说，不是词。例②中，“新式”虽不能单独回答问题，但能充当成分，如在“新式皮鞋”、“新式大衣”、“新式手表”中充当定语，所以它是词。例③中，“很”虽不能单独回答问题，但能充当成分，如在“很长”、“很短”中充当状语，所以“很”是词。

(2) 提取法。

把一个句子中的所有能单用的单位都提取出来，剩下来不能单用，但也不是一个词的组成部分的，仍然是能独立运用的词。虚词可以用这种方法来确定。例如：

④ 这是我的书。

⑤ 为实现四化而努力工作吧！

把句中所有可以单说的、可以作句子成分的单位提取掉之后，例④剩下了“的”，例⑤剩下了“为”、“而”、“吧”。这4个单位不能单说，不能作句子成分，但也不是一个词的一部分。它们是用来帮助造句的，是能独立运用的词——虚词。

(3) 扩展法。

看某个语言单位内能否插入别的成分，借以确定这个单位是不是词：能插入的不是词，不能插入的是词。例如：

白布→白的布｜白色的布

白菜→* 白的菜｜* 白色的菜

改好→改得好｜改不好

改善→* 改得善｜* 改不善

“白布”、“改好”都能插入别的成分，不是词；“白菜”、“改善”都不能插入别的成分，是词。

3. 词和语素

词和语素既有联系又有区别。词和语素都是音义结合的语言单位，但它们的组织功能不同。词是构成短语或句子的要素，语素是构成词或熟语的要素。自由语素在单用作短语成分或句子成分时是词，在不单用而作构词成分时是语素。半自由语素在一般场合不允许单用，在特殊条件下能单用，单用的时候是词。例如：

举例	一般情况	特殊情况
民	民房　人民	党、政、军、民、学（列举格式）
言，语	言语　语言	你一言，我一语（熟语）
叶	叶子　树叶	根、茎、叶（植物学）
时	时候（口头）	时（书面）

词和语素的表义特点也不相同。词表示的意义比较确定，语素表示的意义则比较宽泛。例如“习作”、“习用”、“恶习”这些词的含义都是十分明确的；其中“习”这个语素如果呈游离状态，就有“练习”、“经常地”、“习惯”等多种含义。只有在“习”同别的语素构成合成词时，它的意义才能明确地固定下来。

（三）固定短语

短语又叫词组，是比词高一层级的语言单位。短语可分为自由短语和固定短语两类。自由短语是人们根据表义的需要按照一定的语法规则临时组合而成的短语，如“我去”、“学习英语”、“伟大而平凡”等等。固定短语是习用而定型的短语。这种短语从形式上看，不能任意更动其组成成员，从内容上看，对其意义只能整体理解。

固定短语分为两大类：专名短语和熟语。

专名短语是一些用于专门名称的短语，如“中国共产党中央委员会”、“计算机激光汉字照排系统”等等。专名短语主要是一些国家、机关、单位等的名称和科技用语，由于这些名称往往较长，所以通常都有缩略形式。

熟语是一些久经沿用基本定型的固定短语，主要包括成语、惯用语和歇后语。与此有关的内容详见本章第四节《语汇的构成》。

三　语汇的规范

（一）语汇规范的标准

语言总是随着社会的发展变化而发展变化的，在语音、语汇、语法三要素中，发展变化最迅速、最明显的就是语汇。语汇在其发展过程中，不可避免地会产生一些不纯洁、不健康的成分。语汇规范化，就是按照语汇内部规律对某些语汇成分进行人为调节，引导语汇向着更完善、更精确、更丰富的方向发展。

这里的语汇规范，讲的是普通话的语汇规范。普通话语汇的规范标准是：以北方方言（官话）语汇为基础，以北京话语汇为核心。北方方言的区域十分辽阔，这个大方言区又包括若干个次方言区，各次方言区使用的语汇也是不统一的。我们必须选择一个次方言区作为语汇规范的核心，这个核心就是北京话语汇。

（二）语汇规范的原则

语汇规范主要有三个原则。

1. 普遍性原则

这个原则，是指把一般普遍应用的或使用频率较高的词语吸收到普通话语汇中来。语言中的词语愈是经常地普遍地在口头上书面上得到应用，它的意义就愈能为大多数人所了解。把这样的词语全部吸收，作为普通话语汇，普通话才能成为全民共同理解、共同使用的交际工具。普通话语汇吸收那些在现实中普遍使用的或有普遍使用趋势的方言词、古语词和外来词，而舍弃那些过于土俗的方言词、陈旧冷僻的古语词和只在极个别地方使用的外来词。

简缩词语造成新词也要遵循普遍性原则。“劳动模范”可以简缩成“劳模”，结构跟它相同的“战斗英雄”却不能简缩成“战英”；“历史、地理”可以简缩成“史地”，而不能简缩成“历地”、“历理”、“史理”。因为“劳模”、“史地”长期沿用，已成习惯，所以为普通话所吸收。

2. 需要性原则

这个原则，是指把能反映当前社会的发展，能适应语言表达上的需要的词语吸收到普通话中来。语汇规范化不是让词语变得单调、简单，相反地是要让它更丰富多样。某些方言词语可以表示某种特殊的意义，而在普通话中没有适当的词语可以代替，或者即使代替也有细微的差别；某些古语词今天可以用来表示庄严或讽刺的意味；某些外来词是我们语言中没有而又对我们适用的东西。这些，普通话都应吸收进来。至于在普通话语汇中没有必要存在的那些词，比如有人不说“行”或“好”，而说“喔开”，则应予以排斥。

拆离词语也要遵循需要性原则。把某些联合关系的合成词当作动宾关系的合成词拆开使用，主要就是出于表达上的需要。例如：

鞠躬——鞠了三个躬

洗澡——洗了一个冷水澡

游泳——游蛙泳

如果不拆开使用，要表达同样的意思，有的就不顺口，有的就要使用更多的词语，有的则显得不贴切。比方“我喜欢游蛙泳”并不一定就等于“我喜欢蛙式游泳”，因为前者是指自己游，后者不一定是指自己游。若无特殊需要而随意拆离合成词，那就是不合规范的用法。

3. 明确性原则

这个原则，是指选择意义明确的、已经为全民所了解或容易为全民所了解的词语作为普通话的词语。无论是在口头或是在书面上，我们用词造句都是为了表情达意，并让别人理解，所使用的词语必须是意义明确的。普通话舍弃了那些含义模糊的方言词、晦涩费解的古语词和一些音译的外来词。例如，不取方言词“车船”、“火水”，而取“轮船”、“汽油”；不取古语词“昧爽”，而取“拂晓”；不取音译词

"德莫克拉西"、"烟士披利纯"，而取意译词"民主"、"灵感"。

整理异体词也要遵循明确性原则。例如，用"畅谈"，不用"鬯谈"；用"屡戒不改"，不用"屡戒不悛"。

简缩词语同样要遵循明确性原则。例如，"投入生产"可以简缩成"投产"，如果简缩成"投生"，就有可能使人误解为"投胎"之意。

上述三个原则不是孤立的，而是互有联系的。只有全面地应用于规范工作中，才能得到真正规范的普通话语汇。

检测与思辨

一、用"|"将下列句子中的语素划分开。

① 经过了一段崎岖的山路以后，便在我们面前敞开了一片广阔的原野，一片用望远镜都看不到边际的原野，这就是古之所谓塞外。

②关于这一点，从呼和浩特和包头这两个蒙古语的地名可以得到说明。呼和浩特，蒙古语的意思是青色的城；包头的意思是有鹿的地方。

③ 他触目伤怀，自然情不能自已。

二、将下列语素按类别填入表中。

阿　机　定　编　世　外　香波　尴尬

胡同　安乃近　（绿）油油　歇斯底里

语音形式类 / 组词能力类	单音节语素	双音节语素	多音节语素
自由语素			
半自由语素			
不自由语素			

三、下列各例中的"字"的含义有无不同？

① 这个字写错了。

② 这句话中这个字用得不恰当，换个字好不好？

③ 文从字顺各识职。（韩愈诗句）

四、用"|"将下列句子中的词划分开：

① 科学工作者在寻求防治作物病害的有效途径时，是不会放过任何一个新

的发现的。

② 四叔家里最重大的事件是祭祀，祥林嫂先前最忙的时候也就是祭祀，这回她却清闲了。

③ 由蒙昧的群居到社会组织的形成，是人类发展史上的一个非常重大的飞跃。

五、有不少当代小说常常运用一些方言词语，有些用得较好，有些则用得过多过滥，影响理解。请举一些例子谈谈方言词语在文艺创作中的积极作用和消极影响。（可选择一篇小说加以分析）

第二节 词的构成

根据构成语素的多少，词可以分为单纯词和合成词。根据构成音节的多少，词可以分为单音节词和多音节词。由一个音节构成的词是单音节词，由两个或两个以上音节构成的词是多音节词。

一 单纯词

单纯词是由一个语素构成的词。单纯词可以是一个单音节语素，也可以是一个多音节语素（包括双音节语素）。按音节的多少，单纯词可以分为单音节单纯词和多音节单纯词。

（一）单音节单纯词

单音节单纯词是由一个单音节语素构成的词。例如：

人 牛 天 地 花 走 吃 打 爱 做
美 大 红 好 清 一 三 百 斤 番
我 那 谁 不 很 从 和 的 啊 呢

（二）多音节单纯词

多音节单纯词是由一个多音节语素构成的词，也就是多音节连缀成义不能拆开的词。多音节单纯词有联绵词、叠音词、象声词和音译词。

1. 联绵词

联绵词是由两个不同音节连缀成一个语素构成的词。根据音节之间的结构关系，联绵词可分为双声联绵词、叠韵联绵词和非双声叠韵联绵词。

(1) 双声联绵词——两个音节的声母相同。例如：

琉璃　枇杷　伶俐　蜘蛛　仿佛　崎岖

参差　忸怩　吩咐　尴尬　璀璨　犹豫

(2) 叠韵联绵词——两个音节的韵母或韵腹和韵尾相同。例如：

蹉跎　唠叨　烂漫　傀儡　逍遥　怂恿

葫芦　辗转　啰嗦　荒唐　腼腆　窈窕

(3) 非双声叠韵联绵词——两个音节的声母、韵母都不相同。例如：

蝴蝶　芙蓉　玻璃　铿锵　蛤蚧　玳瑁

2. 叠音词

叠音词是由两个相同的音节连缀成一个语素构成的词。例如：

茫茫　怏怏　谆谆　潺潺　皑皑　瑟瑟

翩翩　赳赳　饽饽　姥姥　太太　猩猩

3. 象声词

象声词是模拟声音的词。例如：

砰砰　嗡嗡　扑通　哎呀呀　哗啦啦

叽叽喳喳　噼里啪啦

4. 音译词

音译词是按外族词的发音用同音近音汉字转写的词。例如：

沙发　咖啡　休克　拜拜

模特儿　蒙太奇　魔力克　比基尼

厄尔尼诺　乌鲁木齐　歇斯底里　柴可夫斯基

二　合成词

合成词是由两个或两个以上的语素按照一定的结构方式和语义关系组合而成的词。

合成词中有的语素有实在意义，能体现词义的主要意思，这种语素叫词根，如“人民”中的“人”和“民”，“火箭”中的“火”和“箭”。有的语素意义不那么实在，只能附在词根上，表示某种附加意义，这种语素叫词缀（也称“语缀”），如“老师”的“老”，“兔子”的“子”，“学者”的“者”，“盖儿”的“儿”。有的词缀与词根同形，如“老人”、“老将”、“衰老”中的“老”是“年岁大”的意思，意义实在，是词根；“老师”、“老婆”、“老大”中的“老”意义虚化，构词时位置固定，是词缀。又如“子女”、“宠儿”中的“子”和“儿”意义实在，都是词根，“兔子”、“盖儿”中的“子”和“儿”意义虚化，位置固定，都是词缀。根据意义、位置和读音，可以把同形的词根和词缀区分开来。

合成词可以分为复合式合成词和附加式合成词两大类。

（一）复合式合成词

由两个或几个词根组合而成的词叫复合式合成词，也叫复合词。按照结构关系的不同，可以把复合词分为以下几类：

1. 联合式

语素之间的关系不分主次，平等地联合在一起。例如：

a. 道路　朋友　语言　海洋　群众　智慧
追逐　脱离　贸易　包裹　迷惑　依靠
善良　孤独　真实　美好　猛烈　宽阔
自从　因为　并且　应该

b. 首尾　异同　褒贬　早晚　出没　始终
开关　旦夕　纵横　深浅　方圆　得失

c. 领袖　骨肉　眉目　爪牙　笔墨　犬马
口舌　手足　心腹　穿戴　尺寸　岁月

d. 狐狸　宝贝　质量　窗户　睡觉　动静
好歹　忘记　人物　女儿　干净　国家

a 组是同义联合，构成这些词的两个语素意义相同或相近。b 组是反义联合，构成这些词的两个语素意义相对或相反。c 组是类义联合，与 a 组不同的是，两个语素结合以后通常产生新的意义。如“领袖”不是指“领子和袖子”，而是指“国家、政治团体、群体组织等的领导人”；“骨肉”是表示至亲的意思；“眉目”引申为头绪、条理的意思；“爪牙”引申为坏人的帮凶；“笔墨”引申为文字和文章；“犬马”表示甘心受主子驱使，为主子效劳；“口舌”指劝说、争辩、交涉时说的话，或指因说话而引起的误会或纠纷。d 组是偏义联合，两个语素只有一个语素意义在起作用，另一个语素意义或者完全消失，或者只起附加、衬托作用。如“狐狸”只有“狐”的意义，“狸”的意义消失；“质量”只有“质”的意义，“量”的意义弱化；“窗户”只有“窗”的意义，“户”的意义已经消失。

2. 偏正式

语素之间的关系是修饰和被修饰、限制和被限制的关系。前一个语素是修饰性或限制性的，是“偏”的部分；后一个语素是被修饰或被限制的，是“正”的部分。例如：

a. 汽车 绿茶 母鸡 早稻 气功
b. 牛奶 猪肉 象牙 鹿茸 人格
c. 皮包 木箱 金笔 瓷碗 铁路
d. 笔谈 意译 回顾 倾销 筛选
e. 热爱 鲜红 高级 卧铺 燃料
f. 秋收 内科 四季 雪白 笔直

从“偏”的部分看，a组表示类别，b组表示领属，c组表示质料，d组表示方式，e组表示性状和用途，f组表示时间、方位、数量和比喻。这样分类只是侧重于“偏”在作用上的某一方面，其实有的是有交叉的。

3. 补充式

语素之间有补充说明的关系。前一个语素是被补充或被说明的，后一个语素是补充说明前一个语素的。例如：

a. 治安 推翻 跳远 附近 传奇
振兴 提高 阐明 揭穿 纠正
充实 镇定 流畅 调和 说服
b. 书本 纸张 布匹 船只 车辆

a组前一个语素是动词性语素，后一个语素补充说明动作行为的结果，两个语素之间存在因果关系，有“因……而……”的意思，如“治安”是“因治而安”的意思，“推翻”是“因推而翻”的意思。两个语素组合在一起，主要是构成名词、动词和形容词，也有的是构成副词，如“分明、赶快、奋起”，还有个别的是构成介词，如“除了”。b组前一个语素是名词性语素，后一个语素是量词性语素，从“量”上对前一个语素进行补充说明。从逻辑上讲，前一个语素表示的是一个非集合概念，后加一个量词性语素之后就成为一个表示集合概念的名词。如“书”可以指很多书，也可以指一本书，加上“本”组成“书本”之后，就成了集合名词，不能只指一本书。又如“纸张”表示纸的集合，“布匹”表示布的集合，“船只”表示船的集合，它们通常表示这一事物的总称，都只能作为集合概念使用，而不能作为个体概念使用。

4. 动宾式

语素之间有支配或关涉关系。前一个语素表示某种动作行为，后一个语素表示动作行为所支配、关涉的对象。例如：

a. 理事　司机　点心　隔壁　围腰　管家

b. 破产　动员　失策　关心　出版　开幕

c. 露骨　缺德　满意　悦耳　动人　称心

d. 到底　顺便　索性　依次　照旧　尽量

a组两个语素组合一起构成名词；b组两个语素组合一起构成动词；c组两个语素组合一起构成形容词；d组两个语素组合一起构成副词。动宾式合成词中动词的数量最多，其次是形容词和名词，少数是副词，还有个别的是连词，如“因此”。

5. 主谓式

语素之间是陈述和被陈述的关系。前一个语素是被陈述的对象，后一个语素起陈述的作用。例如：

a. 地震　霜降　日蚀　国营　球赛　心得

b. 心疼　眼花　目击　体贴　自修　杜撰

c. 风流　心虚　年轻　嘴硬　胆大　心细

a组两个语素组合一起构成名词；b组构成动词；c组构成形容词。

6. 重叠式

由两个相同语素重叠而成。这是一类结构方式比较特殊的复合词。例如：

a. 爸爸　姐姐　叔叔　娃娃　星星　刚刚　稍稍

b. 跌跌撞撞　婆婆妈妈　花花绿绿　密密麻麻

a组由两个语素重叠而成，其意义同单个语素（字）的意义一样。这类复合词的两个语素可以分开单用。它跟属于单纯词的叠音词不同，叠音词是由两个相同音节连缀成的一个语素构成的，表示这两个音节的两个汉字不能分开。这类复合词的重叠是语汇上的构词重叠。构词重叠与语法上的构形重叠也不同。构词重叠不产生附加的语法意义，而构形重叠能产生附加的语法意义。如“看”重叠为“看看”，“说”重叠为“说说”，“看”、“说”重叠后都产生了附加的语法意义。b组两个语素重叠后再组成一个词，语素不重叠的“跌撞”“婆妈”“花绿”“密麻”不是词。

以上六种复合词，从构词方式上看，前五种属于句法构词，后一种属于词法构词。

（二）附加式合成词

以实语素为词根加上词缀构成的词叫附加式合成词，也称派生词。词缀是一种形态标志，在汉语的构词中一般都是定位的，有前加式和后加式之分。加在词根前面的叫前缀，加在词根后面的叫后缀。附加式合成词可以分为前加式和后加式两类。

1. 前加式

由前缀加词根构成的词叫前加式合成词。现代汉语中的前缀主要有“老、阿、初、第、小、可”。例如：

老：老师　老虎　老乡

阿：阿姨　阿哥　阿毛

初：初一　初三　初五

第：第一　第三　第十

小：小李　小姐　小妞

可：可爱　可靠　可观

2. 后加式

由词根加后缀构成的词叫后加式合成词。现代汉语中的后缀较多，而且呈增长趋势。主要有“子、儿、头、者、家、手、员、巴、性、化、气、然”。例如：

子：桌子　骗子　刀子　胖子

儿：个儿　鸟儿　画儿　盖儿

头：舌头　石头　想头　甜头

者：笔者　智者　长者　学者

家：画家　作家　专家　冤家

手：猎手　能手　打手　一把手

员：学员　党员　演员　炊事员

巴：尾巴　嘴巴　结巴　干巴

性：党性　个性　艺术性　积极性

化：美化　深化　现代化　白热化

气：神气　娇气　傻气　书生气

然：淡然　坦然　果然　井然

后缀还包括一些有某种表义表情作用的叠音成分。例如：

乎乎：圆乎乎　胖乎乎　脏乎乎　黑乎乎

溜溜：灰溜溜　顺溜溜　乖溜溜　酸溜溜

腾腾：慢腾腾　乱腾腾　热腾腾　暄腾腾

滋滋：喜滋滋　乐滋滋　甜滋滋　美滋滋

词缀是附加成分，一般不表示具体的词汇意义，常起语法作用，如“阿、小”和“子、儿、头”都是构成名词的标志；“化”是构成动词的标志；“然”是构成形容词和副词的标志。有时表现出某种附加意义。如，“第一、第二”的“第”表示次第。更多的是增添一些感情色彩意义。如，“鸟”如果附加上一个“儿”构成“鸟儿”，其感情色彩就不同。又如，“老”加在姓氏前，表示亲切；构成动物名词时，有凶猛或可憎的意味。“老师”有尊敬的意味，“老乡”有亲昵的意味，“老虎”有凶猛的意味，“老鼠”有憎恶的意味。有的没有意义或意义模糊，如“桌子”、“石头”中的“子”和“头”。此外，现代汉语中还有极少数中缀，如“不”（“黑不溜秋｜花不棱登｜白不呲登｜白不呲咧”）、“里”（“叽里咕噜｜叽里旮旯｜滴里嘟噜”）、“巴”（“俗头巴脑｜笨嘴巴舌｜苦心巴力”）等。

汉语的词缀是由词根演化而来的，因此许多词缀都还保留有实义。比如“初一”的“初”，是从“起初、初次”的意义虚化而来。再如“老话”、“老张”、“老鼠”这三个“老”的意义是由实到虚的，“老鼠”的“老”意义完全虚化。

（三）合成词的层次性

由三个和三个以上语素构成的合成词常常是多层次的，各个层次都有自己的结构关系。例如：

```
人  造  丝      试  验  田      碰  碰  船
└─ 偏正 ─┘      └─ 偏正 ─┘      └─ 偏正 ─┘
└主谓┘            └联合┘          └重叠┘
说  明  文    有  轨  电  车    电  力  自  动  化
└─ 偏正 ─┘    └─── 偏正 ───┘    └──── 偏正 ────┘
└补充┘        └动宾┘└偏正┘      └偏正┘└─ 附加 ─┘
                                      └主谓┘
```

三　短语词和离合词

（一）短语词

短语词是指构成词的几个语素的凝固程度比词松一点，又比短语（词组）紧一点，介乎词和短语之间的一种语言单位。例如：

a. 来得及　　来不及　　禁不住　　了不起

b. 按理　　据说　　此外　　不公　　不惜

不祥　　之流　　也好　　也要　　的话

c. 甚而至于　　转瞬之间　　总而言之

a 组是比较典型的短语词，介于词和短语之间。b 组大体有三种情况：一是由短语压缩凝固而成，如“按照情理→按理、根据某人说的→据说、除此之外→此外”。

二是由短语中的语素削减而成，在意义上还没有达到高度融合，如“不公平→不公、不顾惜→不惜、不吉祥→不祥”。三是由语素直接组合而成，意义上也没有达到高度融合，如“之流、也罢、的话”等。c组更接近短语，“甚而至于”可说成“甚至于”、“甚至”，当然后者也是短语词，不过更接近于词；“转瞬之间”可说成“转瞬间”、“瞬间”；“总而言之”可说成“总之”。这些现象从另一个角度说明它们是短语词。

（二）离合词

离合词是指结构比较松散、可以拆开使用的词。构成词的语素结合在一起时是词，拆开使用、插入别的语言成分时便是短语。这类词主要是具有可分离性的动宾式合成词。例如：

理发→理了一次发

洗澡→洗了个冷水澡

帮忙→帮过忙｜帮什么忙｜帮不了你的忙

喘气→喘口气｜喘不过气｜喘了半天气

负债→负了债｜负一身的债｜债都负不起了

丢脸→丢了全家的脸｜丢尽了脸｜脸被你丢尽了

四　缩略形式和缩略词

（一）缩略形式

为了称说方便，使事物称谓中的成分进行有规律的节缩或省略叫缩略。缩略以后的语言单位叫缩略形式，又叫简称。例如“清华大学”缩略为“清华”，“政治协商会议”缩略为“政协”。缩略方式大致有以下几种：

1. 提取式

(1) 提取固定短语中的有代表意义的语素缩略而成。

a. 由原词语各个词的第一个语素组成的。例如：

劳动模范→劳模　　基本建设→基建

公共关系→公关　　初级中学→初中

b. 由原词语的第一个词的前一个语素和后一个词的后一个语素组成的。例如：

师范学院→师院　　军人家属→军属

扫除文盲→扫盲　　整顿作风→整风

c. 由原词语的第一个词的第二个词素和后一个词的第一个语素组成的。例如：

人民警察→民警　　物理化学→理化

工厂矿山→厂矿　　对外贸易→外贸

(2) 提取固定短语中有代表性的一个词构成。例如：

复旦大学→复旦

中国人民解放军→解放军

中华人民共和国国务院→国务院

2. 共素式

共用几个并列成分中的一个共同语素。例如：

中学小学→中小学

理科工科→理工科

海军陆军空军→海陆空军

马克思主义、列宁主义→马克思列宁主义

3. 标数式

概括原来几个词语表示的事物的共性或相关性，再加一个数词组成。例如：

(1) 取并列结构中的相同语素作代表，加一个概括项目的数词组成。例如：

百花齐放，百家争鸣→双百

包修、包换、包退→三包

有理想、有道德、有文化、有纪律→四有

工业现代化、农业现代化、国防现代化、科学技术现代化→四个现代化→四化

(2) 取并列的几种事物的共同性质，加上概括项目的数词组成。例如：

旱灾、涝灾、碱地→三害

稻、黍子、高粱、麦、豆→五谷

眼耳鼻口身→五官

象形、指事、会意、形声、假借、转注→六书

缩略形式的构成是有一定规则的。对固定短语进行缩略，意义要明确无误，不可产生歧义或引起误解。要避免同音形式。还有一个约定俗成的问题。总之，不可随意缩略，不能造成语言的混乱现象。

（二）缩略词

有的缩略形式形成了紧密结构，凝固成为一个能自由运用的语言单位，这就是缩略词。汉语中，缩略形式词化了的不少，如“军属（军人家属）、文娱（文化娱

乐)、整风（整顿作风)、扫盲（扫除文盲)、增产（增加生产)、化工（化学工业)”等。这类缩略形式结构紧密，不能拆换或插入其他成分，跟语言里的词几乎是完全一样的。

当今缩略形式迅速词化的例子更多，如“空调、彩电、家电、卫视、综艺、化疗、环卫、环保、保鲜、电大、职高、教改、科技、外贸、创收、筹资、纪检、查处、拆迁、港商、夺冠、定编”等等。

检测与思辨

一、下面这些词中哪些是单纯词？为什么？

吩咐　剥削　仓促　灿烂　卑微　偏偏

伶俐　毒气　拮据　蛤蟆　纳闷　腼腆

二、分析下列合成词的结构类型：

破除　司令　游击　顺便　依次　揭晓

林立　公事　成家　词性　宠儿　海啸

三、说明下列缩略形式形成的方式：

三八　三好　公演　人均　电教　中老年

四、试比较分析标数式缩略形式“三包”跟“三种教育”（普通教育、业余教育、学前教育)、“三大法宝”（统一战线、武装斗争、党的建设）有何不同，指出用上“种”“大”的作用。

第三节　词　义

一　词义的性质和类型

（一）词义的性质

词义，即词的意义，是词的声音形式所负载的信息内容，表现为词的各种用法。词义是人的主观世界和客观世界相互作用的产物，同时又与语言世界（词语的形式结构、词语的系统联系及词语的使用功能）密切相关。词义的性质和类型就体现在各种复杂的关系之中。

1. 词义的基本性质

词义的各种性质是互相关联的，往往表现为对立统一关系。以下主要从词义的来源和作用、词义的表达和理解等方面阐述词义的基本性质。

(1) 词义的客观性和主观性。

词义是对客观事物的反映，因而具有客观性。客观世界中存在的事物现象，反映到人们的大脑中，就形成了人们对这些事物现象的认识，这种认识同一定的声音结合起来，就成为词义。例如“自行车”的词义，反映了自行车的几个特点：①一种陆上的交通工具；②有两个轮子；③（人）骑在上面；④用脚蹬着前进。一般来说，这四个特点就是“自行车”这个词的意义。

即使有少数词所反映的对象在客观世界中不存在，如“上帝、仙女、龙、鬼”等，这些词是人们想象的产物，存在于人们的思想中，也是人们对客观世界的一种反映，只不过是在人们头脑中的曲折的、移花接木的反映。

另一方面，词义不等于客观对象，而是人们对所指对象的概括认识。人们的认识本身属于主观世界，因此词义又具有主观性。词义的主观性突出地表现在人们对客观对象认识的差异上。不同的历史时期，不同的人，由于认识能力、认识角度、认识深度的不同，对事物现象的认识有所不同。如对“天、星、日蚀、地震”等事物现象的认识，古代人与现代人的认识就有所不同；专家与一般人对“水、糖、盐、酒、玫瑰”的认识也有所不同，有神论者和无神论者对“神、鬼、天堂、地狱”的认识显然不同。词义的客观性和主观性，可以衍生出词义的社会性、时代性和民族性。客观事物和人，都存在于一个社会、一个时代、一个民族之中。词义是人的主观认识对客观事物的反映，无疑要带上社会的时代的民族的印记，这便会产生词义的社会性、时代性和民族性。此外，从交际过程来看，也有客观性和主观性，人们对客观世界有了认识，就将客观的东西变成了主观的东西；而人们将这种主观认识用具体的词语表达出来，又成为可以直接感知的客观存在的话语；听话人再将话语的形式转换为自己的思想，又将客观存在变成了主观认识。词语的运用过程就是由客观到主观，再由主观到客观这样的循环往复的过程。

(2) 词义的概括性和具体性。

一般的词指的是整类事物或现象。例如“人”指古今中外的各种各样的人，它概括了各种人的共同的本质属性，而舍弃了不同的人之间的差异。这就是词义的概括性。普遍概念的词义具有概括性，即使是单独概念的词义，也有概括性。例如“李白”指的是唐代的一位诗人，它概括了不同时期（青年、中年、晚年）的李白，尽管各个时期的特征有所不同，但总有一些共同的东西足以证明他是同一个李白，而这些共同的东西便是从不同时期概括得来的。

另一方面，作为在具体话语中的词的意义，又有具体性。如“人比以前瘦多了”中的“人”的意义就很具体，它指的是某个具体的人，而不包括别的人。又如“车坏了，不能骑”中的“车”是指某辆能供人骑的自行车、三轮车或摩托车，而不包括别的车（如汽车、火车）。

词义的概括性和具体性是互相依存、互相制约的。词的具体意义是概括意义的来源和依据，词典中的词义都是从具体话语中的具体词义概括抽象出来的；反过来，词的概括意义又制约着具体意义的使用。如“商品”的概括意义是从投入市场交换的“笔、衣服、冰箱、电视机”等具体意义中抽象出来的。人们不把“空气、阳光”称为商品，“商品”的概括意义就不包括空气、阳光。学习运用词义，就是从具体意义上升为概括意义，然后又将概括意义落实为具体意义。

(3) 词义的明确性与模糊性。

词义具有相对的明确性和模糊性。明确性指的是词义的界限、范围很清楚，如“人、书、笔、飞机、轮船、3 点 20 分 58 秒”等等。在一般情况下，人们很容易将这些词所指对象与其他事物区别开来。模糊性是指词义的界限、范围不清楚。客观事物中有很多事物相互之间的界限本来就不清楚，而人的认识也有模糊性的一面。例如深一点的“绿”和浅一点的“蓝”容易相混，以致阳光下的同一片大海，有人说是绿的，有人说是蓝的。又如“青年、中年、老年”的界限难以绝然划定，一个人 55 岁，仍是“中年”还是已到“老年”？又如“秃顶”，词典解释为“脱落了大量头发的头顶”，其实“秃顶”与非秃顶的界限是不清楚的，头上有一根毛发、两根毛发或者三根毛发算不算秃顶？这很难划定，只能说“大量”的，不能说多少根，甚至说不出几分之几。其他如“春、夏、秋、冬”四季，“敲、打、捶”等动作，也都有模糊性，至于“高、低、大、小、胖、瘦、远、近、松、紧”等词的意义，都具有相对的性质，这些词的意义模糊程度较高。

词义的明确性与模糊性是相对的，没有绝对明确的词义，即使是一些有严格定义的科学术语，其意义也有模糊性。如数学术语“圆”和“直线”，意义很明确。但事实上，世界上没有任何绝对地圆或直的事物，只有近似于圆或直的事物，所以这些词所指范围仍然有模糊性。另一方面，一切模糊词义也有明确的一面。如“青年”是典型的模糊词，但也有一个大概的范围，只是在边缘部分比较模糊，如果有必要，还可以严格规定出生时间，如举办青年歌手大奖赛或青年作家作品评奖活动，就对“青年”有严格的年龄界定。

词义的明确性与模糊性都是交际需要的，比如“这学期 9 月 1 日开学”“秋天我们要去香山看红叶”，两句话对时间的表达一个精确，一个模糊，各有各的用处。

(4) 词义的稳固性与变异性。

一个词的意义，一旦为人们约定俗成，成为全体社会成员的共识，就不可由个人任意改变，这就形成了词义的稳固性。否则，就不能为社会成员所理解和运用，影响社会交际。这个道理是不言而喻的。

社会在向前发展，一些词的意义也在发生变化。如“走”，在古代当跑讲，现代指行走、步行。古义在成语“不胫而走”、“奔走相告”中可以看到。不同的词，在历时社交过程中都有变化，只是变化的方式、速度有所不同，这表明了词的意义具有变异性。词义的演变常常是临时改变其用法，以满足当时交际的需要。这种用法若时间一长，可能成为“习惯用法”，逐渐固定下来，词义便有所发展，于是新义产生。过去的和当今的一部分新义词就是这样产生的。

词义的稳固性和词义的变异性是相辅相成的，都是为了有效地进行交际。没有词义的稳固性与变异性就不能很好地完成交际任务。

（二）词义的类型

词义首先可以分为语言意义和语用意义两大类。语言意义是指词在语言系统中的概括而固定的意义，语用意义是指词在具体使用时的具体的临时意义。语言意义又可分为语汇意义和语法意义两类：语汇意义是词在语汇系统中的独立意义，语法意义是词在语法系统中的关系意义。我们讨论词义，主要是讨论它的语汇意义。语汇意义主要包括三种：概念意义、色彩意义和含蓄意义。

1. 词的概念意义

概念意义，又称为理性意义、指称意义等，它是客观事物的区别性特征在人脑中的概括反映。如“花”的概念意义是：“种子植物的有性繁殖器官。由花瓣、花萼、花托、花蕊组成，有各种颜色，有的长得很艳丽，有香味。”这一意义表明了人们对“花”这一植物的认识。

词义既可以是对同类对象区别性特征的概括，也可以对许多不同类的相关对象的某些共同特征的概括。如“甜”的概念意义是“像糖和蜜的味道”。这一属性（特征）不仅存在于“糖、蜜”中，还存在于所有含此味道的事物中，如梨、香蕉、苹果、甘蔗、西瓜等等。

概念意义又可分通俗意义和专门意义两种。通俗意义是一般人对所指对象的认识，通常是反映事物某些非本质的特征。专门意义是具备某些专门知识的人对所指对象的认识，它反映事物的本质特征。如“圆”的通俗意义是“像太阳、球、脸盆等东西的形状”。而“圆”的数学定义则是“在平面上，一动点以一定点为中心，一定长为距离而运动一周的轨迹”。一般人只了解“圆”的通俗意义，只有学过数学的人才了解它的数学意义。生活中有些词只有通俗意义，如“高、长、大、小、多、少、聪明、优秀”等，有些词如“语法、函数、激光、网络、条形码、插接兼容机”等是限于特定领域的专业术语，只有专门意义。

概念意义是词义的核心内容，一般实词都有概念意义，只有连词、助词等虚词没有概念意义。

2. 词的色彩意义

词的色彩意义，指词语概念意义之外的主要同交际环境有关的意义。色彩意义的产生与客观事物自身的属性、功能以及语言使用者的价值评判有密切关系。词的色彩意义类别比较多，包括情感色彩意义、形象色彩意义、语体色彩意义等。

(1) 情感色彩意义。

情感色彩意义，指由词体现出来的反映说话人对所指对象或有关现象的主观态度及各种感情的意义。一般说来，客观事物、现象、行为本身都具有可评价属性，而每一个人又都是一定文化心态和价值观念的所有者、体现者，这就是词语具有情感色彩意义的根源。情感色彩意义主要包括褒义和贬义两类。凡是表示说话人对有关事物现象的肯定、喜爱、赞扬等感情态度的词义就是褒义，如“崇敬、坚毅、优秀、鼓励、聪明、团结、爱护”等都含褒义；凡是表示说话人对有关事物现象的否定、厌恶、贬斥等感情态度的词义就是贬义，如“轻蔑、怯懦、煽动、狡猾、丑陋、顽固、媚外、伎俩”等都含贬义。

词的感情色彩是词义的构成成分，但感情意义并不是每个词都有的，大多数词都不带感情意义，如“牛、书、蓝、高、睡觉、吃饭、结果、显示、接受、学习、收藏、结合”等。不过带不带感情色彩，决定于词语可否用来表示说话人自身的感情，取决于说话人与所指对象的关系。例如“猪”不带感情意义，但在“他蠢得像一头猪”中的“猪”就用于贬义。有些词由于说话人与所指对象的关系不同而含不同的感情意义。如“老头子、老婆子”若是指称外人就表示轻蔑，含贬义；如果是老伴间互称，则表示亲昵，含褒义。词义的感情色彩意义与词语在特定语境中具有某种感情的表达是不同的；后者所表达的感情色彩是借助特定语境临时附加的，并非该词词义的构成成分。

(2) 形象色彩意义。

词的形象色彩意义，是指词义本身包含的人们对所指对象某种形象的想象成分。词的形象色彩往往由词的某些构成成分体现出来。词的形象色彩主要有以下几类：

据形的：画眉　鸵鸟　圆规　鼎足　玉带桥　鸡冠花

据状的：骑墙　连襟　亮相　雀跃　摊牌　(余音)袅袅

据色的：桃红　月白　鹅黄　天蓝　碧绿　玫瑰红

据声的：飒飒　萧萧　潺潺　叮当　轰隆隆　噼里啪啦

据味的：甜丝丝　苦英英　咸津津　酸溜溜

这些词都是借助于具有形象色彩的构词成分表示某种引申比喻意义。例如“亮相”，本指戏曲演员上下场时或表演舞蹈时由动的身段变为短时的静止的姿态，比喻公开表示态度，亮出观点。带形象色彩的词语用在语言中，使得词句表意形象、生动，能取得良好的表达效果。

(3) 语体色彩意义。

词的语体色彩意义，是指词具有的适应某种特定语体的意义。语体可以分为口头语体和书面语体两大类。口头语体又可分为普通口语和方言口语。如“太阳、昨天、脑袋、小孩儿、胖”等用于普通口语，“日头、昨儿、脑壳、细伢儿、肥”等用于方言口语。方言口语既有口语色彩，又有方言色彩。书面语体又可分为文艺语体、政论语体、科技语体、事务语体等。例如：

文艺语体：丰满　头颅　孩提　寂静　暮色

政论语体：公民　民主　专制　复辟　弹劾

科技语体：函数　振幅　化合　互联网　维生素

事务语体：公告　起诉　案由　此致　函达

词的语体色彩是词义的重要部分，在学习汉语词语，进行各种场合的交际时必须把握词的语体色彩，做到词义表达和语体要求相一致。

词的语体色彩跟词的感情色彩、形象色彩一样，是词义的基本构成成分，有时间的稳定性和接受的社会性，而且在这一点上，色彩意义和概念意义也是一致的。但概念意义是每个词必不可少的，而色彩意义却不是所有词都具有的。比如，中性词就没有感情色彩，各语体通用的词就没有语体色彩，至于没有形象色彩的词就更多了。

3. 词的含蓄意义

含蓄意义，又称内涵意义，是指说话人对所指对象的委婉含蓄的评价，它反映人们对事物的非本质的偶有性质的主观认识。例如“男子汉”的概念意义是男性成年人，但也含有坚强、健壮、有气度的意味；“女人”的概念意义是女性成年人，又含有柔弱、文雅、善良、好动感情、气量小、缺少理智等意味。又如“书呆子”，含有“不机灵、不敏锐”的意思；“老实”常常带有“不聪明、不灵活”的意思。

词的含蓄意义同词的概念意义、色彩意义不一样，它不具有时间的稳定性和接受的社会性，而往往表现为时有时无、时强时弱。含蓄意义的产生一方面与说话人的感情态度有关，另一方面与事物、现象本身的偶然性质有关。如男人不一定都有坚强、健壮的性质，“老实”不一定不聪明。这种含蓄意义都只反映事物、现象的偶有性质，但由于种种原因，容易使人联想到这种性质。此外，含蓄意义的领会，与接受者的生活阅历、文化素养有关，因为含蓄意义是隐含在概念意义之中的，其意义不很明确，给听话人留有广泛联想的余地。所以，含蓄意义往往具有不定性。例如“年轻”既有不成熟、缺乏经验、不可靠等消极的含蓄意义，也有有朝气、有热情、有干劲、有胆量等积极的含蓄意义。类似的还有“调皮、节约、朋友、开会、农村、城市、红男绿女、花枝招展”等等。

二　词义的发展

“语言的词汇对于各种变化是最敏感的，它几乎处在经常变动中。”（斯大林《马克思主义与语言学问题》）汉语的语汇是这样，词义也是如此，总是在发展变化着。词语在最初产生时，总是只有本义，是单义词，但经过一段时间的运用后，词语就会在此基础上衍生出其他意义来，成为多义词。多义词的产生就是词义发展的一种结果。

词义的发展主要表现在以下三个方面。

（一）词义的扩大

即扩大了原词所概括的对象范围，由扩大部分形成新义，构成新词。现在使用的往往是扩大部分的意义。例如“出台”，原义有①演员上场；②比喻公开出面活动。20 世纪 80 年代产生新义，指某种方案、措施、计划等公布于众，开始实施。“出台”的对象扩大了，现在报刊上出现的这个词，通常用的是扩大的意义。再如“客串”，原为戏剧术语，指非专业演员临时参加专业剧团的演出。现在词义有了扩大，指非本行人员临时参加本行工作，使用范围比原来要广。

（二）词义的缩小

即指词概括的对象范围缩小了。缩小后，原来的词义一般不用了，或只在特定的场合下使用。例如“强人”，原义有①发动事变的英雄好汉；②能干、有本事的人；③强盗。现在只用第②义。男女对象都适用，但多见于“女强人”的说法中，适用对象缩小了。又如“第三者”，原泛用于当事双方以外的人或团体；现特指插足于一个家庭，跟夫妇双方中的一方有性关系的人，而且这种意义现在显得特别突出，人们一说起“第三者”、“第三者插足”或“第三者的悲剧”，立刻想到的就是缩小范围后的“第三者”。

（三）词义的转移

即原用来指甲类事物的，后通过某种联系，转用来指乙类事物。这样，因指称对象的转移而使词义发生变化，构成新词。例如“牵头”，原指男女关系的牵线人，多指撮合不正当的两性关系，含贬义。现在指领头、负责组织或临时出面主持某项工作。又如“骄子”，本是“天之骄子”的缩略。汉朝人称北方匈奴单于为天之骄子，后来称历史上某些少数民族的君主。20 世纪 80 年代初开始出现用“骄子”称使父母感到自豪的儿子，含有杰出人才的意思，多指大学生在某方面有突出成绩的青少年。

三　多义词、同音词、同形词

（一）多义词

1. 什么是多义词

一个能独立运用的概括而固定的词的意义单位叫义位。一个词如果有两个或两个以上互相关联的义位，这个词就是多义词。如果同一个词表示的几个义位之间没有关联，就不是多义词，而是同形词。词的多个义位在词典里的分项解释说明称之为义项。例如“存”在词典里就有“蓄积、聚集”（把钱存起来）、“存放”（行李先存起来）等义项。又如“扑”有以下几个义项：①用力向前冲，使全身突然伏在物体上（孩子扑在妈妈怀里）；②把全部心力用到工作、事业上面（他一心扑在事业上）；③扑打，进攻（直扑敌人巢穴）；④拍打、拍（海鸥扑着翅膀，直冲天空）。又如“打、点、老、花、代、等、白、场面、纵横、活动、问题、手法、特写、同胞”等等，也都有两个以上的义项。

词的多义性是语言历史发展的结果。一个词在新出现时一般是单义的，只有一个义位，反映在词典中则只有一个义项。但是，由于语言中的词同客观事物比较起来，数量总是有限的，随着客观事物的发展和人们对客观事物认识的深化，不可避免地要用原有的词来表示与之有关的一些事物，这就造成了词的多义现象。正因为如此，语言中一些从古到今经常使用的词，其义位往往也就比较多，而一些新造的词，其意义常常是单一的。

2. 多义词义项的性质

多义词的各个义项，地位不等，性质不同。其中有的是本义，有的是基本义，有的是引申义，有的是比喻义。其不同的性质，反映了义项间的源流派生关系。

(1) 本义。

本义是词的最初意义。例如：

脸　本义是两颊的上部。唐·白居易《昭君怨》"眉销残黛脸销红"中的"脸"用的就是本义。

姑　本义是丈夫的母亲。唐·朱庆馀《闺意献张水部》"昨夜洞房停红烛，待晓堂前拜舅姑"中的"姑"用的也是本义。

元　本义是头。《左传·僖公三十三年》："（先轸）免胄入狄师，死焉。狄人归其元，面如生。"其中的"元"就是指"头"。

颜色　本是两个词。"颜"指人脸，"色"指人脸上的气色、表情。《楚辞·渔父》"（屈原）颜色憔悴，形容枯槁"，是说屈原脸上神色困顿萎靡，身体十分消瘦，好像枯木。这里"颜色"用的是本义。

很多词的本义现在已经消失，要了解这些词的本义，只能去查有关的工具书和古代典籍文献。也有一些词的本义至今仍在使用。如"土"的本义是土壤、泥土，这个意义现在仍在广泛使用。

(2) 基本义。

基本义是词在现代最常用最主要的意义。如"脸"的基本义是"头的前部，从额到下巴"。"姑"的基本义是丈夫的姐妹。这两个词的基本义同本义是不一致的，也有不少词基本义同本义是一致的。例如：

长　本义是距离大。《孟子·滕文公上》："布帛长短同，则贾相若。""长"的基本义同此。

道路　本义是地面上供通行的部分。《论语·子罕》："予死于道路乎？"基本义同此。

(3) 引申义。

引申义是通过事物之间的相关性联系派生出来的意义。客观世界中具有不同联系的事物反映在人脑中必然构成不同的联想，从指称甲事物、现象、行为迁移于乙事物、现象、行为。经过一段时间的运用，最终成为该词的一个新的意义。引申义一般是从本义或基本义发展出来的。例如：

居　基本义是居住。《易·系辞下》："上古穴居而野处。"从这个意义引申出"止息、停留"的意义。

幽　本义是昏暗、深暗。《易·困》："幽，不明也。"从这个意义引申出"隐藏、隐微"的意义。

一个词的若干个义位之间是相对独立而又相互关联的。有的词有很多引申义，形成多个义位。例如“轻”这个词，有“重量小”（身轻如燕）、“数量少”（年纪很轻）、“负载小”（轻装）、“不重要”（责任轻）、“用力小”（轻轻拍）等多个义位，其中“重量小”是本义，也是基本义，其他意义都是由此引申出来的。如果一个词的引申义不止一个，那么多个引申义跟本义或基本义的引申关系就有两种情况。一种是辐射式引申，即从同一个义位产生出几个不同的义位，这几个不同的义位是并联关系。例如：

嫩　初生而柔弱（嫩黄瓜）↗ 烹调时间短，容易咀嚼（肉片炒得很嫩）
　　　　　　　　　　　　→ 颜色浅（嫩黄、嫩绿）
　　　　　　　　　　　　↘ 不老练（当一把手你还太嫩）

一种是连锁式引申（或称连续式引申），义位之间是串联关系，即从第一个义位派生出第二个义位，又从第二个义位派生出第三个义位。例如：

冰　水在摄氏零度或零度以下凝结成的固体→因接触寒冷东西而感到寒冷（刚到中秋，河水就有些冰腿了）→把东西和冰放在一起使之凉（把汽水冰一冰）

这两种方式还可以并存交叉，形成更为复杂的派生关系。

(4) 比喻义。

比喻义是通过事物之间的相似性联系派生出来的意义。比如“回春”，本义指“冬天过去、春天到来”，回春之时也就是万物复苏的时节，于是人们便用它来比喻医术高明或药物灵验，能把重病治好（妙手回春｜回春灵药）。又如“地下”，本义指地层下面，后来用来比喻隐藏在敌人势力范围内进行活动的方式或状态（地下工作）。再如“铁”，本义是一种金属，由于铁很硬，于是用来比喻坚强、不可变动（铁的纪律｜铁了心｜铁证如山）。

有的比喻义是从本义或基本义产生的。如“梦话”的本义、基本义都是“睡梦中说的话”，从这个意义产生出比喻义，指“不切实际，不能实现的话”。有的比喻义是从引申义产生的。例如：

光明　①亮光：黑暗中的一线光明。②明亮：这条街上的路灯，一个个都像通体光明的水晶球。③比喻正义的或有希望的事物：光明的远景，前途光明。

比喻义③是从②产生的，②是从①引申出来的。

比喻的相似性包括的内容很广，主要有两种。一种是外形状态的相似，由此而产生比喻义。如“眼”的基本义是人或动物的视觉器官，比喻义是小洞、窟窿（泉眼｜针眼）。一种是功能或性质的类似，由此而产生比喻义。如“环节”的基本义是“某种低等动物如蚯蚓、蜈蚣等身上的环状结构”，后来用来比喻互相关联的许多事物中的一个（主要环节｜薄弱环节）；“堡垒”的基本义是“在重要地点作防守用的坚固建筑物”，比喻义是“难于攻破的事物或难于对付的人”（我终于攻破了他这个堡垒）。

这里，应该把词的比喻义和词在修辞上的比喻用法区别开来。比喻义是词中已经固定下来的意义，修辞上的比喻用法是临时的不确定的。例如：

为了争取新的胜利，要在党的干部中提倡放下包袱和开动机器。（毛泽东《学习和时局》）

例中，“包袱”一词用的是比喻义，指“思想负担”；而“机器”就是修辞上的比喻用法，并没有形成固定指称“脑筋”的意义。

（二）同音词

1. 同音词的性质及产生的原因

同音词是指语音形式完全相同而意义没有联系的一组词。如“是、事、室、市、试、示、式、士、世、拭、誓”都读 shì，“势力、势利、事例、视力、示例”都读 shìlì，它们是两组同音词。

同音必须是声、韵、调完全相同。据统计，同音词约占语汇数量的十分之一。现代汉语同音词的大量产生，有多方面的原因。主要原因有以下几个方面。

(1) 词的数量增多。

现代汉语的音节数量有限，只有 1200 多个，而词则数以万计，而且还要不断扩充，这就必然使不同的词采用同一个语音形式。例如，同以 lì 为语音形式的词和语素一共有 50 多个。合成词是由语素构成的，自然也会出现一定数量的同音合成词。例如，第一语素以 b 为声母的双音节合成词，同音的就有：

暴力—暴利　　包含—包涵　　本意—本义

笔试—笔势　　报到—报道　　变换—变幻

(2) 语音演变的结果。

语音的演变和意义的演变是不平衡的。因此，有些在古代不是同音词，由于语音的发展变化，到现代也变成了同音词。例如，“轻”和“清”，“班”和“般”，在古代是不同音的，“轻、清”声母不同，“轻”是“溪”母字，“清”是“清”母字。

“班、般”韵母不同，“班”是“删”韵字，“般”是“桓”韵字。

(3) 意义演变的结果。

有些同音词是由意义的演变造成的。这些同音词在古代是一个多义词，后来，随着语言的发展，这个词的原来几个意义逐渐分化，解体为几个不同的词，失去了原有的联系，但它的语音形式却没有产生变化，因而造成了同音词。例如，现代汉语中，表示计时单位的“刻”和“雕刻”的“刻”，“正副”的“副”和量词“副”，表示“一种中空的圆柱体”的“管”和“管理”的“管”，其意义在过去都是有联系的，现在都演变成同音词了。

(4) 借用外来词的结果。

汉语借用外来词，由于外来词的语音形式汉化，使得借词的语音形式同某些原有的汉语词的语音形式相同，造成了同音词。例如，借蒙古语的“jam”这个词汉化成“站”(车站的站)，就同原有的词“站”(站立的站)同音；借用英语的词 metre 汉化成“米”，就同“谷米”的“米”同音；还有“瓦”(电的功率单位)和“瓦”(砖瓦的瓦)，“听”(计量单位)和“听”(动词)等，也都是由同样的方式造成的同音词。

2. 同音词的类型

同音词根据字形的异同分为两类：

(1) 同形同音词　字形完全相同的同音词。

单音节的：

拼(连合)—拼(不顾一切地干)

草(植物的一种)—草(草书)

白(颜色)—白(道白)

会(聚会)—会(能够)

花(花朵)—花(耗费)

多音节的：

大家(专家)—大家(代词)

满月(圆月)—满月(婴儿出生后足一个月)

回生(死后复活)—回生(使生疏)

(2) 异形同音词　字形不同的同音词。

字形不完全相同的：

简洁—简捷　　　精致—精制

暗示—暗室　　　联结—联接

军事—军士　　　　后进—后劲

古物—谷物　　　　借贷—借代

字形完全不相同的：

坚固—兼顾　　　　静养—敬仰

诡计—轨迹　　　　估计—孤寂

尝试—长逝　　　　利益—立意

设置—摄制　　　　深渊—申冤

3. 同音词的在语言中的作用

同音词在语言运用中有着特殊的作用。它可以用来构成同音双关的修辞手法，增强语言的表现力；可以表现说话人的机智，取得特殊的效果。例如：

我失骄杨君失柳

杨柳轻飏

直上重霄九

……（毛泽东《蝶恋花·答李淑一》）

第二句的“杨柳”，表面上写的是轻轻飘扬、直上九重云霄的杨花柳絮，实际上则是指杨开慧烈士和柳直荀烈士，说他们的忠魂升天，永垂不朽。这是运用同音双关的修辞手法，使得思想感情表达非常含蓄，寓意深长。又如“春蚕到死丝（思）方尽”“道是无晴（情）却有晴（情）”等。

4. 同音词与多义词的区别

同音词和多义词都是用同一语音形式来表示不同的意义内容。但多义词指的是一个词具有几个不同的意义，这些意义之间有一定联系；同音词则是几个意义不同的词具有相同的语音形式，它们在意义上没有联系。例如，“鲜花、雪花、礼花、花白、眼花、校花”中的“花”，它们在意义上有联系，都是从“花朵”的“花”这一基本义派生出来的，因此是一个多义词；而“花钱、花时间”中的“花”跟“花朵”的“花”虽然语言形式相同，意义上却没有联系，它们就不是一个多义词，而是两个同音词。

（三）同形词

1. 同形词的性质

同形词是指书写形式相同而意义没有联系的一组词。同形词包括读音相同的和读音不同的两种情况。同音同形词已在同音词部分讲到，这里只谈异音同形词。例如：

长 cháng—长 zhǎng　　　　拗 ào—拗 niù

当 dàng—当 dāng　　　　都 dōu—都 dū

地道 dìdào—地道 dìdao　　　大意 dàyì—大意 dàyi

同形词大都是因汉语的变音造词造成的，即在现有词的基础上，用变更音节中的某一语音成分（或声母，或韵母，或声调），来创造一个新词。例如，“折（zhé）”和“折（shé）”变更了声母，“烙（lào）”和“烙（luò）”变更了韵母，“角（jiǎo）”和“角（jué）”变更了韵母和声调，“卡（kǎ）”和“卡（qiǎ）”变更了声母和韵母。由变音造词产生的同形词，有的在历史上可能有某种联系，但它们毕竟已经成为不同读音的两个词，而不是一个词的多义现象。还有一些同形词的产生，是由于文字上的同音代替，如简化字用“后”代繁体字“後”，于是“前后”的“后”就跟“皇后”的“后”同形了。

2. 同形词的作用

由于形同音同或音近，人们常常利用同形词的这一特征，巧妙地构成一些饶有趣味的语句。最常见的是把同形词连缀起来组成一副对联，俗称巧联。例如，温州江心寺有一副对联：

云　朝　朝　朝　朝　朝　朝　朝　朝　散

zhāo cháo zhāo zhāo cháo zhāo cháo zhāo

潮　长　长　长　长　长　长　长　长　消

cháng zhǎng cháng cháng zhǎng cháng zhǎng cháng

“朝（zhāo）”作“早晨，时常”解，“朝（cháo）”作“朝见，朝宗”解，“长（cháng）”作“经常”解，“长（zhǎng）”作“增长”解。作者就是运用同形词连缀成联，写出江心孤屿万物朝觐的景致。

同形词用在广告中，使广告能收到较好的效果。例如：

当之无愧（典当行）

行行行（杂货店）

长长长长长，长长长长长（豆芽店）

“当之无愧”本指“当（dāng）得起某种称号或荣誉，不用感到惭愧”，这里却利用“当”的另一个读音和意义——“典当（dàng）”，既使语言显得幽默诙谐，又符合其作为典当行业的经营特点。第二例巧妙地利用“行”的不同读音和不同意义形成多义结构，既可以读为 xíng xíng xíng，也可以读为 háng háng xíng，两种意思都很好。第三例更有趣，既可读为 cháng zhǎng cháng cháng zhǎng ，又可读为 zhǎng cháng zhǎng zhǎng cháng。这种妙趣横生的语言形式很能吸引消费者。

四 同义词、反义词、类义词

（一）同义词

1. 同义词的性质

同义词是指义位相同或相近的一组词。同义词有宽严两种情况。严格的同义词是指概念意义完全相同的一组词，即所谓的等义词。如“西红柿—番茄”、“语法—文法”、“演讲—讲演”；较宽的同义词是指概念意义基本相同但又有细微差异的一组词，即所谓的近义词。如“时代—时期”、“表白—表达”、“爱惜—爱护”。平常人们所说的同义词，往往指的就是近义词。近义词是学习和研究同义词的主要对象。

有时候，本来不同义的词，在特定语境中也可以产生同义关系。例如：

> 他走近柜台，从腰间伸出手来，满把是银的和铜的，在柜台上一扔，说“现钱！打酒来！”（鲁迅《阿Q正传》）

“银的”和“铜的”在上例中表示“钱”的意义，跟“钱”构成了临时的同义关系，但它们一旦离开了特定的语境，同义关系也就不存在了。

2. 同义词的类型

同义词按意义重合的程度可分为等义词和近义词两类，如前所述。按构成语素的同异，可分为三类：

a. 爱怜—怜爱　忌妒—妒忌　感情—情感
来往—往来　开展—展开　计算—算计

b. 饱满—丰满　轻率—草率　爆发—暴发
采用—采取—采纳　精致—精巧—精美

c. 毛病—缺点　鞭策—督促　漏洞—破绽
把持—控制—操纵　拂晓—黎明—凌晨

a组是同素逆序同义词。从结构上看，大多都是联合式的，语素序位变化后，结构和基本意义不变。b组是语素部分相同的同义词。这组同义词语素的同异给意义辨析提供了方便，相同的语素大都体现了“同”，相异的语素大都体现了“异”。c组是语素完全不同的同义词。这类同义词难以直接从语素上比较其异同，必须借助词典和用例进行意义的辨析。

3. 同义词的辨析

同义词在意义上“大同小异”，辨析同义词就是要“求同辨异”，重点是“辨异”，要辨析它们在意义上的细微差别。

同义词的意义差别是各种各样的，可以从以下几个方面来进行辨析。

(1) 从意义上辨析。

有些同义词在概念意义方面有所不同：或者所指范围的大小不同，或者程度的轻重不同，或者语义的侧重点不同。

A. 范围不同。有的同义词在所指对象的范围上有大小之别。例如，“性质”和“品质”代表的都是“属性”这一概念，但“性质”可以指一切事物的属性，范围较大；“品质”则多指人的品性，有时指物品的质量，范围较小。“时代”和“时期”都指社会或人生发展的某一阶段，但“时代”所指时间较长，“时期”所指时间可长可短。“局面”和“场面”都指情势状况，但“局面”指全局性的情势，“场面”指具体的情状。

B. 程度不同。有的同义词在所指对象的程度上有轻重之别。例如，“损坏”和“毁坏”都有使事物受到伤害的意思，但“毁坏”指严重的损坏，语意比“损坏”重。“失望”和“绝望”都指失去希望，但“失望”可以是部分地失去希望，“绝望”指完全失去了希望。“轻视”和“鄙视”都有瞧不起的意思，但“轻视”指一般的不重视、瞧不起，“鄙视”指非常瞧不起。

C. 侧重点不同。有的同义词在所指对象的性质特点上有所侧重。例如，“美满”和“圆满”都指没有缺欠、使人满意，但“美满”着重指美好、完美，“圆满”着重指完备、周全；“美满”一般用于形容生活、家庭等，“圆满”一般用于形容答案、结果等。“茂盛”和“旺盛”都可以表示植物的枝、叶、花等长势良好，但“茂盛”着重表示长得多而茁壮，“旺盛”则着重表示生命力强；“茂盛”一般指植物，而“旺盛”则既可以指植物，也可以指动物和人。“看透”、“看破”和“看穿”都指看出本来的东西，但“看透”着重强调了解得透彻，看出本质，“看破”着重强调认识得彻底，不被表面现象迷惑，“看穿”着重强调完全地看出了本来的性质或面目。

(2) 从功能上辨析。

A. 搭配对象不同。例如，“侵犯”和“侵占”，前者跟“主权、利益、领空”等搭配，后者则跟“土地、财产、领土”等搭配。“繁荣”和“繁华”，跟“繁荣”搭配的是“经济、市场”等，跟“繁华”搭配的是“都市、街道”等。“美丽”和“漂亮”，前者多形容容貌、姿态、风景、动物、植物等，用于人时多指女性；后者则广泛地用于人和具体的事物（如“钢笔、汽车、衣服”等）。“维持”和“保持”，前者可与“生活、秩序、治安、结论”等搭配，后者则与“清洁、记录、关系、作风、习惯、性质、态度”等搭配。

B. 句法功能不同。一般来说，语法性质相同的同义词都能充当同样的句子成分。例如动词“毁坏”和“损坏”都能充当谓语，形容词。“美满”和“圆满”都能充当谓语和定语。但有的同义词虽然词性相同，但充当句子成分的能力并不完全相同。例如形容词“充分”和“充足”，都能充当定语，如“充分的理由”、“充足的人力”；但“充分”还可以充当状语，“充足”却不能，“充分发挥大家的智慧”中的“充分”就不能替换为“充足”。如果同义词的词性不同，那么充当句子成分的能力就更有差异了。例如“永久”和“永远”，前者是形容词，常作定语，如“永久的纪念”；后者是副词，一般只作状语，如“永远记住这个教训”。

(3) 从色彩上辨析。

有的同义词基本意义相同，只是在感情色彩或语体色彩上有差异。例如，“教师”和“教书匠”，“行为”和“行径”，“保护”和“庇护”，“鼓动”和“煽动”，“技巧”和“伎俩”，“结果”、“后果”和“恶果”，它们在感情色彩上有褒贬的不同。又如，“吝啬”和“小气”，“责备”和“数落”，“理发”和“剃头”，“心灵”和“心”，“飞翔”和“飞”，它们在语体色彩上有不同，一个带有书面语色彩，一个则带有口语色彩。

4. 同义词的作用

第一，恰当选用同义词，可以表达出不同的意味、情态、话语风格和色调。例如，老舍在《关于文学的语言问题》中就曾谈到：

> 比方写一个长辈看到自己的一个晚辈有出息，当了干部回家来了，他拍着晚辈的肩说：“小伙子，‘搞’的不错呀!”这地方我就用“搞”，若不相信，你试用“做”，用“干”，保准没有用“搞”字恰当、亲切。假如是一个长辈夸奖他的子侄说：“这小伙子，做事认真。”在这里我就用“做”字，你总不能说，“这小伙子，‘搞’事认真。”要是看见一个小伙子在那里劳动的非常卖力气，我就写：“这小伙子，真认真干。”像这三个字：“搞”、“做”、“干”都是现成的，并不谁比谁更通俗，只看你把它搁在哪里最恰当，最合适就是了。

第二，变换使用同义词，可以使语言富于变化，避免单调呆板。例如：

① 年年穷，岁岁寒，受足了人家的闷气，看够了人家的嘴脸！（洪琛《香稻米》）

② 女人把故乡一点家私或典或卖，不惧危难，不畏辛苦，居然带着孩子跑了出来。（李广田《欢喜团》）

第三，连用同义词，可以使意义鲜明突出，增强语言表达的气势。例如：

③ 要是句子短些，章节短些，文章就生动活泼。（郭沫若《关于文风问题》）

④ 口蜜腹剑，笑里藏刀，当面烧高香，背后打黑枪，这就构成了国民党官场中尔虞我诈，互相利用，互相倾轧的人与人的关系。（黎汝青《叶秋红》）

（二）反义词

1. 反义词的性质

反义词是指意义相反或相对，同时又属于相同的意义范畴的一组词。反义词是客观事物的矛盾对立在语汇中的反映。例如，“古”和“今”同属“时间”范畴，不同在于前者指“过去”，后者指“现在”，它们意义对立，因此构成反义词。又如，“活”和“死”同属“生命”范畴，不同在于前者指“进行新陈代谢”，后者指“停止新陈代谢”，它们意义相反，成为反义词。两个词如果没有共同的意义范畴，就不能构成反义词。如“大”和“短”，前者指体积、面积、强度等，后者指两端的距离，它们所属意义范畴不同，因此不能构成反义词。

词和短语可以表示相反的意义，但不能构成反义词。如“坏”和“不坏”，“乱”和“有条有理”，它们尽管意义对立，但不是反义词，因为“不坏”和“有条有理”都不是词，而是短语。

2. 反义词的类型

反义词可以分为两类：

(1) 正反反义词　也叫绝对反义词，两词之间的关系是“非此即彼”的关系。也就是说，肯定了甲，等于否定了乙；否定了乙，等于肯定了甲。它们之间没有中间状态的概念存在。例如：

正—反　　有—无　　生—死

正确—错误　　完整—残缺　　真实—虚假

(2) 两极反义词　也叫相对反义词。这类反义词表示的是事物或现象相互对立的两端，两词之间存在着某种中间状态的概念。也就是说，肯定了甲，等于否定了乙；但否定了乙，却不等于肯定了甲，因为甲、乙之间还有丙、丁等中间情况的存在。例如：

黑—白　　冷—热　　大—小

开始—结束　　快乐—痛苦　　先进—落后

3. 反义词的作用

第一，恰当运用反义词，可以形成鲜明对照，加深对矛盾对立事物的印象和认识。例如：

① 悲剧将人生的有价值的东西毁灭给人看，喜剧将那无价值的撕破给人

看。（鲁迅《再论雷峰塔的倒掉》）

② 阳奉阴违，口是心非，当面说得好听，背后又在捣鬼，这就是两面派行为的表现。（毛泽东《中国共产党在民族战争中的地位》）

第二，在对偶句式中对举使用反义词，可以构成富于哲理性的警策语句。例如：

③ 虚心使人进步，骄傲使人落后。

④ 智者千虑，必有一失；愚者千虑，必有一得。

（三）类义词

1. 类义词的性质

类义词是指反映同类概念、表示同类意义的词。如同义词和反义词，如果从表示的意义范畴来看，它们又属于类义词。类义词有广义和狭义之分。一般类义词典上所收的“类义词”是广义的类义词。狭义的类义词指属于同一语义范畴、表示同类概念，而没有上下义、同义或反义关系的一组词。这里主要讲狭义的类义词。例如：

夏朝　商朝　周朝　秦朝　汉朝（表朝代）

红　黄　蓝　绿　灰　黑　紫（表颜色）

梨　苹果　桃子　香蕉　葡萄　橘子（表水果）

煮　炒　炖　蒸　炸　烩　煎（表烹调方法）

蛙泳　仰泳　蝶泳　自由泳（表游泳姿势）

词与词之间的类义关系，是就词的某一义位来说的。多义词有若干不同的义位，就可以与不同的词构成类义关系。例如，“打”在“用手撞击”这个意义上，与“拍、摸、搔”等构成类义关系；在“殴打”这个意义上，可与“骂”构成类义关系，因为“打”与“骂”都是对人的攻击侮辱。

类义词不同于同义词。同义词着眼于意义的相同相近，类义词着眼于意义的同类同属。意义相同相近或相反的词固然具有类义关系，但类义词不一定就意义相同相近或相反。例如，“爸爸”和“父亲”、“妈妈”和“母亲”都是同义词，它们和“哥哥、弟弟、姐姐、妹妹”等都表示“亲属”，构成类义词；但“哥哥、弟弟、姐姐、妹妹”之间既没有同义关系，也没有反义关系。

2. 类义词的作用

类义词以类相聚，具有共同的语义成分。掌握类义词的共同语义，对准确理解词义很有帮助。词典的释义往往要说明某个词使用的场合和范围。例如：

婀娜：姿态柔软而美好。

妩媚：女子、花木等姿态美好可爱。

洒脱：形容姿态自然，无拘无束。

“姿态”是这三个词共有的语义成分，表明这三个词是同一类词，具有类义关系，它们都可以用来形容“姿态”。

类义词还可以用来构成对偶句。例如：

两个黄鹂鸣翠柳，一行白鹭上青天。

窗含西岭千秋雪，门泊东吴万里船。（杜甫《绝句四首》之一）

诗中两个对偶句都是利用类义词来构成的：“两”和“一”、“千”和“万”都是“数词”相对，“两个”和“一行”、“千秋”和“万里”都是“数量”相对，“黄鹂”和“白鹭”是鸟类相对，“黄”和“白”、“翠”和“青”是颜色相对，“鸣”和“上”、“含”和“泊”是动作相对，“柳”和“天”、“雪”和“船”是物名相对，“门”和“窗”同属于“宫室”一类相对，“西岭”和“东吴”同属于地名相对。全诗对仗工整自然，充分显示了类义词在表达上的作用。

检测与思辨

一、谈谈词义的性质，试举例说明。

二、同音词和多义词有什么区别？试举例说明。

三、根据提供的例句归并下列各词的义项，判断它们是多义词还是单义词：

零钱：① 这是找给你的零钱。② 每月花不了多少零钱。③ 我只有一百元的大票，没零钱。

机要：① 他做的是机要工作。② 他分配到了机要部门。③ 机要秘书是小李。

读：① 这本书值得读。② 老师正在读课文。③ 去年他读完了大学。④ 在大学他读的是工科。

布：① 他买了一丈布。② 商店里布的种类很多。③ 她穿了一件花布上衣。

四、从下列各句括号里的同义词中挑选出最恰当的一个，并说明理由：

① 酒吧里的灯光是暗的，别有一种（趣味、味道、情趣）。

② 这些人整天（凑、聚、厮混）在一起，干不正经的事。

③ 听了他的解释，疑团打消了，心里（酣畅、欢畅、畅快、宽畅）多了。

④ 老人很（慈善、善良、和善），对孩子从不发脾气。

五、指出下列几组同义词应从哪些方面来辨析：

① 事情—事件—事故

② 优秀—优异

③ 爱护—爱惜

④ 理想—幻想—空想

⑤ 脑袋—头颅

六、举例说明反义词的类别及其特点。

第四节 语汇的构成

现代汉语语汇是从古代汉语、近代汉语发展而来的。它接受了古代和近代继承下来的古今通用的基本语汇，还吸收了方言的、外族的某些语汇。为满足社会的交际需要，又不断地产生新词。在人们长期交际的过程中，还产生了大量的熟语。这些词语就构成了现代汉语语汇。现代汉语的语汇由基本语汇、非基本语汇和特殊语汇成分构成。

一 基本语汇和非基本语汇

（一）基本语汇

基本语汇是全民使用最多、日常交际最必需的、意义最明确、为人们共同理解的语汇成分的总和。构成基本语汇的单个词是基本词。例如：

有关自然界事物的：天 风 电 山 水 树 鸟 兽

有关生产生活资料的：车 米 刀 灯 工厂 房屋

有关人体各部分名称和亲属称谓的：头 手 父亲 哥哥

有关基本动作行为和状态的：吃 想 老 高 黄 热

有关指代数量的：我 他们 这 哪里 十 尺 次 回

有关时间方所的：春 秋 年 东 西 左右 前后

有关语气关联的：的 哪 吧 呢 如果 因为 但是

基本语汇有四个特点：

(1) 全民性——遍及范围广。基本语汇在使用上突破了地域、行业、文化程度等方面的限制，其语义为全民所共同理解。不论说何种方言，不论从事何种工作，不论文化程度高低，都离不开这些基本语汇。

(2) 常用性——使用频率高。基本语汇表达的是日常生活中最基本的最需要的概念和关系，因此经常被人们所使用。这一特点，是由其“全民性”所决定的。

（3）稳固性——传承历史长。基本语汇跨越了汉民族所经历的不同的社会形态、不同的历史时期，代代传承，沿用至今，这体现了基本语汇的稳固性。有的基本词，如“一、百、上、下、天、地、山、水、牛、羊、马、虫、手、肉、走、飞”等等，在甲骨文中就已经存在，今天仍然而且将来还会为人们所使用。基本语汇之所以具有如此强的稳固性，是因为它们所代表的事物是极为常见的，是社会必需的。

（4）能产性——构词能力强。基本词具有很强的构词能力，它是构造新词的基础。用基本词构成的新词，最便于人们理解，也最便于广泛流传。现代汉语中的很多词，都是通过基本词创造出来的。例如，由“地”构成的词语有“地板、地表、地步、地产、地带、地道、地点、地方、地洞、地瓜、地基、地窖、地界、地牢、地雷、地理、地貌、地面、地盘、地皮、地铺、地壳、地球、地区、地势、地毯、地铁、地图、地位、地下、地形、地域、地震、地址、地主、地大物博、地利人和、天长地久、天罗地网”等等，《现代汉语词典》（1996 年版）中共有 128 条，在《逆序现代汉语词典》（1986 年版）中属于“～地”格式的词共 95 条，如“本地、遍地、草地、当地、坟地、耕地、工地、旱地、荒地、基地、境地、领地、陆地、盆地、要地、园地、阵地”等等。随着社会的发展，新事物还会不断出现，因此基本词还会构成更多的新词。当然，基本词中也有少数构词能力较弱，甚至没有构词能力，如少数代词“我、你、谁”，少数虚词“但、或、而”等。

基本语汇的上述四个特点，是从范围、频率、时间、繁衍四个层面来说的。前三个特点是主要的带根本性的特点，它们是就基本语汇的“运用能力”而言的，其中“常用性”的特点又可以认为是“全民性”特点的延伸。第四个特点是就“构词能力”而言的。一个基本词，不一定都具备这四个特点，但根本性特点是一定得具备的。基本语汇是语汇中最重要的部分，基本语汇中的一些单音节语汇能作为语素构词的基本材料，是基本语汇中的核心语汇。如上面所举的“地”，又如“水、心、大”等等，它们都能构成上百条词语。

上面四个特点，是从语汇的活动能力上讲的，是动态的。如果从静态的角度看基本语汇自身的特点，则表现为：（1）单音节基本词占优势；（2）具有多义性；（3）在感情色彩上，一般表现为中性。外部的动态的特点和自身的静态的特点是紧密地联系在一起的。这里讲基本语汇的特点，是着重讲它运用方面的动态特点，以区别于非基本语汇。

（二）非基本语汇

非基本语汇又称一般语汇，是指全民性和稳固性较差，不常用的词和绝大部分固定短语。在语汇系统中，除去基本语汇就是非基本语汇。这些非基本语汇有的是来自古代典籍的古代语汇，有的是来自某个地域的方言语汇，有的是来自某个领域的行业语汇，有的是来自外族语言的外来语汇，有的是来自秘密团体的隐秘语汇，还有的是在现实生活中不断出现的新造语汇。此外，固定短语的绝大多数也都属于非基本语汇。

非基本语汇一般不具有稳固性，而具有可变性。它总是处在不断的变化之中，新词的产生，旧词的消亡，这些都反映在非基本语汇上。

非基本语汇一般也不具有全民性。由于文化层次、生活区域、工作领域等方面因素的不同，人们往往只是掌握和使用非基本语汇中某一方面和某几个方面的语汇。也就是说，非基本语汇并不为社会的全体成员所普遍使用。

基本语汇和非基本语汇是相互依存的。一方面，基本语汇是全民必需的，同时它还是语汇系统的核心和基础，是创造新词、不断丰富非基本语汇的源泉；另一方面，不同地区、不同职业、不同文化层次的人们，需要运用非基本语汇来满足各种不同的交际需要。基本语汇和非基本语汇在历史发展中又是可以相互转化的。比如，古代的基本语汇“皇上、大人、吾、也、矣”，今天成了非基本语汇；古代的非基本语汇“党、书记”今天成了基本语汇。有的方言语汇、行业语汇、外来语汇也进入了现代汉语的基本语汇，如“搞、干部、腐蚀、工程”等等。随着社会的不断发展、信息化程度的不断提高，人们的生产和生活会越来越离不开计算机，诸如“电脑、上网、电子邮件、网上购物”之类的非基本语汇，会在不久的将来成为具有全民性、常用性、稳固性和能产性的基本语汇。

二　古语语汇、方言语汇、外来语汇

（一）古语语汇

古语语汇是带有明显的古代社会生活印记的语汇。它包括历史语汇和文言语汇。古语语汇是现代汉语中继承了古代的基本语汇之外的古代汉语中的语汇。

历史语汇是记录古代社会的人物、事物和特有现象等的语汇。历史语汇所反映的人物、事物和现象在现代社会已经不复存在，因此只有在谈论古人生活、论述古代历史时才会用到它们，如“皇上、皇后、大臣、宦官、太守、笏、俑”等。

文言语汇是古代书面语和口语中运用的语汇。文言语汇所反映的事物或现象在现实生活中仍然存在，但它们已由现代汉语中别的词所代替，很少被人使用。例如：

首—头　履—鞋　冠—帽子　箸—筷子

走—跑　谓—说　敛—收缩　安谧—安静

亦—也　乃—才　乎—吗　　矣—了

文言语汇现在有的不用了，如“履”；有的仍在使用，但意义有了变化，如“走”；有的不再单用，而只用来构词，如“首”构成“首创、首都、首饰、首先、首长”等；有的也被沿用，主要是文言虚词，如“之、其、而、岂”等。

古语语汇常用于文学作品和历史著作，也用于政论文和公文。运用古语语汇，可以起到特殊的表达作用。例如：

① 孔乙己着了慌，伸开五指将碟子罩住，弯下腰去说道，“不多了，我已经不多了。”直起身又看一看豆，自己摇头说，“不多不多！多乎哉？不多也。”于是这一群孩子都在笑声里走散了。(鲁迅《孔乙己》)

② 疯子：叫我起，我就起，尊声娘子别生气！……列位大嫂！……娘子差矣！(老舍《龙须沟》)

③ 什么叫顽固？固者硬也，顽者，今天、明天、后天都不进步之谓也。(毛泽东《新民主主义的宪政》)

④ 人民解放军所到之处，深望各界人民予以协助。兹特宣布约法八章，愿与我全体人民共同遵守之。(毛泽东《中国人民解放军布告》)

例①通过古语词的运用，把孔乙己寒酸迂腐的形象刻画得入木三分。例②鲜明地表现了程疯子读过几句古书、当过曲艺艺人的个性特点。例③恰当地运用古语词，使语言表达显得生动活泼，增添了文章的幽默感和讽刺性。例④通过古语词的运用，表现出一种庄重的语体色彩和简练的语言风格。

（二）方言语汇

方言语汇是某个地区使用的带有地方色彩的语汇。比如，广东粤语中把祖母尊称为“阿妈”，把爱管闲事的女人称为“八卦婆”，把能干的女孩子叫“呖女”；北京土话把太阳称作“老爷儿”，把火柴称作“取灯儿”；武汉话把大哥称作“拐子”；福州话把袖子称作“手腕”等等。这些足见方言语汇缺乏全民性。不同方言区的人如果都用各自的方言语汇来进行交谈，则无法保证交际的顺利进行。

方言语汇与普通话语汇之间，不同的方言语汇之间，存在着种种不同的差异。有的是同一词语表达不同的内容。比如，普通话的“同志”，在香港话里是指“同性恋者”；普通话的“巴结”，在天津话里表示“培养”。又如，“老公”在广州等南方的一些方言区里指丈夫，在天津话则指乌鸦。有的是同一内容在不同的方言里用不同的词语来表示。比如，“小孩子”在武汉通常叫“小伢”，四川叫“娃子”，广州叫

"细佬（子）"，苏州叫"小官"，浙南永康叫"小侬"。又如，"冰棍"在各地有"冰棒、雪条、雪糕"等各种不同的说法。这些说法的不同，反映了不同方言区历史文化、风俗习惯、生活环境等方面的差异。此外，在不同的方言里，还存在着词语与内容的交混现象。比如，湖北五峰地区把大的麻蚊子叫"苍蝇"，湖南的一些地方把苍蝇叫"蚊子"（如说"饭蚊子"），红头苍蝇才叫"苍蝇"。又如，"饺子（水饺）"和"馄饨"，"馒头"和"包子"，在南方和北方的一些方言区里，指称是不一样的。这是我们在学习了解方言语汇要注意的。

方言词汇会给不同方言区人们之间的交际带来一定障碍。但在文学创作中，恰当地选用有表现力的方言土语，有助于刻画人物形象，表现地方风貌和乡土气息。有的方言词语，通过小说、戏剧、电影、电视等文学形式，逐渐为人们所理解和接受，并进入到共同语。比如"搞、名堂、过细、货色、把戏、垃圾"等词，由于频繁出现，现在已经普遍为人们所接受，进入了普通话语汇。

运用方言土语，应采取审慎的态度。文学作品是面向全社会的，而不只是给某一个方言区的人看的。一部文学作品，如果运用了过多的方言词语，不能够为广大读者所理解，就势必影响到读者对作品内容的领会，就不能实现或不能很好地实现作品的社会功用。例如，有部小说用了很多湖南方言，里面有这样一句话："她仗着有几分墨水，嫁着一个黑脚杆子，总以为是埋没人才。"一般人会把"墨水"理解为"文化水平"，其实，在湖南益阳方言中"墨水"是"姿色"的意思。老舍说："过去我喜欢用方言，《龙须沟》里就有许多北京方言。……这次写《小店员》我就注意用普通话。推广普通话，文学工作者都有责任。"（《老舍论创作》）

（三）外来语汇

外来语汇是从外族语汇中吸收进来的语汇，也称作借词或外来词。借词进入现代汉语的语汇系统，其形、音要发生变化，外族的词语用同音近音汉字转写，其读音变成汉语有声调的音节，如英语的 taxi，音译作"的士"，在汉语中的读音为 díshì。有的借词，如英语的 jacket（夹克），有多个义项：①短上衣、外套；②包书纸，公文套、弹壳等；③动物的皮毛，马铃薯等的皮；④外壳，罩、套；⑤救生衣。汉语中的借词"夹克"只有义项①的意思，而且意义还有变化，指一种长度只到腰部、下口束紧的短外套。

外来语汇的借用方式主要有以下几种：

（1）译音。 用同音近音的汉字来转写外来词。例如：

沙发　袈裟　巧克力　迪斯科　英特耐雄纳尔

(2) 译音兼译义。 用同音近音的汉字来转写外来词，同时又兼顾表意。例如：

黑客　模特儿　维他命　俱乐部

托福　席梦思　嬉皮士　可口可乐

(3) 半译音半译义。 把一个借词分成两部分，一部分译音，一部分译义。例如：

ice-cream 冰激凌　　motorcycle 摩托车

miniskirt 迷你裙　　romanticism 浪漫主义

New Zealand 新西兰　　Cambridge 剑桥

(4) 译音加类名。 即在译音部分的后边加上表示事物类别的语素。例如：

啤酒　艾滋病　芭蕾舞　汉堡包

(5) 借形。 即直接借用日语中汉字构成的词，也称形译词。这有两种情况：

a. 日语从汉语中借去语义发生变化后又被借回。例如：

文化　文学　自由　立场　社会　劳动　民法

革命　经济　垄断　封建　资本　理论　演绎

b. 日语中利用汉语材料构成的新词。例如：

干部　历史　支部　解放　政党　情报　军事

手续　生产　企业　学位　科学　哲学　体操

(6) 字母词。 直接借用外语单词的字母简称，又称西文字母词。字母词的字母读音一般按原语言发音，但也有的读音有所变化。

a. 纯西文字母外来词。例如：

WTO　MTV　VCD　CD　KTV　CT　FAX

b. 西文加汉字组合成的字母外来词。例如：

X 光　B 超　BP 机　卡拉 OK

在上面六类外来词中，第五类借形词是比较特殊的，人们一般感觉不到它们是外来词。从严格意义上讲，外来词是借音和义，而不是借形和义。因此，有人不把它们看做外来词，至少它们不是严格意义上的外来词。

还有一种意译词，如“快餐、代沟、语感”等，一般不看做是外来词，因为它们用汉语的语言材料和构词法构成的，用以表示外来的事物或概念。同样一个外语词，如果音译过来，则为音译词，属外来语汇；如果意译过来，则为意译词，不属外来语汇。例如，英语的 telephone，音译为“德律风”，意译为“电话”；democracy音译为“德谟克拉西”，意译为“民主”；penicillin 音译为“盘尼西林”，意译为“青霉素”。“德律风、德谟克拉西、盘尼西林”是外来词，“电话、民主、青霉素”不是外来词。

还有一种仿译词，是用汉语的语素逐一翻译外语原词的各个部分，即连同原词的意义和结构形式一起翻译过来。这种仿译词也是意译词，不看作是外来词。例如：

icebox—ice（冰）box（箱）→冰箱

football—foot（足）ball（球）→足球

honeymoon—honey（甜蜜）moon（月）→蜜月

horsepower—horse（马）power（能力）→马力

blackboard—black（黑色）board（板）→黑板

汉族人容易接受意译词，对于多音节的音译词感觉不太习惯。应尽量采用意译词，不可乱用音译词，更不能自造一些所谓“音译词”。对于一词多译的外来词，如“巧克力—朱古力”、“迪斯科—的士高—的士够格”，要规范统一，以便于交际。

三　行业语、隐语和阶级习惯语

（一）行业语

行业语是某个专门学科和某个行业内通行的语汇。它包括各个学科的专业术语和各个行业的行业用语。专业术语如数学、物理学、化学中的“正数、负数、微积分、抛物线、原子、电子、强度、射线、电磁波、元素、氧化、氨基酸”；哲学、逻辑学中的“唯物、唯心、物质、精神、经济基础、上层建筑、判断、推理、归纳、演绎”；文艺学、语言学中的“形象、情节、人物描写、典型环境、声母、语素、复句、辞格”。随着科学技术的不断发展，学科门类也不断增多，因此反映新兴学科的专业术语也在不断涌现。

社会上的行业各种各样，反映行业生活的行业用语也十分丰富。从大的方面来举例，工业交通信息方面的如“模具、冲压、冷焊、悬浮列车、货轮、空运、集装箱、因特网、多媒体、光盘、电子邮件”等；农业方面的如“点播、杂交、套种、轮作”等；商业贸易方面的如“商务、超市、营销、按揭、世贸、关税、通货膨胀”等；医疗卫生环保方面的如“处方、化疗、胸透、环保、绿化、沙尘暴、空气指数”等；影视戏曲方面的如“剧务、脚本、分镜头、花旦、丑角、脸谱”等。

随着科技知识的普及，有些行业用语已逐渐为人们所熟悉，如“电脑、硬件、软件、平台、网址、黑客”等。行业语如果为全民所使用，就有可能成为通用语，有的还可能意义泛化。比如，“下课”本是教育方面的专门用语，指上课时间结束，教学活动告一段落；现在常被用来指担任某种职务的人因某种原因离开工作岗位或被解除职务。例如：

①近来球场上时常有人高呼让他“下课”，但面对“下课”，他变压力为动力。(《足球》1998 年 9 月 14 日)

② 只不知在印尼经济风雨飘摇、雅加达街头暴乱频生之际，印尼大学生呼喊的是不是“苏哈托，下课”?(《海外星云》1998 年第 18 期)

又如“软件、硬件”，本为计算机术语，“软件”指计算机运行所需的各种程序和相关资料，“硬件”指构成计算机系统的物质设备。意义引申泛化后，“硬件”喻指装备设施等物质方面的条件，“软件”喻指技术、素质、思想观念等精神方面的条件。例如：

③ 从长远的角度出发，要根本上解决血源问题，在硬件上要加强无偿献血的设备，软件则是政府统筹加大宣传力度，使无偿献血的观念深入人心，家喻户晓。(《羊城晚报》1998 年 9 月 15 日)

类似的情况还有交通运输方面的用语“软着陆”，军事方面的用语“前卫”，体育方面的用语“擦边球”，地理地貌方面的用语“风景线”，股市金融方面的用语“炒作”等等。这些用语都已进入或正在进入全民的语言生活，词义也在引申泛化。早已进入全民语言生活并为大家所熟悉的有“传染、麻痹、瘫痪、消毒、流产、比重、水平、消化、腐蚀、分解、饱和、污染、反应、进军、突破、基地、战线、工程、蓝图、设计、施工、闭幕、角色、背景、客串、扮相、亮相、曝光”等等。好些专业术语和行业用语，人们现在已经不大感觉得到它们是行业语了。行业语的引申泛化，由单义到多义，并最终进入到全民语言生活，使语言的语汇不断得到丰富和发展。

(二) 隐语和阶级习惯语

隐语也叫“黑话”，是个别社会集团或秘密组织的内部成员使用的对外保密的特殊词语。例如京剧《智取威虎山》第六场“打进匪窟”，杨子荣扮成土匪胡标，上了威虎山，闯进威虎厅，一见匪首座山雕，行礼后就受到座山雕的盘问。他们的问话和答话，都用了“黑话”：

座山雕　(突然地)“天王盖地虎!”
杨子荣　“宝塔镇河妖!”
众金刚　“么哈? 么哈?”
杨子荣　“正晌午时说的话，谁也没有家!”
座山雕　“脸红什么?”
杨子荣　“精神焕发!”

座山雕　“怎么又黄啦？”

［众匪持刀枪逼近杨子荣］

杨子荣　（镇静地）哈哈哈哈！“防冷涂的蜡！”

［座山雕用枪击灭一盏油灯。杨子荣向匪参谋长要过手枪，敏捷地一枪击灭两盏油灯。众小匪哗然：“呵，一枪打两个，真好，真好……”被金刚制止。］

座山雕　嗯，照这么说，你是许旅长的人啦？

杨子荣　许旅长的饲马副官胡标！

隐语往往是为了掩饰某种不能公开的特殊活动而使用的。比如，旧社会青帮拐卖妇女叫“开条子”，拐卖小孩叫“贩石子”，变相绑票叫“混淘石子”等等。它一般是夹用在话语当中，多用于对话接头、考查识别。

阶级习惯语是社会上某一阶级或阶层内使用的特殊用语。比如，旧社会的地主阶级、资产阶级，特别是他们的上层社会，有一套本阶级的礼仪制度和交际用语，而劳动人民也有自己的交际用语。例如，地主、资产阶级称劳动人民为“贱民、下人、奴才”，劳动人民称统治者为“贪官污吏、狗腿子、老财”。一般说来，阶级习惯语表现了不同阶级的爱憎感情和特殊心态。

上面所述是非基本语汇的主要部分。古语语汇是就语言的历史传承而言的，方言语汇是就语言的地域变体而言的，外来语汇是就语言的相互接触而言的。在语言的社会运用中，这些语汇都不具备基本语汇的全民常用性和历时稳固性等主要特征，因此都是非基本语汇。行业语汇、隐语和阶级习惯语是就语言的社会变体而言的，它们各有特点，但同样都不具备全民性和稳固性等基本语汇的主要特征，因此也都属于非基本语汇。

四　熟　语

（一）熟语的性质和类型

熟语是由词和语素构成的，具有整体意义的，为人们习用的定型化了的短语，也称固定短语。

熟语主要包括成语、惯用语、歇后语，还有谚语和俗语。熟语在结构上大多是短语形式，有的还是句子形式，但在作用上大都相当于一个词。例如：

① 我很想和你开诚布公地谈谈，我相信，我们一定能谈得来。（黎汝清《万山红遍》）

② 老毛子纯粹是一个口蜜腹剑的家伙，表面装着好邻居，其实什么无耻的

事都干得出来。(冯骥才、李定义《义和拳》)

③ 琴弹得乱七八糟，可是她的嗓子怪清亮的。(老舍《二马》)

④ 可千万别敲锣打鼓，惊动家里人。要是让他们知道了，不用说走，连大门也出不来啦。(马烽《刘胡兰传》)

例中的成语可分别换用为词“坦诚”、“阴险”、“乱糟糟”和“伸张”，这说明成语在作用上是相当于词的。

惯用语也类似于词或短语词，如《惯用语例释》中“吃”字头的惯用语有“吃闭门羹、吃大锅饭、吃后悔药、吃老本、吃闲饭、吃现成饭、吃小灶”等，这些条目《现代汉语词典》也收录了。两书还各收有不同的“吃”字头的惯用语。这表明人们通常也是把惯用语当作词来看待的。

歇后语结构上比词复杂，但作用上也跟词相当。例如：

⑤ 一切似乎又平静下去，一切跟平常一样，一切似乎都是外甥打灯笼，照旧。(周立波《暴风骤雨》)

⑥ 真是没见过我们这位江姑老爷，屎坑的石头，又臭又硬！(曹禺《北京人》)

⑦“你别‘拿锄头刨黄连’了，好不好?”

例⑤例⑥歇后语所要表达的意思在后部分，前部分实际上可以略去。省去后，例⑤剩下的是词“照旧”，例⑥剩下的是短语“又臭又硬”。“又臭又硬”也可以用“顽固”之类的词来替换。例⑦歇后语只出现了前部分，后部分“挖苦”省略了，省略不说有它特殊的表达作用。若把前部分直接改用“挖苦”一词，句子的意思也不变。

谚语和俗语大都是句子形式，有的还是复句形式。在实际语言运用中，它们常以引用的方式出现，有时是明引，有时是暗引。例如：

⑧ 人们经过失败之后，也就从失败中取得教训，改正自己的思想使之适合于外界的规律性，人们就能变失败为胜利，所谓“失败者成功之母”，“吃一堑长一智”就是这个道理。(毛泽东《实践论》)

⑨ 中国有两句谚语：“谁人背后无人说，哪个人前不说人?”“任凭风浪起，稳坐钓鱼船。”世界上完全不被别人误会的人是没有的，而误会迟早都是可以弄清楚的。(刘少奇《论共产党员的修养》)

⑩ 他横挑鼻子竖挑眼，倒好像他立下汗马功劳，得由我跪接跪送才对！(老舍《龙须沟》)

⑪ 这些估计虽然不是绝对保险，但也八九不离十。(马烽《三年早知道》)

不论是成语、惯用语、歇后语，还是谚语、俗语，都是语言的建筑材料，是人们习用的定型化了的语言成分，它们一般在结构上具有稳固性，意义上具有整体性，同时还具有通俗性、民族性、历史性等特点。

由于成语、惯用语和歇后语作用上相当于词，所以人们一般把它们放在语汇中来讲述；谚语和俗语虽然大多为句子形式，但作为语言的备用材料，不妨看做是特殊的短语成分，也可以放在语汇中来讨论。

（二）成语

1. 成语的特点

成语是一种相沿习用、形式简洁而意义精辟的固定短语。例如“高山流水”，这是现代汉语的定型形式，《现代汉语词典》予以收录，释文如下：

《列子·汤问》：“伯牙善鼓琴，钟子期善听。伯牙鼓琴，志在登高山，钟子期曰：‘善哉，峨峨兮若泰山！’志在流水，钟子期曰：‘善哉，洋洋兮若江河！’”后来用“高山流水”比喻知音或乐曲高妙。

列子，相传战国时期道家列御寇，他撰写的《列子》早佚。今本《列子》为后人假托列御寇所作，据考可能是东晋时期的作品。撰写于战国末期的《吕氏春秋》有类似的记载，文字略有不同。汉代的韩婴《韩诗外传》、刘向《说苑·尊贤》、应劭《俗通义·琴》都有类似的记载。此外，《荀子·劝学》和《淮南子·说山训》还记有“伯牙鼓琴”的事。这个故事流传很广，成为这条成语的语源和形成基础。大约到唐宋时，出现这一成语的定型形式，且在诗词中广泛使用。如：

① 高山流水琴三弄，明月清风酒一樽。（唐·牟融《写意》）

② 相逢有酒且教斟，高水流水遇知音。（宋·张孝祥《浣溪沙》）

③ 琴窗善鼓琴，高山流水，非知音不能听。（宋·文天祥《跋胡琴窗诗卷》）

宋代以后，“高山流水”作为成语继承下来：

④ 对青松，弹得高山流水，积雪堆风。（金·董解元《西厢记诸宫调》卷四）

⑤ 叹良金美玉何人晓，恨高山流水知音少。（元·金仁杰《追韩信》第一折）

⑥ 一曲瑶琴试探心，莺莺小姐是知音，高山流水千年调，管取文君侧耳听。（明·崔时佩、李景云《西厢记·北堂负约》）

⑦ 孔圣人尚学琴于师襄，一操便知其为文王。高山流水，得遇知音。（清·曹雪芹《红楼梦》第八十六回）

⑧ 玉燕，我怎么就遇上了你，真所谓高山流水，相见恨晚啊！（凌力《星星草》第五章）

在“高山流水”的发展过程中，也还有其他形式，如“流水高山”（宋·张耒《上黄州郡守杨怀宝启》：“流水高山，知音益寡。”）“高山深水”（宋·黄庭坚《再答明略》：“当时朱弦写心曲，果在高山深水间。”）等形式，发展到现代汉语，则以“高山流水”定型。

其实，在汉魏六朝，伯牙鼓琴的故事已经作为典故在诗文中使用。它们的出现以“伯牙绝弦”居多，也有以“钟牙”“知音”“钟期”等形式出现。到唐初，文学家有用“流水”典故的。经过典故引用阶段，人们熟悉了这个典故，再从不同角度引用时，最后便以乐曲名称“高山流水”作为成语了。这一成语形式的确立，与乐曲的流传和演奏有关。明代朱权《神奇秘谱》卷上：“《高山流水》本只一曲。至唐，分为两曲，不分段数。至宋，分《高山》为四段，《流水》为八段。”乐曲的传统影响，使成语定型为“高山流水”，沿用至今。

从“高山流水”的形成，可以看出成语有三个主要特点：

第一，结构的凝固性。成语“高山流水”这一定型结构是长期的历史发展的结果。它已为社会全体成员所公认，不能随意改变。再如“半斤八两”，我们不能因过去的十六两制已改成现在的十两制而说成“半斤五两”，这是因为成语是历史积淀的结果，是定型化了的语言形式。“七嘴八舌”也不能改成“八嘴九舌”，这是因为社会成员已经接受了“七……八……”格式构成的成语。这种形式一旦固定下来，就不可任意变动。

绝大多数成语凝固在四字结构之中，形成成语“四字格”的结构特点。四字格对新成语的形成又起着制约作用，使得新成语也往往要以四字的格式出现。

第二，意义的整体性。成语大都有特定的含义，而不能按字面意义去理解。比如，“高山流水”不是指“高山上流下水来”，也不是“有高山、有流水”的意思，而是表示知音或知己，或比喻乐曲高妙。又如“狐假虎威”、“画蛇添足”、“四面楚歌”等，也都不能从字面上去理解。有的成语似乎可以从字面上解释，但又不等于字面意义的简单相加。比如，“虎背熊腰”就不等于“老虎的背＋熊的腰”，“有头无尾”也不等于“有头＋没有尾巴”。可见，绝大多数成语的意义是双层的，有“字面义”，还有“言外义”，而“言外义”才是成语真正所要表达的意思。因此，对于成语意义的把握，要着眼于整体，而不能拘泥于字面。

第三，使用的沿习性。成语约有百分之七十源于先秦两汉，现代的定型成语多出现在唐宋时期，元明清时期则通过戏曲、小说、民间文艺等形式加以传播，沿用至今。“高山流水”就是从唐代沿用下来的。现代大型的成语词典收录成语在万条以上，常用的约3000条，它们基本上是从古代沿用下来的。

2. 成语的来源

成语主要来源于以下几个方面。

第一，各类故事。包括神话、传说、寓言、历史故事、人物轶闻和掌故等。这类来源的成语，其形成方式通常是“概括”，即从故事中概括出类似于标题的四个字。例如，秦汉时期流行的一个寓言故事，讲狐狸借着老虎的势力在百兽中逞威，由此概括出“狐假虎威”四个字，作为故事的标题。这一标题后来就成了成语，人们看到这个成语就联想起这个故事，并由这个故事而领会到它的喻义。这类成语具有一种“索引性”，通过故事的引导，人们可以了解成语的意义。同类的还有“叶公好龙、画龙点睛、画蛇添足、滥竽充数、掩耳盗铃、抱头鼠窜、负荆请罪、磨杵成针”等等。

第二，诗文语句。包括古代的诗词歌赋以及各类散文、杂剧、小说、历史文献、笔记等作品中的语句。这类来源的成语，其形成方式是“提取”。主要有三种情况：一是整块提取；二是提取四个语素（字），连缀成成语；三是提取并补充别的语素（字），构成四字格成语。

⑨ 阻兵无众，安忍无亲，众叛亲离，难以济矣。（《左传·隐公四年》）

⑩ 之乎者也都不识，如今嗟叹始悲怜。（《敦煌拾零·叹五更》）

⑪ 今之为仁者，犹以一杯水救一车薪之火也。（《孟子·告子上》）

⑫ 其辞精雅，奕奕有余，吐章陈文，如悬河泻水，注而不竭。（晋·裴启《语林》）

⑬ 操吴戈兮被犀甲，车错毂兮短兵接。（战国·楚·屈原《国殇》）

⑭ 式微式微者，微乎微者也。（《尔雅·释训》）

例⑨例⑩提取的是整块语言片断。“众叛亲离”由四个实语素构成，指众人反对，亲信背离；形容不得人心，十分孤立。“之乎者也”由四个虚语素构成，本指浅近的字眼或文章；作为成语，用来形容说话、写文章半文不白，夹杂废话，也用来讥讽咬文嚼字。例⑪提取“杯”、“水”和“车”、“薪”四字，凝成成语，用来表示无济于事。例⑫用“如悬河”比喻“吐章成文”。南北朝时对说、辩、议、言谈之类也常以“悬河”为喻，如“语议如悬河”、“辩同悬河”、“言类悬河”、“言若悬河”等，于是以“口”来概括，到唐代便出现了“口如悬河”，晚唐变成“口似悬河”，语音上是“仄仄平平”，到宋代变成“口若悬河”，不仅保留了“仄仄平平”的音律形式，而且“若”、“河”韵母相近，读来更显和谐，这一形式便被固定下来。例⑬“短兵接”、例⑭“微乎微”都被补上一个语素，形成四字格成语“短兵相接”和“微乎其微”。这些成语，都是通过提取、剪接而成。同类的还有“求之不得、明哲保身、天高地厚、再衰三竭、不逞之徒、胶柱鼓瑟、倾盆大雨、白云苍狗、雾里看花、别开生面”等等。

第三，口头熟语。成语的书面色彩比较明显，而惯用语、歇后语、谚语等的口语色彩比较明显。它们形成成语的方式是“转换”，即把这些口头熟语加以锤炼，使之具有成语的特征，带有书面色彩。例如：

⑮ 鄙谚曰：“利令智昏。”（司马迁《史记·平原君虞卿列传》）

⑯ 俚语曰：“家有敝帚，享之千金。”（曹丕《典论·论文》）

⑰ 谚曰：“貂不足，狗尾续。”（《晋书·赵王伦传》）

例⑮的谚语整块转换成成语。例⑯⑰的俚语和谚语经过锤炼，形成了成语“敝帚千金”和“狗尾续貂”。

下面是几条歇后语，前两条前后部分都转换成了成语，后三条的后部分转换成了成语：

八仙过海——各显神通

飞蛾扑火——自取灭亡

韩信点兵——多多益善

小葱拌豆腐——一青（清）二白

小和尚念经——有口无心

3. 成语的运用

正确运用成语可以收到很好的表达效果。这是因为：(1) 成语言简意赅，可使语言表达简洁明快，扩大信息量。(2) 成语形象生动，可使语言色彩鲜明，增强表现力和感染力。(3) 成语形式严整，可使句式匀称，音律和谐，增强节奏感。

要做到正确运用成语，首先应弄清意义，包括字面义和言外义、色彩义和语境义等。其次应注意书写和读音规范。比如，“如火如荼”的“荼”不能写成“茶”、读成 chá；“不见经传”的“传（zhuàn）”不能读作 chuán。又如，“呱呱坠地”指婴儿出生，“呱呱”读作 gūgū，形容婴儿的啼哭声，如读成 guāguā，则是形容鸭子、青蛙等的嘹亮的叫声。尤其是常用成语，要注意弄清它们的义、形、音，做到正确使用。

成语是定型的，但有时候出于修辞表达的需要，可以临时改变其语形或语义而灵活使用。成语活用是有规律有条件的，不同于滥用。

（三）惯用语

惯用词是结构相对稳定，具有整体意义，口语色彩较浓的习用性定型短语。例如：

走后门　碰钉子　耍花招　拉关系　磨洋工
和稀泥　挖墙脚　揭老底　唱高调　打哑谜
开倒车　拍马屁　穿小鞋　出难题　泼冷水
算老几　地头蛇　落汤鸡　老油条　土皇帝
打马虎眼　磨嘴巴皮　唱对台戏　卖狗皮膏药
坐直升飞机　花岗岩脑袋　一个鼻孔出气

惯用语大多是利用生活中的事例通过比喻、引申形成整体意义。比如，“走后门”比喻通过关系、利用不正当的途径和手段办事情；“碰钉子”比喻遭到拒绝或受到斥责；“耍花招”比喻施展诡诈骗人的手段、计谋。惯用语大多含有贬义，中性色彩的和褒义的很少。惯用语带有鲜明的生活口语风格。

惯用语以三字格为主，四字格、五字格的很少。结构方式上大多为动宾式，也有的是偏正式，其他结构类型的很少见到。惯用语虽说是固定短语，但结构上定型是相对的，不像成语那么凝固，多数可以拆开使用。比如，“碰钉子”可以说成“碰了个钉子、碰了几个钉子、碰了个硬钉子、碰过钉子、碰了一年的钉子、让他碰碰钉子、钉子也碰了不少”。又如，“耍花招”可以说成“耍过花招、耍什么花招、耍尽了各种花招、花招不必再耍了、花招耍多少也没用”。灵活性较大、可以拆用的多是动宾式三字格的惯用语。也有少数惯用语是不能拆用的，主要是指称人或事物的，如“门外汉、母老虎、满堂红”等。

惯用语具有鲜明的时代感。现在常用的惯用语，大多来自现代人的口语，不像成语绝大多数来自古代。例如，“打游击、攻堡垒、小广播、放卫星、坐火箭、臭老九、割尾巴、赶浪潮、送红包、开后门、吃大锅饭”等等，都明显地带上了现代社会的印记。

惯用语通俗生动，生活气息浓郁，而且幽默风趣，是群众乐于使用的一种语言形式。

（四）歇后语

歇后语由近似谜面和谜底的两部分构成、中间有间歇的、生动形象而俏皮的定型短语。例如：

A组：

擀面杖吹火——一窍不通

一根筷子吃藕——挑眼

拿着锄头刨黄连——挖苦

黄鼠狼给鸡拜年——没安好心

狗拿耗子——多管闲事

吊死鬼擦粉——死不要脸

踩着高跷演戏——半截不是人

刘备借荆州——有借无还

孙悟空赴蟠桃会——自己闯进去

愚公的居处——开门见山

B组：

外甥打灯笼——照舅（旧）

腊月的萝卜——冻（动）了心

下雨出太阳——假晴（情）

草帽子当锣打——响（想）不起来

和尚打伞——无发（法）无天

纳鞋不用锥子——针（真）好

山头上吹喇叭——鸣（名）声远扬

大粪池里游泳——不怕屎（死）

A组是喻义类，前一部分大多是比喻，也有的是说出一件事情，类似于“谜面”；后一部分像“谜底”，是真意所在。如“擀面杖吹火——一窍不通”，“窍”即“孔”，擀面杖实心无孔，无法通气，即“一窍不通”。后部分对前部分作出解释，意指一点也不懂，什么都不知道。B组是谐音类，前部分也是说出一件事情，后部分则是通过谐音来表达某种意思。如“外甥打灯笼——照舅（旧）”，“照舅”是指照着舅舅走路或做事，“舅”“旧”谐音，实指“照旧”，表示照原来的去做，跟原来的一样。又如“下雨出太阳——假晴（情）”，“晴”与“情”谐音，实际表达“假情假意”的意思。

歇后语的“谜面”说明的多是生活中常见的事实或虚拟的事例，往往生动滑稽，幽默风趣。有的暗中有所喻指，如“黄鼠狼给鸡拜年”；有的还含有讽刺意义。歇后语的“谜底”常常是“言在此而意在彼”。运用歇后语，可以使语言生动形象，通俗活泼，富于生活情趣；还可以给话语增添某种气氛和色彩；有时只用前部分，使话语显得委婉含蓄。需要注意的是，有些反映旧习俗、讥笑生理缺陷、歧视妇女的趣味低级的歇后语，应当予以排斥。

（五）谚语和俗语

1. 谚语

谚语是在民间流传的通俗简明而又具有含义深刻的定型语句。它是人们对自然和社会规律认识的结果，是人们对生产和生活等方面经验的总结。

谚语内容丰富，范围广泛。关于生产实践方面的，主要是农谚和气象谚。例如：

苗要好，除虫早。

水满塘，谷满仓。

生土变熟土，一亩变两亩。

夏至不栽，东倒西歪。

雷震秋，晚禾折半收。

交春落雨到清明，一日落雨一日晴。

雷公先唱歌，有雨也不多。

一九二九难出手，三九四九冰上走，五九六九河边看杨柳，七九八九雁来寒气收，九九加一九，耕牛遍地走。

关于社会斗争方面的，主要是讽颂谚和劝诫谚。例如：

财主算盘响，穷人眼泪淌。

衙门八字朝南开，有理无钱莫进来。

千金不死，百金不刑。

衙门深似海，罪恶大如天。

吃水不忘挖井人，翻身不忘共产党。

吃过黄连苦，才知蜜糖甜。

众人拾柴火焰高，团结起来力量大。

胸中有了大目标，泰山压顶不弯腰。

关于风土人情方面的，主要是风土谚。例如：

南甜北咸，东辣西酸。

上有天堂，下有苏杭。

浏阳有三宝：火药、豆豉、红辣椒。

湖广熟，天下足。

天上九头鸟，地下湖北佬。

天无三日晴，地无三里平。（贵州）

关于生活经验方面的，主要是生活知识谚。例如：

有一利必有一弊。

有理走遍天下，无理寸步难行。

枯木逢春犹再发，人无两度再少年。

活到老，学到老，一生一世学不了。

不当家不知柴米贵。

屋漏更遭连夜雨，船破又遇顶头风。

不登高山，不知天高；不入深谷，不知地厚。

上面只是列举了四个方面的谚语，此外还有关于环境保护方面的，如“要想风沙住，人人来栽树”，“栽树在河畔，防洪保堤岸”；关于卫生健康方面的，如“饭后百步走，能活九十九”，“少吃多餐，病好自安”；关于专业训练方面的，如“台上一分钟，台下百日功”，“拳不离手，曲不离口”等等。

谚语简明通俗，生动形象，含义深刻，富于生活气息。它可以表现民族文化传统，反映地理环境特征和地域民俗风情，是人们在口语交际和文艺作品中经常运用的一种语言形式。

2. 俗语

俗语是在民间流传的反映人们社会生活经验的通俗简练的定型语句。俗语和谚语有些交叉，因此有人把它们合在一起，统称“谚语”，也有人称作“俗谚”。一般说来，俗语强调的是人生的经验和对生活的体验，更能体现浓重的口语色彩和浓烈的生活气息。例如：

打肿脸充胖子。

提起来千斤，放下去四两。

吃不了，兜着走。

睁一只眼闭一只眼。

眼不见，心不烦。

家家有一本难念的经。

打开窗子说亮话。

聪明一世，糊涂一时。

有眼不识泰山。

检测与思辨

一、基本语汇有什么特点？基本语汇和非基本语汇的关系如何？

二、古语语汇和方言语汇在表达上各有什么作用？试举例说明。

三、吸收外来词有哪些方式？试举例说明，并谈谈你对外来词的看法。

四、成语和惯用语有何异同？

五、成语和歇后语有什么不同？

六、比较下列成语和谚语、俗语，说明它们的区别：

① 孤掌难鸣；一个巴掌拍不响

② 见异思迁；这山望着那山高

③ 饭水思源；喝水不忘挖井人

④ 口蜜腹剑；口里蜜蜜甜，心里一把剑

⑤ 一曝十寒；三天打鱼，两天晒网

⑥ 吹毛求疵；鸡蛋里面挑骨头

⑦ 以蠡测海；海水不可斗量

⑧ 相形见绌；不怕不识货，就怕货比货

七、试分析成语"高山流水"、"杯水车薪"、"盲人瞎马"、"望洋兴叹"的字面义和真实义。

八、从文学作品中收集成语、歇后语或谚语的若干用例，分析它们在表达上的作用。

第五节 语汇的发展

一 社会的发展和语汇的变化

（一）语汇随着社会的发展而发展

构成语言的语音、语汇、语法三要素中，语汇是最活跃的因素。它处在不断的变动之中，社会的变化，经济的发展，科学技术的进步，生产方式的变更，这些都会在语汇中得到迅速反映。社会如果变动得快速频繁，新词语往往就会大量涌现。"五四"以来现代社会的发展给汉语语汇所带来的变化，就充分地证明了这一点。

翻开1919年的《新青年》和那一时期的《湘江评论》等杂志，人们就可以看到这样一些新词语：马克思主义、社会主义、资本主义、殖民地、封建社会、地主、地租、无产阶级、共产党、共产主义、帝国主义、无政府主义、个人主义、机会主义、国际主义、公有制、私有制、生产关系、生产力、资本、消费、交换、分配、价值、价格、市场、利润、辩证法、唯物主义、唯物史观、布尔什维克，等等。“十月革命一声炮响，给我们送来了马克思列宁主义。”（毛泽东《论人民民主专政》）“十月革命”以后的中国革命，社会的变动和发展，使得汉语产生了大量的新词新语。这一时期，文言词语也随着社会的变动而大量消亡。

新中国成立后，又进入一个社会的大变动时期，汉语中又出现了大批新词语，如50年代的“镇反（镇压反革命）、肃反（肃清反革命）、统购、统销、赎买、又红又专、工分、自留地、试验田、套种、密植、协作、供销社、生产队、大跃进、人民公社、多快好省”等等，又如“文革”期间的“红卫兵、红小兵、走资派、工宣队、文斗、武斗、文攻武卫、臭老九、斗批改、上山下乡、知青、五七干校、五七战士”等等。

改革开放以来，汉语产生的新词语更是数以千计。这些新词语真实地反映了当今社会的深刻变革。其中，有的是反映经济生活的，如“经济特区、三资企业、第三产业、专业户、个体户、扶贫、脱贫、合同制、招标、营销、热销、畅销、创收、信用卡、股民、炒股、原始股、特价、风险投资”等等；有的是反映科学技术的，如“克隆、电脑、激光、光盘、反馈、网站、上网、网民、高科技、星火计划、人工智能、遗传基因、弹道导弹、试管婴儿”等等；有的是反映文学艺术的，如“影视、影后、纪实文学、追星族、迪斯科、卡拉OK、MTV、音乐人、三栖演员”等等；有的是反映教育卫生的，如“电大、夜大、成人教育、扩招、委培、博导、博士后、特聘教授、访问学者、B超、美容、绿色食品”等等；还有的是反映人际交往和社会心态的，如“攻关、红包、关系户、走后门、炒鱿鱼、脑体倒挂、文山会海、车匪路霸、公文旅行”等等。

（二）语汇的发展适应社会的需要

语汇的发展是适应社会需要的必然结果。由于社会的发展，社会各领域自然会涌现出大量的新事物，形成许多新思想和新观念，这就需要创造新的词语来表示。

首先，新事物的出现，需要创造新的词语来指称。我国改革开放以来，在体制改革、科技进步以及日常生活等方面，都发生了深刻变革，出现了许多新鲜事物，因而许多新的词语也就应运而生，如上面所举的例词。再如“超市、展销、社区、发廊、微波炉、连锁店、成交额、保姆市场、家政服务、程控电话”等等，这些词语都是为了指称新事物、满足社会的交际需要而新造的。

其次，社会的发展，使得人们的某些思想观念也发生了变化，某些词语也因此而产生出新的意义，如“窗口、工程、低谷、松绑、浮动、封顶、大锅饭、铁饭碗、菜篮子、第三者”等等。还有的词语在感情色彩上发生了变化，如原带有贬义“拍卖、歌星、跳槽、老板”等，现在一般用作中性词，有的甚至带有一定的褒义。还有一些过去很少使用或已经废弃不用的旧词，随着社会的需要而“恢复生机”，或“死而复活”，重新启用，如“太太、小姐、股票、经纪人、破产、证券市场”等等。

再次，社会生活节奏的加快，促成了词语内部结构的变化。一个突出的表现是，产生了大量的简缩词，如“环保、环卫、家电、彩照、酬宾、房改、定编、查处、影视、信访”等等。现代汉语语汇以双音节词占优势，一般不超过四音节，多音节词语往往通过简缩的形式回到双音节的模式。

二　新词的创生

（一）新词创生的特点

现代社会的每个历史阶段都要产生一批新词。它们既有共同的特点，也有各自的特点。下面就我国改革开放以来新词创生的情况，来说明新词创生的特点。其特点大体表现在以下四个方面。

第一，在社会生活活跃的领域，创生的新词语多，而且推行快、影响大。改革开放以后，我国率先活跃起来的是经济生活领域和科技生活领域，由此而影响到日常生活领域，因此，这些领域的新词语十分突出。如反映经济、科技的“联产承包责任制、宏观调控、企业债券、扭亏增盈、合资企业、市场经济、连锁店、信用卡、炒股、超市、专业户、网点、电脑、软件、反馈”等等；由经济、科技影响到日常生活，因而出现了“优生优育、旅行结婚、网上购物、倒爷、关系户”等等新词。

第二，根据某个新词或原有旧词的格式，以“仿拟”的方式造出新词，形成系列性的新词语“词族”。如现在常用的“酒吧、网吧、茶吧、陶吧、书吧、乐吧、果吧、迪吧”等，就是由“酒吧”的构成格式“X吧”套用来的。又如“可口可乐、百事可乐、中国可乐、非常可乐”，“希望工程、爱心工程、安居工程、菜篮子工程”，“铁饭碗、金饭碗、泥饭碗”，“财政赤字、人才赤字、生态赤字”，“红头文件、白头文件、花头文件”，“白领阶层、蓝领阶层、金领阶层、灰领阶层”等等，都是通过“仿拟”的方式套用产生的。

第三，缩略词非常多，表现也十分活跃。一个短语形式的新词语出现之后，很快就形成缩略性词语，其词化过程非常快。例如“知识青年→知青，公共关系→公关，电视大学→电大，纪律检查→纪检，教育改革→教改，环境保护→环保”。类似的还有“打假、打拐、扫黄、化疗、展销、港商、保鲜、小教、博导”等等。还有的缩略词后边再加上“类名”，形成一种专名，如“经管系、证交所、广交会、公汽公司”等等。缩略词不仅比全称的原词语简略，而且还带有一种新鲜色彩；有的形成缩略词后还产生了原词语所没有的意义。比如，“旅行游览”缩略成“旅游”，由此构成的“旅游农业”（又称“观光农业”）是指一种把农业和旅游、生产和消费有机结合起来的第三产业。“旅游鞋”是指一种适合旅行的鞋，穿鞋的不一定就是旅游者，这里的“旅游”是表示鞋的材料结实，松软透气，制作精细，晴雨天都适用。还有“旅游商品、旅游市场、旅游资源、旅游展览会”等，其中“旅游”的含义都有所引申或偏移。

第四，新的“西文字母词”十分活跃。有直接用字母组成的，如“CT、CD、WTO”等；有用字母加上汉字组成的，如“BP机、B超、卡拉OK”等。这些字母词中，多是从词语中提取字母组成的，如“TV、BP、FAX、MTV、VCD、KTV”；还有的是用字母或其形象指称事物，如“AA制、AB角、U形钢材”。要说明的是，如果用的是“汉语拼音方案”的字母及其读音，那就是“汉语字母词”了，如“HSK（汉语水平考试）”。

以上四个方面，是当今新词创生的特点，也是其主要特色。此外，还有外来音译词的增加，方言语汇的吸收等方面没有涉及，这里只是说明几个比较突出的特点。

（二）新词创生的方式

新词创生的方式主要表现在新造和引进两个方面。

1. 新造

新造是指按照已有的构词方式，运用已有的语言材料创造新词。近20多年来的新词语，从总体上看，仍然是双音节词占优势，三音节词稍有增加的趋势。从结构方式上看，主要还是复合型的，其中以偏正式的居多，如“车霸、党票、国格、水货、智商、景点、台胞、外商、精英、热线、实体、特区、新星、要案、倒爷、载体、硬件、软件、反思、试婚、扩印、套购、炒买、哄抢、联营、暴跌、美食、紧缺、私了、速冻、优生、复读、劳务费、功夫片、公关部、国库券、牛仔裤、青春片、模特队、石英钟、信息量、智囊团、离婚率、美容厅、凝聚力、洽谈会、开发区、中介人、展销会、方便面、肥胖症、健美裤、热门货、定向生、自费生、大锅饭、订货会、避风港、度假村、更年期、美食城、首映式、集装箱、小金库、广告文学、组合家具、公关小姐、人才市场、邮政编码、家庭影院、第二课堂、第三梯队”等等。联合式的较少，如“影视、网络、音像、档次、回归、挂靠、坑骗、拼搏、拓展、评估、老大难、责权利、短平快、产供销、文山会海、党纪国法”等。动宾式的也较少，如“牵头、酬宾、保值、参政、成才、断档、集资、联姻、联谊、支边、征婚、走穴、调资、献艺、择业、创汇、创收、助学、防暴、索贿、鸣谢、受聘、投保、保鲜、扶贫、炒鱿鱼、开后门、踢皮球”等。主谓式的很少，如“法盲、科盲、农转非、劳务输出、体脑倒挂、一国两制”等。还有少量的连动式，如“查处、调演、整改、商调、报考”等。

新造词语有的是通过短语的缩略构成的。这种缩略而成的新词尤以双音节的居多，如“彩电、彩照、电大、函大、环卫、环保、武警、干警、高职、定编、房改、筹资、节能、普教、普法、体检、商检、纪检、书展、减亏、挖潜、自考、科协、英模”等。

新造词语中还有的是利用词缀构成的。词缀造词非常活跃，好些新词是由新词缀构成的。利用前缀构成的如：

阿：阿混

老：老外　老土

多：多层面　多角度　多面手　多国部队

半：半成品　半自动　半决赛　半劳动力

非：非党员　非农村户口　非典型肺炎

可：可读性　可行性　可操作性

利用后缀构成的如：

热：汉语热　旅游热　出国热　经商热

型：应用型　研究型　外向型　浓香型　复合型

感：失落感　紧迫感　亲切感　归属感　认同感

度：知名度　透明度　可信度　灵敏度

观：就业观　职业观　恋爱观

迷：球迷　歌迷　戏迷　电脑迷

式：港式　男式　女式　落地式　台式

此外还有“性（弹性、天然性），化（类化、量化、净化），制（导师制、筛选制、责任制），员（巡视员、调研员），网（放映网、关系网），族（追星族、上班族），坛（影坛、乒坛、球坛），圈（娱乐圈、汉字文化圈），吧（网吧、茶吧），风（浮夸风、送礼风），户（个体户、特困户、关系户），学（关系学、交际学）”等等。

2. 引进

引进是指借进外族词语，即借词。我国改革开放以来，借词相当多，有些是原来就已经吸收了的，现在普遍使用起来，如“拜拜、巴士、的士”。这些词在当今使用的过程中，又产生了一些新情况，如“拜拜”多用于比较随便的场合，还含有“断绝关系、不再往来，彻底告别而不可能再发生”的意思，这是“再见”所没有的意义。“巴士、的士”又形成了中外结合的“大巴、中巴、小巴、面的、打的”之类的词语。新引进的音译词，如“基因（gene）、席梦思（simmons）、嬉皮士（hipples）、比基尼（bikini）、迪斯科（disco）”等；有半音译半意译的，如“（酒）吧间（barroom）、迷你裙（miniskirt）”等；音译加类名的，如“艾滋＋病（AIDS）、汉堡＋包（hamburger）、保龄＋球（Bowling）”等。此外，还有一种中西文字合用的混合词，如“B超、BP机、卡拉OK、SOS儿童村”等，以及西文字母词（一般是西文字母缩略词），如“MTV、WTO、FAX、CT”等。纯粹意译的，如“快餐、代沟、语感、热点、超市（超级市场）、白领、减肥、裤袜、软饮料、吉祥物、隐私权、背景音乐、不明飞行物（飞碟）”等，一般不看做是外来词（借词）。

三 旧词的衰亡和复出

（一）旧词的衰亡

一个历史时期产生的新词，相对于后一个历史时期来说，是旧词，旧词一部分承传下来，一部分衰亡或正在消亡、隐退。这是语汇发展的自然规律。旧词衰亡的原因主要有以下几个方面。

第一，随着某一历史阶段、历史事件的结束，反映这一历史时期、历史事件的词语也就成为“历史”，在现实生活中不被使用，退出了历史舞台。如文化大革命中的“文革语汇”，诸如“红卫兵、战斗兵团、文斗、武斗、大字报、大串联、走资派、工宣队、讲用会、忠字舞、早请示、晚汇报、红宝书”等等，这些词语已成为历史，只有在讲这段历史的时候才会用到它们。

第二，有的事物已经消失，不复存在了，指称这些事物的词语也就随之消亡。例如，反映计划经济时期一些事物的词语，如“粮票、油票、肉票、布票、购煤卡、购物券、购粮证”等等，由于改革开放后，生产发展了，物资丰富了，慢慢就取消了“凭票供应”，这些词语也就随之消亡了。

第三，社会的发展，必然引起人们思想观念的变化，反映旧的思想观念的词语也就随着人们思想观念的改变而消亡。我国改革开放以后，由于社会的转型，科技的发展，对外交流的频繁，人们的社会心理和价值观念等都发生了变化，因此也就使得一些反映旧思想旧观念的词语走向消亡，不再被人们所使用。例如，改革开放前，老工人常以“大老粗”为荣，“文革”时期发展到极致，连30岁左右的青工也自称“我们工人大老粗”，这时的“大老粗”是含褒义的。如今进入“知识经济”和“计算机文化”时代，工人成了掌握高科技的“知识型工人”和“智力型工人”，“大老粗”一词就很少有人用了。又如，“斗私批修、大批判、二道贩子、投机倒把”等词语，现在也不说了，退出了历史舞台。

第四，事物更名，新的说法替代了旧的说法。这也跟人们思想观念的变化有关。例如，旧社会称“戏子、厨子、老妈子”，现在改称“演员、厨师、保姆”。有的是跟汉语习惯以及民族文化心理有关。例如，用“民主”代替了“德谟克拉西”，用“科学”代替了“赛因斯”，用“电话”代替了“德律风”，用“连衣裙”代替了“布拉吉”。这些词语在过去一个时期内都是很活跃的，但通过“新词替代”，它们现在也都消亡了。

这里讲旧词的衰亡，是说过去某一历史时期产生的词语，已经不能适应当今社会发展的需要而被淘汰。其实，就是现代产生的新词，也有衰微甚至消亡的情况，这是因为现代社会的发展异常迅速，词语使用的变化也随之加快。例如，20世纪80年代中期产生了一个新词“万元户”，可没流行多久，社会上就出现了这样的顺口溜：“万元不算户，十万才起步，百万才算户。”到了90年代，“万元户”的使用率就明显下降，现在已经用得很少了。有人曾经统计过《1991年汉语新词语》上所收新词的使用情况：335条新词语中，现在已有40条衰退不用，或者不借助语境很难了解其词义了，隐退词语的比例占所收词条的11.6%。例如“超怀、粗调、国合、啃老、康业”等，这些90年代产生的新词很快就成为“旧词”而衰亡。这一情况表明，语汇是语言中最活跃的因素，它们的隐退或衰亡，是社会发展的结果，也是语汇自身发展演变的必然。

（二）旧词的复出

历史的发展是曲折的，波浪式的，一度隐退消失的词语，过一个时期又可能复活了，进入到现实的语言生活，这就是旧词的复出。据说，元代演杂剧穿的是“唐装”，即唐代的服装。唐代距今已有一千多年，元代距今也有八百年了，可是到2001年至2002年春节期间，我国又盛行起“唐装”，而且成为新潮服装，连在北京的外国人也穿着“唐装”出现在电视荧屏上，“唐装”一词因此而复出。又如，新中国成立后的20世纪50年代，“太太、小姐、老板、店主”等词，都跟“地主资产阶级、反革命家庭、反动派”等联系在一起，是带贬义的，用得很少；可到了现在，这些词又“复活”了，而且也没有了过去的那种贬义，有时甚至还被当作一种尊称。这是由于社会发展了，人们的思想观念也发生了变化。再如“经理、经纪人、股票、拍卖、情妇、嫖客”等等，这些也都是复出的旧词。

检测与思辨

一、改革开放后新词的创生有哪些特点？试举例说明。

二、新词创生的主要方式有哪些？试举例说明。

三、旧词复出是不是产生新词的途径之一？为什么？

四、分析新“婆婆（我们单位很小，可是婆婆很多）、空嫂、地铁、电饭煲”等词产生的途径。

五、试分析后缀“～热”是如何产生的，并联系其他新的后缀谈谈你的看法。

六、谈谈你对使用“小姐”一词的看法。

七、请从特点、应用、规范等方面，谈谈你对新时期缩略语的看法，并就其中一个方面，写一篇小论文。

八、收集若干新词及用例，选取用例较多的三至五个新词，分析它们的用法，概括出它们的词义。

第六节　词　　典

词典，是收集语汇加以解释供人查检参考的工具书，也作辞典。词典是工具书中的一种。工具书也叫辞书，包括字典、词典、手册、年鉴、书目、索引、文摘、年表、图录、百科全书等，是专为查考字词语句的意义和出处、各种事实和相关的时间地点、各类人物和名物、典章制度等等而编纂的书籍。这类图书是一个知识信息库，是基本信息源之一，为解决学习、工作、科研、生活等多方面提供所需要的资料。这里只简略地讲“词典”，重点是语文词典。词典又称为释义著作，因为它的主要任务是解释字、词、语、句。字典词典是我们学习现代汉语必备的工具书。

一　字典和词典

（一）字典

汉语字典是以方块汉字为单位，按一定的方式排列，注明读音、意义和用法的语文工具书。

文字是记录语言的书写符号系统。一般说来，每个字都是形、音、义的统一体。如“天、山、走、吃、冷、好、四、五、啊、哇”等，它们是“字”，也是一个“词”。这是一。其二，有的字，如“习、颜”，它们有形、音、义，在古代是单音节词，但现在不能独立运用，而只能构词，如“习惯、习题、复习，颜色、颜面、红颜、奴颜”等，这样的“字”是用来构词的“语素”。以上两类“字”，字典中都以单个“字”收录，并释其义。其三，有的“字”，只有形和音，没有义，如“玻、琉、璃”等，它们都是没有意义的音节，只有构成“玻璃、琉璃”时才有意义。在《新华字典》、《现代汉语规范字典》等字典上只解释“玻璃、琉璃”的意思，而在“璃”字条下注明见“玻”字条“玻璃”、“琉”字条“琉璃”，处理方式跟《现代汉语词典》是一致的。可见双音节联绵词不解释“字”，而解释“词”。可以这样认为，《现代汉语字典》，实质上是词典，是以单音节词为主兼收多音节单纯词的词典，极少数只有形音而无义的“字”，设立类似附录的参见条。所以，当今的“字典”，仍属于“词典”的范畴。只有专门收录汉字各种形体（如甲骨文、金文等），或收录书法艺术“字”的，才是真正的专门性的“字典”。

（二）词典

词典是以“词”为单位收录的，也收“字”，只是把“字”作为单音节词收录。没有意义的不是词，只是音节。如《现代汉语词典》中，“琵”、“琶”是作为两个音节（字）分别收录，在“琶”条注明见“琵琶”；在“琵”条注明“见下”，即下面收的“琵琶”条。词典以一个“字”作为“字头”，带出以该字为头的一系列词语，明确以“词”为单位收录；极少数用来构词的无意义的单个音节，也作“字”收录；同时还收有部分熟语，主要是成语、惯用语、习用短语等。

“词典”以“词”为主要对象作条目收录，这是就收录条目的形式而言的。按词语的内容，收录的是“语词”，则为语文词典类；收录的是“哲学语汇”，则为哲学词典类；收录的是“地名”，则为地理词典类。一提起“词典”，一般的理解是语词词典，或者说语言词典，通常称语文词典。这里要讲的就是这一类词典。

（三）词典的结构

词典主要包括五个部分：前言、凡例、索引、正文、附录。

“前言”一般是介绍词典的主要内容、编纂目的、过程，以及这本词典的功用，还有与编纂这本词典有关的问题。

“凡例”是对词典编纂体例的说明，包括收词、注音、释义、编排方式、有关的原则、特殊标记符号、编辑说明等。

“索引”是查寻词条的处所（书中的页码）指示。一般备有条目的音序索引、部首索引、笔画索引和四角号码索引。词典常常编制多种索引，便于读者从不同的途径去查寻词条。

“正文”是词典的主体。每个词条列有条目字形，一般包括繁体字、异体字等，注明读音并释义。意思较多的词条，将词义分项解释说明。有的词只有一个义项，有的词有若干个义项。释文之后一般列有例词或例句，以印证释义说明，并进一步显示该词的用法。例证是释义的继续。可以认为，释义由“释文”加“例证”构成。有时编者认为不必要列举例证，则不予列出。由若干条目按一定方式排列，构成词典正文。

“附录”是词典附属部分，提供一些与条目注音释义等有关的材料，或常用的参考性资料，如“汉语拼音方案”、“历史纪元表”、“计量单位表”等等。有的还根据本词典及特定读者对象的需要附录一些工具性、指南性的文字或表格，以供参考之用。

选购一本新的词典，首先要看序文、前言、凡例和查检法、索引，其次要抽阅几个条目，还要仔细了解编纂目的和特点、读者对象、出版时间、版本等，使选购的词典适合自己的需要。

二　词典的特点、类型和功用

（一）词典的特点

词典汇集了相关的丰富而系统的材料，按一定的方式编纂排列，为人们迅速提供所需资料。词典有以下几个方面的特点。

1. 资料性

工具书是密集度很高的知识系统的资料信息库，涉及人类社会各个领域的知识信息，成为查找资料、解决问题的基本信息源。语文辞典集中了语言文字方面的知识资料。随着计算机技术在工具书编制中的应用，资料信息库的特点将更加突出地显示出来。

2. 查考性

工具书的广博的资料性使它具有文献功能。工具书的编制主要是供人们释疑解难，或临时性的查寻字、词、句、篇或时、地、人、事，获得所需要的知识信息。使用的时间短，但使用的次数较多。它不同于普通阅读的书，一般情况下，对一般人来说，没有“读字典”的，只有“查字典”的。有的工具书也具有可读性，最突出的例子是“鉴赏辞典”之类，还有百科全书、文摘、书目题解之类，它们具有“查考”和“阅读”两种功用。

3. 检索性

工具书是供查考的，要使资料的查考快速方便，在编排上就要求易于检索。词典由于每次使用的时间短，使用的次数多，因此特别讲究编排形式，以适应高效快速的查寻需要，这也就使它具有不同于一般阅读的普通书籍的检索性特点。如今采用的计算机光盘检索，具有更高的检索效率。

词典的上述特点归总为一点：就是“实用”，它是为快速查寻所需资料服务的。

（二）词典的类型

根据不同的标准，可以把词典分成不同的类型。根据内容或知识类型，词典可以分为通科性词典、专科性词典和百科性词典。

1. 通科性词典

这类词典主要是指一般性的语文工具书，有人称作语文字典词典，如《现代汉语词典》、《现代汉语规范字典》、《新华字典》等，它是人们一般都需要的。像《甲骨文字典》、《诗经词典》等也是语文性字典词典，可它不为一般人所需所用，不算“通科性”的，而是“专科性”的语文工具书。

2. 专科性词典

这类词典收录并解释专门学科的术语专名，系统地反映某个学科领域的全部或某方面的知识信息，如《哲学大词典》、《科学技术史词典》、《化工词典》等。

3. 百科性词典

这类词典汇集各学科领域的基本理论、名词术语、重要史实等，给以简明的述说解释，如《辞海》。与百科性词典相同的辞书是百科全书，如《中国大百科全书》、《中国医学百科全书》等，前者是综合性百科全书，后者是专科性百科全书。根据读者对象和需要的不同，百科全书又分通俗性百科全书和学术性百科全书。

常用的语文工具书有《现代汉语词典》（商务印书馆，1996 年修订本，2002 年增补本）、《现代汉语规范字典》（语文出版社，1998 年）、《新华字典》（商务印书馆，1988 年修订本）、《辞海》（中华书局，1999 年修订本）、《辞源》（商务印书馆，1979—1983 年修订本）、《汉语大词典》（汉语大词典出版社，1986—1994 年）、《汉语大字典》（四川辞书出版社、湖北辞书出版社，1986—1990 年）。此外，还有各种虚词词典、成语词典、同义词词典、新词新语词典、外来语词典等。

（三）词典的功用

词典的功用是多方面。词典被人们称作“无声的老师”、“案头的顾问”，是我们释疑解难、读书治学、获取新知的良师益友，不仅是学生、老师、语文工作者需要，就是一个普通的公民，身边也不可缺少。

词典的主要功用有四：（1）识字、了解词义，借以解决学习中的疑难字词。(2) 帮助了解有关图书的内容、作者、背景等方面的知识。(3) 提供所需要的多种参考资料，以及学习、工作、生活中的所需要的一般知识和专业知识。(4) 为研究课题提供文献索引，了解已有的研究成果和相关参考资料，提供丰富的学术信息与研究动态。

三　常用检字法

（一）部首检字法

按汉字的部首编排查检汉字的方法叫部首检字法。

汉字由不同的偏旁构成合体字，如偏旁“宀”和“子”构成合体字“字”。有的偏旁不能独立成字，如“宀”，有的能独立成字，如“子”。具有表示义类作用、用作字形归类的偏旁是“部首”，它是字典词典中每一部类的首字。如“木”部，首字“木”下有“术、札、朽、朴、机”等。有的部首在古代是独立的字，现在不是了，如“宀”(mián，房屋)；也有少数部首不表义类，仅仅是“笔画”，如“丿”。

“部首法”由东汉许慎在《说文解字》中首创，他把汉字归为540部编排成书。明代梅膺祚《字汇》合并为214部，《康熙字典》、《中华大字典》、旧版《辞源》和《辞海》、新版《辞源》、《中文大辞典》等沿用214部。今天的《新华字典》合并为189部，《汉语大字典》、《汉语大词典》采用200部首编排。在词典中，先查部首目录，再按部首所指页码查该字，再按该字所指页码查词典正文，得其字词的形音义。不过，采用部首检字法，有时对有的字的部首难以一下确定。

（二）笔画笔形检字法

按笔画数的多少及起笔的类型为序来编排检字的方法，叫笔画笔形检字法，也叫笔画检字法。笔画多的排在前，笔画少的排在后；画数相同的排在一起，再按起笔的类型编排，如“一”(横)、“丨”(竖)、“丿”(撇)、“丶”(点)、“乛”(折)。

笔画检字法是简单方便、容易掌握的一种检字法，只是有时对繁难笔画的字计起笔画数来，有点费时费事。有的字起笔的习惯有不同，这也在一定程度上增加了使用的困难。

（三）四角号码检字法

根据方块汉字四角的不同笔形，用四个阿拉伯数字作为代码，按左上、右上、左下、右下的顺序将四个数字列出（如“端”为0212)，再按代号指示去查寻正文的字词。这种依汉字笔形编成号码，再按号码查字的方法，就是号码查字法。四角号码查字法是“号码法”中最流行的一种。《四角号码新词典》就是采用的这种检字法，学习时可以看上面的说明。有的字典、索引也采用或附有这种检字法。

用四角号码查字比较快，但由于汉字结构复杂，有些字的笔形号码难以取定，增加了查检的困难。

（四）音序检字法

按汉字读音拼写字母的顺序来编排检字的方法，是音序检字法。现在的字典词典多是按《汉语拼音方案》“字母表”中字母的顺序排检字词。这种汉语拼音字母法是音序检字中的一种。如果熟悉普通话的字音，查检速度很快，也不受字形的限制；但如果方音很重，或不熟悉普通话语音，查检起来就有一定困难。

以上介绍的是常用的四种检字法：部首检字法是最古老的检字法，笔画笔形检字法是最易学的检字法，四角号码检字法是最快捷的检字法，音序检字法是最先进的检字法。它们各有优点，也各有不足。在不熟悉普通话语音、又难于找出部首、笔画又繁复难定的情况下，用四角号码检字法最快。在熟悉汉语拼音，又能读出所查字的字音的情况下，用音序检字法最快。现在的词典一般都有两种或三种检字法的索引，以便互相补充，方便使用者查检。

检测与思辨

一、什么是字典？什么是词典？它们之间相同和不同的地方有哪些？

二、简述词典的特点、类型和功用。选一本具体的字典或词典，谈谈它的特点，或者使用时的感受。

三、从《新华字典》和《现代汉语词典》中分别查出“留”，对这两本语文辞书的释义作一个比较，说明它们之间有什么不同？为什么不同？

四、自选20个汉字，选择时要做到以下三条：(1) 要有1至3画的字2个；15画至20画的字各1个，要分散在不同部首中，不取繁体字和异体字。(2) 要有10个字是本人不认识的生字，有5个字是本人记忆模糊或容易读错写错的字。(3) 必须有木字旁（木）、三点水旁（氵）、竖心旁（忄）、言字旁（讠）、草字头（艹）、竹字头（⺮）、走之旁（辶）、四点儿底（灬）的字。按要求选好字后，写在纸上，再用你最熟悉的检字法查出来，写上该字所在字典的页码及注音。（自测：8分钟检出20个字为“优”，12分钟检出为“良”，16分钟检出为“中”，20分钟检出为“及格”）

五、对上述20个字，请用4种不同的常用检字法分别查出。查出一个字打个“√”，并计时（以秒计算）。比较4种检字法相差的时间，并分析其原因。

第四章　现代汉语语法

第一节　语法概说

一　语法和语法学

（一）语法

语法是语言的结构规则。

打个比方。建造房屋必须有砖瓦、沙石、钢筋、木材、水泥、石灰等等材料。但是光有材料不行，还必须按照一定的规则把这些材料组合起来，才能建成房屋。语言也一样，语言不能没有材料，也不能没有规则。语汇就是语言的建筑材料。一种语言里有成千上万的词，这些词只不过是一大堆零散的材料，只有按照一定的规则把这些材料有机地组合起来，才能成为句子，表达一定的意思。比如有这样一些词：

学生｜教室｜非常｜布置｜把｜得｜漂亮

这些词如果就这么杂乱无章地放在一起，那么它们除了自身的词义之外，再也不能表达什么其他的意思。但是，如果按照一定的规则把它们搭配排列起来，那么它们就可以成为一个表达一定意思、人们可以理解的句子。比如，搭配排列成：

学生把教室布置得非常漂亮。

这个句子无论是从词语的搭配看，还是从词语的排列看，都反映了一定的规则。

从词语的搭配看，“教室”可以跟“把”搭配，“漂亮”可以跟“非常”搭配。能够跟“把”搭配的，必须是表示人或事物的词语。比如，可以说“把教室”，但不能说“把打扫｜把漂亮”；能够跟“非常”搭配的，一般是表示性质或状态的词语。比如，可以说“非常漂亮”，但不能说“非常学生｜非常打扫｜非常教室”。从词语的排列看，“把教室”是放在“打扫”的前边，而不能放到“得”的后边；“非常漂亮”是放在“得”的后边，而不能直接放到“打扫”的前边。

可见，词语能否搭配，又怎样排列，都是遵循着一定的规则的。

语法是语言的要素之一。作为语言的结构规则，语法对人们的言语行为（话语表达和话语理解）具有极大的约束力。

一方面，从表达上讲，语法规定着人们怎样组织句子。前面一例就说明，用词组句，是受到语法规则的约束的。又如，“我”“踢”“球”三个词，允许组合成“我踢球”的形式，不允许组合成“球踢我｜踢球我｜踢我球”等形式；虽然也可以组合成“球我踢”的形式，但这是有条件的（如“球我踢，课我不上”）。所谓“允许”和“不允许”，也就是语法规则在起约束作用。

另一方面，从理解上讲，语法指示着人们如何领会句子。句子的组织是根据一定的规则，并通过一定的手段来实现的。因此，句意的领会也需要依靠一定的规则和手段来完成。比较：

他坐飞机去北京。

他去北京坐飞机。

这两句话用词相同，不同在于“坐飞机”和“去北京”的排列次序不同。这种语序的不同，就指示人们对这两句话应作不同的理解：前一句表示“坐飞机”之事在前，“去北京”之事在后，后事是前事的目的，“北京”是目的地。后一句则表示“坐飞机”是目的，“北京”并不是最终目的地。由此可见，句子的意思并不等于词语意思的简单相加，而是词语按照一定的规则组合起来所表达的意思。人们要对句意作出准确无误的理解，同样也不能脱离对语法规则的把握。

（二）语法学

人们平时所说的“语法”，实际上有两个含义。比如：

说话写文章要合语法。

今天我们开始学习语法。

这两句话，“语法”的含义不一样。前一句，“语法”是指语言的结构规则本身；后一句，“语法”是指研究语法规则的科学，即“语法学”。

语法和语法学之间有着密切的联系，但是，它们又不是一回事情。语法作为语言的结构规则，它是一种客观存在；语法学是对客观存在的语言结构规则的反映，它带有一定的主观性。

由于研究对象、研究方法、研究目的等方面的不同，语法学形成了各种不同的种类。

从研究对象看，如果着眼于时限，有历时语法和共时语法；如果着眼于范围，有普遍语法和语别语法。历时语法是对不同时期的语法作历史的考察；共时语法是对某一时期的语法作断面的考察；普遍语法以各种语言为对象，总结适用于各种语言的普遍法则；语别语法以某一具体语言为对象，概括某一具体语言的特有法则。

从研究方法看，有比较语法、描写语法。比较语法着力于揭示不同语言的语法异同；描写语法着力于刻画某种语言的语法构造。

从研究目的看，有理论语法和教学语法。理论语法又称专家语法，目的在于描写事实，阐明规律；教学语法又称学校语法，目的在于讲解法则，指导运用。

（三）语法系统

语法系统，是指语法规则的构成体系。同“语法”一样，“语法系统”也有两种含义：一是指语言结构规则本身的系统，这是语法的自然系统；一是指研究语法科学所建构的系统，这是语法的表述系统。

学者们由于占有的材料、观察的角度、研究的方法等等方面的不同。因此，对于同样的现象，往往会作出不很相同或者很不相同的结论，所建立的语法学系统也往往不很相同或者很不相同。

教学语法系统，是用于学校教学的语法表述系统。新中国成立以来，在学校通用的教学语法系统是1956年人民教育出版社制订的《暂拟汉语教学语法系统》。这个系统是我国第一个全国通用的汉语教学语法系统，有着很大的影响。但在使用中，人们也发现这个系统存在着不少问题。因此，1981年7月，人民教育出版社在哈尔滨组织召开了“全国语法和语法教学讨论会”。讨论会对《暂拟汉语教学语法系统》提出了修改意见。1984年1月公布了修订方案《中学教学语法系统提要（试用）》。目前，中学的语法教学采用的就是《提要》的系统，本章参照的也是这个系统。

二　语法的性质

（一）抽象性

从与具体词语、句子的关系看，语法具有抽象性。语法不是研究某个具体的词语或者句子的含义，而是研究某类词语或者某类句子所反映出来的共同的结构规律。任何一种语言的语法都是从许许多多具体的词语和句子里边抽象出来的。比如，“甲把乙［动］得怎么样”这种“把”字句式，就是从“学生把教室布置得非常漂亮｜老师把问题讲解得相当清楚｜护士把病人照顾得特别周到｜校长把工作安排得十分具体”等许许多多具体的句子里边概括出来的。因此，这种句式就不只是适用于某个具体的句子，而是适用于所有按照这种句式构成的句子。又如，“说说｜想想｜看看｜打扫打扫｜商量商量｜讨论讨论”，这些词本身的意义各不相同，但是，它们在形态上反映出一条词的变化规则，即：大部分动词可以重叠，而且不同的音节重叠的方式也不一样，有的是按 AA 式重叠（“说说｜想想｜看看”），有的是按 ABAB 式重叠（“打扫打扫｜商量商量｜讨论讨论”）。这条规则就是从大量具体的可以重叠的动词里边概括出来的。因此，它也不只是适用于某个具体的动词，而是适用于所有的能够按照这条规则来变化的动词。

一种语言里边，具体的词是很多的，具体的句子是无数的，但是，可以概括出来的结构规则却是有限的。正因为有了语法，有了这些有限的规则，人们才能够根据规则来进行类推，从而有效地学习和使用语言。比如，学会了“我读书”，就可以类推出“你读书｜他读书｜学生读书｜”、“我买书｜我背书｜我写书”或“我读信｜我读诗｜我读报纸”等等句子。之所以能够类推，就因为掌握了组词成句的规则。掌握了规则，就可以根据需要来生成句子。

（二）稳固性

从语言现象的历史演变看，语法具有稳固性。任何事物都在不断地发展演变，语言也不例外。在语言的三个要素中，语汇的变化最大，其次是语音。语法也在变化，但是跟语汇、语音比较起来，语法的变化要缓慢得多。一种语言不会、也不可能在较短的时间内废弃旧有的语法系统，而创造一个全新的语法系统。好些语法规则可以千百年沿用而不改。比较《曹刿论战》开头一句的文言原文及白话译文：

文言：十年春，齐师伐我，公将战，曹刿请见。

白话：（鲁庄公）十年的春天，齐国的军队攻打我国，庄公将要应战，曹刿请求拜见（庄公）。

不难看出，它们在语汇上有很多不同，但在语法结构上却是基本一致的。如，文言“齐师伐我”是“主动宾”结构，白话“齐国的军队攻打我国”也是“主动宾”结构。这就说明，语法具有很大的稳固性，许多基本的语法结构是从古代继承下来的。

（三）递归性

从语言规则的使用看，语法具有递归性。“递归”是从数学借来的术语。语言的结构规则是有限的，但可以重复使用，不断地进行同功能单位的替换。比如，现代汉语里，有主谓、动宾、偏正、正补、联合等句法结构，这些结构中的每一部分都可以用同功能的短语去替换。例如：

环境优美。

→校园环境非常优美。

→武汉大学的校园环境确实非常优美。

例中，先用同功能的“校园环境”和“非常优美”分别替换“环境”和“优美”，再用同功能的“武汉大学的校园环境”和“确实非常优美”分别替换“校园环境”和“非常优美”。

由于语言有了递归性，句法结构里的构成项就可以扩展成非常复杂的结构。比如，“小说发表了”是主谓结构，我们可以通过偏正结构的递归把主语“小说”扩展成“爱情小说”、“长篇爱情小说”、“描写当代农村青年生活的长篇爱情小说”、“王燕花了两年时间创作的描写当代农村青年生活的长篇爱情小说”、“还在大学读研究生的王燕花了两年时间创作的描写当代农村青年生活的长篇爱情小说”等等。从理论上讲，句法结构通过同功能单位的替换，可以无限制地扩展下去，但不管扩展到什么程度，其性质和作用是不变的。

（四）民族性

从与外族语言的比较看，语法具有民族性。世界上各种民族语言都有自己的语法系统，彼此之间有同有异，有的差异很大。比较汉语和同属汉藏语系的景颇语：

汉　语：我们热爱祖国。

景颇语：an^{55} the^{33} ji^{33} woi^{33} muŋ^{55} tan^{33} tso^{ʔ55} ʒa^{ʔ31} ka^{ʔ31} ai^{33}.
　　　　我们　　祖国　　热爱　（句尾声）

汉　语：我买了两只鸡。

景颇语：ŋai^{33} u^{31} lă^{55} khoŋ^{51} mă^{31} ʒi^{33} să^{33} ŋai^{33}.
　　　　我　鸡　两　买　（句尾词）

可以看出，汉语和景颇语语序不同，汉语的宾语放在动词后边，景颇语的宾语则是放在动词前边；汉语的数词放在名词前边，而且中间要用量词；景颇语的数词放在名词后边，中间不用量词。再比较属于不同语系的汉语和英语：

汉语：他是很有才能的人。

英语：He is a man of great ability.

汉语里，定语成分用在中心语前边；英语里，定语成分则是用在中心语后边。汉语在语法上不同于景颇语和英语的这些特点，体现了汉语语法的民族性。

三　语法单位

语法单位是指有意义的语言单位。汉语的语法单位包括语素、词、短语、句子和句群。它们是不同级别或不同性质的五种语法单位。

（一）语素和词

语素是语言中最小的音义结合体。它既是语汇单位，又是最小的语法单位。

语素包括实语素和虚语素，它们是构词语法单位。比如，“我们”的“我”是实语素，“们”是虚语素，它们一起构成“我们”这个词。一个词可以由一个语素构成，也可以由两个或几个语素构成。比如，“书、信、犹豫、彷徨、巧克力、奥林匹克、乌鲁木齐”都是由一个语素构成的词，“办公室、语言学家”是由几个语素构成的词。

词是最小的能够自由运用的语法单位。跟语素一样，词也既是语法单位，同时又是语汇单位。一个词是一个凝固的整体，即使是合成词，也不能再分解。多数合成词分解之后，至少有一个语素不能自由运用。比如，“语言、丰硕”分解之后，两个语素一般都不能自由运用；“志气、书籍”分解之后，“志”和“籍”一般也不能自由运用。有的合成词分解之后，虽然其构成语素都可以自由运用，但自由运用时意思上有所不同。比如，“黑手”是指暗中进行阴谋活动的人或势力，表示的是一个整体意义，并不等于“黑”和“手”的语素意义的简单相加。

有的词，如果带上一个特定的语调，可以独立成为一个句子。比如：“票。”“飞机！”

（二）短语

短语又叫词组，是由两个以上的词按照一定的规则组合而成的语法单位。

作为短语，必须由两个以上的词组成，但两个以上的词连在一起不一定就是短语。比如，“非常喜欢”是短语，“喜欢非常”就不是短语，因为后者不符合汉语的短语构成规则。

由于汉语的语素绝大多数是单音节的，有的既可以单独成词，也可以作为构词成分，有的不能单独成词，而只能作为构词成分，这样，就使得汉语的短语和词的界限不容易划清。人们通常是用扩展法来区别短语和词。所谓扩展，是指在语言片断中间插入别的成分。运用扩展法区别语言片断（比如AB）是短语还是词，会有三种情况：

(1) AB可以扩展，扩展后A和B是词。这种情况下，AB是自由组合的短语。比如，“看书”可以扩展成“看着书”、“看了几本书”、“看了几本英语书”之类，“打球”可以扩展成“打过球”、“打过三年球”、“打赢了几场球”之类，它们是短语，而不是词。

(2) AB不能扩展。这种情况下，A和B是构词成分，AB不是短语，而是词。比如，“白菜”不能扩展成“白的菜”，“领袖”不能扩展成“领和袖”，“笔直”不能扩展成“笔一样直”。因此，它们都是词，而不是短语。

(3) AB有时可以扩展，有时不能扩展。这种情况下，AB是处于短语和词之间的过渡性的语法单位，可以扩展时是短语，不能扩展时是词，如“上班、开会、洗澡、理发、跑步”等等。

跟第三种情况相关，有的语言片断有不同的义项，当用作某一义项时，有时可以扩展，有时不能扩展，这时它是处于短语和词之间的过渡性的语法单位；当用作另一义项时，则不能扩展，这时它是一个词。例如：

① 过河不方便，应该搭（座）桥。

② 政府应该为企业牵线搭桥。

③ 老李需要做心脏搭桥手术。

例①中“搭桥”表示“架桥”的意思，可以扩展，扩展时是短语，不扩展时是词；例②和例③中“搭桥”分别表示“撮合、介绍”和“用病人自身的一段血管接在阻塞部位的两端，使血流畅通”的意思，不能扩展，它是一个词。

（三）句子和句群

句子是由短语或词构成的，能够表达一个完整意思、体现说话人一种特定意图的语法单位。

一个句子既可以由一个短语构成，也可以由一个词构成。例如：

① 前面有火车。

② 火车！

例①由一个短语构成，例②由一个词构成。

句子都带有一个特定的语调，句子前后都有较长的语音停顿。一个短语或者一个词，如果带上一个特定的语调，就可以成为一个句子，如例①和例②。书面上，句子的末尾用句号、问号或感叹号表示语调和停顿。

从结构上看，句子可以划分出单句和复句、主谓句和非主谓句等类型（句型）；从作用上看，句子可以划分出陈述句、疑问句、祈使句、感叹句等类别（句类）。

句群是由两个以上的句子构成的语法单位。

句群有的只包含两个句子，结构层次比较简单；有的包含多个或者十多个甚至几十个句子，结构层次比较复杂。有关句群的问题，在很大程度上属于篇章语法的问题。

语素、词、短语、句子和句群，这五种语法单位可以分为三级。第一级是语素。语素是构词单位，也是最小的一级语法单位。第二级是词和短语，它们是构句单位，或者叫构件单位；词和短语不同的是，短语比词大，词是最小的构句单位。第三级是句子和句群，它们都是表述单位；句子和句群不同的是，句群比句子大，句子是最小的表述单位。这五种三级语法单位之间的关系可以这样来图示：

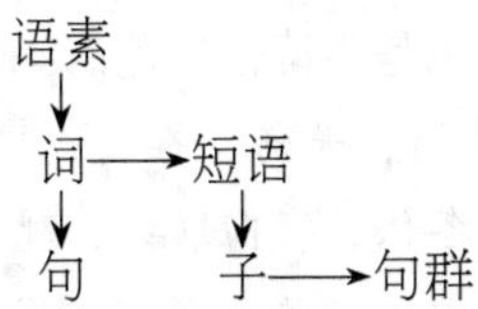

图示说明：语素构成词，词构成短语，词和短语构成句子，句子构成句群。

四 语法规范

（一）关于语法规范

现代汉语语法规范的依据是“典范的现代白话文著作”。但是，这并不意味着典范的现代白话文著作中的每一种说法都可以作为语法的规范；可以作为语法规范的，应该是其中的“一般用例”。所谓“一般用例”，不是指用例的说法在某部著作中的使用频率高，而是指用例所代表的语法规则适用于“东、西、南、北、中”各个地方，为现代汉民族的全体成员所共同使用。因此，不能把某一位著名作家的作品中的每一句话，都看做是规范的说法。

关于语法规范，还需要强调几点：

第一，属于外族语言的说法，是不符合规范的。语法具有民族性，如果用了外族语言有而汉语没有的说法，这种说法就是不规范的。比如，英语里说“two teachers”，“teacher”后边加“s”表示多数；汉语里“们”也表示多数，但不能仿照英语，说成“两位老师们”。“两位老师们”的说法是不规范的，因为汉语里边，表人名词的前边如果用了数量词，后边就不能再用“们”。

第二，属于古汉语的现在已经消失的说法，也是不符合规范的。比如，古汉语可以说“比之如父”，但这种格式在现代汉语里已经消失。按照现在的说法，应该说成“把他比做父亲”。如果现在还说“比之如父”，那就是不规范的。

第三，属于方言的说法，是不符合普通话语法规范的。方言的说法反映方言的特点，它只使用于局部甚至是很小局部的方言地区，并不为现代汉民族的全体成员所共同使用，方言区以外的人也不大能够理解。例如：

①天每爆土扬尘的，大人能凑合，娃娃家咋呀？（公刘《先有鸡，后有

蛋》)

② 你们韩家的门户靠这个伢撑着在呀。(何祚欢《失踪的儿子》)

例①中“天每”就是“每天”,作者用的是山西农村的说法。例②“撑着在”就是“在撑着”,作者用的是湖北武汉的说法。这些方言说法虽然出自现代作家的作品,但也不能作为普通话的语法规范。

第四,个别人的个别用法,也是不符合规范的。例如:

③ 向明出差、旅游、外调、采购、推销、探亲、参观、学习、取经、参加笔会、展销、领奖、避暑、冬休、横向联系、观摩、比赛、访旧、怀古、私访、逃避追捕,随便转一转,随便看一看,住宾馆住招待所住小学教室住人民防空工事住地下洞住浴池住候车室住桥洞下面住拘留所住笼子。然后她到达了找到了误会了迷失了失落了错过了他要去的地方。(王蒙《来劲》)

④ 他是上海大学自然科学系宇宙专业毕业生。专门研究城市病与宇宙的关系。妇女问题第三者插足早婚早恋未婚先孕青春期提早到来与结婚年龄推迟计划生育与星外来人问题城市污染强奸斗殴吸毒聚赌女性雄化男性雌化与滥伐森林沙漠扩张能源危机人与自然和谐被破坏等等,都是他论文的题目。(马中骏、秦培春《红房子 白房子 黑房子》)

上面两例超常地使用并列成分,而且不用标点,例③还存在语义矛盾。它们纯属于个别人的个别用法,不代表一般用例,不具有普遍性,是一种反常现象,因此不能看成是规范的用法。作者这样写尽管有其用心,但从语法规范的角度讲,是不宜提倡的。

(二)语法失误与语误判定

语法失误,是指违反普通话语法规则的现象。

失误语法现象不同于方言语法现象,方言语法现象就普通话来说是不合法的,但就某一方言来说,它却是合法的。也不同于言语变异现象,言语变异是一种修辞现象,属于艺术表达。例如:

① 我们用辛勤的汗水,
浇灌出了多少个灿烂的回忆。(李宏宇《给——》)

“回忆”一般不能跟“浇灌”搭配,也不能受“灿烂”的修饰,例①这样变异地使用,显得生动别致,具有很好的表达效果。

有失误语法现象的句子就是病句。例如:

② 豪气十足的武装班战士很快自暴自弃了以往那种优越感。

③ 美国空军将……用精确制导炸弹全面瘫痪伊拉克的各类重要军事目标。

例②“自暴自弃”是一个固定短语，表示自甘落后不求上进的意思，它不能够带宾语。可以将“自暴自弃”改为“放弃”。例③“瘫痪”是一个行为自动词，也不能够带宾语。可以将“全面瘫痪”移到句末，并在“炸弹”后面加上“使”。

不合语法规范就是语法失误，那么语法失误具体怎么判定呢？语言现象是很复杂的，因此，语误的判定也就不能够简单化。在判定语误时要遵循三条原则。

第一，客观性原则。对语误的判定，应尊重客观事实。某个说法如果不能被社会所认同，不能为人们所接受，就是语误；但如果能被社会人群认同和接受，就不能想当然地判为语误。例如：

④ 让学生知道同学之间应互助友爱和爱护学校。

⑤ 但第二天那竹签儿却又出现在了小墩子的旧铅笔盒里。（刘心武《小墩子》）

例④“同学之间”是“应互助友爱和爱护学校”的共用成分，但可以说“同学之间应互助友爱”，却不能说“同学之间应爱护学校”。这一例是有语误的，应删掉“同学之间”。例⑤“出现在”的后面用了“了”。这种“V（双音）在了N”的说法曾经被认为是不规范的，然而使用这种说法的人现在越来越多，已经不是个别人的一种偶发性言语行为。事实表明，它已经被社会所认同，因此不能判定为误用。

第二，动态性原则。话语是受语境制约的，因此，对语误的判定应该结合语境，要放到动态语境中去观察。某个说法，孤立地看也许不能成立，但在特定语境中却是可以成立的；某个说法在甲语境中能够成立，但在乙语境中却不一定能够成立。比如，“挣学问”一般会认为搭配不当，但在例⑥的语境中却是可以成立的：

⑥ 有些人不挣学问只挣钱。

又如，有学者分析动词和趋向补语之间的搭配关系时指出：只能说“插进去”、“掏出来”，不能说“插出来”、“掏进去”。这样的判定，就忽视了特殊语境的特殊性，不能全面覆盖灵活多变的语言事实。例如：

［语境一］甲在门外，乙在门内。甲对乙说：“门上有个小洞，你把电线往外插，看看能不能插出来！”

这时，“插出来”就可以成立。

［语境二］甲在洞外，乙在洞里，甲对乙说：“你用力往外推！推不出来就往里掏，看看能不能掏进去！”

这时，“掏进去”也可以成立。

第三，研讨性原则。判定语误时，要进行思辨，思辨的过程，也就是研究的过程。通过思辨，对问题做全面的考察和深入的探讨，以寻求合理的解释和正确的结论，避免误判现象的出现。例如：

⑦ 遭受这样的凌辱，他内心的痛苦比我肉体上的痛苦，不知多上千倍万倍！

⑧ 不管敌人使用什么毒刑，她们两人却总是顽强地缄默，什么也不说。（峻青《党员登记表》）

⑨ 如果她承袭了这笔财产，即使是合法的，但也不光彩。（姜滇《清水湾，淡水湾》）

例⑦是用“不知”组造的句式。根据句式要求，“不知”后边必须出现跟它相照应的表示未知的疑问代词“多少、怎样”之类。因此，例⑦是有语误的，应该将“千倍万倍”改成“多少倍”，或者删去“不知”。例⑧和例⑨的情况不同。有学者认为，“不管/无论”和“即使”不能跟“但是/却”连用，也就是说，“不管/无论……但是/却……”和“即使……但是/却……”的说法是不成立的。但我们通过研究可以知道，“不管/无论……都……”和“即使……也……”句式分别表示无条件让步和虚拟性让步。作为让步句式，分句间包含有程度不同或情况不同的转折性，并不总是排斥“但是/却”之类的转折词。事实上，好些作家的好些作品中就有“不管/无论”、“即使”跟“但是/却”同现的用例。再看两例：

⑩ 无论我怎么发问，怎么催促她指出我可能存在的错误，可是她还是闭口不谈。（李功达《对一个失踪者的调查》）

⑪ 即使能够侥幸的在这草洼里隐蔽一个白天，可是有谁能够知道：在这一天里，河东将会发生什么样的变化？（峻青《黎明的河边》）

有时，“不管/无论……但是/却……”和“即使……但是/却……”的说法可能成为病句，但跟“不管”、“即使”之类与“但”类词的连用无关。例如：

⑫ 不管艾奇逊喜欢重弹戈培尔博士的老调，在华盛顿的参议院绅士们却在招供。

例⑫是有语误的，但问题不在后分句用了转折词“却”，而在前分句的构造不合无条件让步句的要求。无条件让步句要求“不管”之类的后边是一个疑问格式、疑问代词或表示选择性的联合短语。应在“不管”后边加上“怎样”，或者将“不管”改成“尽管”。

在明确语法规范、判定语法失误时，要有辩证的思想，要有发展的观念。语言是动态发展的，语法规范也不是一成不变的，它也要反映语法的发展变化。如果某种个人说法由偶然使用或不常用变得常用起来，成为“一般用例”，或者某种方言说法已经失去了地域性，完全进入了普通话，为现代汉民族的全体成员所共同使用，那么，我们就应该接受事实，承认它们是规范的。例如：

⑬ 你们学校有没有招过自费生？

例⑬这类“有没有＋动词结构”的说法本来是南方某些方言（如广州话）的说法，但现在其使用范围扩大了，地域性在逐渐地消磨，已经为多数人（包括北方人）所接受和使用，因此应该考虑，承认它的合法性。

检测与思辨

一、如何理解“语法是语言的结构规则”？

二、“语法”通常有哪两种含义？这两种含义有什么联系和区别？

三、语法具有哪些性质？

四、选择一段300字左右的文章，逐句切分语素、词和短语。

五、什么是语法规范？

六、判定语误需要遵循哪些原则？

七、有人认为超方言的共同语语法是不存在的，存在的只有方言语法，从而否定有共同语语法规范。你怎么看待这种观点？

第二节　词　　类

一　词类的划分

（一）词类划分的标准

词，可以从不同的角度、依据不同的标准加以分类。语法上所说的词类，是指词的语法分类。词的语法分类，根据的是词的语法特征。词的语法特征包括词的形态、组合能力、造句功能三方面表现出来的特征。

1. 形态

形态是指构词和构形的语法形式。

现代汉语里，构词的语法形式包括前缀和后缀。它们有构成新词的作用，并且往往有标记词类的作用。例如：

老X：老张　老大　老五

X子：桌子　夹子　胖子

X儿：花儿　盖儿　尖儿

X手：旗手　打手　新手

X化：大众化　革命化　年轻化

“老”是前缀，附加在词根“张、大、五”的前边，既可以构成新词：老张≠张，老大≠大，老五≠五；也可以看作名词的标记：不管词根是不是名词性的，只要是用“老”构成的词，都是名词。“子、儿、手、化”都是后缀，分别附着在“桌、夹、胖”、“花、盖、尖”、“旗、打、新”和“大众、革命、年轻”的后边，既可以构成新词：桌子≠桌，夹子≠夹，胖子≠胖，花儿≠花，盖儿≠盖，尖儿≠尖，旗手≠旗，打手≠打，新手≠新，大众化≠大众，革命化≠革命，年轻化≠年轻，也可以看作名词、动词的标记：不管词根是什么词性的，凡是用“子、儿、手”构成的词一般都是名词，凡是用“化”构成的词一般都是动词。

构形的语法形式，也就是词的变化方式。现代汉语里，构形的语法形式有两种。一种是重叠式：把词或语素重叠起来表示某种语法意义；一种是粘附式：把具有词尾性质的助词粘附在实词后边表示某种语法意义。这两种构形的语法形式也可以体现词的不同特性。比较：

	清查	清白	清官
ABAB（AB一下）	＋	－	－
AB着（正在AB）	＋	－	－
AB了（已经AB）	＋	－	－
AB过（曾经AB）	＋	－	－
AABB（很AB）	－	＋	－
AB们（多个AB）	－	－	＋

“清查”是动词，能按ABAB方式重叠，能带上“着、了、过”，表示某种语法意义；“清白”是形容词，能按AABB方式重叠，表示某种语法意义；“清官”是表人名词，能带上“们”，表示某种语法意义。动词“清查”、形容词“清白”和名词“清官”性质不同，构形的语法形式也不同。

2. 组合能力

组合能力是指某类词可以跟一些什么词发生组合关系，不能跟一些什么词发生组合关系。比较：

	清查	清白	清官
正在 X	＋	－	－
很 X	－	＋	－
三个 X	－	－	＋

“清查”是动词，可以跟“正在/再”之类副词组合，组合以后产生状心关系，不能跟“很”之类副词和“三个”之类数量词组合。“清白”是形容词，可以跟“很”之类副词组合，组合以后产生状心关系，不能跟“正在”之类副词和“三个”之类数量词组合。“清官”是名词，可以跟“三个”之类数量词组合，组合以后产生定心关系，不能跟“正在”和“很”之类副词组合。

可见，组合能力的不同，体现出词的特性的不同。

3. 造句功能

造句功能是指词在句子中能不能充当句子成分，能充当什么句子成分。例如：“清查、清白、清官”可以充当句子成分，而“关于、因为、的、呢”不能单独充当句子成分；“清查、清白”可以充当谓语或谓语中心，在一定条件下才能充当主语、宾语；而“清官”可以充当主语、宾语，一般不能单独充当谓语。这就是说，在造句功能上同样也体现出词的不同特性。

划分词类时，形态、组合能力和造句功能这三个方面的特征都起作用。不过，它们所起作用的大小程度不完全一样。汉语不是形态发达的语言，汉语里词类的语法特征主要表现在组合能力和造句功能这两个方面，尤其突出地表现在组合能力这一方面。

划分词类时，词的意义是具有参考作用的。因为，词的语法特征和词的意义有一定的联系。一般说来，有相同的语法特征的词，在意义上也会有相同之处；反过来说，在意义上有共同之处的词，也往往具有相同或相近的语法特征。比如“教师、教室、教案”，它们具有相同的语法特征，在意义上也有共同之处：都表示人或事物。参考意义，可以使词类的划分做到准确合理。当然，意义毕竟只是“参考”的因素，而不是语法上的“根据”。词的语法特征，才是划分词类的客观标准。

根据词的语法特征，可以把词分为实词和虚词两大类。实词和虚词在语法上的区别，表现在造句功能的不同：实词可以充当基干成分主语、谓语和宾语；虚词不能充当主语、谓语和宾语，有的还不能充当句子成分。实词又可以分为名词、动词、形容词、数词、量词和代词；虚词又可以分为副词、介词、连词、助词和拟音词。各类实词和各类虚词在语法上的区别，主要表现在组合能力方面。

(二) 各类实词

实词是表示实在意义，能够充当句子的基干成分的词。

1. 名词

名词表示人物或时地。如“老师、教材、周末、学校”。

名词有两个突出的语法特征：

(1) 一般能受表示物量的数量短语的修饰，不能受副词的修饰。如：

两位老师　　*不老师

三本教材　　*也教材

四个周末　　*很周末

五所学校　　*都学校

也有一些名词通常不能受数量短语的修饰。主要有三类：一类是表示专一对象的专有名词，如“鲁迅、雷锋、武汉、渤海”；一类是表示泛指对象的集体名词，如“人群、船只、纸张、布匹”；一类是表示不可计数的方所名词，如“东边、西头、国内、海外”。这些名词不能受数量短语的修饰，都跟它们本身所表示的意义有关。

(2) 能直接用在介词后边，一起组成介词短语。如：

向老师（请教）

把教材（看懂）

从周末（开始）

到学校（上课）

但名词的这个特点对外是不具有封闭性的，别类的词有的也可以出现在介词后边，构成介词短语。比如人称代词和数词：

向他（请教）

比十（还多）

因此不能认为，凡出现在介词后边的词就一定是名词。

根据名词内部语法特征的差异，可以把名词分为三类。

(1) 人物名词：表示人或事物。如“工人、朋友、房屋、花朵、条件、精神”等等。

(2) 时地名词：表示时间和处所。表示时间的如“今年、春天、早晨、春节”等等，表示处所的如“中国、北京、图书馆、大礼堂”等等。

(3) 方位词：表示方向和关系位置。方位词包括单纯方位词和合成方位词。典型的单纯方位词共有 16 个：“上、下、左、右、东、南、西、北、前、后、里、外、内、中、间、旁”。典型的单纯方位词前面加“之/以”，或者后边加“边/面/头”，或者对举，构成合成方位词。如“之上、以下、左边、右面、前头、上下、前后、左右、内外”等等。

方位词是一类特殊的名词。它既可以单独使用，相当于时地名词，如“你走前，我走后”，“东边是教学区，西边是宿舍区”；更多的时候是附着在别的词语后边，一起组成方位短语，如：“教室里坐满了学生”，“全国解放以后他回到了上海”。

2. 动词

动词表示动作行为或变化。如“读、写、想、经受、准备、看见、逝世、认为、值得、开始、进行”等等。

动词有三个突出的语法特征：

(1) 许多动词能带上动态助词“着、了、过”。如：

想着　　想了　　想过

经受着　　经受了　　经受过

进行着　　进行了　　进行过

有的动词不能跟或不能完全跟“着、了、过”组合。如：

*看见着　　看见了　　看见过

*逝世着　　逝世了　　*逝世过

*认为着　　*认为了　　认为过

*值得着　　*值得了　　*值得过

它们不能跟“着、了、过”组合，一般是跟其本身的意义有关。如“看见”不能带“着”，这是因为“看见”中“见”表示结果，说明“看”这一动作已经完成而不再持续，所以不能带表示动作持续的“着”。又如“逝世”是表示瞬间结束、不可持续的行为，所以不能带“着”；又因为它表示的是不能成为经验的行为（人只能死一次），所以也不能带“过”。

(2) 一般能进入“X不X”的格式，并且大多数能带宾语。如：

读不读　　读小说

准备不准备　　准备功课

值得不值得　　值得表扬

有的动词只能说成“X没X”，而不能说成“X不X”，这也是跟动词本身的意义有关。如可以说“有没有”、“看见没看见”，但不能说“有不有”、“看见不看见”，这是因为“有”和“看见”表示的是已经实现的行为。

有的动词具有内向性，虽然可以进入“X不X”的格式，但是它们不能带宾语，如“休息、睡觉”等等。

（3）某些动词可以按 AA 式或 ABAB 式重叠，重叠后表示动量，附加“一下”或“反复多次”的意思。如：说→说说，想→想想，商量→商量商量，讨论→讨论讨论。

在词类里，动词的情况最为复杂。动词内部，特别值得注意的有以下十个小类。

（1）行为他动词：表示以某种事物为对象的动作行为，也称及物动词。行为他动词可以带对象宾语，如“听（音乐）、看（小说）、分析（情况）、介绍（产品）”等。

（2）行为自动词：表示不以某种事物为对象的动作行为，也称不及物动词。行为自动词不能带宾语，或者不能带对象宾语。如“游泳、休息、结婚、醒”等不能带宾语；“睡、住”等虽然可以带宾语，但只能带施事宾语或处所宾语（沙发睡小孩｜小孩睡沙发），不能带对象宾语。有的动词有时候能带对象宾语，这时是他动词；有时候不能带宾语或者不能带对象宾语，这时是自动词。如“笑”，在“大家都笑他”中带了宾语，是他动词；在“他笑了”中没有带宾语，是自动词。

（3）心理活动动词：表示心理活动。如“爱、恨、喜欢、讨厌、尊敬、轻视、想念、担心”等。心理活动动词大都能受程度副词的修饰，并且都能带宾语，如“我很尊重他”。

（4）行止动词：表示动作开始、进行或停止。如“开始、继续、停止、结束”等。行止动词一般要求所带的宾语是动词宾语，如“现在开始比赛”。

（5）使令动词：表示命令或请求。如“使、令、请、请求、求、叫、让、命令、迫使”等。使令动词要求后面带“兼语”成分，如“这个消息使我很高兴”。

（6）有无动词：表示事物的有无。包括“有、没、没有”和文言形式的“无”。

（7）比似动词：表示事物间的比似关系。如：“像、好像、似、好似、如、如同、仿佛”等。

（8）判断动词：表示对事物的判断或肯定。判断动词只有一个“是”。“是”的基本用途是对事物进行断定，如“鲁迅是文学家”。有时候单独用在动词、形容词前边，表示肯定语气，有强调作用，如“我们是赢了!”“这本书是好!”这时的“是”需要重读，可以看做是句子结构中的辅助性成分。

（9）能愿动词：表示行为或状况的可能性、必要性和意愿性。表示可能性的有“能、可能、能够、会、可以、得（dé）”等，表示必要性的有“应、该、应该、应当、要、得（děi）”，表示意愿性的有“愿、愿意、要、敢、肯”等。

能愿动词是一类特殊的动词，其基本用途是用在动词、形容词前边，组成能愿短语，如“能够成功｜应该高兴｜愿意学习”。这类动词一般不能带动态助词“着、了、过”，也不能重叠；但是能进入“X不X”的格式，有的还能进入“不X不”的格式。如：

X不X	不X不
能不能（去）	不能不（去）
该不该（去）	不该不（去）
敢不敢（去）	不敢不（去）

(10) 趋向动词：表示动作的趋向。有的表示单纯趋向，如“来、去”和“上、下、进、出、回、过、开、起”；有的表示复合趋向，如“上来、上去、下来、下去、进来、进去、出来、出去、回来、回去”等。

趋向动词也是一类特殊的动词。它一般可以单独使用，单用时就相当于行为动词，如“我来｜你回去｜开门｜出学费”；更多的时候是附着在动词和某些形容词的后边，一起组成动趋式正补短语，如“跑回家｜推开门｜躺下去｜坐起来”。

3. 形容词

形容词表示性质状态。如“好、坏、美、丑、快、慢、长、短、详细、简单、热闹、安静、认真、马虎”等等。

形容词有两个突出的语法特征：

(1) 一般能受程度副词的修饰，一律不能带宾语。如“好、详细”可以说“很好、很详细、特别好、特别详细”，但不能带宾语。

心理活动动词一般也能受程度副词修饰，但跟形容词不同，它能带宾语。如“讨厌、尊敬”和“厌烦、恭敬”都能受“很”修饰，但前者能带宾语（讨厌他、尊敬他），是心理活动动词，后者不能带宾语，是形容词。

(2) 许多形容词可以按AA或AABB的方式重叠，重叠后强调度量，附加“很”或“相当”的意思。如：好→好好，长→长长，详细→详详细细，热闹→热热闹闹。

有些带有贬义的双音节形容词还可以按“A里AB”的方式重叠，重叠后也附加“很”或“相当”的意思。如：马虎→马里马虎，慌张→慌里慌张，糊涂→糊里糊涂。有些带类似前缀成分的双音节形容词可以按ABAB的方式重叠，重叠后同样也是强调度量。如：雪白→雪白雪白，笔直→笔直笔直，冰凉→冰凉冰凉。

根据内部语法特征的不同，可以把形容词大致分为两类。

(1) 普通形容词。这类形容词一般都具备前面所说的两个突出特点，它们主要的功用是充当谓语或中心语。如前面所举的例子，都是普通形容词。

(2) 非谓形容词。这类形容词不能受程度副词的修饰，不能重叠，也不能直接充当谓语。它们主要的功用是充当定语；如果出现在谓语部分，则必须用于“是……的”之间。如：

新式武器　　武器是新式的　　*武器新式
慢性肺炎　　肺炎是慢性的　　*肺炎慢性
唯一出路　　出路是唯一的　　*出路唯一
活期存款　　存款是活期的　　*存款活期
中程导弹　　导弹是中程的　　*导弹中程

4. 数词

数词表示数目。如“一、二、十五、二十、十万、十六亿”等等。

数词最突出的语法特征，是能同量词组合，而且一般跟量词结合使用。如“一本（书）、两支（笔）、（读）三遍、（写）四次”等等。

数词有两类：

(1) 基数词：表示数目的多少。基数词大多是表示确定数目的“定数词”，如“五、十、三十、六十八”；少数是表示不确定数目的“概数词”，如“几、许多、无数、若干、八九”。

(2) 序数词：表示跟数目有关的序列。典型的序数词形式是“第＋基数”，如“第一、第二、第十五、第八十六”。有时表序数不用“第”，但实际上隐含着“第”，如“二哥、四楼、五年级、二连三排、二〇〇二年八月五日”。

定数词有时候并不是用来表示某一个确定的数目，而是表示一种不定数，或某种其他的意思，这是活用。如“百战百胜”中的“百”是表示多，“三句不离本行”中的“三”是表示少，“七手八脚”中的“七、八”是表示零乱。

5. 量词

量词表示计算数量时所用的单位。如“尺、寸、斤、两、只、根、双、对、次、趟”等等，它们分别用于计算长度、重量以及事物和动作数量。

量词有两个突出的语法特征：

(1) 能同数词组合，并且一般跟数词结合使用。如“一尺、两斤、三次、四趟”。

(2) 单音量词可以重叠，重叠后表示“每”，或者强调“多”。重叠后的量词单独充当句子成分。如“条条大路通罗马”，“条条”作定语；“村村通电视”，“村村”作主语；“白云朵朵，春风阵阵”，“朵朵”、“阵阵”作谓语，强调多。

根据用途，量词可以分为两类：

(1) 物量词：这类量词表示计算人或事物数量的单位。其中有的是法定单位

(度量衡单位)，如“尺、寸、公里、斤、两、吨、升、毫升、亩、平方、立方”等；更多的是习用单位，如“个、件、根、颗、双、对、副、批、群、堆、些、点、倍”等。

(2) 动量词：这类量词表示计算行为数量的单位。其中有的是专用的，如“次、回、趟、遍、顿、阵、场、番、遭”；更多的是借用的，如“画一笔、切一刀、踢一脚、打一拳”中的“笔、刀、脚、拳”本来是名词，这里借用作动量词。

前面所举的例子，都是单纯量词。此外，还有复合量词。复合量词表示复合的单位，如“人次、架次、秒立方米、小时公里”。“人次”表示若干次人数的总和，“架次”表示飞机飞行若干次架数的总和，“秒立方米”表示每秒钟流速的量，“小时公里”表示每小时行速的量。

6. 代词

代词指代某种对象。如“我、你、这、那、谁、什么”等等。

代词是一类特殊的实词，它们在语法上没有共同的突出的特征，但是，在跟指代对象的联系上都具有极大的不定性。任何代词，并不固定地跟某一具体的人物或事物、时间或地点、行动或性状、数量或程度等发生联系。世界上所有的人都可以称“我”，世界上所有的物都可以用“什么”去询问，世界上所有的人或物都可以用“这、那”去指代。一个代词，究竟指代什么，只有进入具体的语言环境才能确定。

根据作用的不同，可以把代词分为三类。

(1) 人称代词：对人物起称代作用。包括第一人称的“我、咱”，第二人称的“你、您”，第三人称的“他、她、它”。这些人称代词都可以加“们”，表示多数。此外，人称代词还有“自己（复称）”、“人家（泛称）”、“大家（总称）”等。

(2) 指示代词：对人物或情况起指示区别的作用。指示代词又有两类。一类是一般指示代词，包括“这（近指）、那（远指）”和由它们构成的“这里、那里、这儿、那儿、这会儿、那会儿、这么些、那么些、这么、那么、这样、那样、这么样、那么样”等。一类是特殊指示代词，包括“每、各”(分指)，“某”(不定指)，“另”(旁指)，“一切、任何、所有”(统指）等。

(3) 疑问代词：对人物或情况起询问求代的作用。这类代词，不是直接指代某个对象，而是通过询问，求代某个对象。如“谁、什么、哪、哪儿、哪里、几时、多会儿、多少、几、怎么、怎样、怎么样、什么样”等。

人称代词的称代对象限于人或物，而且一般称代人，称代物的只有“它”。指示代词和疑问代词的指代和求代对象，既可以是人或物，也可以是时间、处所、行动、性状、数量、程度和方式。

代词可以活用。比如人称代词有时变换使用，或变换人称，以第二人称代词指第一人称，或以第一人称代词指第二人称；或变换单复数，以单数形式表复数，或以复数形式表单数。例如：

我心里也想快点走，可是人家诚心诚意地挽留你，你怎么好意思就走？（你＝我）

好孩子，咱别哭！（咱＝你）

我边防战士日夜守卫在祖国边疆。（我＝我们）

我们那口子一天到晚忙他的工作，好像没有这个家。（我们＝我）

又如，疑问代词有时不表示询问，而表示任指、虚指、不定指或反问。例如：

我去哪儿工作都行。（任指）

他走路不小心，给什么绊倒了。（虚指）

两个人意见不合，谁也说服不了谁。（不定指）

你说呀！装什么哑巴！（反问）

（三）各类虚词

虚词是意义比较虚灵，不能充当句子基干成分的词。虚词数量不多，但是有着非常重要的作用。它们能够配合实词造句，协助实词表达意义，帮助句子成分或分句表达关系，是汉语里一种重要的语法手段。

1. 副词

副词经常修饰动词或形容词，表示程度、范围、时间等意义。如“很、都、还、已经、未必、的确”等等。

副词有两个突出的语法特征：

(1) 能修饰动词或形容词，一般不能修饰名词。如“感谢”是动词，“感人”是形容词，它们可以受副词修饰（不感谢，都感谢，很感谢｜不感人，都感人，很感人）；“感触”是名词，不能受副词修饰（＊不感触，＊都感触，＊很感触）。

一般地说，副词是不修饰名词的，但在某种条件下，也可以修饰名词。这主要有三种情况：第一种情况，表人物的名词可以受副词“净”或“光”的修饰，一起作表处所的词语的谓语，整个句子是表示某个地方普遍存在某人或某物。如“山上净游客”、“屋里光书”。第二种情况，时间名词在用来作谓语，直接对某个时点加以表述的时候，可以受某些表示时间或频率的副词的修饰。如“今天才星期五”、“后天又中秋节了”。第三种情况，一些方位词和具有明显方位意义的处所名词，可以受“最、太”等一些副词的修饰。如“最后面、最前线、太左”。

(2) 能充当状语，而且绝大多数只能充当状语，只有极少数除了充当状语之外，还可以充当补语（很高兴，高兴得很｜极高兴，高兴极了｜万分高兴，高兴万分）。因此可以认为，副词具有纯状语性。

在虚词当中，副词的意义稍实，数量最多，内部情况也最为复杂。特别值得注意的有以下七个小类。

(1) 程度副词：如“很、非常、十分、特别、格外、极、最、太、更、越发、稍、稍微、略微、较、比较”等。

(2) 范围副词：如“都、只、共、仅、仅仅、统统、一齐、总共、全都、一概”等。

(3) 时间副词：如“就、才、正、在、正在、立即、立刻、马上、刚、已经、曾经、向来、一直、往往、常常、终于、始终、忽然、偶尔”等。

(4) 频率副词：如“又、再、还、也、屡次、一再、再三”等。

(5) 否定副词：“没、没有、不、别、未、未必、不用、莫、甭”等。

(6) 语气副词：如“的确、也许、大概、必定、几乎、简直、果然、竟然、居然、幸亏、其实、偏偏、难道、反倒”等。

(7) 关联副词：如“却、就、又、才、还、也”等。关联副词是一类比较特殊的副词，它用来联结词语或分句，表明某种关系。

有的副词有多种作用，在不同的句子里面表示不同的意思，属于不同类的副词。如“他就来”，“就”相当于“马上”，是时间副词；“我就借了两本书”，“就”相当于“只”，是范围副词；“你不让我干，我就要干”，“就”相当于“偏”，是语气副词；“学习不刻苦就难以取得好成绩”，“就”起关联作用，是关联副词。

2. 介词

介词用在名词或别的词语前边，一起组成“介宾短语”，作动词或形容词的附加成分，表示时间、处所、方式、范围、对象、被动等意义。如“校长在大礼堂给我们作报告”，“在”和“给”是介词，“在大礼堂”和“给我们”是介宾短语，分别表示处所和对象。

介词有两个重要的语法特征：

(1) 能用在单个名词前边，组成介宾短语。任何介词都可以跟名词组合，根据这一点，就可以把介词和副词区别开来，因为副词一般是不跟名词组合的。如“向”是介词，可以说“向北京”，不能说“向刻苦”；“一向”是副词，可以说“一向刻苦”，但不能说“一向北京”。

(2) 组成的介宾短语一般不能充当谓语，介词不能成为谓语中心。如“你把黑板擦干净”，“你”的后边是谓语，“擦”是谓语中心。介宾短语“把黑板”不能成为谓语，只说“你把黑板”，不能成句。这表现了介词和动词的重要区别。

介词大体可以分为两类：

(1) 涉动介词：这类介词构成的介宾短语主要跟动作行为发生联系。大多数介词属于这一类，主要包括：

表示时间处所：“从、自、自从、到、于、在、往、向、朝、沿着”等。

表示工具方式：“用、以、通过、经过、按照、依照”等。

表示对象范围：“把、对、对于、关于、同、跟、向”等。

表示原因目的：“因、因为、为、为了、为着”等。

表示被动：“被、给、让、叫”等。

表示替代：“替、代、为、给”等。

表示排除：“除、除了”等。

(2) 涉形介词：这类介词构成的介宾短语主要跟性质状态发生联系。这类介词较少，最典型的是“比”。“比”表示比较，如“他学习比我勤奋”。同类的还有“跟、同、和”等，如“我的意见跟你一致”。

介词也是虚词中较为复杂的一类词。有些介词，意义很相近，用法也相似，但又有些细微差异，只有准确地把握，才能正确地运用。如“自”和“自从”，都表示起点，但是有区别。“自”可以表示时间或空间、动作或状态的起点（自六月起｜自北京来｜自上而下｜他自出学校门，一直在部队生活），“自从”只表示时间的起点（自从春节以来｜自从上大学以后）；“自”表示的时间起点可以是过去，也可以是现在或将来（自去年起｜自现在起｜自明天起），“自从”所表示的时间起点只能是过去（自从来了共产党｜自从有了人类社会｜*自从明天起｜*自从下个月起）；“自”所组成的介宾短语可以用于动词前或动词后（自农村来｜来自农村），“自从”所组成的介宾短语只能用于动词前，不能用于动词后。

3. 连词

连词用来连接两个或几个语言单位，帮助表达某种关系。如：“学生或老师”，“或”连接两个词，表示选择关系；“部分学生和全体老师”，“和”连接两个短语，表示并列关系；“不仅学生参加了，而且老师也都参加了”，“不仅……而且……”连接两个分句，表示递进关系；“既然学生都参加了，老师也只好参加”，“既然……就……”连接的也是两个分句，表示的是因果关系。

除了连接词与词、短语与短语和分句与分句之外，有些连词还可以用来连接句子与句子、句群与句群和段落与段落。

连词有三个重要的语法特征：

(1) 具有纯连接性。连词只起连接作用，不起修饰作用，不能充当句子成分。凡是有修饰作用、充当了句子成分的词都不是连词。如“不病不知道健康可贵”，“不……不……”有关联作用，但又分别起修饰作用，充当状语，它们是副词，不是连词。

(2) 具有双向性或多向性。连词总要同时关涉两个或几个语言单位。在句子中，只要有连词出现，不管是单个使用还是配对使用，都一定可以找到它所同时关涉的两个或几个语言单位。凡是只有单向性的词，即可以不在两个单位之间起作用的词，不是连词。比如介词，总是跟后边的名词等组成介宾短语，具有单向性。比较：

① 老师和学生都参加。

② 老师和学生讲课。

例①的“和”关涉前后两个词，具有双向性，是连词；例②的“和”只跟“学生”发生直接组合关系，共同组成介宾短语，作动词的修饰成分，它只有单向性，因而不是连词，而是介词。作为介词的“和”，前面可以插入别的成分（“老师以洪亮的声音和学生讲课”），作为连词的“和”不能。

(3) 连接分句时，可以出现在主语前边。比如，用于前分句的“如果、因为、虽然、不但”等，既可以用在主语后边，也可以用在主语前边。又如，用于后分句的“那么、所以、但是、而且”等，如果分句出现主语，就会用在主语前边。许多关联副词可以用来连接分句，但关联副词不能出现在主语前边。如“如果……就……”“无论……都……”，用于后分句的“就”和“都”是关联副词，如果分句出现主语，它们都只能用在主语后边。比较：

他如果没有病，那么应该来上课。

如果他没有病，就应该来上课。

如果没有病，那么他就应该来上课。

“如果”是连词，主语出现时，一句用在主语前边，一句用在主语后边。“那么”也是连词，“就”是关联副词。后分句出现主语时，“那么”用在主语前边，“就”用在主语后边。

连词大体可以分为两类：

(1) 词语连词：这类连词用在词语之间起连接作用。如“和、与、同、跟、及、以及”，它们只能在词语之间起连接作用；又如“而、或、或者、并且”等，也常常用在词语之间起连接作用。

(2) 句间连词：这类连词主要用在分句之间起连接作用。如“不但……而且……，尚且……何况……，或者……或者……，要么……要么……，因为……所以……，如果……那么……，虽然……但是……，只要，只有，无论，不管，即使，既然，可是，然而，因此，以免，以便”等。有的句间连词，如“所以，因此，但是，总之”等，也可以用来连接句子或句群。

4. 助词

助词附着在词语或句子上面，表示某种语法意义。如“的、得、着、过、们、吗、呢、似的”等。

助词的语法特征表现在：具有高度附着性，帮助词语或句子表示某种附加的语法意义。如：“同学们读过茅盾的长篇小说《子夜》吗？”“们”附着在“同学”的后边，表示多数；“过”附着在“读”的后边，表示过去时态；“的”附着在“茅盾”的后边，表明定语和中心语之间的结构关系；“吗”附着在句子后边，表示疑问语气。

常见的助词有五类：

(1) 结构助词：用来表明词语之间的结构关系。典型的结构助词是“的”和“得”。它们都读 de。“的”用在定语与中心语或状语与中心语之间，是定语和状语的标记，表明前后词语之间是“定心”或“状心”关系。书面上，状语与中心语之间的“的”往往写成“地”。“得”用在中心语与补语之间，是补语的标记，表明前后词语之间是“心补（正补）”关系。如：

贪玩的蓓蓓慢慢的变得用心了。

贪玩的蓓蓓慢慢地变得用心了。

(2) 动态助词：用来表示动作变化的时态。典型的动态助词是“着、了、过”。“着”表示持续时态，即表示动作的进行或持续，如“说着、讨论着”。“了”表示实现时态，即表示动作的实现或完成，如“说了、讨论了”。“过”表示过去时态，即表示动作已经成为过去或成为经验，如“说过、讨论过”。

动态助词也可以用在形容词后面，表示不同的时态。如：灯还亮着。｜水都凉了半天了。｜他确实神气过好几年。

(3) 语气助词：附着在句子末尾，或用在句中，表示某种语气。如“的、嘛、吧、吗、呢、啊、罢了”等。又如：

三峡多美啊！我们一家人都去过的。你怎么不去看看呢？去看一看吧！

“啊”、“的”、“呢”、“吧”都是用在句末，分别表示感叹、陈述、疑问、祈使的语气。

某些语气助词，只能用在句末，如“吗、罢了”。某些语气助词，既可以用在句末，也可以用在句中，如“吧、呢、啊”。用在句中，既作为停顿的标记，也表示某种语气。如：

① 他啊，从小就是这个怪脾气。

② 他卖的也不过是些针线啦，梳子啦，雪花膏啦一类女人用的东西。

③ 天佑太太心里极难过：说话吧，没的可说；不说吧，又解决不了问题。

例①“啊”用在句首成分后边，表示强调，以引起听话人的注意；例②“啦（啊）”用在并列成分后面，表示列举；例③“吧”用在假设分句后面，表示假设语气。

（4）复数助词：用来表示人物的多数。典型的复数助词是“们”。“们”通常附着于一般的表人名词和一般的人称代词，如“老师们、同学们、弟兄们、我们、咱们、你们、他们、它们”。

专用的表人名词后边一般不能用“们”。有时带上“们”，是为了强调突出以某人为代表的某一类。如：“王大爷爱说爱笑，一路上逗得小强们笑个不止。”表物名词后边一般也不能用“们”。有时带上“们”，是修辞上的拟人用法。如：“月亮刚出来，满天的星星们眨着眼睛。”

一般的表人名词加“们”后不再受一般数量词的修饰，如不能说“三位老师们｜六位同学们”；但有时可以受表示不定多数的“诸位、一帮、一些”等词语的修饰，如“诸位先生们｜一帮打手们｜一些孩子们在空地上你追我赶的跑着玩”。

（5）比况助词：用来表明比况的意念。典型的比况助词是“似的”；跟“似的”作用相同的“一样、一般”，通常也看作是比况助词。

比况助词总是附着在词或短语的后边，一起组成比况短语，如“木头似的｜丢了魂似的｜鲜花一样｜钢铁一般”。所谓“比况”，有时是表示比喻，有时是表示测断。如：

④ 那漫山遍野的杜鹃和枫叶，火一样红，霞一般绚丽。

⑤ 大家都为他着急，可他像没事似的。

例④的“一样、一般”表示比喻，例⑤的“似的”表示测断。

除了前面五类助词之外，凡是附着性强、独立性差、归不进其他各类虚词的词，都可以归入助词。如“所”（我所说的都是真话），“给”（他把杯子给打破了），“被”（河堤被冲垮了），“连”（这件事连我都不知道），“等”（初中开设语文、英语、数学、物理、化学等课程），“看”（把你的想法说说看），“来”（他每天工作十来个小时），“来着”（他刚刚说什么来着）、“着呢”（他干起工作来带劲儿着呢）等。

5. 拟音词

拟音词模拟感叹声、呼应声或某种声响。如“唉、哎呀、哈哈、喂、嗯、轰隆、叮叮当当”等。

拟音词的语法特征表现在：经常独立使用，不和任何词发生结构关系。如：

① 睡着了，喜儿，喜儿，唉！

② 喂！一手交钱，一手交货！

③ 叭！叭！几声枪响。

④ 轰隆！轰隆！轰隆！/雷鸣！雷鸣！雷鸣！/沙沙沙，沙沙沙……/风雨声中/夹杂着一阵一阵的急雨声！

有时，拟音词也可以进入句子，跟别的词发生结构关系，临时用作名词、动词或形容词。当用作别类词时，通常加上引号。如：

⑤ 他“哎哟”了一声。

⑥ 他喊了几声“哎哟”。

⑦ 隔壁传来“哎哟哎哟”的喊音。

⑧ 他“哎哟哎哟”的喊个不停。

“哎哟”在例⑤中用作动词，在例⑥中用作名词，在例⑦和例⑧中用作形容词。

拟音词可以分为两类：

(1) 叹词：表示感叹或呼应的声音。如“啊、唉、哼、呸、哎哟、喂、嗯”等。

(2) 象声词：表示物体的音响或动物的叫声。如“滴答、轰隆、哗啦、噼里啪啦、汪汪、嗡嗡、唧唧、叽叽喳喳”等。

拟音词是一类特殊的虚词。在功能上，具有独用性。拟音词的基本功能是充当独立语或独语句，而不是配合实词造句，协助实词表达意义，帮助句子成分或分句表达关系，因此，它不同于一般的虚词。在形式上，具有不定型性。拟音词只是声音的模拟形式，而且可以根据需要临时创造，相当一部分不很定型或很不定型，有时虽然可以进入句子，但全都可以加上引号而不增加特殊含义，因此，它跟各类实词又有很大的不同。

二　词性的判别

（一）词性判别的要求

词类划分，是从全局着眼，研究如何把词划分为若干语法类别；词性判别，是从一个一个具体的词出发，考察它们的特性，判定应该把它们分别归入哪个词类。二者着眼点不同，但相互间存在着密不可分的联系。词性判别的标准跟词类划分的标准是一致的，即根据词的语法特征。在词性判别中，需要特别强调以下两点。

1. 坚持语法标准

有时，某个词的词类意义相当模糊，只有依靠语法特征，才能有把握地判断它所属的类。比如“起码”这个词，从意义上是很难确认属于哪一类的。但是，从语法特征上去考察，可以看到，这个词可以作定语、状语，可以在谓语部分里用在“是……的”之间，并且不管用在哪里，前边一般都可以加程度副词“最”：

这是最起码的条件。

最起码要吃三碗。

走三天是最起码的。

可见，“起码”应归入形容词，因为别类词不具备这样的语法特征。

有时，甲、乙两个词可能在意义上是近似的，但不一定属于同一个词类。应该如何断定，还是要依据词的语法特征。比较“突然”和“忽然”：

突然出现（+）	忽然出现（+）
非常突然地出现（+）	非常忽然地出现（－）
出现得非常突然（+）	出现得非常忽然（－）
突然事件（+）	忽然事件（－）
这件事很突然（+）	这件事很忽然（－）

“突然”和“忽然”意义近似，然而用语法特征来衡量，可以知道它们一个是形容词，一个是副词。

2. 明确条件性质

判别词性时，还必须明确所据的特征对某类词来说是充足条件还是必要条件。分不清条件的性质，就难以保证结论的正确性。

所谓“充足条件”，是指“有之必然，无之未必不然”的条件，也就是“有了它就足够，没有它不一定不行”的条件。比如，能带宾语，这对动词来说是充足条件，凡是能带宾语的肯定是动词。如“在乎、唯恐”：

文章不在乎数量，而在乎质量。

有的人唯恐天下不乱。

但不能带宾语的不一定不是动词，如“休息、游泳、哭泣”。

所谓“必要条件”，是指“无之必不然，有之未必然”的条件，也就是“少了它一定不行，但有了它不一定能行”的条件。比如，能作状语，这对副词来说是必要条件。一个词如果不能作状语，就不可能是副词；但如果能作状语，它可能是副词，也可能不是副词，而是其他类的词。

必要条件不能当作充足条件来使用。以“刚才”来说，这个词可以作状语。如果仅仅看到这一点，就断定这个词是副词，这便是把必要条件当作充足条件来使用了。因为，在意义不变的前提下，这个词不仅能够作状语，还能够作定语，用在“是”的前后分别作主语和宾语，还能够用在介词的后边：

刚才的事大家都看到了。

刚才是刚才，现在是现在。

情况比刚才好多了。

副词不可能具有这么多的造句功能，这个词应该是时间名词。可见，弄错条件的性质，把必要条件当作充足条件来使用，就会得出不可靠的结论。

如果说，充足条件可以帮助断定符合某一条件便是某类词，那么，必要条件的最大好处便是帮助断定不符合某一条件就一定不是某类词。比如，对于名词来说，能够充当主语、宾语或介词后置成分，这是必要条件。能够充当主语、宾语或介词后置成分的词，不一定是名词；但根本不能充当主语、宾语或介词后置成分的词，不可能是名词。

就一个个具体的语法特征而言，在形式标记、组合能力和造句功能这三个方面的特征中，形式标记方面的特征往往是充足条件的，造句功能方面的特征一般都是必要条件的，而组合能力方面的特征则既有充足条件的，也有必要条件的。

然而，多个必要条件结合起来，有可能成为必要而充足的条件。比如，把“能充当状语（只有极少数还能充当补语）”和“不能充当其他成分，也不能用在介词后边和‘是……的’之间”结合起来，得到一个“纯状语性”的条件，这便是副词的必要而充足的条件。这种条件，“有之必然，无之必不然”。

（二）词性判别的方法

词性判别固然根据词的语法特征，但语法特征情况多样，并不规整，而具体的词千千万万，它们的情况错综纷繁。有的词，语法特征比较明显；有的词，并没有什么明显的语法特征。有的词，可以直接指明其词性；有的词，却只能用间接的方法说明它属于哪一类。从论证问题的角度讲，情况不同，采取的证明方法也应有所不同。

1. 直判

所谓直判，是根据某类词的语法特征直接判定某个词属于某一类。这是一种直接证明的方法。其公式是：

凡符合 A 类语法特征的，属 A 类。

X 符合 A 类的语法特征，

所以，X 属 A 类。

比如，凡是能进入“为 NPX 过”格式中“X”位置的词，是动词。“着想”能进入这一格式中“X”的位置（“他为学生着想过”），所以它是动词。又如，凡是能受程度副词修饰，并且不能带宾语的词，是形容词。“不便”符合这个特点（“这儿生活很不便”），所以它是形容词。

2. 排他

所谓排他，是通过排斥其他各种可能，借以肯定只有某种可能。这是一种间接证明的方法。这一方法，可以在难以根据语法特征直接判定词性的时候采用，但所列举的可能性必须是穷尽的。其公式是：

或者是 A 类，或者是 B 类，或者是 C 类。(没有别的可能)

X 不可能是 A 类，不可能是 B 类，

所以，X 是 C 类。

比如，“空前”这个词，在我们的词类系统中，或者是表时间的副词，或者是表时间的名词，或者是形容词，此外没有别的可能。首先，“空前”尽管可以作状语，如“市场空前繁荣”，但不可能是副词，因为在“空前的盛会｜盛况空前”之类的说法中，“空前”作了定语和谓语，这是副词不可能具有的特征。其次，“空前”尽管在意义上跟时间概念有联系，但不可能是时间名词，因为时间名词可以用在介词后面，组成介词短语，如“从前→在从前”、“目前→到目前”、“现在→比现在”；“空前”不能用在“在、到、比”等介词的后面，不具有时间名词的特征。通过排他，只剩下形容词一种可能。

又如，“必然”这个词，或者是副词，或者是形容词，没有别的可能。它虽说可以作状语（“必然取得最后胜利”），但不可能是副词，因为副词不具备这样的特征：在保持意义同一的情况下，还可以作定语（“取得最后胜利是必然结果”），还可以在谓语部分里居于“是……的”之间（“取得最后胜利是必然的”）。因此，它只能是形容词。

3. 类比

所谓类比，是已知甲词属某类，由此推知只能跟甲词同类的乙词也属某类。这也是一种间接证明的方法，在某个词难以直接判定其词性时也可以采用。其公式是：

X 只能跟 Y 同类。

Y 是 A 类，

所以，X 也是 A 类。

比如，“相反”这个词，很难根据某种充足性语法特征来直接判定它的词性。但

是，“相反”跟“相同”意义相对，结构相同，用法上也有相似之处：

完全相同/相反的看法

他们的意见完全相同/相反

“相同”可以受“很不”或“不很”的修饰（很不相同｜不很相同），不能带宾语，属于形容词，那么，“相反”也应该归入形容词。

当然，类比不能轻率。不能不管语法上的根据，一抓住意义上的共同点就拿来类比，从而轻率地作出结论。

直判也好，排他和类比也好，都不是彼此孤立的，更不是相互排斥的。进行词性判定时，为了提高结论的可靠性，增强结论的说服力，直判、排他、类比这些方法可以综合使用，让它们互相配合，互相辅助，共同说明问题。

（三）同形异类和词类活用

1. 同形异类

同形异类，是指词的形式相同，但实际上属于不同的词类，在甲语法环境中是A类，在乙语法环境中是B类，在丙语法环境中是C类。同形异类也称“兼类”。如：

① 这是性质完全不同的两类矛盾。

矛盾着的事物在一定的条件下可以互相转化。

我心里很矛盾。

② 我把前门，你把后门。

请把门锁上。

我买了一把锁。

③ 他在家。

他在家学习。

他在学习。

例①的“矛盾”词形相同，但有时是名词，有时是动词，有时是形容词。同样，例②的“把”有时是动词，有时是介词，有时是量词；例③的“在”有时是动词，有时是介词，有时是副词。

所谓同形异类，其实是就语言（静态）层面而言的。从言语（动态）层面来说，一个同形异类词一旦进入具体的句子，它的类属就确定了下来。属A类的，就不会再是B类或C类；属B类的，就不会再是A类或C类。如：

④ 我从来没有怪过他。

⑤ 这事情很怪，谁也弄不清楚。

⑥ 他这几天心里怪难受的。

“怪”在例④中带动态助词“过”，并且带宾语，是动词；在例⑤中受程度副词“很”修饰，不能带宾语，是形容词；在例⑥中修饰形容词“难受”，表示程度，是副词。

对于同形异类词，要善于结合入句结果来观察和判断其类属。比如，“根本”这个词，人们一般会指出它是名词，因为它经常作主语、宾语，能出现在“从……上”之间，不能受副词修饰：

农民的根本就是土地。

地是根本，怎能卖掉？

问题必须从根本上解决。

但“根本”入句之后，还有不同的表现：

⑦ 思想麻痹才是这次事故发生的最根本的原因。

⑧ 今年冬天根本不冷。

例⑦中，“根本”充当定语，并且受程度副词“最”的修饰，显示为形容词；在例⑧中，“根本”充当状语，不能受程度副词的修饰，显示为副词。

作为同形异类词，不但要有不同的用法，而且要有不同的意义。如果是同一意义的同一形式，尽管有不同的用法，但不能分化为两个或几个不同的类，即不能看做是同形异类词。就是说，在根据入句结果判定某个同一形式是否是同形异类词时，要遵守同一性原则。比较：

他是个特别的人。

他发挥得特别好。

他是个细心的人。

他细心的照顾我。

“特别”作定语时是一个意思，表示“与众不同”；作状语时是另一个意思，相当于“格外”。这是同形异类：前一个“特别”作定语、补语，而且还可以作谓语，并受“很”修饰（“他很特别”），是形容词；后一个“特别”只能作状语，是副词。“细心”不同，它不管是作定语还是作状语，都保持意义的同一。它还可以作谓语，而且不管充当什么成分，都能受“很”修饰（“他是个很细心的人｜他很细心的照顾我｜他很细心”）。因此，“细心”是个形容词，而不是同形异类词，不应分化为两个不同的类。比方，不能认为作定语、谓语时是形容词，作状语时是副词。

2. 词类活用

词类活用，是指 A 类词临时借用作 B 类词。如：

① 老栓，就是运气了你！

② 咱们朱家门里穷倒是真的，可也志气了一辈子。

③ 我永远也不会、不能、不敢相信我的叔祖父正爷，曾经绅士过。

④ 他很绅士地做了个恭请的动作。

⑤ 滦河水在世界的东方奔流着，甜了天津，甜了街市，甜了人。

例①“运气”本来是名词，句中带了宾语，活用为动词。例②“志气”带了动量补语，也是名词活用为动词。例③和例④中名词“绅士”活用为动词和形容词。例⑤形容词“甜”活用为动词。

词类活用不同于同形异类。同形异类，是指不同意义的同一形式分属于不同词类的现象，其词性是比较固定的；词类活用只是一种临时的借用，往往是个别人在个别场合下的偶然用法，其词性是不固定的，如果脱离了它所活用的语言环境，它仍然是原来的词性。不过，事物是发展的，语言是变化的。一个词如果活用的次数多了，并为多数人所接受，某一词性慢慢地固定了下来，也就成了同形异类词。

词类活用是出于表达的需要，是表达者为了取得某种特殊效果而对词语所作的一种临时的变通使用。严格说来，它是一种修辞现象。词类活用是有语用条件的，不能够滥用。滥用是对语法规范的违反。

三　词类的层级

（一）次类划分的目的

所谓“词类”，一般专指词在名动形副介连等这一层级上的语法分类。“词类”下面，有下位类别，即词类次类。如人物名词和时地名词，都是名词的次类；人称代词、指示代词和疑问代词，都是代词的次类；程度副词、范围副词、时间副词、频率副词、否定副词、语气副词和关联副词，都是副词的次类。划分词类次类，是为了更好地认识各个词类内部的不同现象，以便更好地阐述有关的规律。

比如动词，可以分为行为他动词、行为自动词、心理活动动词等次类。将动词划分为这些次类，是因为它们的语法特征不一样。行为他动词可以带对象宾语、结果宾语及其他各类宾语，行为自动词则有的不能带宾语（如“我休息｜他打鼾”），有的只能带处所宾语和施事宾语（如“主席团坐台上｜台上坐着主席团”）。行为他动词和行为自动词又不同于心理活动动词，心理活动动词一般能受程度副词修饰，行为他动词和行为自动词不能；心理活动动词和行为他动词都可以带宾语，但在宾语类型上有差别，除了名词性宾语之外，心理活动动词还可以带谓词性宾语（如

“我想休息，不想看电视丨我喜欢诚实，讨厌虚伪”)，行为他动词却不能。

又如形容词，可以分为普通形容词和非谓形容词两个次类。普通形容词一般能受程度副词修饰，能单独作谓语。非谓形容词由于没有级度变化，因而不能受程度副词修饰；也不能单独作谓语，如果用于谓语部分，必须出现在“是……的”之间(如“武器是新式的丨设备是大型的丨合作是长期的丨出路是唯一的”)。普通形容词在一定条件下还可以充当主语和宾语（如“诚实好，虚伪不好丨她爱安静，不爱热闹”)，非谓形容词不能。

教科书里所列举的词类次类，有的是遍举性的，即次类的总和等于某类词的全部，如名词、数词、量词、代词等的次类；有的是类举性的，即次类的总和并不等于某类词的全部，如动词、副词、助词等的次类。这样分类，只是为了教学的方便，严格地说是不太科学的。严格的科学分类，应该是遍举性的，而这有待于对各类词作全面深入的研究。

（二）次类划分的程度

某个词类可以划分为两个或几个次类，各个次类下面又可以划分出更多的次类。次类划分的深浅程度，取决于进一步说明现象和阐明规律的需要。

比如，人物名词是名词的一个次类。人物名词又可以分为表人名词和表物名词，它们的语法特征有所不同：表人名词一般能带“们”表示多数，表物名词一般不能带“们”。时地名词也是名词的一个次类。时地名词又可以再分为时间名词和处所名词，它们的语法特征也不完全一样：时间名词可以在主语后边单独充当状语（“中文系明天举行诗歌朗诵会”)，处所名词在主语后边充当状语时往往需要带上介词（“中文系在大礼堂举行诗歌朗诵会”)；时间名词可以用“这个时候、那个时候”指代，处所名词可以用“这儿、那儿”指代。时间名词内部还有各种不同的情况：有的是定量时间名词（如“春天、早晨、星期一”)，可以在“整个X都浪费掉了”中X的位置上出现；有的是不定量时间名词（如“以往、从前、过去”)，不能在“整个X都浪费掉了”中X的位置上出现。名词中还有一个次类是方位词。方位词包含单纯方位词和合成方位词。单纯方位词还可以再分出两个次类：一类是典型单纯方位词(如“上、下、东、南、前、后”)，一类是准单纯方位词（如“头、边、面、方、处、部”)。它们在语法特征上也表现出差异：典型单纯方位词全都不能受数词修饰，但可以配对组合（“上下、东南、前后”)；准单纯方位词大多可以受数词修饰（“一头、两边、四面、八方”)，但一般不能配对组合。

又如，程度副词是副词的一个次类。程度副词又可以分为两类：一类是定较程度副词，如“最、更”；一类是泛较程度副词，如“稍微、比较、很、极、太”。定较程度副词有确定的比较范围。如：“在班上，王芳的成绩最好。”“在班上，李明的成绩好，王芳的成绩更好。”作为定较程度副词，“最”和“更”又有差别：“更”表示同质比较，所比较的对象在好坏贵贱等等方面的性质是相同的。如说“王芳的成绩更好”，就意味着相比较的对象成绩也好；说“王芳的成绩更差”，就意味着相比较的对象成绩也差。“最”则不一定表示同质比较，所比较的对象在好坏贵贱等等方面的性质不一定相同。如说“王芳的成绩最好”，并不意味着其他同学没有成绩差的；说“王芳的成绩最差”，并不意味着其他同学没有成绩好的。泛较程度副词表示的是在广博范围内就一般标准而言的比较，而不是有特定范围的比较。如说“武汉很热”，说话人的心目中就不一定有确定的比较对象。泛较程度副词内部在程度高低和句法功能上又有不同。“稍微”表示程度不高，“比较”表示程度较高，“很”表示程度很高，“极”表示程度达到了极限，“太”表示程度超限；功能上，“稍微、比较、太”只能作状语，“很、极”除了作状语之外，还能作补语。同是作补语，“很”要求前边用“得”；“极”前边不能用“得”，但后边一般要求带“了”。

作为教科书，在词类的层级上不可能划分得很多，次类也不可能讲得很细，但我们必须明确，次类内部的情况并不单纯，有的情况是很复杂的。

检测与思辨

一、词类划分和词性判别的关系如何？

二、根据教材把词的重叠现象列成一表，说明什么词能用什么方式重叠，重叠以后表示什么意思。

三、判定下面各组词的词性：

已经、曾经　　目前、当前　　现在、正在　　着手、着重

沿途、沿袭　　恭候、恭敬　　不惜、不甘　　必然、竟然

初级、初步　　着想、空想　　故意、刻意　　不免、难免

未来、向来　　毕竟、究竟　　平常、往常　　难道、难怪

急性、急忙　　惟一、惟独　　全能、全面　　从来、以来

突然、忽然　　当然、果然　　既然、诚然　　必然、偶然

厌烦、厌恶　　肯定、一定　　善于、在于　　关心、耐心

重要、主要　　必要、精要

四、从中学语文课本的某篇课文中，任意挑出一个自然段，然后把一个一个的词划开，并分别标出它们的词性。

第三节 短　　语

一　短语性质和短语分类

（一）短语的性质

1. 短语的地位

短语是介于词和句子之间的一种语法单位。

首先，从构成看，它是由词组合而成的。词组合成短语，并不是随意的。一方面，需要遵从一定的规则，并且意义上要能够相互搭配；另一方面，需要借助于一定的语法手段：或者借助于语序，或者借助于虚词。例如：

① a. 已经结束 | b. *结束已经

② a. 灿烂的阳光 | b. *灿烂的思想

③ a. 红花 | b. 花红

④ a. 学校和医院 | b. 学校的医院

①a 可以成立；①b 不能成立，因为不符合汉语的组合规则。②a 可以接受；②b 不能接受，因为意义上不能搭配。例③语序不同，结构关系和语法意义就不同：③a 是偏正关系，表示前边是修饰成分，后边是被修饰成分；③b 是主谓关系，表示前边是陈述对象，后边是陈述部分。例④所用虚词不同，关系和意义也不一样：④a 是联合关系，④b 是偏正关系。

其次，从作用看，短语是造句材料，是构件单位。它既可以独立成句，也可以充当句中的一个成分。例如：

⑤ 教室里有人。

⑥ 我看见教室里有人。

“教室里有人”作为短语，在例⑤中独立成句，在例⑥中充当了宾语成分。

2. 短语的特性

短语在各级语法单位中的地位，决定了它的特性。

(1) 组装性。

短语具有组装性，这是相对于词来说的。词和短语都是构件语法单位。词虽然是由语素构成，但语素构词不是临时的，而是固定的，词是一种定型的材料。

短语则不同，它是根据造句的需要由词临时组装而成的，除了固定短语之外，都不是固定的。比如："不"、"怕"、"辣"三个词，根据表达的需要，可以临时组装成"不怕辣"或"怕不辣"（动宾短语），也可以组装成"辣不怕"（正补短语或主谓短语）。

（2）从属性。

短语具有从属性，这是相对于句子来说的。短语的从属性体现在以下三个方面：

第一，短语是造句的材料，是句子的构件。它是为句子服务的，因而是从属于句子的。

第二，短语的所有结构类型都为句子的结构类型所包容。除了独词句外，任何一个句子去掉句子的特有因素便是短语。分析句子的结构关系，实际上也是在分析短语的结构关系。

第三，绝大多数的短语都具有组合的临时性和可变性。一个一个的短语，究竟由哪个结构成分同哪个结构成分组合而成，完全取决于表述意旨的临时需要，而表述性是句子所具有的。

3．短语和词

短语和词，既有一致性，又有差异性。这可以从两个方面来观察。

（1）结构。短语和词的基本结构类型是一致的，结构成分之间都具有联合、偏正、动宾、正补、主谓等关系。但由于短语比词大，结构层次比词复杂，因而，短语和词也有明显的差异性。其一，短语结构不紧密，因而可以扩展；词一般不能扩展。其二，短语内部词的组合有语序和虚词两种手段，词内部语素的组合则只有语序一种手段。其三，词绝大多数是由两个语素构成，只有一个层次；短语大多不止包含两个词、两个层次。

（2）功能。短语和词都有名词性的、动词性的和形容词性的，它们在性质上是相同的，功能上也相当，可以在同一句法位置上出现，充当同一句子成分。但词和短语毕竟是两种不同的语法单位，因而在功能上必然存在着差异。其一，词虽然也能单独成句，但主要功能是组成短语；短语的功能就是构成句子。其二，词有实词虚词之分；短语则只有相当于实词功能的语类，没有相当于虚词功能的语类。

（二）短语的分类

短语可以从各种不同的角度分类。分类的角度不同，结果也就不一样。

1．结构类短语

根据结构成分之间语义关系是否明显，可以把短语分为关系类短语和标志类短语。

(1) 关系类短语。指结构成分之间有明显语义关系的短语。它又可以分为成分配对式和依次排列式两类。前者主要包括主谓短语、动宾短语、偏正短语和正补短语，后者主要包括联合短语和同位短语。

(2) 标志类短语。指结构成分之间语义关系比较模糊，只从语表上找出标志的短语。这类短语的命名，有的利用前面一个结构成分作为标志，如能愿短语、介词短语；有的利用后面一个结构成分作为标志，如“的”字短语、比况短语、方位短语；有的利用前后两个结构成分作为标志，如数量短语、指量短语。

2. 功能类短语

每个短语都是一个整体，都有它的语法功能。功能和性质是相联系的。根据短语的性质和功能，可以把短语分为名词性短语、动词性短语、形容词性短语等。比如，“教师和学生”，这是名词性短语，可以充当主语和宾语；“接受并改正”，这是动词性短语，可以充当谓语；“隆重而热烈”，这是形容词性的，可以充当谓语、定语、状语和补语。

3. 简单短语和复杂短语

根据短语结构层次的多少，可以把短语分为简单短语和复杂短语。只包含一个结构层次的短语是简单短语，包含两个或几个结构层次的短语是复杂短语。比如，“前途光明”只包含一个结构层次，是一个简单短语；“革命前途无限光明”包含两个结构层次，是一个复杂短语。

4. 单义短语和多义短语

有的短语只有一种意思，这是单义短语；有的短语包含两种或几种意思，这是多义短语。比如，“诗人的作品”表示“作品”是属于“诗人”的，只有一种意思，这是一个单义短语。又如“诗人的风度”，包含两种意思：一种是“诗人”表示领属，意思是“诗人所有的风度”；一种是“诗人”表示比况，意思是“像诗人一样的风度”。这是一个多义短语。

5. 自由短语和固定短语

根据短语是否定型，把短语分成自由短语和固定短语。自由短语，是指根据表达需要临时组合而成的短语，组成部分只要符合语义搭配原则和语法组合规则就可以进行替换。固定短语，是指组成成分和结构形式基本定型的短语，组成部分不能随意进行替换。它包括成语、歇后语、专有名称等。

二　短语的结构类

（一）关系类短语

1. 主谓短语

由两个部分组成，前主后谓，组成部分之间有陈述和被陈述的关系。

名＋动：春天来临　后院起火　司机姓王

名＋形：头脑清醒　样式新颖　任务繁重

名＋名：李佳武汉人　今天中秋节　王晓单眼皮

名＋主谓：皮袄袖子长　大婶心眼好

2. 动宾短语

由两个部分组成，前动后宾，组成成分之间有支配和被支配的关系。“动”与“宾”之间的关系很复杂，常见的有：

动语＋受事：学习科学　团结同学　处理问题

动语＋施事：出太阳　来客人　死了父亲

动语＋与事：请教师傅　送给孩子　通知事情

动语＋结果：挖地道　写论文　炸油条

动语＋工具：写钢笔　吃筷子　晒太阳

动语＋方式：唱美声　写楷体　打短平快

动语＋处所：上北京　回老家　住学校

动语＋时间：起五更　睡半夜

动语＋目的：跑工程　谈生意　忙出国

动语＋原因：愁出路　恨无能　悔当初

3. 偏正短语

由两个部分组成，前偏后正，偏的部分是定语或状语，正的部分是中心语，两部分之间有修饰和被修饰的关系。

定＋心：汉语语法　团结的力量　崇高的理想

状＋心：马上行动　辛勤地耕耘　非常高兴

“定心”式偏正短语，正的部分一般是名词，“状心”式偏正短语，正的部分一般是动词或形容词；偏正之间有时用“的（地）”作标志。

4. 正补短语

由两个部分组成，前正后补，正的部分是中心语，补的部分是补语，组成部分之间有补充和被补充的关系。

动＋补：跳起来　走得快　跑一趟

形＋补：好起来　快得很　高兴得流泪

正补部分之间有时用“得”作标志。

5. 联合短语

由两个或几个部分组成，组成部之间有并列、递进或选择等关系。

名＋名：语文和数学　知识与技能　工农兵学商

动＋动：讨论并通过　赞成或反对　摸爬滚打

形＋形：庄严而美丽　又高又大　幽默风趣

并列关系的联合短语常用连词“和、而”等作标志，递进关系的联合短语常用连词“并、而且”等作标志，选择关系的联合短语常用连词“或、或者”等作标志。

6. 同位短语

由两个部分组成，两部分同位复指，指称同一对象。

名＋名：铁人王进喜　陈国光书记　首都北京　小说《红楼梦》

名/代＋数量：兄弟俩　春秋两季　他们几个

名＋代：老孙头我　白狗子他们

代＋代：他自己　我们大家

代＋名：咱们干部　他们夫妻

代＋“的”字短语：我们教书的　你们姓张的

同位短语可以指称同一人物（“铁人王进喜”）、同一事物（“小说《红楼梦》”）、同一时间（“春秋两季”）或同一处所（“首都北京”）；前后部分有的可以互换位置，如“老孙头我→我老孙头”、“陈国光书记→书记陈国光”。

7. 连动短语

由两个或几个部分组成，述说同一对象。

动＋动：坐下休息　外出开会　放着不交　坐车去汉口买书

动＋形：听了很高兴　吃了不舒服

连动短语的后一部分一般是动词，也有的是形容词；前后部分可以是单一的动词或形容词，也可以是以动词、形容词为中心的短语。

8. 兼语短语

由三个部分组成，中间部分既是前部分的宾语，又是后部分的主语。

请你出山

有一个儿子叫张三

批评他不诚实

以上八类短语，前六类是最基本的，后两类是在此基础上复合而成的比较复杂的短语。

（二）标志类短语

1．方位短语

由两个部分组成，后部分是方位名词。

名＋方位：春天里　黑板上　长江与黄河之间

动＋方位：放学前　消息传出后

主谓＋方位：战斗打响以前　何桂芬回家之后

方位短语一般用来表示时间和处所，少数的也用来表示人或事物，如“领导上、部队上”，或者用来表示概数，如“五十上下、八个左右”。

2．量词短语

由两个部分组成，后部分是量词。量词短语又可分为数量短语和指量短语；“量”可以是物量，也可以是动量。

数词＋量：八页　第十二章　一次　三趟

指示代词＋量：这间　那本　这次　那回

3．能愿短语

由两个部分组成，前部分是能愿动词。

能愿＋动：可以报到　应该完成　能够坚持

能愿＋形：能成功　会好　应该勇敢

能愿＋能愿：可能会　应该可以　会愿意

能愿＋主谓：应该他去　可能他要来

4．介词短语

由两个部分组成，前部分是介词。

介＋名：用铅笔　于昨晚　根据规划

介＋动：经过奋斗　为实现四化

介＋形：为了方便　由于高兴

介＋主谓：为了身体健康　对你学习电脑

5．助词短语

由两个部分组成，后部分是助词。包括“的”字短语和比况短语。

“的”字短语：红的　穿长衫的　最令我难忘的

“的”字短语是带“的”的定语后边隐去中心语形成的，比如“穿长衫的人→穿长衫的”，“最令我难忘的事→最令我难忘的”。隐去的中心语是名词，表示人或事物。中心语隐去后，“的”字短语就起着指称人和事物的作用。

比况短语：打雷似的　流星一样　像闪电一般

比况短语总是表示比况意义，但有比况意义的短语不一定就是比况短语。如“像钢铁”，尽管有比况意义，但不是比况短语，而是动宾短语。只有表示比况意义，同时又有比况助词作标志的才是比况短语。“像钢铁”如果后边带上“一般”，就成了比况短语。

三　短语的功能类

短语的功能类最基本的有三种，即名词性短语、动词性短语和形容词性短语。某些短语在功能上有不同于基本功能类的地方，但它们可以附属于基本功能类。

（一）名词性短语

也叫体词性短语。性质上是名词性的，功能上跟名词相当，经常充当主语、宾语。这类短语有同位短语、“的”字短语、方位短语、定心式偏正短语、名量词构成的量词短语和由名词构成的联合短语等。如：

校长蔡元培（同位短语）
研究汉语的（“的”字短语）
教学楼前面（方位短语）
专业基础课（偏正短语）
三百六十行（量词短语）
武汉和香港（联合短语）

（二）动词性短语

动词性短语整体功能相当于动词，主要充当谓语。这类短语有动宾短语，连动短语、兼语短语、能愿短语、由动词构成的联合短语、以动词为中心的偏正短语和正补短语等。如：

选购新教材（动宾短语）
站着作报告（连动短语）
请他讲英语（兼语短语）
可以做实验（能愿短语）
学习并思考（联合短语）
认真地学习（偏正短语）

讲得很清楚（正补短语）

（三）形容词性短语

形容词性短语整体功能相当于形容词，经常充当定语和谓语。这类短语有比况短语、由形容词构成的联合短语、以形容词为中心的偏正短语和正补短语等。如：

像鲜花似的（比况短语）

平凡而伟大（联合短语）

特别不容易（偏正短语）

好得不得了（正补短语）

动词性短语和形容词性短语由于经常充当谓语，因此可以合称为“谓词性短语”。

功能类短语和结构类短语是从两个不同的角度划分出来的短语类型。内部结构相同的短语，语法功能可能相同，也可能不同。比如，动宾短语，功能上都是动词性的；但偏正短语和联合短语，功能上可以是名词性的（“汉语语法”、“语文和数学”），也可以是动词性的（“马上行动”、“讨论并通过”）或形容词性的（“非常高兴”、“庄严而美丽”）。另一方面，内部结构不同的短语，语法功能却可能相同。比如，动宾短语、连动短语和兼语短语，它们属于不同的结构类型，但都经常作谓语，语法功能是一致的。

四　复杂短语和多义短语

（一）复杂短语

1. 复杂短语的形成

复杂短语是多层次短语。它是由简单短语扩展而成的。扩展的情况主要有以下几种：

(1) 对简单短语的某个部分进行扩展。又分两种情况：

一种情况是，只能对其中的一个部分进行扩展。如对标志类的短语的扩展，就属于这种情况。例如：

飞似的→像小鸟飞似的

教室里→宽敞的教室里

把房子→把学校的房子

一种情况是，虽然几个部分都可以扩展，但只扩展其中的一个部分。例如：

纪诚朴说→纪诚朴爽朗欢快地说　（只扩展了谓语部分）

托着脸蛋→托着一副圆圆的脸蛋　（只扩展了宾语部分）

干得漂亮→干得出乎意料的漂亮　（只扩展了补语部分）

(2) 对简单短语的每个部分同时进行扩展。例如：

讨论问题→深入地讨论理论问题　（同时扩展动宾两个部分）

灯亮了→阶梯教室的灯亮起来了　（同时扩展主谓两个部分）

柱廊、色调和立面→壮丽的柱廊、淡雅的色调和四周层次繁多的建筑立面（同时扩展联合短语的每个部分）

(3) 对整个简单短语进行扩展。例如：

拭干→拭干眼泪　（正补短语后加宾语）

藏好→赶紧藏好　（正补短语前加状语）

2. 复杂短语的分析

复杂短语因其包含词语多，结构层次复杂，需要进行分析。复杂短语的分析，一是划分结构层次，二是指明结构类型。

在一个多层次的语言结构中，词语之间的组合关系有直接的，有间接的。进行层次分析，要求由大到小、由外到里地层层切分，直到单词为止。短语的分析过程，也就是逐层找出直接成分的过程。直接成分一般是两个，也有的不止两个，如联合短语包含的直接成分就可以是多个。找出了直接成分，还要判定成分之间的结构关系。例如：

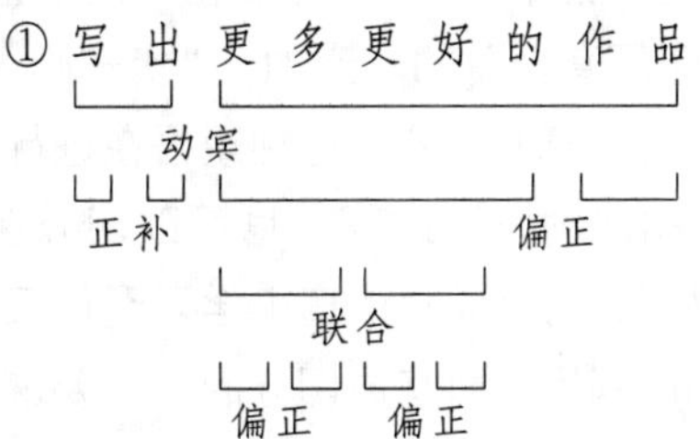

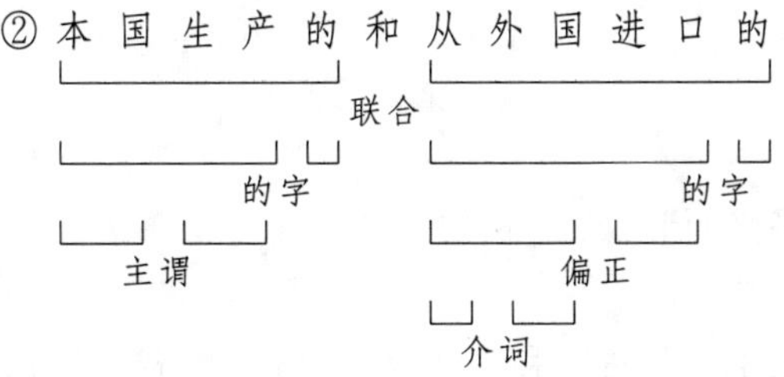

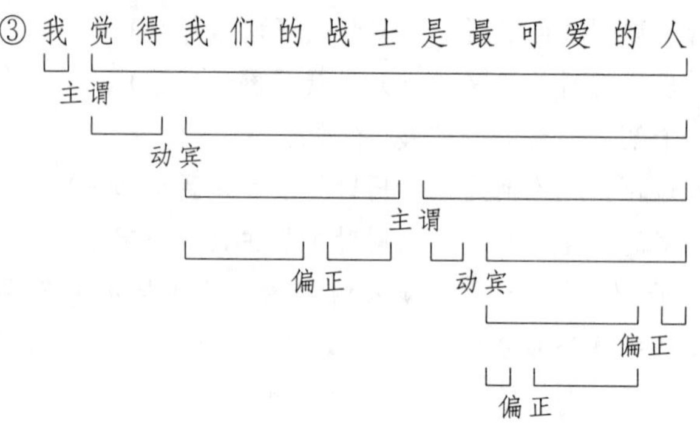

在进行层次切分的时候，要注意满足以下三个要求：

第一，切分出来的两个直接成分都有意义。例如："和平而安静的夜"，切分为"和平而安静的"和"夜"两个直接成分，都有意义；如果切分成"和平而"和"安静的夜"，前一个部分没有意义。

第二，切分出来的两个直接成分要能搭配在一起。例如"一片大好形势"，如果切分为"一片大"和"好形势"两个部分，虽然各自都有意义，但它们没有搭配的可能。

第三，切分出来的两个直接成分搭配起来表示的意义等于整个组合的意义。例如"抵御风沙袭击"，切分成"抵御风"和"沙袭击"也都有意义，也能搭配，但搭配起来与原意不合。正确有效的切分结果是"抵御"和"风沙袭击"两个直接成分。

还应该说明：有些短语在结构上是"连环套合"的。比如，"状＋心（动）"式的偏正短语和动宾短语，可以连环套合成"状＋动＋宾"。这种短语在进行层次切分时是两可的：第一层既可以切分在"状"和"动宾"之间，也可以切分在"状动"和"宾"之间。如"认真学习现代汉语语法"，切分成"认真｜学习现代汉语语法"，或切分成"认真学习｜现代汉语语法"，都能满足上面有关切分的三个要求，因此都是有效的。

（二）多义短语

1. 多义短语的形成

多义短语有的是因词语的多义而形成的。例如：

① 张三借李四一本书

动词"借"有表示取得意义的"借进"和表示给予意义的"借出"这样两个对立的义项，因而造成了这一短语的多义。

有的是由于短语内部可以作不同的层次切分，或具有不同的结构关系，因而形成多义。例如：

② 热爱人民的军队

③ 参考资料

例②第一层次既可以在“热爱”和“人民的军队”之间切分，也可以在“热爱人民的”和“军队”之间切分。前一种切分是动宾关系，“军队”是受事；后一种切分是偏正关系，“军队”是施事。例③只能作一种切分，但既可以理解为动宾关系，表示一种行为；也可以理解为偏正关系，表示一种事物。

多义短语通常是包含两种意义，但也有的不止两种意义。例如：

④ 不适当地批评孩子的家长

例④可以有四种切分（“|”表示第一层次，“‖”表示第二层次）：

a. 不|适当地批评‖孩子的家长

b. 不适当地|批评‖孩子的家长

c. 不‖适当地批评孩子的|家长

d. 不适当地‖批评孩子的|家长

在 a、b 两种切分中，“家长”是受事，在 c、d 两种切分中，“家长”是施事。但按 a 和 c 种切分，意思是没有批评，按 b 和 d 种切分，意思是批评的方式不当。

2. 多义短语的类型

(1) 结构层次不同，结构关系相同。例如：

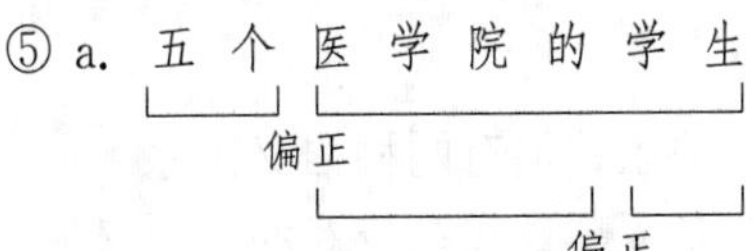

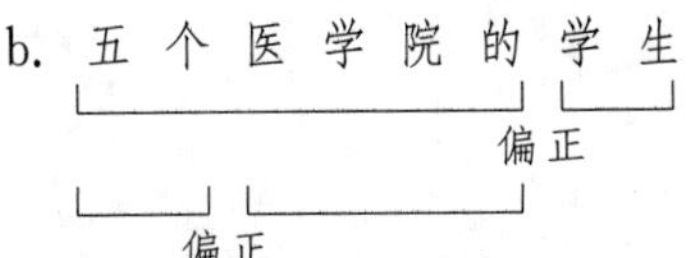

例⑤可以作两种不同的层次切分，虽然都是偏正关系，但切分不同，意思就不一样。按⑤a 的分析，只有五个学生；按⑤b 的分析，就可能不止五个学生。

(2) 结构层次不同，结构关系不同。如例②。又如：

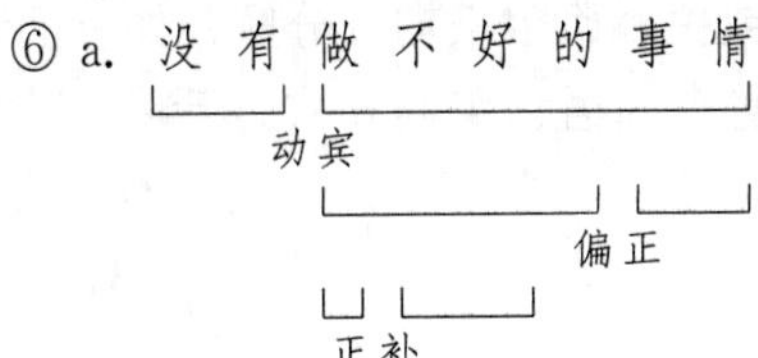

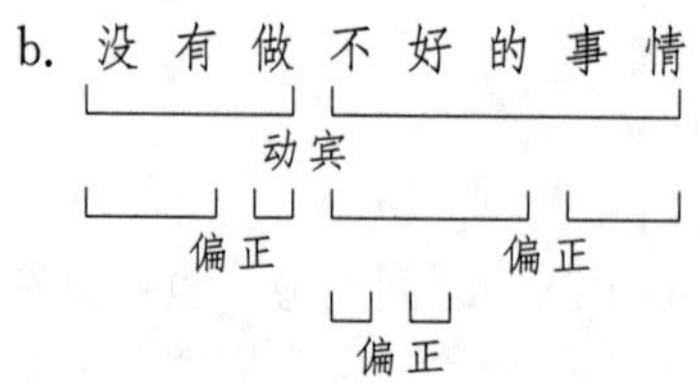

例⑥可以作两种不同的层次切分。切分不同，结构关系和短语的意思也有不同。按⑥a 的切分，意思是什么事情都可以做好；按⑥b 的分析，意思是没有做坏事，做的都是好事。

(3) 结构层次相同，结构关系不同。如例③。同样的例子：

⑦ 出 租 汽 车

动宾/偏正

例⑦只有一种切分，但既可以看做是动宾短语，意思是把汽车出租出去；也可以看做是偏正短语，意思是供出租用的汽车。

(4) 结构层次相同，结构关系相同。例如：

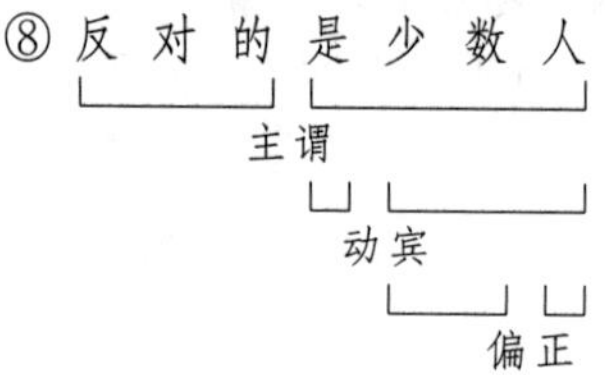

例⑧也只能作一种切分，只有一种结构层次关系，但有两种语义关系：a. “反对的”是施事，指持反对意见的人；b. “反对的”是受事，指被反对的人。又如：

⑨ 山 上 架 着 炮

主谓

动宾

例⑨也只有一种切分方式和一种结构层次关系，但有两种不同的意思：a. 表示一种动态的活动，意思是山上正在架炮，“山上”是活动进行的场所；b. 表示一种静态的存在，意思是炮架在山上，“山上”是事物存在地处所。

多义短语的多义，可以通过层次切分或关系确定来加以分解，如上面对不同类型短语的分析；也可以通过调整语序、增换词语、变换句式等手段来加以消除。比如：

⑤ 五个医学院的学生

→五所医学院的学生（改换词语）

→医学院的五个学生（调整语序）

⑧ 反对的是少数人

→反对者是少数人（改换词语）

→所反对的是少数人（增加词语）

⑨ 山上架着炮

→山上正在架炮（变换句式）

→炮架在山上（变换句式）

多义短语孤立地看是多义的，但如果进入句子，受语境的制约，往往就只有一种意义。比如，“关心的是他的母亲”是个多义短语：“母亲”可以是关心者；也可以是被关心者，即关心的对象。但在下面两例中，由于后分句的制约，它就只有一种意思：例⑩中“母亲”是关心者；例⑪中“母亲”是关心的对象。

⑩ 关心的是他的母亲，别人不会去关心他。

⑪ 关心的是他的母亲，因为最近他母亲身体不太好。

检测与思辨

一、如何理解短语的特征？

二、请指出下列短语的结构类型：

远大理想　　实行民主　　安定团结

健康成长　　绿化祖国　　决定因素

比较富裕　　干劲足　　互相支持

有把握　　真面目　　细致地考虑

唱得好听　　奋斗目标　　外边冷

得到改善　　很面熟　　说不清

光辉的典范　　来了客人　　领导带头

破除迷信　　无限美好　　一个单位

电子技术　　追究起来　　搞清楚

讲究实效　　仔细瞧瞧　　创造精神

三、分析下面复杂短语：

赞成不赞成他的意见

加快四个现代化进程

提高整个中华民族的科学文化水平

加强经济科学和管理科学的研究和应用

建设现代化社会主义祖国的重要保证

歌颂人民群众创造历史的伟大业绩

是我国社会主义革命和建设的需要

处理好知识教学和能力培养的关系

一定要学会领导和组织现代化生产的本领

已经订出建设一批拥有四千个房间的旅馆的计划

世界珍贵稀有动物熊猫的故乡中国

吸收资本主义国家的科学技术和管理现代化大生产的经验

四、分析下面多义短语：

我们三个人一组

咬死猎人的狗

我想起来了

对服务员的意见

通知开会的同学

他知道这件事不要紧

第四节　单　　句

一　单句性质和单句分类

（一）单句的性质

单句是句子。作为句子，单句具有表意上的完整性和结构上的独立性。

所谓表意完整，是指单句能够体现说话人的某种特定意图：或者说明一件事情，或者提出一个问题，或者表示一种请求，或者抒发一种情感。例如：

① 你很听话。

② 你听话点！

③ 你听话吗？

④ 你多听话！

这四例都表明了说话人的一个特定意旨：例①说明事实，例②表达要求，例③提出问题，例④抒发感情。它们都是单句。

所谓结构独立，是指单句不被别的句子所包含。某个具有单句功能的语法单位如果被包含在句子当中，那它就不是单句了。例如：

⑤ 今天的比赛结束了。

⑥ 我知道今天的比赛结束了。

“今天的比赛结束了”在例⑤中是独立的，因此是单句；但在例⑥中不是独立的，而是被别的结构所包含，因此不是单句。

单句是表述单位。作为表述单位，单句和复句都是最小的，句群是比它们大的表述单位。例如：

⑦ 太阳出来了。

⑧ 风停了。雨住了。太阳出来了。

两例都是表述单位，但例⑦是单句，例⑧是包含三个单句的句群。

单句和短语有联系。一般来说，单句减去句子语气就是短语；反过来，短语加上句子语气就成为单句。但它们又有明显的区别。

第一，短语是构句单位，是备用材料；单句是表述单位，是运用成品。它们是不同性质的语法单位。

第二，短语是用于构句的，不是直接用于交际的，因而是静态的；单句作为句子，是用于交际、表达意旨的，是在交际过程中形成的，因而是动态的。

第三，短语不带句子语气，单句带有特定的句子语气。句子语气在口语里表现为语调，书面上表示为句末标点。

第四，短语里，不存在句法成分的倒置现象；单句里，相对待的两个句法成分有时可以倒置。这种倒置，往往是出于语用的需要。例如：

⑨ 多调皮，这孩子！

⑩ 他说话了，亲切地但是又非常严肃地。

例⑨是主谓倒置，目的是为了突出谓语所表达的内容；例⑩状心倒置，目的是为了突出状语所表达的内容。

（二）单句的分类

单句可以从结构和语气两个角度进行分类。从结构角度划分出来的类，是结构类，可以称为句型；从语气角度划分出来的类，是语气类，可以称为句类。

1. 单句的结构类

单词和短语都可以带上特定的句子语气成为单句。不过，单词成句的不多，更多的短语成句。在短语构成的单句中，由主谓短语构成的单句最为常见，也最为重要，它决定着单句的基本面貌。我们把这种由主谓短语构成的单句称为主谓句，其他结构类型的单句称为非主谓句。

(1) 主谓句。

主谓句是能分析出主语和谓语两个直接成分的句子。例如：

① 我‖很向往大海的奔腾。

② 你‖知道该叫我什么吗?

③ 生命之舟‖不能就这样抛锚啊!

④ 昨天‖中秋节。

这些句子都具备主语和谓语两个直接成分。“‖”表示前边是主语，后边是谓语。

(2) 非主谓句。

非主谓句和主谓句相对，是不能分析出主语和谓语两个直接成分的句子。根据构件材料的不同，可以把非主谓句分成三类：名词性非主谓句、谓词性非主谓句和摹声性非主谓句。

A. 名词性非主谓句：通常由一个词或一个以名词为中心的偏正短语充当。例如：

① 蛇!

② 团员?

③ 好球!

④ 多么可爱的秋色啊!

B. 谓词性非主谓句：通常由动宾短语、正补短语或其他动词性的词语充当。例如：

① 棒极了!

② 禁止行车!

③ 出太阳了!

④ 拆!

C. 摹声性非主谓句：由拟音词充当。例如：

① 哗!

② 哼!

③ 唉呀!

非主谓句一般是表示感叹、祈使的句子，它们语意的表达常常需要借助于语境。

2. 单句的语气类

根据语气的不同，单句可以分为四类。

（1）陈述句。

陈述句是述说一件事情的句子。语调平匀，句尾一般稍微下降，书面上常用句号来表示。例如：

① 学生明白了。

② 他不会说的。

③ 他不想来嘛。

④ 他不会不来。

这些都是陈述句。前三例句末用了语气助词来帮助表示各种语气：用“了”肯定情况有了变化，用“的”表示一种确信的语气，用“嘛”表示一种申明的语气。

一件事情，可以从肯定方面来陈述，如例①；也可以从否定方面来陈述，如例②例③；还可以用双重否定的方式来表达肯定的意思，如例④。

（2）疑问句。

疑问句是用来提出问题的句子。句尾语调往往上升，书面上常用问号来表示。例如：

① 下雪了吗？

② 你这话是真的还是假的？

③ 你愿意不愿意干这项工作呢？

④ 报纸看完了没有呢？

⑤ 这是谁的书包？

⑥ 书包装的是什么呢？

根据提问和答问的方式，疑问句可以分为是非问、选择问和特指问。提出一个问题，要求作出肯定或否定回答的，是是非问。是非问句末常用“吗”，如例①。并列几个问题或正反两个方面的问题，要求选择其中一个问题或一个方面的问题作出回答，是选择问。选择问句末常用“呢”，如例②例③例④。用疑问代词代替未知部分，要求就疑问代词所问内容作出回答，是特指问。特指问句末常用“呢”，如例⑤例⑥。

（3）祈使句。

祈使句是表示请求或命令的句子。语调逐渐下降，书面上句末一般用感叹号标示。例如：

① 你给我出去！

② 你去吧！

③ 不准去！

④ 千万别去了！

表示祈使，语气上有的比较直率，常用“不准、不许”之类词语；有的比较委婉，常用“请、千万、别”之类词语和语气助词“吧”。语气直率的是命令或禁止，如例①例③；委婉的是请求或劝阻，如例②例④。

(4) 感叹句。

感叹句是抒发某种强烈感情的句子。语调先上升后下降，书面上句末常用叹号标示。例如：

① 祖国万岁！

② 人民教师多么光荣啊！

③ 多可爱的小生灵啊！

④ 这小孩真聪明！

⑤ 好热闹的晚会！

感叹句中常用“多、多么、真、好”等具有感叹作用的词语，句末常用语气助词“啊”。

二　句子成分

句子成分是单句里担任不同职务、起不同结构作用的成分。

单句是构件单位（词或短语）经过配置而形成的。反过来，对单句进行分析，就可以分析出不同的组成部分，即句子成分。

句子成分可以分成两大类：一般成分和特殊成分。一般成分有八种：主语和谓语，动语和宾语，定语、状语、补语和中心语；特殊成分有两种：独立语和外位语。

（一）主语和谓语

1. 主语

主语表示陈述的对象，能回答“谁”“什么”之类的问题。

从材料上看，主语最常见的是名词或名词性短语。例如：

① 春风‖非常温暖。

② 店内外‖充满了快活的气氛。

③ 看到的‖只是万紫千红的丰收景象。

④ 三分之二‖才算通过。

⑤ 我们‖出国了。

⑥ 水稻和棉花‖是我家乡的主要农产品。

“══”表示主语。这六例的主语分别由名词、方位短语、“的”字短语、数词、代词和联合短语来充当。

在一定条件下，动词、形容词以及谓词性短语也可以充当主语。例如：

⑦ 锻炼‖很重要。

⑧ 老实‖好。

⑨ 发扬艰苦奋斗的精神‖是十分重要的。

⑩ 辱骂和恐吓‖决不是战斗。

⑪ 组织起来走社会主义道路‖是毛主席的号召。

⑫ 睡好了‖就舒服。

这六例的主语分别由动词、形容词、动宾短语、动词性联合短语、连动短语和正补短语充当。这类谓词性词语充当主语，一般具有指称性；相对待的谓语成分一般由形容词性词语、“是”字动宾短语充当，一般具有评判性。

从语义上看，主语有三种。

(1) 施事主语：表示动作的发出者。例如：

① 大家‖团结起来。

② 谭艳红‖终于作出了重要决定。

(2) 受事主语：表示动作的承受者。例如：

③ 敌人‖被包围了。

④ 红烧肉‖烧好了。

(3) 中性主语：表示跟施、受无关的与事、工具等，或表示描写、判断、说明的对象。例如：

⑤ 这个人，‖我跟他打过交道。

⑥ 这支笔，‖不能用来写大字。

⑦ 教室里‖安安静静。

⑧ 孩子‖是祖国的花朵。

⑨ 一吨‖等于两千斤。

⑩ 这个宣传委员‖名叫周天桂。

从语序上看，主语一般在前，谓语在后。有时为了突出谓语表达的内容，把主语后置，谓语提前，形成主谓倒装的句式。例如：

① 怎么样，‖你的胳膊？

② 多鲜艳，‖这花！

“——”表示谓语。

2. 谓语

谓语跟主语相对待，表示陈述的内容，能回答“怎么样”“是什么”之类的问题。

从材料上看，谓语有四种。

(1) 名词性谓语。这类谓语句口语性较强。例如：

① 明天‖国庆节。

② 鲁迅‖绍兴人。

③ 母亲‖六十岁。

④ 这人‖厚脸皮。

(2) 动词性谓语。这类谓语最典型，也最活跃。例如：

⑤你‖歇会儿。

⑥ 祖国‖是他们的根。

⑦ 国辉‖在用毛笔作画。

⑧ 我们‖拿起锄头能干活。

(3) 形容词性谓语。这类谓语也比较活跃。例如：

⑨ 吃饺子‖最好。

⑩ 花儿‖红得好像燃烧的火。

⑪ 这梨‖又大又甜。

(4) 主谓谓语。这是比较特殊的一类谓语。例如：

⑫ 杨先生‖性格开朗豪爽。

⑬ 他们俩‖谁也不理谁。

⑭ 友谊和比赛‖友谊更重要。

从语义上看，谓语有的是说明性的，如例①；有的是判断性的，如例⑥；有的是叙述性的，如例⑦；有的是描写性的，如例⑩；有的是评议性的，如例⑫。

(二) 动语和宾语

1. 动语

谓语如果是由动宾短语充当的，就可以分析出动语和宾语。动语是谓语里支配或关涉某一事物的动词性成分，即带宾成分。

动语可以由动词充当，也可以由动词性短语充当。

①大娘‖望着｜她的背影。

②人民群众‖有｜无限的创造力。

③他‖拿出来|一本新书。

④马克思主义‖只能包括而不能代替|文艺创作中的现实主义。

“|”表示前边是动语，后边是宾语。

2. 宾语

宾语跟动语相对待，是动语后边表示人物或事件的成分，能回答“谁”“什么”之类的问题。

从材料上看，宾语最常见的是名词和名词性短语。例如：

① 阿Q‖一把抓住了笔。

② 大家‖都讨厌他。

③ 我‖买了一本。

④ 兴趣‖是学习的挚友。

⑤ 校园里‖种了好些樟树和柳树。

“~~~~”表示宾语。

非名词性词语有时也可以充当宾语。它们充当宾语时，一般要求动语是行止动词或心理活动动词，或者是表示言说、认知等意义的动词。例如：

⑥ 咱们‖现在开始演出。

⑦ 全场同学‖正在进行热烈的讨论。

⑧ 这个小伙子‖喜欢开汽车。

⑨ 年轻时的彭亚光‖特别想当一名演员。

⑩ 他‖说小王不会来了。

⑪ 组织上‖认为你近段时间进步很大。

从语义上看，宾语大体上有三类。

(1) 受事宾语：表示动作的承受者。这类宾语最多，也最典型。例如：

① 王老师‖正在看报纸。

② 同学们‖都在球场打篮球。

(2) 施事宾语：表示行为动作的发出者。这类宾语可转化为施事主语。

③ 家里‖来了客人。

④ 班上‖走了两位同学。

(3) 中性宾语：跟施受无关的宾语，包括处所宾语、工具宾语、与事宾语、判断宾语等。例如：

⑤ 志愿军‖打过鸭绿江。(处所宾语)

⑥ 我‖写圆珠笔。(工具宾语)

⑦ 这些书‖送给学生。(与事宾语)

⑧ 张主任‖是我的顶头上司。(判断宾语)

⑨ 他‖在屋后挖了两个坑。(结果宾语)

⑩ 书架上‖有不少外文书。(存现宾语)

动语和宾语的关系十分复杂，因此，宾语的语义类型也无法穷尽。一些常用的及物动词往往可以带各种各样的宾语。比如“吃”，既可以说“吃面条”（受事宾语)、“（一斤面条）吃三个人”（施事宾语)，也可以说“吃食堂”（处所宾语)、“吃筷子”（工具宾语)，还可以说“吃工程”、“吃大款”等等，其中有的宾语就很难从语义上给它定类。

（三）定语、状语、补语和中心语

1. 定语

定语是名词性词语前边起修饰作用的成分，表示“谁（的)”、“什么样（的)”、“多少”等意思。定语常带结构助词“的”。例如：

①（好）人!

②（风和日丽的）江南。

③（海关的）时钟‖发出（嘹亮的）(乐曲）声。

④（十几个）人‖有（七八条）枪。

“(　)”表示定语。

从材料上看，除了名词性、形容词性的词语经常充当定语之外，动词性词语也可以充当定语。不过，动词性词语充当定语时，一般要带“的”。例如：

⑤（呼喊的）群众‖来到了门口。

⑥（走的）人‖多了。

⑦（紧盯住我的）眼睛‖突然转移视线。

⑧（生长在新中国的）青年‖是无比幸福的。

从语义上看，定语是对中心语起修饰或限制作用的。具体说来，定语可以表示领属、时地、指别、数量、行为、断定、涵义、性状等等。例如：

⑨（我）(去年）(那）(一个）(在小组会上谈过的）(属于理论构思范畴的）(以学生为中心进行开放式教学的）(粗浅）想法，‖不知您是否同意?

不同类型的定语可以同时出现。当它们同现时，在语序上有一定的限制。例⑨反映了不同类型的定语同现时的大致次序。

2. 状语

状语是动词性和形容词性词语前边起修饰作用的成分，表示“怎么样（地）”“几时”“哪里”“多么”等意思，或者表示肯定、否定等，常带“的（地）”。例如：

①〔快〕跑！

② 学校‖〔明天〕开大会。

③ 他‖〔从椅子上〕跳起来。

④ 吴莉‖〔特别〕老实。

⑤ 杨经理‖〔不〕同意我们的方案。

⑥〔对于目前局势〕，我‖持乐观态度。

“〔 〕”表示状语。

状语一般用在动词或形容词性词语前边，如例①至⑤；有时也用在主语前面，对全句起修饰作用，如例⑥。这类状语虽然修饰的是全句，但语义上跟谓语的联系还是紧密一些，因此大多可以移到主语的后边。

状语有时放在被修饰的中心语后边，成为状语后置的句式。例如：

⑥ 如果我能够，我要写下我的悔恨和悲哀，〔为子君〕，〔为自己〕。

状语后置，可以突出状语所表达的内容，而且往往能使话语富于感情色彩。形式上，后置的状语前边一般有停顿，书面上用逗号标示。它们都可以无条件地还原到被修饰的中心语前边。

从材料上看，状语经常由副词、形容词性词语、介词短语、方位短语等来充当。重叠的物量短语、名词连用构成的联合短语、少数动词也可以充当状语。它们充当状语时都要带“的（地）”。例如：

⑦ 书‖〔一本一本地〕读。

⑧ 他‖〔北京上海地〕跑。

⑨ 他‖〔感激地〕望着宋志大。

从语义上看，状语有的表示性态、程度或语气，有的表示时地、数量或否定等等。它们可以单个出现，有的多个连用。连用的多项状语对中心语来说，是一种递加关系，即它们是由里到外逐层修饰中心语的。例如：

⑩ 他‖〔激动地〕〔从椅子上〕〔一下子〕跳起来。

3. 补语

补语是动词和形容词性词语后边起补述作用的成分，表示“怎么样”、“多久”、“多少次”等意思，常用“得”字引出。例如：

① 昨夜的一场春雨，‖浇得〈柳树吐出了无数嫩芽〉。

② 他‖冻得〈发抖〉。

③ 病人‖害怕地看了沈洁如〈一眼〉。

④ 他的喊声‖大得〈吓死人〉。

⑤ 这点火种似的欢悦，‖始终燃烧〈在他的心里〉。

“〈 〉”表示补语。

从材料上看，补语经常由谓词性词语、介词短语、动量短语、主谓短语等来充当，如以上各例。

从语义上看，补语有的是表示结果、趋向、数量、程度或处所，如上面各例；有的是表示可能、评判或时间等等。例如：

⑥ 这件事‖应该办得〈好〉。

⑦ 普通话‖说得〈标准流利〉。

⑧ 中国共产党‖成立〈于1921年〉。

从“得”字的使用看，介词短语、动量短语作补语时不用“得”，如例③例⑤例⑧；单个的动形词作补语时一般用“得”，如例②例⑥；比较复杂的短语，如主谓短语、动宾短语、联合短语等作补语，必须用“得”，如例①例④例⑦。

补语和宾语都可以在中心语后边出现，有时还可以同现。如例③，宾语“沈洁如”和补语“一眼”同时出现在中心语“看”的后边，分别表示受事和动量。宾语和补语的位次有三种情况：一是宾语在前，补语在后，如例③；二是补语在前，宾语在后，如例③可以说成“看了一眼沈洁如”；三是宾语插在补语中间，比如“看出问题来”。在分析句子成分时，可以从材料、语义、回答的问题等方面来辨别宾语和补语。

4. 中心语

中心语分别跟定语、状语和补语相对待，是定语、状语后边的被修饰成分和补语前边的被补述成分。

跟定语相对待的是定语中心语。最典型的定语中心语是名词性词语，有时也可以是动词性或形容词性词语。例如：

①（好香的）干菜！

②（上大学的）孙子‖恭恭敬敬地给爷爷磕了|（一个）头。

③ 你‖今天一定要给出|（一个）（满意的）答复。

④（你的）不诚实‖是大家所公认的。

“·”表示中心语。

跟状语相对待的是状语中心语。状语中心语可以是动词性词语，也可以是形容词性词语。例如：

⑤ 卖菜的‖〔大声地〕吆喝。

⑥〔当兵时〕，他们‖〔经常〕〔在一起〕摸爬滚打。

⑦ 今天‖〔特别〕热！

⑧ 他的性格‖〔的确〕开朗、豪爽。

跟补语相对待的是补语中心语。补语中心语经常由动词和形容词性词语充当。例如：

⑨ 走〈快点〉！

⑩ 他‖活得〈多么纯洁、多么高尚、多么光彩〉啊！

⑪ 好〈极〉了！

⑫ 他们‖都高兴得〈跳了起来〉。

（四）独立语和外位语

1. 独立语

独立语和外位语是句子的特殊成分。析句时都用“。”标示。

独立语是结构相对独立、位置比较灵活的成分。结构上，它不跟别的成分发生关系；位置上，它既可以位于句首，也可以置于句末，还可以插在句中。例如：

① 我看，他早晚会把人得罪光！

② 哼，你想得倒不错！

例①也可以说成：“他早晚会把人得罪光，我看！”或“他，我看，早晚会把人得罪光！”例②也可以说成：“你想得倒不错，哼！”或“你，哼，想得倒不错！”

根据性质和作用的不同，可以把独立语分为四类。

(1) 插说语：插在句子中间表达某种附加意思。例如：

① 你听，这孩子嘴多巧！(表提醒)

② 拿人类全体说，我希望，愿意，咱们能战胜一切。(表范围)

③ 极少数的人，比方牛国星，就提出了反对意见。(表举例)

④ 在南宋，据说，有许多书是用活字印的。(表根据)

⑤ 这个据点的敌人，充其量只有两千人。(表估计)

⑥ 老实说，我们这些人，谁也没有李锐精明。(表肯定)

⑦ 不料这秃儿却拿着一支黄漆棍子——就是阿 Q 所谓哭丧棒——大踏步走了过来。(表解释)

⑧ 总之，夜间的一切他都知道得清清楚楚。(表关联)

(2) 呼应语：表示称呼、招呼或应答。例如：

① 老弟，这不是开玩笑的时候。

② 这是什么，水生？

③ 喂，你在干什么？

④ 唉，我马上过来。

(3) 感叹语：表示强烈的感情和语气。例如：

① 哎呀，想不到是你老兄来了。

② 啊，多么令人心醉的秋色！

③ 哦，我明白了你的意思。

④ 这孩子太可怜了，唉。

(4) 象声语：模拟自然界的声响。例如：

① 砰，砰，我正在擦枪的时候，响起了敲门声。

② “匡匡”，门砸开了。“哗啦”，桌子推翻了。“乒乓”，椅子摔过来。“咚咚”，有人在地板上厮打。

③ 呜，呜，呜；——汽笛叫声突然从那边远远的河身的弯曲地方传来了。

2. 外位语

外位语是用于句外但有内应的成分。具体说，它位于句首或句末，不跟句中一般成分发生结构关系，但跟句中充当结构成分的某一词语指称同一对象。例如：

① 好空谈理论的人，我们应该伸出一个指头向他刮脸皮。

② 正确的东西，好的东西，人们一开始常常不承认它们是香花，反而把它们看作毒草。

③ 这次演出他很努力，什么本事都使出来了：吹、拉、弹、唱。

④ 我们这里什么人没有啊：科学家、艺术家、还有劳动模范。

例①“好空谈理论的人”和例②“正确的东西，好的东西”是前外位语，分别跟句中“他”和“它们”同指；例③“吹、拉、弹、唱”和例④“科学家、艺术家、还有劳动模范”是后外位语，分别跟句中“什么本事”和“什么人”同指。

(五) 句子成分的配对性和应对性

1. 句子成分的配对性

句子的一般成分具有配对性。它们两两相对，分别配成五对：

主语—谓语

动语一宾语

定语一定语中心语

状语一状语中心语

补语一补语中心语

前面讲到的“中心语”是一种笼统的说法，实际上包含三个：定语中心语、状语中心语和补语中心语。

配对成分是相互对立又相互依存的。主语是相对谓语而言的；反过来，谓语也是相对主语而言的。没有主语，就无所谓谓语；没有谓语，也无所谓主语。同样，动语是相对宾语而言的，宾语是相对动语而言的。定语、状语、补语和定语中心语、状语中心语、补语中心语的关系也一样。

有时候，不同的配对成分处在不同的层次上。例如：

① 他激动得流出了眼泪。…………第一层次（主一谓）

激动得〈流出了眼泪〉…………第二层次（心一补）

流出了眼泪 …………第三层次（动一宾）

流〈出〉了 …………第四层次（心一补）

② 我希望大家努力学习。…………第一层次（主一谓）

希望大家努力学习 …………第二层次（动一宾）

大家努力学习 …………第三层次（主一谓）

〔努力〕学习…………第四层次（状一心）

从例中可以看出，不同的配对成分处于不同的层次，实际上反映了句子组合的层次性。

有时候，不同的配对成分出现套合现象。例如：

③ 邀请老师参加

=邀请老师+老师参加

④〔刻苦〕学习文化

=〔刻苦〕学习+学习文化

例③是“动宾”和“主谓”的套合，例④是“状心”和“动宾”的套合。

2. 句子成分的应对性

某些句子成分之间具有应对性。所谓应对性，是指两个不同的成分可以互换位置，换位后句子的基本意思不变。常见的应对现象有三种。

(1) 主宾应对。例如：

① 两个人睡一间房。
一间房睡两个人。
② 我就是王老六。
王老六就是我。
③ 汽车盖着雨布。
雨布盖着汽车。
④ 海南通火车了。
火车通海南了。

(2) 定谓应对。例如：

① 圆圆的脸，大大的眼睛。
脸圆圆的，眼睛大大的。
② 多豪爽的性格！
性格多豪爽！
③ 声声鸟语，阵阵花香。
鸟语声声，花香阵阵。

(3) 状补应对。例如：

① 我多喝了几杯酒。
我喝多了几杯酒。
② 他眉飞色舞地说。
他说得眉飞色舞。
③ 校长三次去北京。
校长去北京三次。

三　特定句式

(一) 主谓谓语句

主谓谓语句是由主谓短语充当谓语的句子。为了区别，下面把全句的主语、谓语分别叫大主语和大谓语，把作谓语的主谓短语的主语、谓语分别叫小主语和小谓语。

从语义联系看，主谓谓语句主要有以下几种情况。

(1) 大小主语之间具有领属关系或整体与部分的关系。例如：

① 东湖‖风景优美。

② 这件衣服‖袖子短了些。

③ 衣服‖脏了的拿去洗一洗。

④ 今年的新生‖一大半是女生。

⑤ 他们俩‖谁也不服谁。

例①例②大小主语之间是领属关系。例③例④大小主语之间是整体与部分的关系。例⑤大小主语之间也是整体与部分的关系，只不过小主语“谁”是表示虚指。

(2) 大主语是小谓语中动词所表动作的施事、受事、与事、工具等。例如：

① 他‖一口饭也不吃。

② 任何困难‖他都能克服。

③ 你说的王书记，‖我们一起开过会。

④ 这口锅，‖我煮饭煮了两年。

例①“他”是施事，例②“任何困难”是受事，例③“你说的王书记”是与事，例④“这口锅”是工具。

(3) 大主语表示论说的方面或范围，大谓语就这一方面或范围进行论说。例如：

① 高职教育，‖我们的经验并不多。

② 工程的质量管理，‖我真是门外汉。

③ 这个问题，‖我有点不同的看法。

这类主谓谓语句的大主语，一般可以在前边加上“关于、对于”之类介词，或用在“在……方面”、“在……上”之类的介词结构中间。

(二)“把”字句和“被”字句

1.“把”字句

“把”字句是以“把”字介词短语作状语的句子。

“把”字后面一般是名词性词语，表示有定的、被处置或受影响的人或事物。例如：

① 你们‖把他绑起来。

② 你‖应该把课堂上要说的话一句句默诵在心。

③ 你‖把他的性格搞扭曲了。

④ 水泥路‖把鞋底磨穿了。

“把”字后边的“他”、“课堂上要说的话”、“他的性格”和“鞋底”都是名词性词语，都是有定的人或事物。例①例②是对“把”字后边名词性词语所表示的人或事物进行处置，带有较强的主观性；例③例④不表示处置，而是表明人的行为或特定环境影响到了特定的人和事物。

“把”字后边有时是动词性词语或主谓短语，但这些动词性词语和主谓短语都具有指称性，可以用“这件事”去复指。例如：

⑤ 我们‖要把提高教育质量放在第一位。

⑥ 他‖把研讨会如何开又重复了一次。

“提高教育质量”是动词性词语，“研讨会如何开”是主谓短语，出现在“把”之后，具有指称性，两例可以说成“我们要把提高教育质量这件事放在第一位”、“他把研讨会如何开这件事又重复了一次”。

“把”字句的成立要受到一些条件限制：

第一，由“把”字组成的介词短语在句中作状语，状语所修饰的中心语一般是表示动作行为的及物动词，不能是表示感知、存在、能愿、趋向等的动词。例如：

⑦ 我分析了他的情况。

→我把他的情况分析了。

⑧ 我知道了他的情况。

→＊我把他的情况知道了。

第二，状语中心语一般不能是一个孤零零的动词，尤其不能是单音动词，除非是在韵文里；它的前后要有别的成分，至少要有动态助词“了”，或者是重叠动词。比较：

把情况谈（×）

把情况谈一下（√）

把情况再谈具体一些（√）

把情况向组织上谈了（√）

把情况谈给大家听听（√）

把情况谈了（√）

把情况谈谈（√）

第三，否定副词和能愿动词一般用在“把”字之前，不能用在动词之前。比较：

没把情况说清楚

→＊把情况没说清楚

应该把情况说清楚

→＊把情况应该说清楚

2.“被”字句

“被”字句是谓语用“被”字表示被动的句子。

“被”字句有的是用“被”字引进施事。施事一般是由代词或名词性成分充当。例如：

① 敌人‖被我们包围了。

② 书包‖被小孩搞丢了。

③ 小鸟‖被一阵阵爆竹声吓跑了。

有的是直接将“被”用在动词前面，表示被动。这时往往是因为无从说出施事，或者不必、不便或不愿说出施事。例如：

④ 办公室‖昨晚被偷了。

⑤ 我们班‖被评为先进班级。

“被”字句有一个重要的特点，就是“被”和“被＋名”的介词短语后边，一般要求用包含完结意义的动词性词语。例如：

⑥ 赵军‖前天被抓起来了。

⑦ 书‖被他撕破了。

⑧ 衬衣‖被风鼓得涨了起来。

但是，如果“被”字句用于假设语境，或者“被”字前边用有“可能、必将、已经”等词语，或者“被”字与中心语之间用了助词“所”，那么“被”字后边也可以出现不包含完结意义的动词。如：

⑨ 他‖要是被捕了，请你帮他照顾好小孩。

⑩ 这番话‖可能被别人误解。

⑪ 他的这一科研成果‖已经被企业利用。

⑫ 这个论点，‖必将被事实所否定。

“被”字句是用“被”作标记的被动句。“被”字句的主语一定是受事，但主语是受事的句子不一定就是“被”字句。比较：

⑬ 杯子‖摔破了。

⑭ 杯子‖被小孩摔破了。

两例中的“杯子”都是受事主语，但只有后例才是“被”字句。

（三）连动句和兼语句

1. 连动句

连动句是由连动短语充当谓语或由连动短语直接构成的句子。

连动句的突出特点是，各连动项述说的是同一主语，中间没有停顿，它们可以分别连着主语单说。例如：

① 张教授‖刚去美国讲学。（张教授刚去美国｜张教授讲学）

② 整队出发！

例①由连动短语充当谓语，可以分说成“张教授刚去美国｜张教授讲学”。例②由连动短语直接构成。

连动句的各连动项之间在语义上有种种联系。常见的有以下几种：

（1）前后项表示先后相继的行为。例如：

③ 赵秘书‖写好报告交给刘主任。

④ 招生的同志‖今天去招生大厦开会。

例①是先“写好报告”后“交给刘主任”，例④是先“去招生大厦”后“开会”。

（2）前项表示方式，后项表示目的。例如：

⑤ 他‖总是歪着身子看电视。

⑥ 这位老师‖采用启发式给同学上课。

“歪着身子”、“采用启发式”是方式，“看电视”、“给同学上课”是目的。

（3）前项表示行为，后项表示评议。例如：

⑦ 王小姐‖摆姿势摆得好。

⑧ 我们头儿‖抓工作抓得很紧。

前项“摆姿势”、“抓工作”表示行为，后项“摆得很好”、“抓得很紧”表示评议。

（4）前项表示肯定，后项表示否定。例如：

⑨ 他的病假条‖放在兜里不交。

⑩ 大娘‖紧紧地抓住我的手不放。

“放在兜里”、“抓住我的手”是从肯定方面述说，“不交”、“不放”是从否定方面述说。

（5）前项表示条件，后项表示行为。条件项常用动词“有”或“没有”。例如：

⑪ 我们‖有能力完成这项艰巨的任务。

⑫ 她‖再也没有力量控制住自己的感情了。

“有能力”、“没有力量”表示条件，“完成这项艰巨的任务”、“控制住自己的感情了”表示行为。

连动句的各连动项不论语义上是什么联系，都可以连着主语单说，分别构成主谓关系。

连动句至少包含两个连动项，也可以包含多个连动项。但不论包含多少项，各项之间都不能有明显的语音停顿，书面上不能用逗号隔开。如果中间被逗号隔开，就不是连动句。例如：

⑬ 小王‖激动地抓起扁担望着将军那花白的头发愣了一会儿。

这是一个包含三个连动项的连动句。如果中间用上逗号，写成“小王激动地抓起扁担，望着将军那花白的头发愣了一会儿”，就不再是连动句，而是连贯复句。

2. 兼语句

兼语句是由兼语短语充当谓语或由兼语短语直接构成的句子。

兼语句突出特点是，将动宾短语中的“宾”和主谓短语中的“主”扣合在一起，形成“宾”“主”同词的“兼语”。析句时，兼语用“~~~~”标示。例如：

① 刘队长‖派小李去一趟北京。

② 有一群人向我冲来。

例①由兼语短语充当谓语，其中“小李”是兼语，它既是“派”的支配对象，又是“去一趟北京”的陈述对象。例②由兼语短语直接构成，其中“一群人”是兼语，它既是“有”的宾语，又是“向我冲来”的主语。凡是兼语句，谓语部分都可以分化出“动宾”和“主谓”两个结构。如上面两例可分化为：

派小李｜小李去一趟北京

有一群人｜一群人向我冲来

兼语句有不同类型。常见的有以下几种：

(1)“使令”式。兼语前边的动词是包含“使令”意义的动词，兼语后边的成分表示目的或结果。例如：

③ 大家‖恳请他唱一段京剧。

④ 你的一席话‖使我受益匪浅。

例中“恳请”“使”是表示使令意义的动词，“我”“他”是兼语，兼语后边的成分分别表示目的和结果。

(2)“爱恨”式。兼语前边用带“爱”、“恨”意义的富于感情色彩的动词性词语，兼语后边的成分表示原因。例如：

⑤ 我‖佩服小苏在那样艰苦的条件下做出那么大的成绩。

⑥ 我‖恨他不争气。

例中“佩服”、“恨”是表示“爱恨”意义的动词，“小苏”、“他”是兼语，兼语后边的成分表示“爱恨”的原因。

(3)“有无”式。兼语前边用“有”或“没有”，兼语后边的成分述说有关事物的情况。例如：

⑦ 突然有一个人说这件衣服不好看。

⑧ 他们家‖没有儿子在上海读书。

例中“一个人”、“儿子”是兼语，兼语前边用“有、没有”，后边述说兼语的情况。

兼语句有时容易同主谓短语作宾语的句子相混。应注意区别。比较：

⑨ 得贵‖招呼我上去。

⑩ 得贵‖看见我上去。

例⑨“招呼”是表示“使令”意义的动词，“我”既是“招呼”的涉及对象（宾语），又是“上去”的述说对象（主语），因此是兼语句。例⑩“看见”不是“使令”动词，“我上去”充当“看见”的宾语，因此例⑩不是兼语句，而是一个主谓短语作宾语的句子。

兼语句有的只包含一个兼语，有的则包含多个兼语。例如：

⑪ 我‖请他派一个人送这个孩子回家。

3. 连动兼语的混合式和交错式

(1) 混合式。句子中混合了连动兼语两种句式的内容。例如：

① 周总理‖昨晚陪着西哈努克亲王看戏。

② 冯有梅‖引着徐国梁走出村东。

两例都包含着连动和兼语两种语义关系。如例①等于说：

周总理陪着西哈努克亲王＋西哈努克亲王看戏——这是兼语

周总理陪着西哈努克亲王＋周总理看戏——这是连动

这种混合式，兼语前边的动词一般是“引、陪、领、帮”等含有“引陪”意义的动词。

(2) 交错式。句子中连动式和兼语式交错组合。例如：

① 〔上月〕，他们单位的领导‖派他去上海联系出版古籍的事。

② 王团长‖打电话通知齐连长马上回部队。

例①先兼语，后连动；例②先连动，后兼语。

（四）双宾句和存现句

1. 双宾句

双宾句是一个动语后边连用两个宾语的句子。靠近动语的一个宾语叫近宾语；不靠近动语的一个宾语叫远宾语。例如：

① 我‖送|他一件大衣。

② 他‖问|老师明天上不上课。

例①动语“送”和例②动语“问”都带有两个宾语。

双宾句有三个特点：

(1) 双宾语一般一个指人，回答“谁”的问题，一个指物，回答“什么”的问题。通常是近宾语指人，远宾语指物，如例①例②。有时两个宾语都指人，不过指人的远宾语还是回答“什么”的问题，而不是回答“谁”的问题；有时两个宾语都指物，但指物的近宾语还是回答“谁、什么单位、什么部门”之类的问题，而不是回答“什么”的问题。例如：

③ 县里‖派给｜我们两名技术员。

④ 一个陌生的人‖交给｜我一个孩子。

⑤ 小孩‖扔给｜狗一块骨头。

⑥ 公司‖捐给｜学校两辆汽车。

例③例④两个宾语都指人，例⑤例⑥两个宾语都指物。

有时，典型的指人宾语在后，典型的指物宾语在前。这种用法多见于报纸标题。例如：

⑦ 日本首相‖致｜电朱镕基总理。

(2) 动词一般都含有“给予”的意义，如上述各例。有的动词本身并不包含“给予”的意义，但带上双宾语后，就具有“给予”的意义。例如：

⑧ 人家‖都骂｜他贱胎。

“骂”本没有“给予”的意义，但在例⑧含有“给某人某称号”的意思。

(3) 两个宾语能分别跟动语构成动宾关系。如例①例②：

我送他一件大衣。

＝我送他＋我送一件大衣

他问老师明天上不上课。

＝他问老师＋他问明天上不上课

2. 存现句

存现句是说明人或事物的存在、出现或消失的句子。它的基本格式是：某处存在着（出现了/消失了）某人或某物。例如：

① 墙上‖挂着一幅水墨画。

② 台上‖坐着主席团。

③ 小路旁‖走来一个人。

④ 和平村‖最近出了一件怪事。

⑤ 邻居家‖死了一条狗。

⑥ 游泳池里‖突然少了一个小孩。

这些都是存现句。例①例②表存在，例③例④表出现，例⑤例⑥表消失。

存现句有三个重要特点。

(1) 主语具有方所性。

存现句的主语一般是由表示方位处所的名词性词语充当，表示人或事物存现的方位或处所。如前面例子中的“墙上、台上、小路旁、和平村、邻居家、游泳池里”，都是表示方所的名词语，它们分别位于句首，充当句子的主语。

存现句可以是主谓句，也可以是非谓句。这取决于句首的语言形式。句首出现方所词语时，方所词语作主语，整个存现句是主谓句；句首如果出现介词，形成“介词+方所词语”的介词短语，这时，介词短语作状语，整个存现句就是非主谓句。比较：

⑦ a. 窗口斜斜地照进来一溜亮光。(主谓句)

b. 从窗口斜斜地照进来一溜亮光。(非主谓句)

⑦a“窗口”是方所名词，用在句首充当主语；⑦b“从窗口”是介词短语，用在句首充当状语。

(2) 动词具有存现性。

存现句的带宾动词表示存在、出现或消失的意义。

表示存在意义的动词有三种情况：一是用“有”或“是”直接表示存在；二是动词带“着”，既叙述存在，又表明存在的方式；三是动词带“满”再带“了”，表明已经普遍存在。如例①例②。又如：

⑧ 树的前边‖是一座庙。

⑨ 教室里‖坐满了学生。

表示出现或消失意义的动词也有三种情况：一是“出现、发生、走、跑、死、少”等动词带“了”表示出现或消失；二是趋向动词带“了”，表示出现；三是动词带趋向动词，表示出现，通常不用“了”。如例③—⑥。又如：

⑩ 东边院子里‖响起了胡琴声。

⑪ 我身旁‖闪过去一个陌生的人。

(3) 宾语具有不定性。

存现句的宾语大多是施事，而且一般是不确指的。宾语前边常常带有“一个、几个”之类数量定语，不能带“这个，那个”之类表示确指的定语。如例⑨“学生”、例⑪“一个陌生的人”都是施事，指的都不是已知的确定的人。

有时，存现句的宾语也指确定的人。这是比较特殊的用法。例如：

⑫ 车上‖跳下来周恩来同志和王若飞同志。

检测与思辨

一、指出下列句子中的主谓句和非主谓句，并分析主谓句的句子成分：

① 我们的国家有几千年的悠久历史。

② 大力开展爱国卫生运动。

③ 好清静的去处啊。

④ 严禁烟火。

⑤ 有一群小孩儿也来看茶花。

⑥ 肃静！

⑦ 中国革命历史上的又一个伟大的转折开始了。

⑧ 他疼得直不起腰。

⑨ 窗户关上了。

⑩ 起风了。

二、从结构和表意两方面比较下列各组句子中的两个句子，看看它们是否相同。

① a. 她什么干部都不是。

b. 什么干部她都不是。

② a. 李明谁都认识。

b. 谁都认识李明。

③ a. 谁也不理他。

b. 他谁也不理。

④ a. 什么书他都看。

b. 他都看什么书？

三、找几个带独立语、外位语的句子，并分析它们在表意上的作用。

四、选一篇1000字左右的散文，先指明句型，再分析句子成分。看在指明句型、分析成分时遇到些什么问题，该如何处理。

第五节 复 句

一 复句的特点

复句是包含两个或两个以上分句的句子。跟单句相比，复句具有以下四个特点。

第一，从构成成分上看，复句由两个或两个以上的分句构成，单句通常是由两个或两个以上的句子成分构成。比较：

① 小王去北京，小李也去北京。

② 小王和小李去北京。

两例表达的基本意思相同，但例①包含“小王去北京”和“小李也去北京”两个分句，因而整个句子是复句。例②包含主语“小王和小李”和谓语“去北京”两个成分，因而整个句子是单句。

第二，从组合手段上看，构成复句的甲分句和乙分句往往由特定的关系词语来联结，构成单句的甲成分和乙成分之间一般不用关系词语。例如：

③ 由于深，所以湖水并不浑浊。（张承志《黑骏马》）

④（他们走进餐厅。）一边走，方亮的心里仍在不停地翻腾。（陈冲《无反馈快速跟踪》）

⑤ 她想笑，但是笑不出。（鲁彦周《春前草》）

例③前后分句成对使用了关系词语“由于……所以……”；例④例⑤分别只在前分句和后分句使用了关系词语“一边”和“但是”。这些用来联结分句、标明关系的词语是复句的形式标志。

第三，从构成成分之间的联系看，复句中各分句之间都存在一定的关系：或是因果关系，或是并列关系，或是转折关系等等。如例③前后分句之间具有因果关系，例④前后分句之间具有并列关系，例⑤前后分句之间具有转折关系。

单句中各成分之间也有关系，但不同于复句中分句之间的关系。从语法上看，它们或是陈述与被陈述的关系，或是修饰限制与被修饰限制的关系，或是补充说明与被补充说明的关系等等；从语义上看，它们或是施事与动作的关系，或是受事与动作的关系，或是工具与动作的关系，等等。

第四，从语气上看，构成复句的各个分句可以使用相同的语气，也可以使用不同的语气。也就是说，一个复句不一定只有一种语气，它可以前分句为甲语气，后分句为乙语气，前后分句的语气不一致。例如：

⑥ 她喜欢音乐，也喜欢美术。

⑦ 早些时候谁料到“海马”有今日的昌盛和庞大，以为不过是个文学沙龙罢了。

⑧ 去照顾你妈吧，她身边不能离开人。

⑨ 太好了，我请你喝饮料。

例⑥前后分句都是陈述语气，即“陈述＋陈述”。例⑦的前分句是疑问语气，后分句是陈述语气，即“疑问＋陈述”。例⑧前分句是祈使语气，后分句是陈述语气，即“祈使＋陈述”。例⑨前分句是感叹语气，后分句是陈述语气，即“感叹＋陈述”。

单句一般只能有一种语气：或是陈述语气，或是疑问语气，或是祈使语气，或是感叹语气。

二　复句的类型

复句可以从不同的角度进行分类。比如，根据分句之间关系的不同，复句可以分为因果类复句、并列类复句和转折类复句；根据结构层次的不同，复句可以分为单纯复句和多重复句。

上面复句的分类，依据的是不同的标准，因此，各种分类之间是有交叉的。在各种分类中，复句的关系分类最为重要。复句关系分类的原则是：从分句之间的关系出发，用联结分句的形式标志（即关系词语）来确定复句的具体类别。例如：

① 因为路不好走，所以今天不能赶到。（因果）

② 如果路不好走，今天就不能赶到。　（假设）

③ 只有路不好走，今天才不能赶到。　（条件）

上面三例是在“路不好走，今天不能赶到”的基础上使用了不同的关系词语。由于形式标志的不同，因此形成了关系不同的复句，它们分别是因果句、假设句和条件句。

（一）因果类复句

因果类复句是表示广义因果关系的各类复句的总称，具体包括因果句、目的句、假设句、条件句。

因果类复句反映各种各样的因果关系：因果句重在说明或推断事物之间的因果关系；目的句中表示的所要达到的目的，实际上也是需要采取某种行动的原因；假设句和条件句中的假设和条件，实际上都是一种有待实现的原因。比较：

① 因为他赞成，所以会议如期召开。　（因果句）

② 一定要说服他赞成，以便会议如期召开。（目的句）

③ 如果他赞成，会议就能如期召开。（假设句）

④ 只有他赞成，会议才能如期召开。（条件句）

1. 因果句（因为A，所以B。既然A，就B。）

因果句是表示分句之间具有某种实际联系的因果关系的复句。因果句包括说明性因果句和推断性因果句。

(1) 说明性因果句。

说明性因果句用来说明事物之间的因果关系。典型的标志是“因为……所以……”。“因为”是用来标明原因的，叫因标。可以作为因标的关系词语还有“由于、因”等。“所以”是用来表明结果的，叫果标。可以作为果标的关系词语还有“因此、因而、以致、故”等。

从标志的使用上看，因标和果标可以同时出现，也可以只出现一个，还可以都不出现。例如：

① 因为他想跟苦三儿说说话的心情越来越急切，所以送饭的间隔也越来越缩短了。(常庚西《深山新喜》)

② 因为饿，她已经没有力气跑跑跳跳。(老舍《四世同堂·饥荒》)

③ 老炳父子住的地方偏僻，所以来晚了一步。(罗旋《红线记》)

④ 今天下午开讨论会，我可能回来得晚一点。

例①因标和果标同时出现，用于前分句的因标，既可以出现在主语之前，也可以出现在谓语之前；用于后分句的果标“所以”，如果后分句有主语，则只能出现在主语之前。例②只在前分句出现因标，但可以在后分句添上果标“所以”等。例③只在后分句出现果标，但可以在前分句添上因标“因为”等。例④因标和果标都没有出现，但可以分别添上“因为”和“所以”。

从原因分句和结果分句出现的先后顺序看，因果句有“由因到果”和“由果溯因”两种情况。“由因到果”是指前分句表示原因，后分句表示结果，如上面四例。有时为了强调原因，还可以在因标前边加上“就、正、就是、正是”之类的词语。例如：

⑤ 就因为他当着我们面说出这样的话，把我们都激恼了。(肖力《钢铿将军》)

⑥ 正因为你是老模范，才让你带这个头啊。(翁新华《哀兵阿满》)

“由果溯因”是指前分句表示结果，后分句表示原因。有的“由果溯因”句重在分析判定结果产生的原因，形式上，常用“(之)所以……(是)因为……”之类的格式，或者只在后分句使用“是因为、就因为”之类的词语。前分句如果有主语，“(之)所以”之类的词语出现在主语之后；后分句不管有没有主语，“(是)因为”之类的词语都出现在前面。例如：

⑦ 她之所以没有揭发这件事，是因为她有些怜悯他。(江奇涛《人鸟岛》)

⑧ 小伙子说出这话，是因为远远看见，老支书忙人阿爷在山脚下放羊哩！(轩锡明《赶马车的小伙子》)

有的“由果溯因”句重在补充说明结果产生的原因，形式上，只在后分句前面用“因为”，而且“因为”前边不用“是、就”之类的词语。例如：

⑨ 你该明白我是多么惦念她，因为我深知她前途的泥泞。（张承志《黑骏马》）

⑩ 几个人的笑谈没能继续下去，因为又开来了一辆引人注目的汽车。（王蒙《青龙潭》）

(2) 推断性因果句。

推断性因果句用来推论事物之间的因果关系。典型的标志是“既然……就……”。“既然”有时说成“既”。“既然”和“就”经常呼应使用，但也可以只出现一个，有时甚至都不出现。例如：

① 既然把我当工程师用，就要给我工程师的条件。（肖力《钢锉将军》）

② 既然有了血痕了，当然不觉要扩大。（鲁迅《纪念刘和珍君》）

③ 你现在是这个班的班主任，就得对这个班的学生负责。

④ 他没来开会，一定是闹情绪了。

例①“既然”和“就”同时出现。“既然”可以出现在主语之前，也可以出现在谓语之前；后分句如果出现主语，“就”则出现在主语之后。“就”有时还跟“那、那么”配合使用。例②只在前分句出现“既然”。例③只在后分句出现“就”，但可以在前分句添上“既然”。例④“既然”和“就”都没有出现，但都可以添上。

从原因分句和结果分句的顺序看，推断性因果句也有“据因断果”和“据果断因”两种情况。“据因断果”句的前分句表示作为推断根据的原因，后分句表示推断的结果。例如：

⑤ 他们既然能从县委弄到这样的信，难道就不能把你的话反映上去？（常庚西《深山新喜》）

⑥ 既然领导定了我带工，我服从分配。（常庚西《深山新喜》）

“据果断因”的前分句表示作为推断根据的结果，后分句表示推断的原因。例如：

⑦ 你既然来找我，就是相信我。

⑧ 她既然能使你爱，总还有她好的地方。

“据果断因”句也可以只在后分句使用“可见、可知”之类的词语。例如：

⑨领导很看重他，可知他确实有能力。

⑩ 玉山上石头块子都炼成铁水了，可见人的本事大着呢。（李准《耕云记》）

2. 目的句（A，以便B。A，以免B。）

目的句是分句间具有行为和目的关系的复句。目的句的典型标志是“……以便……”和“……以免……”。例如：

① 我们现时只能先从我们内部查起，以便脱掉我们的干系。（鄢国培《巴山月》）

② 我点点头，赶紧转身而去，以免眼泪又要涌出。（航鹰《前妻》）

目的句又可以分为两类：获取性目的句和免除性目的句。获取性目的句表示行为的目的是要获取什么，如例①。这类目的句，除了典型标志，还可以用“以、以便、借以、用以、好、好让、好使”等。例如：

③ 有时候，这闺女还装作在院里找什么东西，拿着灯出来，好让小明看清楚一点。（王笠耘《春儿姑娘》）

④ 她把一名男华侨请到家中做客，事后在小镇街上闲逛，借以增辉。（毛志成《小镇风情》）

免除性目的句表示行为的目的是要免除什么，如例②。这类目的句，除了典型标志，还可以用“以防、免得、省得”等。例如：

⑤ 棋力占优势的人，落子更要小心谨慎，以防在疏忽大意中受到挫折。

⑥ 你骑我的车先走，免得家里担心。

获取性目的句和免除性目的句其实是相通的。

首先，“以免”在意义上等于“以便避免”，如果把“以免”换成“以便避免”，那么免除性目的句就变成了获取性目的句。例如：

⑦ 心地善良的希尔曼夫妇，从来不问佛来德在德国的经历，以免引起他痛苦的回忆。（德兰《求》）

→心地善良的希尔曼夫妇，从来不问佛来德在德国的经历，以便避免引起他痛苦的回忆。

其次，“以便”之类词语后边的部分如果是否定形式，或者是包含有否定意思的形式，那么只要去掉否定词，或者把否定意思改为肯定意思，“以便”之类的词语就可以改成“以免”之类的词语。这样，获取性目的句就变成了免除性目的句。例如：

⑧ 可是敌人还是要拼死争夺，好使自己的主力不致覆灭。（魏巍《谁是最可爱的人》）

→可是敌人还是要拼死争夺，以免自己的主力覆灭。

3. 假设句（如果A，就B。）

假设句是分句间具有假设和结果关系的复句。假设句的典型标志是“如果……

就……”。“如果”有时说成“要是、假使、假如、倘若、倘或、倘、设使、设若、如若、若、的话、如果……的话”等；“就”有时说成“便”，“就”前面有时出现“那么”。例如：

① 如果不嫌弃我们村办小厂，我就把你作个物色对象。（翁新华《哀兵阿满》）

② 如果生活失去了令人向往的前景和理想，那么就不会召唤人民紧张地全力以赴地工作。（赵丹涯《蓝天，也是属于你的》）

从标志的使用上看，“如果”之类词语和“就”之类词语常常配合使用，如例①例②；但也可以只出现一个，甚至都不出现。例如：

③ 假使你一个人害怕，我送你回去。（鄢国培《巴山月》）

④ 要打官司的话，板子该打在你身上。（黄晓廷《陷落》）

⑤ 一部小说不能给读者一些启示，就不能算是好作品。

⑥ 人与人之间连最起码的真诚和信任都没有了，这个世界将会是什么样子呢？

例③例④只在前分句出现假设标志，例⑤只在后分句出现结果标志，例⑥假设标志和结果标志都没有出现，但可以添上“如果……就……”。

从假设分句和结果分句的先后顺序看，假设句一般是假设分句在前，结果分句在后。但是，假设分句有时也可以出现在结果分句的后边。假设分句后现，往往有补充说明、引人注意的作用。例如：

⑦ 她原是可以救活的，如果及时送到医院的话。（向明《一曲遥寄》）

假设句中有两种比较特殊的句式。第一种是“要不是A，就B。”假设标志“要不是”等于“如果不是”。这种句式表示与事实相反的假设与结果。例如：

⑧ 要不是我在场，她那小拳头就捶在小涛身上了。（汤保华《情感分析》）

⑨ 要不是祖宗积德，你和贞兰的狗头早下地了。（谢璞《寻找》）

跟例⑧相对应的客观事实是“因为我在场，她那小拳头没有捶在小涛身上”。例⑧从与事实相反的假设出发，推断出反事实的结果。同样，跟例⑨相对应的客观事实是“因为祖宗积德，你和贞兰的狗头没有下地”。

第二种句式是“如果说A，那么就B。”假设分句中有时只用“如果”，但是可以添上“说”。结果分句中，“那么”往往简说为“那”；有时不用“那么”，只用“就”或“则”；有时“那么、就、则”都不用。这种句式，表示说法上的假设与结论之间的关系。例如：

⑩ 对于我，如果说也有幸福的时代，那就是在农村度过的童年岁月。

⑪ 对于一个知识分子来说，如果字如其人，那么，书房也如其人。（德兰《求》）

例⑩假设分句提出一个说法，结果分句是对这个说法的进一步解释说明，整个假设句是解注性的。例⑪假设分句提出一种说法，结果分句则提出另一种说法，与前一种进行比较印证，整个假设句是比较性的。

4. 条件句（只有A，才B。只要A，就B。）

条件句是分句间具有条件和结果关系的复句。根据条件的不同性质，可以把条件句分为两类：必备条件句和足够条件句。

(1) 必备条件句。

必备条件句用来强调必备条件，即"有之未必然，无之必不然"的条件。就是说，对于实现某种结果来说，它所提的条件是必不可少的。典型标志是"只有……才……"。同类形式还有"除非……才……""必须……才……"等。例如：

① 只有勤奋耐苦，才能在社会里站稳脚跟。（雁宁《回答》）

② 除非大山崩塌，它才会随之毁灭。（张抗抗《在丘陵和湖畔，有一个人……》）

③ 必须战胜这些敌人，我们的事业才能顺利进行。

必备条件，可以是惟一条件，也可以不是唯一条件。所谓唯一条件，就是"有之必然，无之必不然"的条件。例如：

④ 只有坦白交代，才能考虑从宽处理。

⑤ 只有呼吸到空气，人才能活着。

例④"坦白交代"是"考虑从宽处理"的唯一条件，例⑤"呼吸到空气"并不是"人能活着"的唯一条件。

(2) 足够条件句。

足够条件句表示的条件是"有之必然，无之未必不然"的条件。就是说，满足了它所提的条件，就能实现某种结果。典型标志是"只要……就……"。同类形式还有"一……就……""越……越……"等。由于条件和结果都可以不止一个，因此可以出现多项"只要"分句和"就"分句。例如：

① 一个人只要下有群众上有党，他做人就会非常踏实。

② 发现的问题越多，对于事物一定看得越清楚。

③ 他一有时间，就往图书馆跑。

④ 只要我活着，只要我还捧着公家的饭碗，你就休想跟腊月结婚！（张一弓《张铁匠的罗曼史》）

“只要”分句有时可以后置。后置时，既具有补充说明的作用，也有强调突出的作用。例如：

⑤ 拖那么一两年大概可以，只要平时调理得好。(程乃珊《蓝屋》)

⑥ 我看倒是值得考虑，只要政策许可。(李国文《花园街五号》)

（二）并列类复句

并列类复句是表示广义并列关系的各类复句的总称，具体包括并列句、连贯句、递进句、选择句。

并列类复句反映各种各样的“并列聚合”：并列句是并列两个或几个具有平列、对照或解注等关系的分句；连贯句是并列两个或几个具有先后相继关系的分句；递进句是并列两个或几个具有层递关系的分句；选择句是并列两个或几个具有选择关系的分句。比较：

① 他既教语文，又教历史。　　（并列句）

② 他先教语文，然后教历史。　（连贯句）

③ 他不但教语文，而且教历史。（递进句）

④ 他或者教语文，或者教历史。（选择句）

1. 并列句（既 A，又 B。不是 A，而是 B。A，就是说 B。）

并列句是表示平列、对照、解注等关系的复句。根据分句间的不同关系，并列句又可以分成三类：平列关系并列句、对照关系并列句和解注关系并列句。

(1) 平列关系并列句。

这类并列句平列两种或几种情况。典型标志是“既……又……”。同类形式还有“既……也……”“又……又……”“也……也……”“一边……一边……”“一面……一面……”“一方面……另一方面……”等。也可以单用“也”“又”等标志，还可以不用标志。有的标志（如“又、也、一边、一面”）可以连续使用。例如：

① 赵汉中既是严师，又是慈母。(姜滇《蔚蓝的海峡》)

② 两间一套的房子，又简单，又杂乱。(胡小胡《在省城》)

③ 鸡也飞了，蛋也打了。(张贤亮《河的子孙》)

④ 房间的摆设很简单，也很整洁。

⑤ 院子左边种了几株菊花，右边栽了几棵栀子树。

⑥ 我和两个客人，一边饮酒，一边吸烟，一边畅谈。(肖为《不能改正的错误》)

例①例②例③分别成对使用“既……又……”“又……又……”和“也……也……”；

例④只在后分句用“也”；例⑤没有使用关系词语；例⑥连续三次使用“一边”。

(2) 对照关系并列句。

这类并列句把甲乙两事对照，两事之间具有对立关系或然否关系。分句间常常成对使用“不是……而是……”“是……不是……”等标志；也可以不用标志，而使用可以形成对照关系的反义词或临时性反义词语。例如：

① 你不是一个小孩，而是一个国家干部！

② 这里是大学校园，不是你们可以胡闹的场所！

③ 北方太冷，南方太热。

④ 虚心使人进步，骄傲使人落后。

(3) 解注关系并列句。

这类并列句表明事物与事物之间具有解注关系。分句间有时使用“这就是说”“换句话说”之类的关联性插说成分，有时不用关系词语。例如：

① 受事句不一定都用“被”字，换句话说，受事句不一定都是“被”字句。

② 文如其人，这就是说，什么样的人就写什么样的文章。

③ 大婶抚养过三个孤儿，这三个孤儿现在都参加工作了。

④ 一根麻线难搓绳，一人难办大事情。

例①例②使用了关联性插说成分，表明后分句解注前分句；例③没有使用关系词语，后分句对前分句的宾语“三个孤儿”直接进行解注；例④也没有使用关系词语，前分句用比喻的说法对后分句加以解注。

2. 连贯句（A，接着 B。）

连贯句是分句间具有先后相继关系的复句。典型标志是“……接着……”或“……然后……”。书面上，“接着、然后”后边有时用逗号。前分句有时出现“先”，形成“先……接着……”和“先……然后……”的说法。连贯句也可以不用关系词语。例如：

① 邹丽梅眼睛湿润了，接着，两滴硕大的泪珠涌出眼帘。（从维熙《北国草》）

② 大家先是向高民敬酒，接着就是向何永昌敬酒，一轮一轮的。（萧平《下车伊始》）

③ 卫伟愣了一小会儿，然后，悄悄地把资料夹回了乐谱里。（黄蓓佳《这一瞬间如此辉煌》）

④ 我先送他上车，然后我们一块儿回去。（黄天明《爱的波涛》）

⑤ 他走下台阶，一直跑到湖边，铺了一张纸在草地上，坐下来，弹响了吉他。

⑥ 散席后，高民回到屋里，泡了杯茶，一面喝一面思索这一天听到看到的事。(萧平《下车伊始》)

此外，“就、又、才、这才、于是、一……就……”等有时也表示连贯关系。例如：

⑦ 我们在电话里聊了一会儿天，就把电话挂了。

⑧ 傍晌午，她瞧见在附近地里干活的社员都收工了，这才回到地边。(浩然《能人楚世杰》)

⑨ 后来，我妈妈在大部队的医院里碰到了我爸爸，于是他们结合了……(从维熙《北国草》)

⑩ 今早，岩木戛一出寨子，岩龙就跟上他了。(张昆华《天鹅》)

3. 递进句 (不但A，而且B。)

递进句是分句间具有层递关系的复句。典型标志是“不但……而且……”。“不但”起预示递进的作用，是预递词，“而且”起承接递进的作用，是承递词。预递词和承递词可以成对出现，也可以只出现一个或连续使用。跟“不但”和“而且”作用相同的分别还有“不仅、不单、不只、不光、不独、非但”和“并且、甚至、就连、且、更”等。例如：

① 现在，不但许多事情都搞清楚了，而且许多人都觉得在精神上高大起来。(姜滇《清水湾，淡水湾》)

② 这女人不单开荒地多，且是惹不起的人物。(张贤华《小镇的墟天》)

③ 不光是生活，是生命。(田芬《金钥匙》)

④ 邮局离得很远，而且不通公共汽车。(李陀《魔界》)

⑤ 那干部比曹光荣小几岁，且又生得面嫩、消瘦，(所以颇显年轻。)(薛勇《红灯和绿灯》)

⑥ 气氛不但严肃，不但凝重，而且，简直开始凝固了！(梁晓声《婉的大学》)

⑦ 这个病人不仅有病，而且患的是绝症，而且到了说什么都晚了的程度。

预递词和承递词如果都不出现，那么一般情况下就不认为是递进句。比较：

⑧ 这孩子不但能听懂一些中国话，而且能写不少中国字。(边震遐《火凤凰》)

⑨ 这孩子能听懂一些中国话，能写不少中国字。

⑩ 这两人不仅胖瘦不匀，性格也截然不同。（燕平《小镇旧痕》）

⑪ 这两人胖瘦不匀，性格也截然不同。

例⑧例⑩用了表示递进的标志词，是递进句；例⑨例⑪没有用表示递进的标志词，是并列句。

从递进层级的多少来看，递进句常常是二级递进，即以一层意思为基点向另一层意思递进，如例⑨和例⑪；有时是三级递进，即在二级递进的基础上，再向另一层意思递进。三级递进常常采取“不但……而且……甚至……”的形式。第一项中预递词“不但”可以不出现，但是后两项中必须使用承递词“而且、并且、甚至”等。例如：

⑫ 在五十年代和六十年代初期，它生产的多种型号的车床，不仅装备了大半个中国的机械生产，而且远销亚非拉，甚至竟开拓到欧罗巴。（耿耿《人的问题》）

⑬ 一年后，我要让全厂的工人有活干有饭吃，而且要生活得和付出同等劳动的其他人一样好，甚至要更好。（绍六《镶金边的彩云》）

递进句中有两类比较特殊：

(1) 反转性递进句。

这类递进句的典型标志是“不但不……反而……”，前分句一定要有预递词，预递词除了“不但”，还有“不仅、不光、不单、不只、非但”等，用于预递词后边的否定词除了“不”，还可以是“没、未、没有”等；后分句的反转词除了“反而”，还有“反、倒、反倒、倒反、相反、反过来、偏偏、竟然、居然”等。后分句有时也用“而且”，但是可以换成“反而”。例如：

① 人们不仅不接受他的挑战，反而远远地避开。（赵本夫《村鬼》）

② 他非但没有赶紧缩回去，偏偏腆着脸笑嘻嘻地走过来。

③ 他不仅不后悔起用郎平，而且下大力锤炼她。（鲁光《敬你一杯酒》）

④ 那个小伙子不但没被吓唬住，而且脸上的表情更认真、更执拗了。

从句式的内部关系看，反转性递进句“不但不 A，反而 B”，表示以一个否定意思为基点，向一个肯定意思作反转性递进。也就是说，反转性递进句的内部混合了递进关系和反转关系。一方面，“不 A”和“B”之间具有顺向性递进关系。只要把“不 A”换成意义相等的肯定说法，就可以看清“不 A”和“B”的顺递关系。比较：

⑤ 他贴的标语不但不正，反而歪得更厉害！

→他贴的标语不但歪，而且歪得更厉害！

另一方面，“A”和“B”关系相逆，从“A”到“B”具有反转性。“A”和“B”

有时就是反义词语，有时是凭借“不但不……反而……”的格式而具有临时对立性质。这类递进句可以在后分句用“却”，但是一出现“却”，就成为“递进＋转折”的混合句式。例如：

⑥ 他不但不笑，反而哭了。

⑦ 他不但不哭，反而演得更加认真了。

⑧ 回场后的哲学家非但没受到大家尊敬，却成了笑柄。

⑨（好在他并没有逃走的迹象……）不但没有逃走，相反，却直奔边防站而来。（刘克《康巴阿公》）

(2) 反逼性递进句。

这类递进句的典型标志是“尚且……何况……”。“尚且……何况……”可以成对出现，也可以只出现一个；还可以在“何况”后边再加上“更何况、又何况”等，构成“尚且……何况……更何况……”“尚且……何况……又何况……”之类的形式，表示二次反逼递进。例如：

① 这浑浊的空气，好人尚且受不了，何况肺病患者。（燕平《小镇旧痕》）

② 名教授的书画古玩尚且在劫难逃，何况他一个小人物的区区几柜书呢？

③ 对梁倩尚且如此这般，对别人又该如何呢？（张洁《方舟》）

④ 常言说：望山跑死马，何况行人是在饥饿疲乏中步行呢。（杨尚武《追匪记》）

⑤ 煤渣尚且有用，何况你是一个人，更何况你是一名优秀的技术员。

从递进方向上看，反逼性递进句表示以一层意思为基点，向相比之下不值一提的另一层意思反逼递进。也就是说，它是从较高的级层向较低的级层反逼，以深证浅，以高证低。“不但……而且……”表示由浅入深、由低到高的递进。“尚且……何况……”递进句可以改为“不但……而且……”递进句，但必须改变前后递进项的配置。例如：

⑥ 大风浪尚且经得住，何况小风浪！

→不但小风浪经得住，而且大风浪也经得住！

⑦ 小风浪尚且经不住，何况大风浪！

→不但大风浪经不住，而且小风浪也经不住！

4. 选择句（或者A，或者B。）

选择句是分句间具有选择关系的复句。根据分句间的不同选择关系，可以把选择句分为三类：任选句、限选句和决选句。

(1) 任选句。

这类选择句表示“或此或彼”的选择，即在两个或几个选择项中任凭选择，口气比较灵活。典型标志是“或者……或者……”。“或者”可以单用，只在后分句出现；也可以成对呼应使用；还可以连续多次使用。“或者”有时说成“或是、或则”，也可以只说“或”。“或者……或者……”用于陈述句，如果是选择问句，就用“是……还是……”表示。例如：

① 你们两个人，或者去北京收集资料，或者去武汉购买设备。

② 这些客人都穿着不怕泥水的翻毛马靴，或者打着绑腿。（从维熙《黄金岁月》）

③ 或者有个强盗要来抢，或者这个已经一十有八的女儿会惹出一笔风流债，或者与落难秀才私订终身。（反正是这个套路。）（彭星荣《林平在剧团的日子》）

④ 就他的志向来说，他更愿意教化学、物理，或是当一个治疗克山病的医生。（张抗抗《在丘陵和湖畔，有一个人……》）

⑤ 现在，你是想往好里走，还是想破罐破摔？

“或者”的后面有时还可以加上“说”，构成“或者说”的形式，表示对提出的两种说法，在措辞上可以有所选择。例如：

⑥我感到画家像突然惊异地发现了什么，或者说作画时忍不住某种情绪的流露。（袁和平《沼泽地带》）

(2) 限选句。

这类选择句表示“非此即彼”的选择，即限定从两个选择项中选择一项，强调“二者必居其一”，口气肯定，没有商量的余地。典型标志是“不是……就是……”。同类的还有“要么……要么……”“要不……要不……”“要就是……要就是……”等。例如：

① （每回她来，都是匆匆忙忙的。）不是开会晚了，就是要赶去干什么。（谌容《独自怎生得黑》）

② 要不认栽赔人家，要不找管理处去，交税就得受保护！（郑效农《花鸟鱼市》）

“或者……或者……”有时也表示限选关系。例如：

③ 或者把老虎打死，或者被老虎吃掉，二者必居其一。（毛泽东《论人民民主专政》）

“要么”一般成对使用，但也可以单个使用，有时还可以连用三次或四次。当连用三次以上时，由于选择项较多，不限于二者选一，因此整个选择句更像是“任选”

句。例如：

④ 这个小孩要么不哭，要哭就哭得声嘶力竭。

⑤ 我想回油田去，要么就提前退休，回老家，放放牛。（杜峻《握手之后》）

⑥ 人们要么尊他孙老，要么唤他老孙，要么称他孙猴，要么就叫孙会计。（宏甲《龙脊》）

(3) 决选句。

这类选择句表示“舍此取彼”的选择，即强调在“二者不可兼得”的情况下，经过衡量得失，决定选择其一，口气更加肯定。典型标志是“与其……不如……”。有时也可以说成“与其……宁可……”“与其……宁肯……”“与其……毋宁……”等。“与其”和“不如”常常成对使用，也可以只用一个。例如：

① 与其我转述他的意思，不如把这信寄给你。（苏叔阳《婚礼集》）

② 与其这么等待，为什么不进城找他呢？

③ 离开她，不如死去！（琼瑶《问斜阳》）

④（我怎么会呢？）与其吃它们，宁可咬掉我身上的肉！（宇心《雾中鼓声》）

⑤ 这责任与其让李自成来负，毋宁是应该让卖友的丞相牛金星来负。（郭沫若《甲申三百年祭》）

“与其”和“不如”的后面都可以带上“说”，构成“与其说……不如说……”的格式，表示说法上的取舍关系。例如：

⑥ 与其说是受累，不如说是受骗！（李国文《花园街五号》）

⑦ 代沟两个字，与其说是两代间的距离，不如说是思想上的距离。（琼瑶《浪花》）

从前后选择项的相互关系上看，“与其 A，不如 B”句式中，虽然 A 和 B 各自代表可供选择的一种情况，但实际上表明的是“弃 A 选 B”的优选关系：前项 A 已被规定为落选项，后项 B 已被规定为优选项。例如：

⑧ 与其你们当司令，不如我来当司令！（张聂耳《将军的世界》）

说话人主观认为后项“我来当司令”优于前项“你们当司令”。

（三）转折类复句

转折类复句是表示广义转折关系的各类复句的总称，具体包括转折句、让步句、假转句。

转折类复句反映各种各样的"转折聚合"：转折句表示直截了当的转折关系，让步句表示先作让步的转折关系，假转句表示假言否定性的转折关系。比较：

① 他说确有其事，但是我不相信。　　（转折句）

② 他很有能力，可是没有被重用。　　（转折句）

③ 虽然他说确有其事，但是我不相信。（让步句）

④ 即使他很有能力，也不会被重用。　（让步句）

⑤ 他说确有其事，否则我不会相信。　（假转句）

⑥ 他很有能力，不然不会被重用的。　（假转句）

1. 转折句（A，但是B。）

转折句是分句间具有单纯的直接转折关系的复句。典型标志是"……但是……"。跟"但是"作用相同的还有"可是、就是、只是、然而、不过、但、可、却"等。例如：

① 她想笑，但是笑不出。（鲁彦周《春前草》）

② 邮差是信使，但真正快乐的天使是她。（张笑天《康乃馨》）

③ 张二娃对"早点"这个词是很陌生的，不过，他猜想"早点"大概就是早饭吧！（丁茂《张木匠上工》）

④ 你有问必答就是了，只是不要冒犯她的忌讳。（刘绍棠《虎头牌坊》）

根据前后分句之间转折意味的轻重，可以把转折句分为两类：一类转折意味较重，常用"但是、可是、然而、但、可"和"却"等标志，"但是、可是"等连词还可以跟副词"却"配合使用，如例①例②。又如：

⑤ 她眼里含着泪花，却勉强笑着。（王火《夜的悲歌》）

⑥ 我没来过这山村，但对连贯这一带村子的这条山区铁路却很熟悉。（铁凝《东山下风景》）

另一类转折意味较轻，表示对前分句有所修补，常用"不过、只是、就是"等标志，有时后分句还带上"罢了、就是了"之类表示语气的词语，如例③例④。又如：

⑦小孟也来了，不过她来得迟得多。（曹玉林《祠堂里的学校》）

⑧ 蹬凤凰牌单车一样活着，只是没有那样神气罢了！（朱崇山《生活的轨迹》）

2. 让步句（虽然A，但是B。即使A，也B。宁可A，也B。无论A，都B。）

让步句是分句间具有让步转折关系的复句。

让步句前分句用让步词，表示先让一步，预示后面将有转折。让步句的突出特点是前分句有表示让步的特定标志。根据形式标志和表达作用的不同，可以把让步句分为四类：容认性让步句、虚拟性让步句、忍让性让步句、无条件让步句。

(1) 容认性让步句。

这类让步句表示对事实的让步。即先容认甲事是事实，然后转过来指出乙事的成立不受甲事的影响。典型标志是“虽然……但是……”。前分句用“虽然、虽说、尽管、固然”等让步词；后分句常用“但是、可是、然而、但、可、却”之类的转折词，也可以不用转折词。例如：

① 他虽然身材瘦小，长得却很机灵，……(陶嘉善《魂宝》)

② 尽管周红娜事先打过招呼，孙燕还是觉得潘树林怎么那么黑呀。(万方《空镜子》)

③ 他虽然笨，也晓得共产党历来主张集体化。(高晓声《陈奂生包产》)

容认性让步句与转折句相比，有两个特点：一是容认性让步句在表示让步的前分句使用让步词“虽然”等，而转折句的前分句没有预示转折的词语。二是容认性让步句的构成基础是甲事和乙事之间存在因果违逆关系，而转折句的前后分句之间可以不是因果违逆关系。所谓因果违逆，是指作为结果的乙事不是作为原因的甲事的顺承结果，而是与甲事的顺承结果相反的逆转结果。比较：

④ 因为光线很暗，所以我看不到他脸上的表情。

⑤ 虽然光线很暗，但我还是看到了他脸上的表情。

例④是因果句，乙事“我看不到他脸上的表情”是甲事“光线很暗”的顺承结果。例⑤是容认性让步句，乙事“我还是看到了他脸上的表情”是甲事“光线很暗”的逆转结果。

甲事和乙事之间不存在因果违逆关系的转折句，不能在前分句添上“虽然”之类的让步词，构成容认性让步句。例如：

⑥ (袁静雅握着她的手，觉得很软，) 手指很长，但是很凉。(苏叔阳《故土》)

⑦ “是城市吗？”我问道，但立即为自己的饶舌而发窘了。

这两例都不能加上“虽然”。

(2) 虚拟性让步句。

这类让步句表示对虚拟的情况让步。即先姑且承认某种虚拟的情况，然后转过来指出某事的成立不受虚拟情况的影响。典型标志是“即使……也……”。前分句用“即使、即便、即令、纵使、纵然、哪怕、就算”等让步词；后分句常用“也”，也可以不用。例如：

① 即使你去找个猪婆，我也不阻拦。（谢璞《寻找》）

② 金子哪怕被埋在地下，也一定会闪光。

③ 即使你头发全白了，我照样可以认得出来。

④ 就算你能跑出去，到外边怎么生活？（陈冲《不自然的黑色》）

(3) 忍让性让步句。

这类让步句表示心理上意志上的让步。即先表明在别无选择的情况下对不乐意而为之的事情不得不有所忍让，然后转过来指出决心要达到的目的。典型标志是“宁可……也……”。跟“宁可”作用相同的还有“宁肯、宁愿”等。后分句常用“也”，也可以不用；有时采用肯定形式“也要……”，从肯定方面表明决心“要怎样”，也可以采用否定形式“也不……”，从否定方面表明决心“不怎么样”。例如：

① 宁可孤注一掷，也要弄个明白。（朱春雨《大地坐标上的赋格》）

② 宁可自己进地狱，也要成全她上天堂！（肖为《不能改正的错误》）

③ 宁可自己一个人担风险，也不能让王主任有个三长两短。（杨志杰《选拔》）

④ 宁肯死，宁肯跳进山洪，也不让那俩坏蛋逮住。（王笠耘《春儿姑娘》）

⑤ 三年困难时期，他们宁可自己挨饿，把省下的口粮留给向红。（顾笑言《洪峰通过峡谷》）

(4) 无条件让步句。

这类让步句表示对各种条件的总体性让步。即先无条件地认可各种情况，然后转过来指出在任何情况下都会产生的某种结果。典型标志是“无论……都……”。前分句用“无论、不论、不管”等让步词；后分句常用“都、也、全、总”之类副词，也可以不用。例如：

① 无论你说了我什么，我都不怨恨你。

② 不管她如何地勤俭、刻苦、自励，日子总是过得十分艰难。（姜滇《清水湾，淡水湾》）

③ 不管你信不信，他做到了！

④ 不管怎样，你起码要放两个月限期。

无条件让步句的前分句划定可供选择的情况的范围。这有两种方式：

A. 列举式。用列举的形式表示两个或几个方面的情况。列举项之间，可以加上“还是、或者”之类表示选择的词语。例如：

⑤ 不论整顿领导班子，整顿作风，整顿政治机关，没有一股子劲头不行。（邓小平《在全军政治工作会议上的讲话》）

⑥ 不管你同意不同意，我们都去。

⑦ 认识的，不管事急事缓，都要坐下喝口水才去。（丁震东、屠海滨《青石街头的小屋》）

例⑤是“a＋b＋c”并举式，例⑥是“a＋不 a”然否式，例⑦是“a＋z”对立式。

B. 总括式。用总括的形式表示两个或几个方面的情况，或者表示一个方面的情况本身存在的种种度量差异。形式上，前分句包含有表示任指的疑问代词“谁、什么、哪里”等，或者包含有“怎么（怎样、如何）＋中心语”“多么（多）＋中心语”“多少＋中心语”的结构。例如：

⑧ 不管是谁搞错的，我们都得向院里写个检查。（宋家玲《危险的脑症》）

⑨ 大婶，你无论说什么，我都不会生你的气。（顾笑言《洪峰通过峡谷》）

⑩ 不管春哥说的话多么难听，他还是笑眯眯的。（叶辛《发生在霍家的事》）

⑪ 这项工作，无论有多少困难，我们都敢于承担。

跟容认性让步句一样，虚拟性让步句、忍让性让步句和无条件让步句都具有让步性。有让步就有转折。为了强调其转折性，后分句都可以用上“但、却”之类的转折词。例如：

① 即使他心底恼怒得恨不得把我一口咬碎，但脸上还是展露出一副友好的笑容。（燕子《太阳雨》）

② （如果她承袭了这笔财产，）即使是合法的，但也不光彩。（姜滇《清水湾，淡水湾》）

③ 宁可慢些，但要好些！

④ 他宁可别人负他，自己却不肯负人。（金庸《天龙八部》）

⑤ 不管第一次恋爱是不是成功，但必须都得讲真的，……（晓白《学校轶事》）

⑥ 不管你给它起了多好听的名儿叫什么“元旦”，可中国人从来不把它当“年”看待。（蒋子龙《拜年》）

容认性让步句、虚拟性让步句和无条件让步句的让步分句有时后置，后置时有补充说明、强调突出的作用。例如：

⑦ 我晓得应该分清是非，虽然我很笨。

⑧ 在原则问题上，我郑维中从来是不含糊的，即使是对你！

⑨ 反正我是老老实实地报，不管将来碰到什么问题。

3. 假转句（A，否则 B。）

假转句是分句间具有假言否定性转折关系的复句。它先指明甲事，接着指出如果不这样就会出现乙事。典型标志是“……否则……”“否则”表示“如果不这样就”的意思，是个具有假言否定性的逆转词。此外，“……不然……”“……要不然……”“……要不……”等也表示假转关系。例如：

①请别这样激动，否则我就证实了他是对的。

② 幸亏河水是污浊的，不然，映出她的脸一定很难看。（姜滇《清水湾，淡水湾》）

③ 一定是发生了什么事，要不然，黄成理不会不来。（鄢国培《巴山月》）

④ 都是海棠那死丫头插一杠子，要不俺妹子和长锁是多好的一对呀！（赵新世《鸡为媒》）

⑤ 这种女人决不应是对现代伦理有清醒知觉，对现代文明有热烈向往的那种女性，否则的话，格格不入的追求，就会使情感发生危机，使先天的悲剧愈演愈惨。（海波《彩色的鸟，在哪里飞徊?》）

三　复句紧缩和复句扩展

（一）复句的紧缩

复句中的分句有时候紧缩在一起，成为紧缩句。比较：

① 人欢，马叫。　　　（复句）

② 人欢马叫。　　　　（紧缩句）

③ 只要人在，阵地就在。（复句）

④ 人在阵地在。　　　（紧缩句）

例①是并列复句，例③条件复句，例②和例④分别是包含并列关系和条件关系的紧缩句。

紧缩句在语音上是紧缩的，取消了句中停顿，如例②；有的在结构上也是有所缩略的，取消了句中的某些成分，如例④。它是一类特殊的句子，形式上近似单句，但语义上包含复句关系。

紧缩句既可以独立成句，也可以作为分句，跟别的分句一起构成复句。不管是独立成句，还是作为复句中的分句，在分析句子结构关系时候，都要指明它所包含的复句关系。

从紧缩后的结果来看，紧缩句有两种情况：一种是由原型复句直接凝合而成。就是说，跟原型复句比较，它只是取消了分句间的承接性停顿，如例②。一种是由原型复句缩略而成。就是说，跟原型复句比较，它不仅取消了分句间的承接性停顿，而且还压缩了分句中某些成分，如例④。再比较：

⑤ 电闪，雷鸣。　　　　（复句）

→电闪雷鸣。　　　　（紧缩句）

⑥ 即使没有钱，我们也干。（复句）

→没钱也干。　　　　（紧缩句）

从关系标志的使用上看，紧缩句可以分为两类：

1. 无标紧缩句

这类紧缩句没有形式标志。例如：

① 山青水绿。　　　（并列）

② 雨过天晴。　　　（连贯）

③ 你喝咖啡呀喝可乐？（选择）

④ 人逢喜事精神爽。　（因果）

⑤ 你不愿意我愿意。　（转折）

2. 有标紧缩句

这类紧缩句有一定的形式标志。这又有三种情况：

(1) 成对使用关系词语。主要包括：

A. “不……不……”。相当于“如果……就……”。例如：

① 话不说不明，理不讲不请。

② （他不爱说话），不问不开口。

③ 咱们明天不见不散！

B. “非……不……”。相当于“除非……否则……”。例如：

④ 他非北京不去。

⑤ 我们非买新电脑不可。

⑥ 我非找到几本好书不罢休。

C. “不……也……”。相当于“即使……也……”。例如：

⑦ 他不请也会来。

⑧ 这点儿小病不吃药也会好。

⑨ 你不说大家也知道。

D. “再……也……”。相当于“即使……也……”。例如：

⑩ 好书再贵也要买。

⑪ 你再说也没有用。

⑫再远也要去。

E.“一……就……”。相当于“……接着……”或“只要……就……”。例如：

⑬ 我一进门就看见了陈天寿。

⑭ 他一到学校就报了名。

⑮ 我呀，一喝酒就醉。

⑯ 他一不顺心就觉得耳朵里痒痒。

F.“越……越……”。大都相当于“只要……就……”。例如：

⑰ 葡萄越熟越甜。

⑱ 前进的道路越走越宽广。

⑲ 越伤心越哭，越哭越伤心。

(2) 单个使用关系词语。例如：

① 无私才能无畏。

② 人活着就有希望。

③ 明天下雨就不要来了。

④ 他想说又不敢说。

⑤ 不吃饭也要把活干完。

⑥ 我怎么劝也不能改变他的决定。

⑦ 你说什么他都不听。

例①相当于“只有……才……”；例②相当于“只要……就……”；例③相当于“如果……就……”；例④相当于“……但是……”；例⑤相当于“即使……也……”；例⑥相当于“无论……也……”；例⑦相当于“不管……都……”。

(3) 呼应复用表示任指的疑问代词。例如：

①这房子周围的环境宁静、优美，谁来谁喜欢。

② 这箱苹果谁想吃谁吃，别客气。

③ 革命军人，哪里需要哪里去。

④ 这孩子太娇了，想要什么有什么！

例①表示“无论……都……”，②表示“如果……就……”，③表示“只要……就……”，例④表示“只要……就……”。

紧缩复句简短精练，语气紧凑，在口语里经常运用。在书面语中，有时出于表达上的某种需要，在一串话中有意不用标点。这种没有标点的一串话不能算是紧缩复句。

（二）复句的扩展

有的复句只包含一个关系层次，这是单纯复句。有的复句包含两个或几个关系层次，这是多重复句。例如：

① 他才二十出头，不过他办事认真。

② 他才二十出头，不过他办事认真，而且业务能力强。

例①是转折句，只有两个分句、一个关系层次，因此是个单重复句。例②也是转折句，但包含三个分句、两个关系层次：第一层次由“……不过……”标明是转折关系，第二层次由“……而且……”标明是递进关系。因此，这是一个多重复句。

多重复句至少要包含三个分句，但包含三个或三个以上分句的复句不一定就是多重复句。比如：

③ 我一边说，一边写，一边注意她用的信封。

④ 她是老婆，又是老妈子，又是厨子，又是护士。（王蒙《相见时难》）

例③由三个分句构成，但分句之间都是并列关系，全句只有一个层次，因此是个单重复句。例④由四个分句构成，分句之间也都是并列关系，这也是一个单重复句。

多重复句是复句的扩展形式。包含两个结构层次的叫二重复句，包含三个结构层次的叫三重复句，依此类推。多重复句里，第一个关系层次是整个复句的基本层次，复句的类属是根据第一个关系层次来判定的。例如：

⑤ 我们之所以输掉这场球，|因果 不是因为我们技不如人，‖并列 而是因为我们临场过于紧张。

⑥ 如果不去，‖假设 请你明天告诉我们，|目的 以便我们在第二名或第三名中继续选择。

⑦ 我从小就喜欢看电影，‖递进 而且看的电影不少，|转折 但对于放电影却是一窍不通，‖因果 因此感到很新鲜。（李伦《守望西北》）

⑧ 虽然妈妈对我的不回去觉得很伤心，|转折 但是因为我是她的儿子，‖因果 她会慢慢理解我的，|||并列 原谅我的。

例⑤包含两个关系层次：第一个关系层次表示因果，第二个关系层次表示并列。这是一个因果关系的二重复句。例⑥包含两个关系层次：第一个关系层次表示目的，第二个关系层次表示假设。这是一个目的关系的二重复句。例⑦包含两个关系层次：第一个关系层次表示转折，前后部分的第二个关系层次分别表示递进和因果。这是一个转折关系的二重复句。例⑧包含三个关系层次：第一个关系层次表示转折，第二个关系层次表示因果，第三个关系层次表示并列。这是一个转折关系的三重复句。

分析多重复句，就是确定其层次和关系。有三个要领：一是善于逐层剖析；二是善于抓住标志；三是善于化繁为简。

逐层剖析，就是指从大到小地划清层次。首先总观全局，划出第一个层次；然后，按先后顺序划出第二个、第三个层次等。

抓住标志，就是指根据关系词语来审定层次关系。如果复句中没有出现关系词语，可以根据句子的意思添上合适的关系词语。如例⑥，根据“以便”，可以判定第一层次表示目的关系；第一层次的前部分出现了“如果”，而且可以在第二分句前边加上“就”，由此可以断定第二层次是假设关系。

化繁为简，是指把内容繁复的部分化为简单形式，以便看清部分与部分之间的关系。如例⑦，可以把整个句子简化为：“（虽然）甲情况是这样，但乙情况是那样。”这样，就可以断定这个复句的第一层次是转折关系。第一层次的前一部分又可以简化为：“我（不但）这样，而且那样。”这样，就可以断定第一个分句和第二个分句之间是递进关系。第一层次的后一部分又可以简化为：“（由于）这样，因此那样。”这样，就可以断定第三个分句和第四个分句之间是因果关系。

分析多重复句的层次和关系，可以采取“句中标明”和“图表表示”两种表示法。

“句中标明”的方法，也叫“划线法”。它是在句中直接标明分析的结果。首先，在组成多重复句的每个分句的末尾用数字标明其顺序。然后，用竖线划层次，并在竖线的下面注明关系：第一层次用单竖线“|”标明，第二层次用双竖线“‖”标明，第三层次用三根竖线“|||”标明，其他类推。如例⑧：

——，㈠ | ——，㈡ ‖ ——，㈢ ||| ——。㈣
转折　　因果　　并列

“图表表示”的方法，也叫“图解法”。它是在句外表示分析的结果。首先，用顺序号代表组成多重复句的各个分句。然后，用层次切分法逐层切出层次，并注明关系。如例⑧：

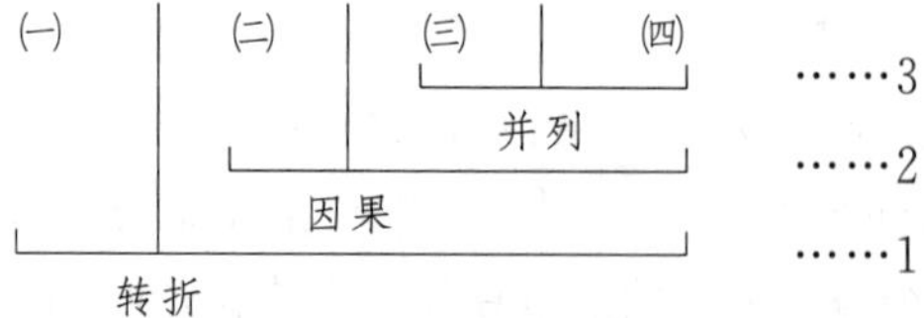

下面举几个多重复句，用句中标明法和图表表示法进行分析：

⑨ 如果你不出面干预，(一)‖选择 或者张厂长仍然态度暧昧，(二)|假设 他即使把设备卖了，(三)‖让步 也没人阻止得了。(四)

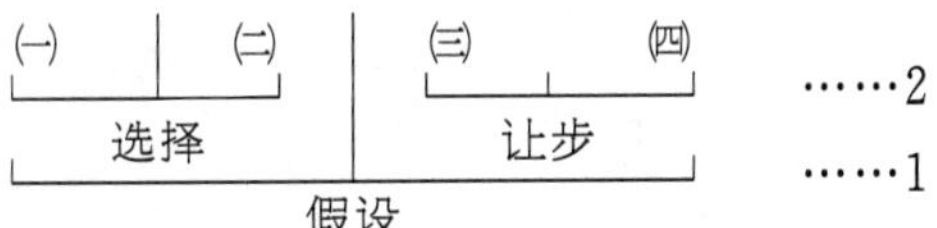

这是一个二重复句。根据第一层次的关系，它是一个假设句。

⑩ 我们所以要隆重纪念阿耳伯特·爱因斯坦，(一)|因果 不仅是因为他一生的科学贡献对现代科学的发展有着深远的影响，(二)‖递进 而且还因为他善于探索、勇于创新、为真理和社会而献身的精神是值得我们学习的，(三)|||并列 是鼓舞我们为加速实现四个现代化而奋斗的力量。(四)

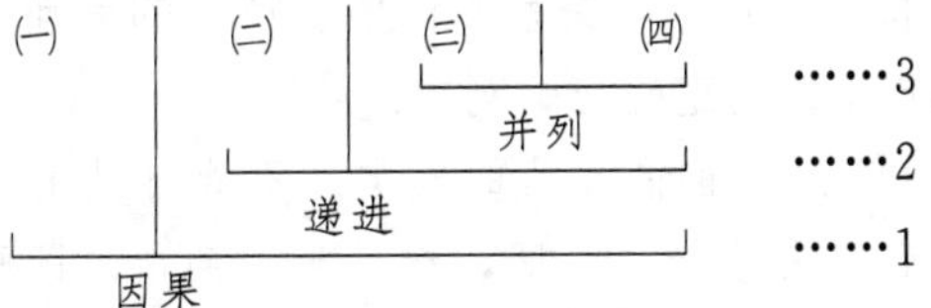

这是一个三重复句。根据第一层次的关系，它是一个因果句。

⑪ 这个阿多高兴起来时，什么事都肯做，(一)‖并列 （不管）碰到同村的女人们叫他帮忙拿什么家伙，(二)||||选择 或是下溪去捞什么，(三)|||让步 他都肯；(四)|转折 可是今天他大概有点不高兴，(五)‖因果 所以只顶了五六只“团扁”去，(六)|||转折 却空着一双手。(七)（茅盾《春蚕》）

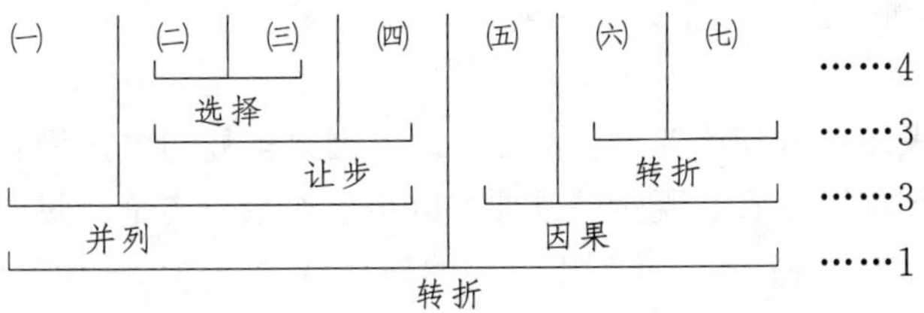

这是一个四重复句。根据第一层次的关系，它是一个转折句。

⑫ 如果作出了抉择，(一)‖转折 却由于种种原因达不到你的目的，(二)|||因果 从而使你

的抉择半途而废，㈢|||| 甚至于让别人利用了你的抉择，㈣|||| 以至失败，㈤|
递进　因果　假设
那你的抉择不仅会害了自己，㈥‖ 也同样会害了别人！㈦
递进

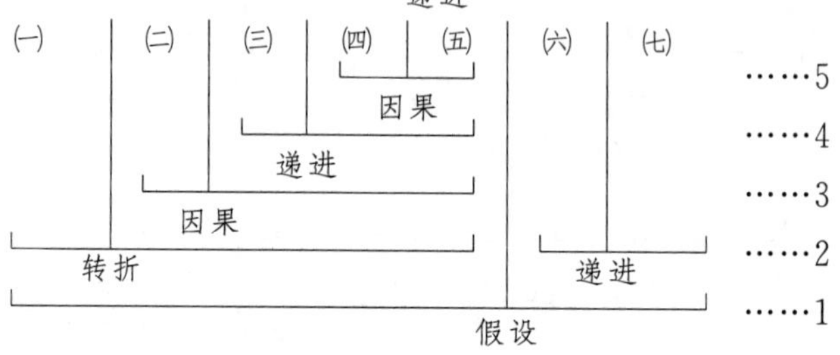

这是一个五重复句。根据第一层次的关系，它是一个假设句。

四　复句关系词语

（一）复句关系词语的范围

复句关系词语，是复句中用来联结分句标明关系的词语。特定的复句关系词语标示特定的复句关系，是复句在形式上的特定标志。例如：

① 虽然李岑什么也没说，但苏青相信自己的感觉。不管自己的感觉准不准，她想稍稍回避一点。她在商业大楼转了一圈，然后步行回所。既要标明自己不愿陷得太深，也要把好意做得像无意一样的不露痕迹。

例①有四个复句。“虽然……但……”是容认性让步句的形式标志，标明第一个复句有让步转折关系；“不管……（都）……”是无条件让步句的形式标志，标明第二个复句有让步转折关系；“……然后……”是连贯句的形式标志，标明第三个复句有先后相继的连贯关系；“既……也……”是并列句的形式标志，标明第四个复句有平列并举的关系。

复句关系词语是根据联结分句、标明复句关系、形成复句句式的共同特点聚合在一起的一些词语。一般说来，包括以下四类：

1. 句间连词

句间连词是指用来连接分句的连词。例如：用于因果类复句的连词有“因为、由于、所以、因此、因而、以致、既然、以便、以免、如果、要是、假如、倘若、那么、只有、只要、除非”等；用于并列类复句的连词有“一边、一面、于是、然后、接着、不但、不仅、不只、不光、非但、而且、并且、甚至、或者、要么、与其、不如”等；用于转折类复句的连词有“但是、然而、可是、不过、虽然、尽管、即使、纵然、宁可、宁肯、无论、不管、否则、不然”等。

在复句中，用于连接分句的连词是辅助性语法成分，不充当句子成分。

2. 关联副词

关联副词是指在复句中起关联作用的副词。如“就、才、既、又、也、更、却、都、总、再、还”等。在复句中，关联副词可以单用，也可以连用，还可以与其他关联副词配对使用，或与句间连词呼应使用。例如：

②我爱北京，我更爱今天的北京。(老舍《我爱新北京》)

③ 说话嗓门也高了，脸色也好看了。(蒋子龙《一个工厂秘书的日记》)

④ 包出的饺子，既不漂亮，又不牢实。(谭谈《小路遥遥》)

⑤ 只有勤奋耐苦，才能在社会里站稳脚跟。(雁宁《回答》)

关联副词跟句间连词不同，它在起关联作用的同时，还充当句子的状语成分。只是有的作状语时，其状语性不明显或不太明显。

3. 助词

能够作为复句关系词语的助词只有“的话”。“的话”用在分句末尾，标明分句间具有假设和结果的关系。例如：

⑥ 你一个人害怕的话，我送你回去。

⑦ 我送你回去，你一个人害怕的话。

4. 超词形式

超词形式是指比词大的单位。充当复句关系词语的超词形式有以下 4 种：

(1) 带“说”或“的话”的超词形式，如“如果说、与其说、否则的话、不然的话”等。

(2) 以“是”为基础构成的超词形式，如“不是、就是、而是、要不是、若不是”等。

(3) 在反转性递进句中跟“反而”呼应使用的超词形式，如“不但不、不但没有”等。

(4) 分句之间的关联性插说成分，如“这就是说、换句话说”等。

总起来说，复句关系词语在词类系统中不是固定的类，可以是连词，可以是副词，还可以是助词；在语法单位中不属于固定的级，可以是词，也可以是超词形式；在造句功用上不具有划一性，可以只纯粹标明复句关系，也可以既标明复句关系又充当句子里的某个成分。例如：

⑧ 无论天气多好，我和小玲都只能整天整天地呆在家里。

⑨ 是关系户，还是老同学？

例⑧“无论……都……”标明无条件让步关系。其中，“无论”是句间连词，只起标明关系的语法作用；“都”是关联副词，在起关联作用的同时，还充当状语。例⑨“是……还是……”标明选择关系，同时还兼作句子成分：“是”是分句中的动语，分别带判断宾语“关系户”和“老同学”；“还”是状语。

（二）复句关系词语的作用

复句关系词语的作用可以从两个角度来观察：从运用结果看，复句关系词语的作用是标明复句关系。如“因为……所以……”标明因果关系，“不但……而且……”标明递进关系，“虽然……但是……”标明容认性让步转折关系。从运用过程，即从由逻辑基础到关系标明的过程看，复句关系词语又有显示、选示、转化、复现等作用。

1. 显示

所谓显示，是指分句间本来隐含着某种关系，人们运用表示这种关系的关系词语来显示这种关系。例如：

① 因为距离很远，所以他的话听不清楚。

② 虽然距离很远，但是他的话听得相当清楚。

例①前分句“距离很远”和后分句“他的话听不清楚”本来存在因果关系，用“因为……所以……”显示了这种关系。例②前分句“距离很远”和后分句“他的话听得相当清楚”本来存在转折关系，用“虽然……但是……”显示了这种关系。

2. 选示

所谓选示，是指分句间本来隐含着两种或多种关系，人们有选择地运用某种关系词语来显示其中的一种关系。例如：

③ 因为他肯出面，所以事情好办。

④ 既然他肯出面，事情就好办。

⑤ 只要他肯出面，事情就好办。

“他肯出面”和“事情好办”之间的关系，就逻辑基础而言，存在着多种可能：可以是事实上的原因与结果的关系，可以是推断的根据与结果的关系，也可以是特定条件与结果的关系。例③选用“因为……所以……”，标示为因果关系；例④选用“既然……就……”，标示为推断关系；例⑤选用“只要……就……”，标示为条件关系。

3. 转化

所谓转化，是指分句间本来隐含着某种关系，人们运用关系词语使本来存在的关系有所转化。即：使本来存在的甲种关系转化为乙种关系。比较：

⑥ 许多事情都搞清楚了，许多人都觉得在精神上高大了起来。

⑦ 许多事情都搞清楚了，许多人因而都觉得在精神上高大了起来。

⑧ 不但许多事情都搞清楚了，而且许多人都觉得在精神上高大了起来。

例⑥没有用关系标志。从逻辑基础看，分句间隐含因果关系，是一个因果句。例⑦后分句用了“因而”，这是显示，标明为因果关系。例⑧用了“不但……而且……”，就把本来隐含的因果关系转化成了递进关系。

转化有时表现为虚实关系的转化。例如：

⑨（工棚里，没有了往日的欢笑。）即使歪诗杜和苟玉田能设法引出一点笑声，听来也是干巴巴的让人难受。（郑柯、子华《为君唱支风流歌》）

⑩ 保长肯定受了许长生的贿……既然这样，他决不会肯卸面子。（陆涛声《庆生伢的财运》）

“即使……也……”是虚拟性让步句的形式标志，“即使”引出的一般是假设的未然情况。例⑨“即使”引出的却是已然事实。这是“化实为虚”。“既然……就……”是推断因果句的形式标志，“既然”引出的一般是已然事实。例⑩“既然”引出的却是猜测的有待证实的未然情况。这是“以虚当实”。

4. 复现

所谓复现，是指分句间本来隐含着两种关系，人们同时运用两种关系词语复现这两种关系。例如：

⑪ 我既感到摆脱了一种负担的轻松，却又有一种相形见绌的沉重。（陆星儿《呵，青鸟》）

⑫ 如果说，樊福林身上集中了小镇的一面，那么，他身上却恰恰集中了小镇的另一面。（周梅森《小镇》）

⑬ 火车越近南京，我却越感到情怯。

例⑪既用了“既……又……”，又用了“却”。这是并列和转折的混合句式。例⑫既用了“如果……那么……”，又用了“却”。这是假设和转折的混合句式。例⑬既用了“越……越……”，又用了“却”。这是条件和转折的混合句式。

检测与思辨

一、什么是复句？跟单句相比，复句有哪些特点？

二、指出下列复句的关系类型：

① 我已经把书带来了，就不会带回去了。

② 老赵尽力使车子跑得平稳，以便总指挥睡的安宁。

③ 至少应该加上自己的姓，以免引起误会。

④ 没有大家的帮助和支持，我们不可能取得今天的成绩。

⑤ 乘康又能干，又勤快，对你又那么好。

⑥ 桃花开了，杏花开了，柳毛子到处飞。

⑦ 终有一天，要么因它而阻碍社会的健康发展，要么有健康发展的社会来战胜它。

⑧ 她一定还不晓得她的心上人走失，否则不会那么愉快。

三、将下面的单纯复句逐步扩展为二重复句、三重复句、四重复句：

① 你要获得成功，就要付出汗水。

② 她既然爱好音乐，那么就从音乐方面去打动她的心。

③ 不但学生应该尊重教师，整个社会都应该尊重教师。

④ 过去那个郑诚，虽遥隔这么多年，可谭谟对他是熟悉的。

第六节　句　　群

一　句群的特点

（一）什么是句群

句群又叫句组或语段，是指由两个或几个在结构上有密切联系的句子组合而成的表述一层意思的语法单位。

句群有三个基本特点：

第一，句群由两个或几个句子构成。也就是说，句群是比句子大的语法单位。构成句群的句子，从数量上看，可以是两个，也可以是多个；从句型上看，可以是单句，也可以是复句；从句类上看，可以是陈述句或疑问句，也可以是祈使句或感叹句。例如：

① 让我们捧起一把泥土来仔细端详吧！这是我们的土地啊！（秦牧《土地》）

② 在这样雨雪交加的日子里，如果没有什么紧要事，人们宁愿一整天足不出户。因此，县城的大街小巷倒也比平时少了许多嘈杂。（路遥《平凡的世界》）

③ 等人是最心烦的，怎么还不来呢？工厂里走不开？自行车的气门芯被人拔了？路上出了麻烦？（章世添《关于一个爱情故事的报告》）

④ 让我们捧起一把泥土来仔细端详吧！这是我们的土地啊！怎样保卫每一寸土地呢？怎样使每一寸土地都发挥它的巨大潜力，一天天更加美好起来呢？党正在领导着我们前进。青春的大地也好像发出巨大的声音，要求全国人民都作出回答。（秦牧《土地》）

例①是由两个单句构成的句群，其中一个是祈使句，一个是感叹句。例②是由一个单句和一个复句构成的句群，两个句子都是陈述句。例③是由三个单句和一个复句构成的句群，四个句子都是疑问句。例④是由五个单句和一个复句构成的句群，它们分别是祈使句、感叹句、疑问句和陈述句。

第二，构成句群的句子在结构上有密切联系。它们或者是通过语序手段组合在一起，如例①例③例④；或者通过特定关系词语组合在一起，如例②。又如：

⑤ 你疯了？还是真的老糊涂了？（苏叔阳《故土》）

⑥ 这样的会高民参加过不止一次，这样的会对离任的人也都是例行地说些好话。但高民听出黄丕林的话是发自内心的，是带有感情的。（萧平《下车伊始》）

第三，句群要表述一层意思，在语义上都有一个明晰的中心。这个语义中心，有的需要从整个句群中归纳出来；有的是由句群中的某个句子直接表明。表明句群语义中心的中心句往往是位于句群的开头或末尾，但有时也处在句群的中间。例如：

⑦ 我的母亲很高兴，但也藏着许多凄凉的神情，教我坐下，歇息，喝茶，且不谈搬家的事。宏儿没有见过我，远远的对面站着只是看。（鲁迅《故乡》）

⑧ 感人的歌声留给人的记忆是长远的。无论哪一首激动人心的歌，最初在哪里听过，哪里的情景就会深深地留在记忆里。环境，天气，人物，色彩，甚至连听歌时的感触，都会烙印在记忆的深处，像在记忆里摄下声音的影片一样。那影片纯粹是用声音绘制的，声音绘制色彩，声音绘制形象，声音绘制感情。只要在什么时候再听到那种歌声，那声音的影片便一幕幕放映起来。（吴伯箫《歌声》）

⑨ 首先，各人说话有各人的习惯，因而停顿的情形的不同。比如，有的人说话特别慢，停顿的地方就特别多；有的人说话特别快，停顿的地方就很少。其次，在不同的场合说话，停顿的情形也会不同。比如，在较大的集会上演讲，为了使人听得清楚，常常说得较慢，声音拉长，停顿就多，甚至一词一顿。在感情激动时，说话也跟平常不同，停顿特别多或特别少。再次，为了清楚地表达思想，一句句话里必须停顿，否则，话里各部分的关系不明白，别人就会听不懂话的意思。总之，说话的停顿是多种多样的。（转引自郝长留《语段知识》）

⑩ 有的人呢，散文还没写通顺，便去作诗。我不相信，连一封信还写不明白，而能写出诗来——诗应是语言的精华！不错，某个诗人的诗确比散文写得好；可是，自古以来，还没有一位这样的诗人：诗极精彩，而写信却胡里胡涂。我看，还是先把散文写好吧！诗写不好，只不过不能发表；信写不明白，可会耽误了事。（老舍《散文重要》）

例⑦的中心意思是说明家人对“我”回乡搬家的反应。这个中心意思是从整个句群中归纳出来的。例⑧的中心意思是“感人的歌声留给人的记忆是长远的”。这个中心意思是由句群的第一个句子直接表明的。例⑨的中心意思是“说话的停顿是多种多样的”。这个中心意思是由句群的最后一个句子直接表明的。例⑩的中心意思是“先把散文写好”。这个中心意思是由句群中间的第四个句子直接表明的。

（二）句群和复句

句群和复句是两种不同的语法单位。它们既有联系，又有区别。其联系表现在：一方面，句群可以由复句构成，是比复句大的语法单位；另一方面，句群和复句都是以语序和特定关系词语作为组合手段，它们在一定的情况下可以互相转换。例如：

① 假如我是郭庆来，我就不谅解当年举报我的那个人。因为他的举报给我带来了厄运。（肖克凡《镜中的你和我》）

→假如我是郭庆来，我就不谅解当年举报我的那个人，因为他的举报给我带来了厄运。

② 这些年来，他吃了不少苦；不过，总算挺过来了。

→这些年来，他吃了不少苦。不过，总算挺过来了。

例①是个句群，但如果把中间的句号改成逗号，就变成了复句。例②是个复句，但如果把中间的分号改成句号，就变成了句群。

当然，句群和复句并不是可以任意互相转换的。有些情况下，句群不能够转换为复句，复句也不能够转换为句群。例如：

③（马一青明知万正带有装傻的意思，但还是说：）“所谓物质，就是让他们吃好、住好、玩好。因为这毕竟不是一天两天的事。至于精神方面，你自己琢磨去吧。”（钟道新《权力的界面》）

④ 我与其盯着这个人，不如盯着这只大皮包。（王庆《山风》）

例③是由三个句子组成的句群：前两句写物质方面，后一句写精神方面，两方面是并列关系，中间用“至于”作为联结标志。这个句群就不能转换为复句。例④是由两个分句构成的选择复句，并用关系词语“与其……不如……”作为联结标志。这个复句也不能转换为句群。

句群和复句的区别主要表现在：

第一，构成的成分不同。句群是由句子构成，复句是由分句构成。构成句群的句子都有独立完整的语调，表意一般是自足的，而且句后都有隔离性的语音停顿，书面上使用句号、问号或感叹号等句末点号。构成复句的分句没有独立完整的语调，表意只是相对自足，而且分句之间的语音停顿是接续性的，书面上使用逗号或分号等句中点号。

第二，表述的容量不同。句群能够表述一层中心意思，作为句群构成成分的句子也都能够表述一个独立完整的意思；复句只能表述一个独立完整的意思，而作为复句构成成分的分句，不能表述一个独立完整的意思，而只能表述一个相对完整的意思。

第三，关系词语的使用不同。首先，复句既可以成对使用关系词语，也可以单个使用关系词语；既可以只在前分句使用关系词语，也可以只在后分句使用关系词语。句群很少成对使用关系词语，它往往是在后句中单个使用关系词语，而且通常是使用成对关系词语中的后一个。例如：

⑤ 由于他无暇顾及，所以包围圈越缩越小了。（高建群《白房子争议地区源流考》）

⑥ 为了使自己意图得到实现，何铁夫提议政工科，只在小范围内搞测验。所以搞测验的那一天，政工科只喊来科室的一把手，并没有搞全方位的民意测验。（肖仁福《空转》）

例⑤是个复句，成对使用了因果句的形式标志“由于……所以……”，“所以”前面的逗号不能够改成句号。例⑥是个句群，只在后一句子中单独使用了表示因果关系的关系词语“所以”。这个句群如果把“所以”前面的句号改成逗号，就变成了一个因果复句。

句群有时候也成对使用关系词语，这一般是出现在表示并列类关系的句群中，如“一方面……另一方面……”、“首先……接着……”、“是……还是……”等。例如：

⑦ 他先表示对高民的欢迎，说在高民的领导下，学校一定会在原有的基础上取得更大的成绩。接着便是对何永昌的颂扬，说何永昌党性和工作能力如何强，如何带领团结党委一班人，把学校建设成今天这个样子，前后对比，列举了许多成绩，最后有“功绩卓著”应“载入校史”等话。（萧平《下车伊始》）

⑧ 她难以设想过去的年月里秦小虎如何隐匿了这些画。他是躲在神秘的洞

穴里创作的吗？还是隐藏在人们找不到的小阁楼上？（张廷竹《远土已黄，近草更绿》）

句群有时候也在后句中单个使用成对关系词语中的前一个，起补充说明的作用。例如：

⑨ 他走了那么多的地方，从来就没失过足。因为一失足便成千古恨。（钟道新《权力的界面》）

其次，某些关系词语一般用于复句而不用于句群，某些关系词语则一般用于句群而不用于复句。如“不但、既然、与其、尚且”等，一般不用于句群，而常常用于复句。又如“总而言之、一言以蔽之、另外、此外、比如、比如说、归根结底”等，一般不用于复句，而常常用于句群。例如：

⑩ 徐则甘之所以给儿子设计一条留学日本的道路，依托点就是大泽。除此之外，大泽还承担了他在日本的证券代理的职务。（钟道新《权力的界面》）

（三）句群和段落

句群不同于段落（自然段），句群是语法单位，段落是章法单位。二者的区别表现在：

第一，所属范畴、划分依据、划分目的不同。句群是语言的表述单位，属于语言学范畴，划分的依据主要是语意的向心性和思维的条理性，划分的目的主要是为了研究句群的组合方式及关系类别。段落是文章的结构单位，属于文章学范畴；段落划分要受多种因素的制约，如文章的内容、风格、体裁，以及作者的个人习惯等；划分的目的主要是为了使文章结构显豁，层次分明。

第二，书面表现不同。句群由两个或几个句子构成，因而一个句群包含两个或几个句末点号。段落则需退格起行，有“换行”的形式标志。一个段落可以是一个句群，也可以包含两个或几个句群；一个句群可以是一个段落，也可以不止一个段落。从形式上看，句群和段落有三种关系：句群小于段落，句群等于段落，句群大于段落。例如：

① 开饭了，就餐的人们，蹲着的、坐着的、站着的都有。草地，真是一个又大又好的露天餐厅。我盛了一碗野菜坐下来，一眼就看见总司令也端着一碗野菜，正津津有味地吃着哩。他边吃边向身旁的战士们称赞野菜的味道。战士们见首长和自己在一块吃野菜，又那么平易近人，一点也不感到拘束，都争着与总司令拉话。（刘坚《草地野餐》）

② 春天像刚落地的娃娃，从头到脚都是新的，它生长着。

春天像小姑娘，花枝招展的，笑着，走着。

春天像健壮的青年，有铁一般的胳膊和腰脚，领着我们向前去。（朱自清《春》）

③ 老山界是我们长征中所过的第一座难走的山。但是我们走过了金沙江、大渡河、雪山、草地以后，才觉得老山界的困难，比起这些地方来，还是小得很。（陆定一《老山界》）

例①是一个包括五个句子的段落。前两个句子构成一个句群，表述一层意思："草地，真是一个又大又好的露天餐厅。"后三个句子构成一个句群，表述一层意思："总司令平易近人，和战士们一起吃野菜。"这个段落包括两个句群。例②有三个段落，每个段落都只有一个句子。这三个段落构成一个句群，表述一层意思：描绘春天的"新、美、壮"的特征，表达对春天的赞颂之情。例③是一个由两个句子组成的段落。这两个句子构成一个句群，表述一层意思，说明过老山界的困难程度。这个段落就是一个句群。

二 句群的组造

句群是由句子组合而成的。句子组合成句群，有两种方式：一种是使用特定词语，一种是不用特定词语。

（一）有特定词语的组合

有的句群，句与句的组合是通过特定词语来实现的。特定词语主要有三种：

1. 一般关系词语

指复句中常用的关系词语。比如，表示因果类关系的"因为、由于、因此、所以、如果、假使"，表示并列类关系的"接着、然后、首先、或者、而且、并且"，表示转折类关系的"但是、可是、只是、不过、否则、不然"等等。例如：

① 在义理、考据和辞章这三者中，义理应当是灵魂、是统帅。因为形式是为内容服务的，而材料是要由观点来统率的。（施向东《义理、考据和辞章》）

② 我的母亲早已迎着出来了。接着便飞出八岁的侄儿宏儿。（鲁迅《故乡》）

③ 徐则甘认为准确的说法应该是"遗留"的事。但他认为没必要纠正马一青。（钟道新《权力的界面》）

2. 组群关系词语

指通常用来把句子组织成为句群的关系词语。这种关系词语不大用来组造复句，如“总之、总而言之、另外、此外、比如、再比如、比如说、归根结底、由此看来、一言以蔽之”等。例如：

④也许是因为拔何首乌毁了泥墙罢，也许是因为将砖头抛到间壁的梁家去了罢，也许是因为站在石井栏上跳了下来罢，……都无从知道。总而言之：我将不能常到百草园了。（鲁迅《从百草园到三味书屋》）

⑤ 有些法律条文要真正实行，也还得几年。比如婚姻法的许多条文，是带着纲领性的，要彻底实行至少要三个五年计划。（毛泽东《青年的工作要照顾青年的特点》）

3. 句中示意词语

指用于句中、指示出句与句之间意思关联的词语。包括相互照应的数量词、时间词、方所词等等。例如：

⑥ 作为一个管理专家，徐则甘有两大特点。其一是原则性极强。任何事情都根据原则来处理。这样即使是过了三年，有人就某事来问他，他也不会说出和三年前不一样的答案来。非如此，一个日理万机的总经理是没法子工作的。其二是他的文档管理得非常好。（钟道新《权力的界面》）

⑦ 我们中华民族在人类文明发展史上，曾经有过杰出的贡献。现在，在共产党的领导下，我们民族正经历着一场伟大的复兴。（郭沫若《科学的春天》）

⑧ 露天会场。西边是黑黝黝的群山。东边是流水汤汤的延河，隔河是清凉山。南边是隐隐约约的古城和城上的女墙。北边是一条路，沿了延河，蜿蜒过蓝家坪，狄青牢，直通去三边的阳光大道。（吴伯箫《歌声》）

（二）无特定词语的组合

有的句群，句与句的组合不用特定词语。句间关系，由组群各句本身的意义来直接表示。例如：

① 人的正确思想是从哪里来的？是从天上掉下来的吗？不是。是自己头脑里固有的吗？不是。人的正确思想，只能从社会实践中来，只能从社会的生产斗争、阶级斗争和科学实验这三项实践中来。（毛泽东《人的正确思想是从哪里来的?》）

② 任何一个人都要人支持。一个好汉也要三个帮，一个篱笆也要三个桩。荷花虽好，也要绿叶扶持。（毛泽东《党内团结的辩证法》）

例①通过问答的方式，先排除该否定的说法，再提出该肯定的说法。例②通过比喻的方式，先提出本体“任何一个人都要人支持”（中心句），然后用两个句子来指明喻体。

三 句群的类型

句群可以从不同的角度进行分类。根据组合方式，可以分为关联句群（有特定词语）和意合句群（无特定词语）；根据结构层次，可以分为单纯句群和多重句群；根据表达作用，可以分为记叙句群、描写句群、抒情句群、议论句群和说明句群；根据结构关系，可以分为因果类句群、并列类句群和转折类句群。句群的结构关系类型和复句的结构关系类型大体相同，但是同一关系类型的句群和复句有的不能相互转化，所使用的关系词语也有所不同。

（一）因果类句群

因果类句群包括因果句群、目的句群、假设句群和条件句群。

1. 因果句群

因果句群的句子之间具有某种实际联系的因果关系。

因果句群有的是说明性因果关系。形式上，可以用“因为、由于、原来”等关系词语来标明原因，或用“所以、因此、因而、于是、结果、果然、果真、难怪”等关系词语来标明结果；也可以不用特定词语，而是通过意合的方式直接组合。例如：

① 雷锋，他是我们时代的真正的新人。我们这样说，是因为我们的时代是无产阶级集体主义兴起的时代，是个人主义终将被集体主义所代替的时代；雷锋呢，不就是这种时代精神活生生的完美的典型吗？（魏巍《路标》）

② 是呀，这种事谁能想出什么好办法呢。于是大家便沉默着。（李伦《守望西北》）

③ 她性格和蔼，没有打骂过我们，也没有同任何人吵过架。因此，虽然在这样的大家庭里，长幼伯叔妯娌相处都很和睦。（朱德《母亲的回忆》）

④ 牛郎照看那牛挺周到。一来是牛跟他很亲密，二来呢，他想，牛那么勤勤恳恳地干活，不好好照看它，怎么对得起它呢？（《牛郎织女》）

有的是推断性因果关系。形式上，常常使用“可见、可知、由此可见、由此可知、看来、想来、看样子、毫无疑问”等关系词语。例如：

⑤ 中午，“江津号”到了崆岭滩跟前。长江上的人都知道“泄滩青滩不算滩，崆岭才是鬼门关”。可见其凶险了。（刘白羽《长江三日》）

⑥ 看看房门在余瑶微胖的身子后虚掩上，熊介甫笑道：“这个余瑶，也真亏她想得出。”无疑，他听说的也是余瑶是发起人，好在现在也无甚大不了的，

解释反显得过于认真，穆秀林便没有吭声。（王静怡《穆宅春秋》）

⑦ 场院屋的门大开着，屋里弥漫着一股火药味儿，遍地是被践踏乱了的干草，草上还有星星点点的几滴鲜血和几颗亮晶晶的手枪弹壳。看样子，老赵是在突然被袭时作过短暂的抵抗后才受伤被捕的。（峻青《党员登记表》）

2. 目的句群

目的句群的句子之间具有行为和目的关系。形式上，常常使用“为此、这是为了、为的是”等关系词语。例如：

① “毕业”之后，他又把儿子安排到“顺风”饭店洗盘子。这是为了让他在受累之外，还要学会受气。（钟道新《权力的界面》）

② 我勤奋学习，刻苦锻炼。为的是夺回那失去了的宝贵时间。（龚莉娜《冲出小屋　奔向生活》）

有时，目的句群也可以使用“好、省得、免得”等常用于复句的关系词语。例如：

③ 你能把你的名字告诉我吗？我好把你的议论在荷兰的报纸上发表。

④ 你来了好！省得我去找你。（赵树理《小二黑结婚》）

3. 假设句群

假设句群的句子之间具有假设和结果关系。形式上，常常使用“那么”，也可以使用“如果、假设、要是”等关系词语。例如：

① 你对于那个问题不能解决吗？那末，你就去调查那个问题的现状和它的历史吧！（毛泽东《反对本本主义》）

② 若说：何以对付敌人的庞大机构呢？那就有孙行者对付铁扇公主为例。（毛泽东《一个及其重要的政策》）

③ 但将来的命运，不也就可以推想而知吗？如果乡下人还是这样的乡下人，老例还是这样的老例。（鲁迅《再论雷峰塔的倒掉》）

4. 条件句群

条件句群的句子之间具有条件和结果关系。形式上，常常使用“这样、这样才、这样就、只要”等关系词语。例如：

① 无论准确也好，鲜明、生动也好，就语言方面讲，字眼总要用得恰如其分。这样，表现的概念才会准确，也才能使人感到鲜明。（郭沫若《关于文风问题》）

② 真正的好文章，一定要鲜明而有力地拥护那应当拥护的东西，同时也一定要鲜明而有力地反对那应当反对的东西。这才会是生气勃勃的好文章。（施向

东《义理、考据和辞章》)

③ 我们必须开展批评和自我批评，正确地进行党内斗争，来反对党内一切坏的现象，克服党内的分歧。只有这样，才能使党巩固、发展和前进。(刘少奇《论共产党员的修养》)

④ 你爱喝鸦片多得很！我还有一罐哩！只要你能喝！(赵树理《孟祥英翻身》)

(二) 并列类句群

并列类句群包括并列句群、连贯句群、递进句群和选择句群。

1. 并列句群

并列句群的句子之间具有平行并举关系。主要包括三种：

(1) 平列关系句群。

形式上，常常使用“同时、与此同时、同样、相应地、与此相应、另外、此外、除此之外、也、第一……第二……、其一……其二……”等特定词语；有时也可以不用特定词语，而通过意合的方式直接组合。例如：

① 这些人因社会使命感而写作，因思想的痛苦而写作。同时，他们有极好的艺术功力。(王静怡《穆宅春秋》)

② “18889”首先是前任遗留下来的问题。其次，他专门就此请示过董事会，董事会没有提出不同意见——没不同意见，就证明同意。这有会议记录可以证明。再其次，现在经营中，总有一些“灰色地带”存在。(钟道新《权力的界面》)

③ 从远处看，郁郁苍苍，重重叠叠，望不到头。到近处看，有的修直挺拔，好似当年山头的岗哨；有的密密麻麻，好似埋伏在深坳里的奇兵；有的看来出世还不久，却也亭亭玉立，别有一番神采。(袁鹰《井冈翠竹》)

④ 他，是口的巨人。他，是行的高标。(臧克家《闻一多先生的说和做》)

(2) 对照关系句群。

形式上，常常使用“反之、相反、相反地、反而、与此相反”等关系词语，有时也可以不用关系词语。例如：

① 如果人类认识到环境的客观属性及其发展规律，在利用自然和改造自然的过程中，就能趋利避害，引导环境向有利于人类生存的方向发展。反之，如果违反环境发展的客观规律，或迟或早总要受到环境的惩罚，产生影响人类生存的环境问题。(金其铭、张小林、董新《人文地理概论》)

② 正因为伟大的理想合乎社会的进步，合乎人民的利益，合乎社会发展的规律，所以对于一些具有伟大理想并为伟大理想而斗争的人，千百年来人们一直在尊重他们，怀念他们，纪念他们。相反地，对于一些破坏这些理想、阻挠这些理想实现的人，千百年来，人们一直在怀恨他们，憎恶他们，咒骂他们。（陶铸《松树的风格》）

③ 这不是梦。这就是明天首都的林荫大道。（《记功》）

④ 路线对了，不是自己人，也会变成自己人。路线不对，是自己人也会变成非自己人。（钟道新《权力的界面》）

（3）解注关系句群。

解注关系句群又包括三种情况：

A. 例证关系。形式上，常常使用“例如、比如、比方、如、以……为例、拿……来说”等关系词语。例如：

① 从新人类阶段起，现代各主要人种开始分化出来。例如上述在我国发现的山顶洞人具有黄种人的特征，是蒙古人种的祖先；在法国发现的克罗马努人具有白种人的特征，是现代西欧白种人的祖先。（李四光《人类的出现》）

② 从今年四月一日到现在，上证综合指数涨幅达百分之一百二十，深证成分指数涨幅达百分之三百四十。以今天为例，上海市场的市盈率达四十四倍，而深圳市场的市盈率则达五十五倍。（钟道新《权力的界面》）

B. 换言关系。形式上，常常使用“换句话说、这就是说、也就是说、意思是说”等关系词语。例如：

③ 大家都知道，泰山上有一个快活三里。意思是在艰苦的攀登中，忽然有长达三里的山路，平平整整，走上去异常容易，也就异常快活，让爬山者疲惫的身体顿时轻松下来，因此名为“快活三里”。（季羡林《牛棚杂忆》）

④ 马克思主义告诉我们，民主属于上层建筑，属于政治这个范畴。这就是说，归根结蒂，它是为经济基础服务的。（毛泽东《关于正确处理人民内部矛盾的问题》）

⑤ 叶穗有点不喜欢雷迅说话时的女性化声音。用书上的话讲，叫做“东南妩媚，雌了男儿”。（钟道新《权力的界面》）

C. 总分关系。可以是先总说后分说，也可以是先分说后总说。形式上，总说部分常常使用“总之、总而言之、归根到底、总的来说、一言以蔽之”之类词语，分说部分常常使用“首先……其次……、第一……第二……、一是……二是……”之类词语；也有的不用关系词语。例如：

⑥ 中国人的主食，以大米和面粉为主。南方人喜欢吃大米以及用米粉做的东西，比如米饭、年糕等。北方人喜欢吃面食，比如馒头、烙饼、包子、花卷、面条、饺子等。(王顺洪《中国概况》)

⑦ 第一步观察到："如果说……那么"假设句中可以进入"却"。第二步观察到：只有表示比较的"如果说"假设句才能进入"却"。第三步观察到：只有表示逆比的"如果说"假设句才能进入"却"。第四步观察到：在表示逆比的"如果说"假设句中，不管是对立性的还是差异性的，都可以进入"却"。总之，通过验证，找出了"却"进入假设句的一个方面的条件。(邢福义《汉语复句研究》)

⑧ 在人类历史以前，就有三种桥。一是河边大树，为风吹倒，恰巧横在桥上，形成现代所谓"梁桥"，梁就是跨越的横杠。二是两山间有瀑布，中为石脊所阻，水穿石隙成孔，渐渐扩大，孔上面层，磨成圆形，形成现代所谓"拱桥"，拱就是弯曲的梁。三是一群猴子过河，一个先上树，第二个去抱着它，第三个又去抱第二个，如此一个个上去连成一长串，为地上猴子甩过河，让尾巴上的猴子抱住对岸一棵树，这就成为一串"猴桥"，形式上就是现代所谓"悬桥"。梁桥、拱桥、悬桥是桥的三种基本类型，所有千变万化的各种形式，都由此脱胎而来。(茅以升《桥话》)

例⑥先总说后分说；例⑦先分说后总说；例⑧先总说，再分说，最后又总说。

2. 连贯句群

连贯句群的句子之间具有先后相继关系。形式上，常常使用"最初、开始、以前、从前、过去、以后、然后、后来、之后、接着、紧接着、于是、不久、一会儿、不一会儿、稍后、最后"之类词语；有的不用特定词语，而借助语序手段，或运用顶真方式。例如：

① 他首先祝伯父、伯母的身体好。然后他很圆滑地说："再祝马伯伯肩膀上的担子更重了。"(钟道新《权力的界面》)

② 他们紧握手中的武器，等待事情的结局。以后，战士们的武器就真在发挥自己的威力了。于是在震耳的炮声中，我们不禁齐声朗诵起来："……俱往矣，数风流人物，还看今朝。"(方纪《挥手之间》)

③ 十点，江面渐趋广阔，"江津号"急流稳渡，穿过了巫峡。十点十五分到巴东，进入湖北境内。十点半到牛口，江浪汹涌，船在浪头上摇摆着前进。江流刚出巫峡，还没来得及喘息，却又冲入第三峡——西陵峡了。(刘白羽《长江三峡》)

④ 雨住一会儿，又下一阵儿，比以前小了许多，祥子一口气跑回了家。抱着火，烤了一阵，他哆嗦得像风雨中的树叶。(老舍《骆驼祥子》)

⑤ 有个农村叫张家庄。张家庄有个张木匠。张木匠有个好老婆，外号叫个“小飞蛾”。“小飞蛾”生了一个女儿叫“艾艾”，算到一九五〇年阴历正月十五元宵节，虚岁二十，周岁十九。(赵树理《登记》)

例①例②使用了关系词语，例③使用了时间词，例④借助于语序手段，例⑤运用了顶真方式。

3. 递进句群

递进句群的句子之间具有层递关系。形式上，常常使用“而且、并且、况且、何况、甚至、更、更有甚者、更何况、尤其是、特别是”等关系词语，有时也不用关系词语。例如：

① 在这些时候，我可以附和着笑，掌柜是决不责备的。而且掌柜见了孔乙己，也每每这样问他，引人发笑。(鲁迅《孔乙己》)

② 万万没想到，总理会这么快来看望我们。更没想到，总理懂得地质，很精通！(徐迟《地质之光》)

③ 现在联络邢家是个必要措施。何况谁知道新县长是怎样一副脾气的人呢！(沙汀《在其香居茶馆里》)

④ 是啊，有这样的体验的，又何尝只是这老汉一个人呢？可以说这是全中国人民的共同体验，是全中国人民从几十年的革命斗争中摸索出来的一条真理。(峻青《秋色赋》)

4. 选择句群

选择句群的句子之间具有选择关系。形式上，可以单独使用“或者、要么、还是”等关系词语，也可以成对使用“或者……或者、是……还是……、要么……要么……”等关系词语，有时还可以连续多次使用“或者、要么”等。例如：

① 这地方让人堕落。或者说它毁了一代人。(钟道新《权力的界面》)

② 你真去旅游了一趟？还是上海有位高人指点你？(吕幼安《我没有错》)

③ 是她的研究有了新的进展？还是碰见了难以处理的问题，就此借故脱身而去？(康焕龙《裸露的世界》)

④ 所以要么自己干，让别人来批。要么自己批，让别人来干。(钟道新《权力的界面》)

⑤ 站在他们的前头领导他们呢？还是站在他们的后头指手画脚地批评他们呢？还是站在他们的对面反对他们呢？(毛泽东《湖南农民运动考察报告》)

(三)转折类句群

转折类句群包括转折句群、让步句群和假转句群。

1. 转折句群

转折句群的句子之间具有单纯的直接转折关系。

有的转折句群表示的是一种意外性的转折,即转折部分说明的是一种出乎意料的情况。形式上,常常使用“谁知、没想到、不料、不想、哪里知道、岂料、岂知”之类词语。例如:

① 综上所述,他才想出这样一个“政治解决”的办法。谁知这也没有收到应有的效果。(钟道新《权力的界面》)

② 我忍耐的等着,许多功夫,只见那老旦将手一抬,我以为就要站起来了。不料他却又慢慢的放下在原地方,仍旧唱。(鲁迅《社戏》)

③ 我说,这么晚了,还有什么信!不想你就来啦!(康濯《最高兴的时候》)

有的转折句群表示的是一般性的转折。形式上,常常使用“但是、可是、但、可、然而、不过、只是”等关系词语。例如:

④ 在旧社会,多少从事科学文化事业的人们,向往着国家昌盛,民族复兴,科学文化繁荣。但是,在那黑暗的岁月里,哪里有科学的地位,又哪里有科学家的出路!(郭沫若《科学的春天》)

⑤ 满天里张着灰色的幔,看不见太阳。然而太阳的威力好像透过那灰色的幔,直逼着你头顶。(茅盾《雷雨前》)

⑥ 时隔不到一昼夜,这里又发生一次泥石流。不过这次规模不大,只淤平了前一次形成的大坑和陡坎。(《一次大型的泥石流》)

2. 让步句群

让步句群的句子之间具有让步转折关系。通常的情况是,转折部分在前,让步部分在后。形式上,后句中使用“虽然、诚然、不管”等关系词语。例如:

① 对于前者,他从葆力公司开除出去的已经不止一个,而对于后者,他一个也没动过。虽然他也曾有所耳闻。(钟道新《权力的界面》)

② 也许因为我是中国人,对于樱花的联想,不是那么灰黯。虽然我在1947年的春天,在东京的春山墓地第一次看樱花的时候,墓地尽是些阴郁的低头扫墓的人,间以喝多了酒引吭悲歌的醉客,当我穿过圆弯似的莲灰色的繁花覆盖的甬道的时候,也曾使我起了一阵低沉的感觉。(冰心《樱花赞》)

③ 没有辫子，该当何罪，书上都一条一条明明白白写着的。不管他家里有些什么人。（鲁迅《风波》）

让步句群有时也可以是让步部分在前，转折部分在后。形式上，让步部分常用“诚然、不错”之类让步词，转折部分使用“但是、可是”之类转折词。例如：

④ 诚然，生产力、实践、经济基础，一般地表现为主要的决定的作用，谁不承认这一点，谁就不是唯物论者。然而，生产关系、理论、上层建设这方面，在一定的条件下，又转过来表现其为主要的决定的作用，这也是必须承认的。（毛泽东《矛盾论》）

⑤ 不错，现在是帝国主义最后挣扎的时期，它快要死了，“帝国主义是垂死的资本主义”。但是正因为它快要死了，它就更加依赖殖民地半殖民地生活，决不容许殖民地半殖民地建立什么资产阶级专政的资本主义社会。（毛泽东《新民主主义论》）

3. 假转句群

假转句群的句子之间具有假言否定性转折关系。形式上，常常使用“否则、不然、要不然、否则的话”等关系词语。例如：

① 有了退休制度，人人都知道自己到哪年该怎么样，这就比较好办。否则一个人一个人地处理问题，处理不下去。（《邓小平文选》）

② 厂长被拘留，不过纯属保护性拘留。否则，他会被疯癫了的死者家属活活揪死的。（薛尔康《等待起飞》）

③ 郑重决不能甘心这么算了。凡是他决定做的事情必须成功，不能破例。不然，在同机乘客面前也太丢面子了。（薛尔康《等待起飞》）

四 句群的分析

（一）什么是多重句群

句群有的只包含一个结构层次，这是单纯句群；有的包含两个或几个结构层次，这是多重句群。单纯句群一般由两个句子组成，但也可以不止两个句子，比如并列类句群。例如：

① 是风太师叔么？是不戒大师么？是田伯光么？是绿竹翁么？（金庸《笑傲江湖》）

例①虽由四个问句组成，但只有一个层次，因此是一个表示选择关系的单纯句群。

多重句群至少包含三个句子、两个层次。根据包含结构层次的多少，多重句群又可以分为二重句群、三重句群、四重句群等等。多重句群虽然包含不止一个结构层次，但其类属是根据第一个层次的关系来判定的。例如：

② 历来雷迅看电视，除去球赛外，从不认真。这一个星期来，尤其如此。可当电视中出现“股票”字眼时，他还是立刻把精力凝结起来。（钟道新《权力的界面》）

例②由三个句子组成，包括两个结构层次：前两句与后句之间是第一层次，表示转折关系；前两句之间是第二层次，表示递进关系。这是一个二重转折句群。

（二）多重句群的分析

分析多重句群，就是划分结构层次，判明结构关系。

多重复句的分析要领和表示方法跟多重复句的分析一样，也要善于抓住标志，化繁为简，逐层进行剖析。具体来说，首先要看句群里包含多少个句子，再确定这些句子之间的结构层次，然后判明各个层次中前后句子之间的结构关系。分析结果同样可以采取“划线法”和“图解法”两种方法表示。例如：

① 一瞬间，他很反感。㈠ |（转折）但立即想到，我是校长，出了事我当然不能辞其咎。㈡ ‖（并列）又想，刚才自己说话不当，何永昌已经退了，他现在是书记，他来找我商量工作，我却让他去同何永昌商量。㈢（萧平《下车伊始》）

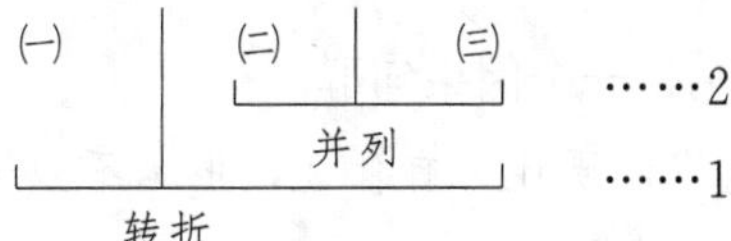

这是一个二重句群。根据第一层次的关系，它是一个转折句群。

② 说句实在话，一开始徐则甘并没有意识到荣永霖和马一青有什么不同。㈠ |（递进）他甚至认为马一青和他更接近一些。㈡ ‖（因果）因为马在私下里经常对他说如何建议荣永霖放权、再放权的。㈢ |||（递进）并且也曾说过自己的“施政纲领”。㈣（钟道新《权力的界面》）

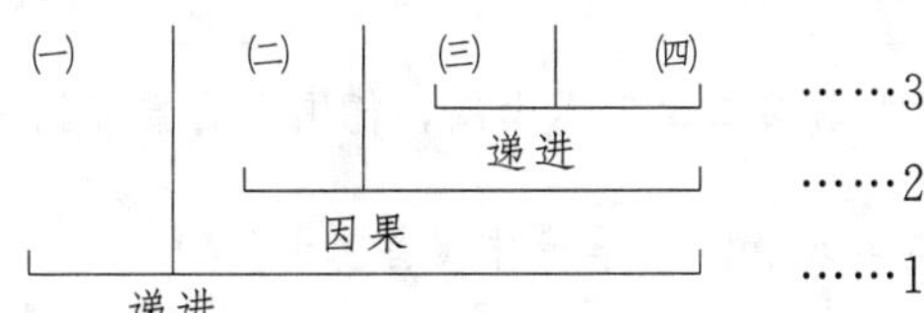

这是一个三重句群。根据第一层次的关系，它是一个递进句群。

③ 中世纪以前人类社会基本上以农业为主，在自给自足的自然经济条件下，交换不发达，地区间的联系甚少，缺少人口迁移的动力。㈠‖ 并列(平列) 加之，当时交通运输十分落后，海洋、高山和沙漠成为难以逾越的障碍。㈡｜因果 所以，人口迁移活动基本上是在各个相对独立的大地理区域内部进行。㈢‖ 并列(解注) 例如中国经济重心由黄河流域向长江流域转移，便伴有多次人口南迁的现象。㈣‖| 并列(平列) 此外，在欧亚大陆内部广袤的草原地带曾发生较大规模的游牧民族的迁移。㈤‖‖ 并列(解注) 例如公元前2世纪，原来居住在河西走廊的大月氏人因受匈奴压迫西迁到中亚阿姆河一带，并征服了大夏；公元初年匈奴人从中国北部向西迁移，曾引起了中亚一系列民族的迁移。㈥（金其铭、张小林、董新《人文地理概论》）

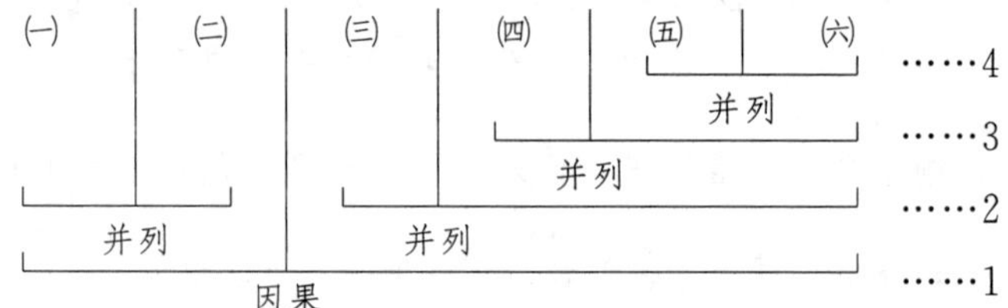

这是一个四重句群。根据第一层次的关系，它是一个因果句群。

④ 我初到德国的时候，供应十分充裕，要什么有什么，根本不知道饥饿为何物。㈠‖转折 但是，法西斯头子侵略成性，其实法西斯的本质就是侵略，他们早就扬言：要大炮，不要奶油。㈡｜并列(解注) 在最初，德国人桌子上还摆着奶油，肚子里填满了火腿，根本不了解这句口号的真正意义。㈢‖‖因果 于是，全国翕然响应，彷佛他们真不想要奶油了。㈣‖|连贯 大概从1937年开始，逐渐实行了食品配给制度。㈤‖‖并列(解注) 最初限量的是奶油，以后接着是肉类，最后是面包和土豆。㈥‖|连贯 到了1939年，希特勒悍然发动第二次世界大战，德国人的腰带就一紧再紧了。㈦‖因果 这一口号得到了完满的实现。㈧（季羡林《留德十年》）

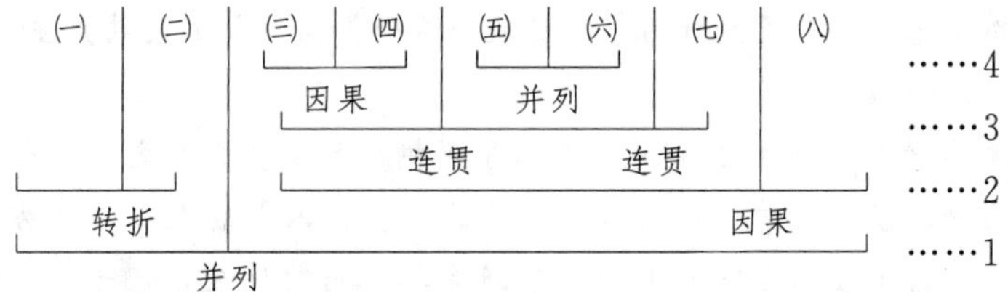

这也是一个四重句群。根据第一层次的关系，它是一个并列句群。

⑤ 综合起来说，对于四大家族的经济政治文化的统治，我们看见它凶恶的一面，也看见它软弱的一面。(一)‖并列(解注) 贾家，或者说四大家族，或者说《红楼梦》社会的统治者，面对许多困难，他们的地位不稳。(二)|||并列(总分) 乡村里贼盗蜂起，海疆不宁。(三)||||并列(平列) 丫头们越来越不听话。(四)||||并列(平列) 家庭中的异端因素也难以约束。(五)||||并列(平列) 经济情况越来越不妙了。(六)||||并列(平列) 家人的关系越来越坏。(七)||||并列(平列) 什么礼呀，孝呀，威力都下降了，连菩萨也不灵了。(八)|||并列(总分) 总起来看，四大家族的权势和支持这个权势的社会基础以及维护这个权势的思想文化，都在向相反的方向转化。(九)|因果 结果，四大家族终于破落，虽然留有一点余地。(十)（张毕来《漫说红楼》）

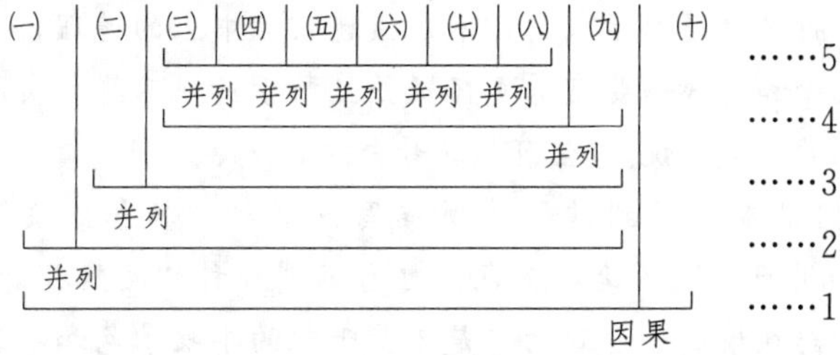

这是一个五重句群。根据第一层次的关系，它是一个因果句群。

检测与思辨

一、什么是句群？句群有哪些基本特点？

二、句群跟复句、段落的关系怎样？

三、用“画线法”分析下列多重句群。

① 从开始有人类社会以来，没有哪一个社会能与共产主义社会相比。什么理想也不能同共产主义这一更崇高更伟大的理想相比。我希望每一个同学都要

有这个崇高的理想，把自己最好的年华贡献给这个崇高的伟大的共产主义事业。(陶铸《崇高的理想》)

② 模糊数学在精确的经典数学与充满了模糊性的现实世界之间架起了一座桥梁。可以预料，模糊数学必将成为电子计算机、机器人的人工智能方面的有力工具。目前，模糊数学在理论上正在不断完善，而它的应用已十分广泛。尤其在信息处理、系统工程、自动控制、图像识别、综合评判、聚类分析、自动机理论、生物系统等方面，已引起了科技界和有关部门的普遍重视。(孙章《模糊数学》)

③ 我在十八日早晨，才知道上午有群众向执政府请愿的事；下午便得到噩耗，说卫队居然开枪，死伤至数百人，而刘和珍君即在遇害者之列。但我对于这些传说，竟至于颇为怀疑。我向来是不惮以最坏的恶意，来推测中国人的，然而我还不料，也不信竟会下劣凶残到这地步。况且始终微笑着的和蔼的刘和珍君，更何至于无端在府门前喋血呢？(鲁迅《记念刘和珍君》)

④ 哥白尼发表了地动学说，不但带来天文学上的革命，而且开辟了各门科学向前迈进的新时代。因为他带给人们科学的实践精神，他教给人们怎样批判旧的学说，怎样认识世界。他首先告诉人们不要停止在事物的外表，而要依靠人类的实践，进行全面的分析，深入事物的本质。譬如对天文现象的认识，就不能让知觉支配，以为太阳等恒星都在绕地球转动，而不去全面地深入研究太阳系内全部行星的运行。他还启示人们，不应该迷信古书上的道理，而应该重视客观事实，重视实验和实践；要有勇气怀疑并且敢于批判不符合实际却历来被认为神圣不可侵犯的权威学说。(竺可桢《哥白尼》)

⑤ 在这里，我们根本看不到欧阳修所描写的那种“其色惨淡，烟霏云敛……其意萧条，山川寂寞”的凄凉景色，更看不到那种“渥然丹者为槁木，黟然黑者为星星”的悲秋情绪。看到的只是万紫千红的丰收景色和奋发蓬勃的繁荣气象。因为在这里，秋天不是人生易老的象征，而是繁荣昌盛的标志。写到这里，我忽然明白了为什么欧阳修把秋天描写得那么肃杀悲凉，因为他写的不只是时令上的秋天，而且是那个时代、那个社会在自己思想上的反映。我可以大胆地说，如果欧阳修生活在今天的话，那他的《秋声赋》一定会是另外一种内容，另外一种情调。(峻青《秋色赋》)

⑥ 从劳动实践中还不断总结出一些新的经验。譬如纺羊毛跟纺棉花有不同的要求，羊毛要松一些，干一些，棉花要紧一些，潮一些。因为弹过的羊毛折成卷，弹过的棉花搓成条之后，烘晒毛卷和润湿棉条都得有一定的分寸。这些

技术经验，不靠实践是一辈子也不会知道其中的奥妙的。（吴伯箫《记一辆纺车》）

⑦ 事实上，辞章问题虽然是个形式问题，却不只是单纯的技巧，而是同作者的思想作风有密切关系的。语言的丰富多彩，往往就是思想的丰富多彩的反映。一个思想僵化、粗枝大叶的人，很难写出生动活泼、严密周到的文章来。因此，不从训练自己的思想着手来加强辞章修养，将很难有大的效果。反过来说，如果我们在写文章的时候总是严格地要求自己，尽最大的努力使文章形式做到准确而优美，那也会有助于我们的头脑日趋精密和活泼。（施东向《义理、考据和辞章》）

⑧ 党内无原则的纠纷，我们是在根本上反对的。因为它“无原则”，对党有害无益。因为它“无原则”，在一般情况下没有多大的“是、非、善、恶”可分。所以，我们对于那些无原则的斗争，不要去评判谁是谁非，去计较谁好谁歹，这是弄不清楚的。我们只有在根本上反对这种斗争，要求进行这种斗争的同志，无条件地停止这种斗争，回到原则问题上来。这是我们对无原则纠纷和无原则斗争所应采取的方针。（刘少奇《论共产党员的修养》）

四、找一篇 3000 字左右的记叙文或议论文，根据句群的特点划分句群，并指出句群的中心句或中心意思，分析多重句群的结构层次关系。

附　录

标点符号用法

标点符号是书面语中不可缺少的部分，用来表示停顿、语气以及词语的性质和作用。因此，必须重视标点符号的使用。

一　句　号（。）

句号表示陈述句末尾的停顿。例如：

①北京是中华人民共和国的首都。

②虚心使人进步，骄傲使人落后。

③亚洲地域广阔，跨寒、温、热三带，又因各地地形和距离海洋远近不同，气候复杂多样。

陈述句是用来说明事实的。

祈使句是用来要求听话人做某件事情的。语气舒缓的祈使句末尾也用句号。例如：

④请您稍等一下。

句号还有另一种形式，即一个小圆点（.），一般在科技文献中使用。

二 问 号（?）

问号表示疑问句末尾的停顿。例如：

①你见过金丝猴吗？

②你叫什么名字？

③去好呢，还是不去好？

疑问句一般是用来提出问题的。

反问句是一种特殊的疑问句，末尾一般也用问号。例如：

④难道你还不了解我吗？

⑤你怎么能这么说呢？

有的句子虽然有疑问词“谁”“什么”“怎么”等，但全句并不是疑问句，末尾不用问号。例如：

⑥我也不知道该谁去。

⑦请你问问他姓什么。

三 叹 号（!）

叹号表示感叹句末尾的停顿。例如：

①为祖国的繁荣昌盛而奋斗！

②我多么想看看她老人家呀！

感叹句是用来抒发某种强烈感情的。

语气强烈的祈使句末尾也用叹号。例如：

③你给我出去！

④停止射击！

语气强烈的反问句有时也用叹号。例如：

⑤我哪里比得上他呀！

四 逗 号（，）

逗号表示句子内部的一般性停顿。例如：

①我们看得见的星星，绝大多数是恒星。

②应该看到，科学需要一个人贡献出毕生的精力。

③对于这个城市，他并不陌生。

④据说苏州园林有一百多处，我到过的不过十多处。

表示句子内部停顿的符号还有顿号、分号和冒号，不过这三种符号都有专门的用途，只有逗号是一般性的，行文中用得最多。例①～例③中的逗号表示单句里边的停顿，例④中的逗号表示复句里边分句之间的停顿。

五 顿 号（、）

顿号表示句子内部并列词语之间的停顿。例如：

①亚马孙河、尼罗河、密西西比河和长江是世界四大河流。

②正方形是四边相等、四角均为直角的四边形。

顿号表示的停顿比逗号小，用来隔开并列的词或并列的短语（词组）。例①中的“亚马孙河”“尼罗河”“密西西比河”“长江”是并列的词，例②中的“四边相等”“四角均为直角”是并列的短语（词组），它们内部的停顿都用顿号来表示。并列词语之间用了“和”“或”之类的连词，就不再使用顿号，例如①中的“密西西比河”与“长江”之间。

六 分 号（；）

分号表示复句内部并列分句之间的停顿。例如：

①语言，人们用来抒情达意；文字，人们用来记言记事。

②在长江上游，瞿塘峡像一道闸门，峡口险阻；巫峡像一条迂回曲折的画廊，每一曲，每一折，都像一幅绝好的风景画，神奇而秀美；西陵峡水势险恶，处处是急流，处处是险滩。

分号表示的停顿比逗号大，主要用来隔开并列的分句，如例①和例②。

有时，在非并列关系的多重复句内也用分号。例如：

③我国年满十八岁的公民，不分民族、种族、性别、职业、家庭出身、宗教信仰、教育程度、财产状况、居住期限，都有选举权和被选举权；但是依照法律被剥夺政治权利的人除外。

例③如果改用逗号便不易分辨前后两层意思，如果改用句号又会把前后连贯的意思割断，所以要用分号。

七 冒 号（:）

冒号表示提示性话语之后的停顿，用来提起下文。例如：

①同志们，朋友们：
现在开会了。……

②他十分惊讶地说："啊，原来是你！"

③北京紫禁城有四座城门：午门、神武门、东华门和西华门。

④外文图书展销会
日期：1989年10月20日—11月10日。
时间：上午8:30—下午4:30。
地点：北京朝内大街137号。
主办单位：中国图书进出口总公司。

例①的"同志们，朋友们"是招呼所有到会的人，提示下面要讲话了；例②指明下面是"他"所说的话；例③先总说有"四座城门"，下面具体说明是哪四座城门；例④先提出要说明的项目，下面说明有关的内容。

此外，在总括性话语之前也可以用冒号，以总结上文。例如：

⑤张华考上了北京大学，在化学系学习；李萍进了中等技术学校，读机械制造专业；我在百货公司当售货员：我们都有光明的前途。

八 引 号（" "）

引号标明行文中直接引用的话。例如：

①爱因斯坦说："想象力比知识更重要，因为知识是有限的，而想象力概括着世界上的一切，推动着进步，并且是知识进化的源泉。"

②"满招损，谦受益"这句格言，流传到今天至少有两千年了。

③现代画家徐悲鸿笔下的马，正如有的评论家所说的那样，"形神兼备，充满生机"。

行文中直接引用的话一般要用引号标明，为的是和作者自己的话区别开来，如例①～例③。要注意引文末尾标点的使用：凡是把引用的话独立来用，末尾的标点放在引号的里边，如例①；凡是把引用的话作为作者自己的话的一部分，末尾不用标点，如例②和例③。例③末尾的句号属于全句，不属于引文部分。

引号还用来标明需要着重论述的对象或具有特殊含义的词语。例如：

④古人对于写文章有两个基本要求，叫做“有物有序”。“有物”就是要有内容，“有序”就是要有条理。

⑤从山脚向上望，只见火把排成许多“之”字形，一直连到天上，跟星光接起来，分不出是火把，还是星星。

⑥这样的“聪明人”还是少一点好。

例④的“有物”“有序”是着重论述的对象，例⑤⑥的“之”“聪明人”具有特殊含义，它们都用引号加以标明。

引号里面还要用引号时，外面一层用双引号，里面一层用单引号。例如：

⑦他站起来问：“老师，‘有条不紊’的‘紊’是什么意思？”

九 括 号(（ ）)

括号标明行文中注释性的话。例如：

①中国猿人（全名为“中国猿人北京种”，或简称“北京人”）在我国的发现，是对古人类学的一个重大贡献。

②有人用氢气还原氧化铜制得5克铜，求有多少克氢气参加了反应，这些氢气在标准状况下占多大体积？（氢气的密度是0.09克/升）

括号里的话如果是注释句子里某些词语的，这种括号叫句内括号；句内括号要紧贴在被注释的词语之后，如例①。括号里的话如果是注释整个句子的，这种括号叫句外括号；句外括号要放在句末的标点之后，如例②。

括号除了最常用的圆括号之外，还有方括号（［ ］）、六角括号（〔 〕）、方头括号（【 】）等几种。

十 破折号（——）

破折号标明行文中解释说明的语句。破折号和括号用法不同：破折号引出的解释说明是正文的一部分，括号里的解释说明不是正文，只是注释。例如：

①迈进金黄色的大门，穿过宽阔的风门厅和衣帽厅，就到了大会堂建筑的枢纽部分——中央大厅。

②蝉的幼虫初次出现于地面，需要寻求适当的地点——矮树、篱笆、野草、灌木枝等——脱掉身上的皮。

行文中解释说明的语句通常用一个破折号引出，如例①。这类语句如果是插在句子中间的，可以在前面和后面各用一个破折号，如例②。

此外，破折号还有其他一些用法。例如：

③“今天好热啊！——你什么时候去上海？”张强对刚刚进门的小王说。

④“呜——”火车开动了。

⑤根据研究对象的不同，环境物理学分为以下五个分支学科：

——环境声学；

——环境光学；

——环境热学；

——环境电磁学；

——环境空气动力学。

例③标明话题的突然转变，例④表示声音的延长，例⑤表示事项的列举分承。

十一　省略号（……）

省略号标明行文中省略了的话。例如：

①她轻轻地哼起了《摇篮曲》：“月儿明，风儿静，树叶儿遮窗棂啊……”

②在广州的花市上，牡丹、吊钟、水仙、大丽、梅花、菊花、山茶、墨兰……春秋冬三季的鲜花都挤在一起啦！

省略号标明的省略常见的有两种：一种是引文的省略，如例①；一种是列举的省略，如例②。

此外，省略号还用来表示说话的断断续续。例如：

③“我……对不起……大家，我……没有……完成……任务。”

十二　着重号（·）

着重号标明要求读者特别注意的字、词、句。例如：

事业是干出来的，不是吹出来的。

十三　连接号（—）

连接号的作用是把意义密切相关的词语连成一个整体。例如：

①我国秦岭—淮河以北地区属于温带季风气候区，夏季高温多雨，冬季寒冷干燥。

②梨园乡种植的巨峰葡萄今年已经进入了丰产期，亩产1000—1500公斤。

③中国东方航空公司MD—82客机昨天从上海首航湖南长沙黄花机场获得成功。

例①的连接号连接两个地名，表示一个地理区域。例②的连接号连接两个数字，标明产量的幅度。例③的连接号连接“MD”和“82”，表示飞机的型号。

连接号还有另一种形式，即一个浪纹（～），一般用来连接相关的数字。

十四　间隔号（·）

间隔号表示外国人或某些少数民族人名内各部分的分界。例如：

①列奥纳多·达·芬奇

②爱新觉罗·努尔哈赤

间隔号还可以用来表示书名与篇（章、卷）名之间的分界。例如：

③《中国大百科全书·语言文字》

④《三国志·蜀志·诸葛亮传》

十五　书名号（《 》）

书名号标明书名、篇名、报刊名等。例如：

①《红楼梦》

《孔乙己》

《人民日报》

《中国语文》

《红楼梦》是书名，《孔乙己》是篇名，《人民日报》是报纸名称，《中国语文》是刊物名称。

书名号的里边还要用书名号时，外边一层用双书名号，里边一层用单书名号。例如：

②《〈中国工人〉发刊词》

十六　专名号（____）

专名号表示人名、地点、朝代名等。例如：

①司马相如者，汉蜀郡成都人也，字长卿。

上例“司马相如”“长卿”是人名，“汉”是朝代名，“蜀郡”“成都”是地名。

专名号只用在古籍或某些文史著作里面。为了和专名号配合，这类著作里的书名号可以用浪线（﹏﹏），例如：

②屈原放逐，乃赋离骚；左丘失明，厥有国语。

十七　标点符号的位置

句号、问号、叹号、逗号、顿号、分号和冒号一般占一个字的位置，通常不出现在一行之首。

引号、括号、书名号的前一半不出现在一行之末，后一半不出现在一行之首。

破折号和省略号都占两个字的位置，中间不能断开。连接号和间隔号一般占一个字的位置。在书写和印刷时，这四种符号上下居中。

着重号、专名号和浪线式书名号标在字的下边。

十八　直行文稿的标点符号

直行文稿的标点符号只有以下几项和横行文稿不同：

(1) 句号、问号、叹号、逗号、顿号、分号和冒号放在字的下方偏右。

(2) 破折号、省略号、连接号和间隔号放在字下居中。

(3) 引号改用﹃﹄和﹁﹂。

(4) 着重号标在字的右侧，专名号和浪线式书名标在字的左侧。

第五章　现代汉语语用

第一节　语用概说

一　语用和语用学

（一）语用

语言是一种符号系统，运用语言符号进行具体的言语交际活动就是语用。语用具体表现为在一定的语境条件下，说话人运用语言恰当地表达，听话人准确地理解并积极地回应这样一个动态过程。其直接结果就是把抽象的语言符号变成具体的话语。例如：

① 今天我累了。

这是一个由语言符号及其规则组合而成的抽象的句子，当它没有进入交际时，表明的只是“某天某人累了”这样的泛指意义。至于具体指哪一天，哪个人，有何含义，不得而知。但它一旦被任何人用来交际，进入具体的语境之后，就成为具有具体意义的话语了。假定2001年9月1日这一天一个叫张三的人说了这句话，那么句中的“今天”就确指2001年9月1日这一天，“我”确指张三这个人，这句话表达的就是“2001年9月1日张三累了”这一意义。可见，句子一旦进入交际，其意义就具体化明确化了。不过，这只是一个方面。事实上，说话人说这句话，不会仅仅只是为了说这句话，或只是表达这句话的字面意义，而往往是话中有话，意有所图的。其真正的含义和意图往往借助具体语境得以显现。可以设想，如果张三下班回家，一进门就躺在沙发上对他的妻子说“今天我累了”，显然表达的就是“请来关心关心我吧”之类的含义；如果当妻子叫张三去做饭时，张三说“今天我累了”，显然表达的是“我不能做，你去做吧”之类的含义；如果张三上班时伏在办公桌上打瞌睡，其上司把他叫醒了，他说“今天我累了”，显然表达的是“情况特殊，请不要批评”之类的含义；如果午休起床时妻子叫醒张三，张三说“今天我累了”，显然表达的是“让我多睡一会儿吧”之类的含义。可见，句子进入具体的语境用于交际，不仅其字面意义具体化明确化了，而且还能产生言外之意。而且同一句话，在不同的语境条件下往往产生不同的言外之意。这就是丰富多彩的语用现象。

（二）语用学

语用学，简而言之，就是研究语用即言语交际活动及其规律的学科。它重点研究言语交际者在特定语境条件下如何利用语境，准确而得体地运用语言和理解语言。主要包括言语交际的过程和原则、语用意义的获得及推导、制约言语交际的因素、话语的表达和理解、语体和风格等。

语用学自1938年由美国哲学家查尔斯·莫里斯在其《符号理论基础》一书中提出，1977年以荷兰《语用学杂志》出版为标志而得以确认以来，成为哲学家、语言学家、逻辑学家、心理学家颇为关注的论题，很多学者从不同学科领域的不同方面做了大量的研究。但各家侧重点不同，看法有别，还没有真正形成完整而系统的框架，确立具体而明确的范围。尽管1983年出版了第一本语用学教科书——英国语言学家莱文森的《语用学》——该书从指示、会话含义、预设、言语行为、会话结构这五个方面论述了语用学问题，但尚不够成熟。因此，这里不可能对语用学进行全面介绍，仅结合现代汉语实际，就语用学的部分具体问题作些介绍。

（三）语用学与相关学科

语用学是源自多个学科领域不同角度的研究而建立起来的，研究范围宽，涉及面广，因此与很多学科都有密切的联系。其中最直接的是语义学和修辞学。

人们由于对语用学和语义学的理解各有不同，因而对两者之间的关系，看法颇有差异。语用学派认为语义学是语用学的组成部分，语义学派则认为语用学是语义学的组成部分。我们赞同英国语言学家利奇的看法，认为语用学和语义学是彼此不同而又相互联系、互为补充的两个研究领域。语义学和语用学都研究语言的意义，这是共同之处，但两者研究的意义具有本质的不同。语义学研究的是语言系统中的语句的认知意义，即语句本身的不受语境制约的静态意义；而语用学研究的则是言语交际中的话语的意义，即进入交际的语句在具体语境中获得的动态意义。例如前面所举的“今天我累了”这句话，语义学研究的是它所表达的“某天某人累了”这层认知意义，而语用学则主要研究的是隐含在字面之下的“请来关心关心我吧”“我不能做饭了，你去做吧”“让我多睡一会儿吧”之类的言外之意。可见，语义学揭示的是二元关系的意义，它表明的是“X的意思是Y”，而语用学则主要揭示的是三元关系的意义，它表明的是“通过X，S的意思是Y”。例如：

②（小王请小张到家里吃饭，小王拿起酒瓶欲给小张斟酒，小张马上说）对不起，我心脏不好。

就这个例子而言，语义学要揭示的是，“我心脏不好”这句话（X），表达的是“心脏有毛病”这一意义（Y）；语用学要揭示的则是通过“我心脏不好”这句话（X），得知小张（S）要表达的是“我不能喝酒”这个意思（Y）。

语用学与修辞学也有密切联系，莫里斯把修辞学称作语用学的先行学科。语用学与修辞学的最大共同点，就是都研究语言运用问题。但它们的研究兴趣不同，修辞学仅仅立足于表达的角度，关注的重点是语音的调配、语句的选择、辞格的运用、语体风格的调适等具体方面，对各种不同的表达形式，依据其表达效果判别优劣，总结出各种修辞技巧；语用学则立足于言语交际这一广阔的视角，重点研究言语交际者在特定语境条件下如何利用语境，准确而得体地使用语言和理解语言。因而除了修辞学所关注的那些具体问题之外，它更关注语用意义的获得及推导、言语交际的过程和原则、制约言语交际的因素、话语的表达和理解等更深层次的问题，构建话语分析理论，寻找语言运用规律，因而更具理论色彩。

此外，语用学与语言学各部门，与哲学、心理学、逻辑学、文化学、社会学、美学等都有密切的关系。

二 语用意义

（一）语用意义的特点

语用意义是语用学所关注的中心问题。所谓语用意义，是指言语交际中的话语在具体语境中所获得的临时性含义。它是话语的言下之意、弦外之音。

语用意义不同于语言系统中静态语句的认知意义。例如：

① 你的小狗跑了。

这是一个没有参与交际、没有任何语境背景的抽象句子，它表达的只是“某人的小狗跑掉了”这一泛指意义，不具体不明确。这是该句子的认知意义，而不是语用意义。

语用意义也不同于话语本身所直接表达的内容，即话语的字面意义。例如：

②（小王看见小李的小狗溜出来了，跑去告诉小李说）你的小狗跑了。

例②中“你的小狗跑了”是具体语境中的话语，它具有具体明确的内容：“小李所养的那条小狗跑掉了。”这是该话语本身所直接表达的内容，即通常所谓字面意义，也不是语用意义。而该话语所隐含的“你赶快把它抓回来”这一言下之意，才是语用意义。

语用意义具有如下主要特点：

1. 依附性

语用意义是依附于具体语境而获得的，不能脱离语境而存在，一旦脱离或改变了它赖以产生的语境，有的语用意义便会消失。例如：

③（盛夏，小陈到老张家做客，见空调未开，便说）今儿天气真热！

例③的语用意义是“请把空调打开吧”，如果脱离了语境，或是换一个语境（比如在走路时说这句话），它的这个语用意义就不复存在了。

2. 不确定性

因为语用意义是话语在特定语境下的特定含义，因而在不同的语境条件下，同样的话语也会产生不同的语用意义。比较：

④（老张在老李家聊天，太阳落山了，老李还在滔滔不绝，老张看着窗外说）天黑了。

⑤（太阳落山了，老王对着在楼下玩耍的孙子喊道）小强，天黑了。

⑥（下班回来的老李，对着看电视的老伴说）天黑了。

⑦（老陈就着窗外黄昏的余光看书，老伴关切地说）天黑了。

⑧（下班时间到了，小王对正在伏案工作的科长说）天黑了。

⑨（儿子闹着要自己下楼玩，妈妈说）天黑了。

以上6例都使用的是字面上并无歧义的同样的话语“天黑了”，但由于语境不同，各自所表达的语用意义也就不相同：例④的语用意义是“我该回家了”，例⑤的语用意义是“赶快回来吧”，例⑥的语用意义是“该做晚饭了”，例⑦的语用意义是“不要再看了”，例⑧的语用意义是“该下班了”，例⑨的语用意义是“不行”。

3. 非规约性

语用意义虽然离不开话语的字面意义，但却是依靠具体语境临时获得的，因而它与话语的字面意义并无必然的固定的规约性联系。例如上面所举的“我该回家了”“不行”之类的语用意义，跟话语“天黑了”并无必然的固定的联系。又如，听到“太冷了”这句话，如果是在夏天开了空调的房间里，其含义可能是“把空调温度调高点儿”；在冬天的房间里，其含义可能是“关上窗户”；在空旷的野外，就既不是“把空调温度调高点儿”，也不是“关上窗户”，而可能是“咱们回家吧”的含义。所以，语用意义具有非规约性，它是随着语境的变化而变化的。

4. 可推导性

由于语用意义是说话人借助具体语境和特定话语所表达的真正含义和意图，因而一定能被受话人所推知，否则就无法实现交际目的。听话人一方面根据话语的字面意义，另一方面根据话语交际原则的各项准则，推导出相应的语用含义。例如：

⑩ 王军霞是东方神鹿。

王军霞是著名的长跑运动员，不是神鹿，但说话人偏要这么说，而且持合作态度，可见说话人是想要表达某种语用意义。人们知道，“鹿”是跑得最快的动物之一，“神鹿”当然跑得更快，因此从“王军霞是东方神鹿”中可以推导出“王军霞是跑得最快的女长跑运动员”的语用意义。

（二）语用意义的获得

语用意义的获得主要依赖于具体语境和特定话语。只有当特定的话语与具体的语境相结合，才能产生语用意义。语境是语用意义的决定因素，话语是语用意义的表达形式。

例如语言中“水”这个词，当它没有进入交际，处于静态状况下，只是表示一个概念而已，只有词汇意义，并无语用意义。但在下面的情形下它便成为话语，并获得语用意义：

①（小王边走边说话，不留神差点踩着小水坑，同行的小陈马上拉了一下小王说）水！

“水”在这里是进入言语交际的话语，在这个特定语境的帮助下，这一话语形式便获得了“当心，别踩着水”这一语用意义。

此外，语用意义的获得还必须依赖于言语交际者（发话人和受话人）的真诚合作，否则语用意义无法得以确认，或者是无效的。例如：

② 小胡：明天晚上我俩一起喝几杯，怎么样？
小周：谢谢！（委婉拒绝）
小胡：那好，明天晚上六点钟我在稻香酒店门口等你。
小周：不！不必客气了。

发话人小周所说的“谢谢”其语用义既可以理解为“行，我一定去”，也可以理解为“对不起，我不能去”，意思不明确，所以受话人小胡把小周拒绝的话误解为接受之意。显然，例中“谢谢”所表达的“对不起，我不能去”这一语用义是无效的。

语用意义是隐性的，必须按照一定的方式进行正确的推导，才能理解和接受。关于语用意义的推导，详见本章第三节。

三　话语交际的过程和原则

（一）话语交际的过程

1. 话语交际的宏观模式

话语交际是一个复杂的行为过程。发话人根据所要表达的思想感情组织成一定的话语，并通过一定的方式传递给受话人，受话人依据发话人的话语和特定语境来理解发话人所表达的意思，并按一定的规则作出相应的反馈，这是一个基本的交际过程。

话语交际有两种方式，一是口头的，一是书面的。口头话语交际的最典型形式是会话。从宏观结构整体看，会话通常由“开头语列—主体语列—结束语列”这样一个模式构成。

会话的“开头语列”，就是通常所说的“开场白”，它既为切入正题做铺垫，也借以试探主体会话是否可以进行。“开头”的方式很多，有的采用打招呼的方式，如“你好”“你早”，使用呼唤语“同志、先生、妈妈、小李”等；有的采用询问寒暄的方式，如“忙吗?”“有空吗?”“有件事你知道吗?”“喂，你还是老样子呀!”等；有的采用自荐的方式，如“我是刚调来的小王”“我是保洁公司的”等；有的采用命令的方式，如“来，我跟你商量一件事”“我们谈谈吧”，等等。发话人发话之后，受话人予以应答，完整的会话开头就形成了。如果受话人顺应了发话人的意思，表明可以合作，那么就自然过渡到主体会话了。

会话的“主体语列”，是会话的正题、核心。根据表达需要和交际双方的志趣等，时间上可长可短，方式上可以是轮流发话，也可以在轮流发话中添加“插入语列”。所谓插入语列，就是添加在话轮或话轮对中间的话语。例如：

① 小王：请教一个问题，英国逻辑学家莫里斯……

小李：不对，莫里斯是美国人。

小王：噢，是美国逻辑学家莫里斯，他在哪部著作中第一次使用了“语用学”这个术语?

小李：是他的《符号理论基础》。

例中小王一个话轮还没有说完，因为出现了错误，小李打断插入“不对，莫里斯是美国人”这一话轮，该话轮就是插入语列（这种修正性插入语列也称“修正语列”）。这是插入一个话轮之中的插入语列。

会话的“结束语列”，就是会话的结尾话语。一般使用“再见”“谢谢”之类的套语。有时也使用一些过渡性的预示语，如“今天就到这儿吧”“今天浪费你的时间了”“好，今天谈得很高兴”“对不起，我该上班了”“哟，你是不是要迟到了”，等等。

从宏观结构的构成方式看，会话是由两个以上的话轮集成的产物。

所谓话轮，是指会话过程中说话人从开始说话到停止说话所说的一个连续性的话语片断。话轮是会话的最小结构单位。一个话轮可以由一个句子构成，也可以由句群甚至长篇大论构成。例如：

② 小张：谁？
小陈：我。

③ 狱吏：这几天关汉卿还安静吗？
禁子：还好。（田汉《关汉卿》）

④ 鲁贵：（严重地）孩子，你可放聪明点，你妈疼你，只在嘴上，我可是把你什么要紧的事都放在心上。
四凤：（明白他有所指）您又要说什么？（曹禺《雷雨》）

例②的两个话轮“谁”“我”，都是由一个词构成的非主谓句；例③的两个话轮分别由一个主谓句和一个非主谓句构成；例④鲁贵所说的一个话轮是由一个复句构成的。典型的长话轮如个人演讲、报告、单人播音等。

会话中，由不同的说话人所说的两个或两个以上的话轮所构成的一个引答式话语片断叫话轮对。最典型的话轮对是由两个相邻的话轮组合而成的相邻对。它是会话的基本结构单位。例如：

⑤ 王利发：哎哟！秦二爷，您怎么这样闲在，会想起下茶馆来了？也没带个底下人？
秦仲义：来看看，看看你这年轻小伙子会作生意不会！（老舍《茶馆》）

一问一答两个话轮，相互配合构成一个相邻对。

话轮对不断延续，直到会话完成，便构成一席完整的会话。话轮对的延续方式很复杂，有的是一个个相邻对顺接，有的是若干个相邻对转接，有的则在话轮对中间添加插入语列等等。例如：

⑥“你多大了？”
“十九。”
“参加革命几年了？”
“一年。”（茹志鹃《百合花》）

⑦ 狱　吏：还有什么话要对人家说的吗？

关汉卿：话很多，此时不知从哪里说起，也不知该对谁说。（忽然想起）能不能让我跟朱廉秀见一面呢？

狱　吏：这——，也好吧。我可以担戴一下。不过，你跟她说有什么用呢？她的情形跟你一样。（田汉《关汉卿》）

例⑥两个相邻对都是一问一答，依序衔接，是典型的话轮对顺接形式。例⑦先是狱吏作为发话人，说出一个话轮，关汉卿是受话人，应答一个话轮。但关汉卿在应答的同时又说出一个引发语"能不能让我跟朱廉秀再见一面呢"，这一转换，关汉卿成了发话人，狱吏接着应答，又成了受话人，这又是典型的话轮对转接形式。还有的是两个话轮本应组成一个相邻对，但中间又插入了两个话轮，形成较为复杂的话轮内包形式。

2. 话语交际的微观模式

话轮对是会话的基本结构单位。一个话轮对所展现的就是一个相对完整的基本的话语交际过程。这个过程从信息论角度看，具有编码、输出、传递、接收、解码、反馈六个环节。图示如下：

→发话人编码 → 输出 …… 传递 …… 受话人接收 → 解码 → 反馈 →

编码，是发话人把自己要表达的内容按照一定的语言规则组织成内部言语，也这就是通常所说的"打腹稿"。它是一种语言心理行为，心理语言学称之为"语言计划的制订"。编码是话语交际的重要基础，编码是否恰当直接影响话语交际的效果。编码关键有三：一是语码组织要合"法"（语言组织规则），二是语体选择要合"情"（语境），三是信息定量要适度（既不能不足，又不要冗余）。

输出，是发话人把经过编码的内部言语以一定的物质形式展现出来。或通过发音器官转换成语音，这就是通常所说的"说"；或通过书写器官和工具转换成文字，则是通常所说的"写"。输出是一种生理——物理运动，心理语言学称之为"语言计划的执行"。

传递，就是发话人通过载体把输出的话语传递给受话人。如果是直面交际，可借助声波或文字来直接传递；如果是远距离交际，可借助各种通讯设备或文字来传递。

编码、输出和传递都是发话人的表达行为。

接收，是受话人通过自己的感官来获取发话人所传递的话语信号。这就是通常所说的"听"或"读"。这是一种物理——生理运动。

解码，是受话人把获取的话语信号，输送到大脑的语言中枢进行处理，以解读发话人所表达的意义。这就是通常所说的“理解”。解码是一种语言心理行为。

反馈，就是发话人根据自己对发话人所表达的意义的理解，以一定的方式向发话人回应，让发话人感知。反馈的方式，可根据不同的情况，或用话语回应，或借助表情、点头、手势等副语言形式示意，也可以通过实施发话人所要求的行动作出反应。反馈标志着一个基本的话语交际过程的完成。

下面通过一个实例来说明话语交际的过程：

小王在老李家做客，感到闷热，一看空调未开，就很想叫老李把空调打开。于是小王就根据这一意图在心里编织语码。按汉语的规则，可编出“请把空调打开”“把空调打开好吗”“你的空调是好的吗”“你这屋里真热”等语码形式。小王感到前几种形式说出来有些唐突，不够礼貌，于是选定了后者。这个心理过程就是编码，这是话语交际过程的开始。语码编定之后，小王的大脑就指使他的发音器官把编定的语码“你这屋里真热”以“nǐ zhè wū li zhēn rè”的语音形式表达出来，成为话语。这就是输出。小王的话语输出之后，通过声波传送给老李，这就是传递。老李通过听觉系统接收到小王输出的话语信号，这就是接收。老李接收到信号之后，就输送到大脑语言中枢处理。经过解读，老李理解到，小王说“ 你这屋里真热”，言下之意是叫我把空调打开。这就是解码。老李明白之后，立即说：“我开空调去”，并起身打开了空调。这就是话语和行动所作出的反馈。至此，小王和老李的这一次完整的话语交际单元结束。

（二）话语交际的原则

话语交际是一种双方或多方互动的复杂言语行为，只有参与交际的各方都共守规约，相互配合，才能保证交际的顺利进行。因此，人们在话语的交际实践中，逐步形成了一些约定俗成的基本原则。其中最重要的是合作原则和礼貌原则。

1. 合作原则

(1) 合作原则的基本要求。

所谓合作原则，是指交际双方为了使交际活动能够顺利进行而应遵守的基本准则。具体来说，它包括关联准则、真实准则、适量准则、简明准则和守序准则。

A. 关联准则

要求所说的话必须与交谈目的相关，也就是要切合话题。例如：

① 吉　　你不换一件衣服？

老太太　不过是到公园去坐一坐，谁再去换衣服？

吉　　可是天气很凉，不换，也应该加一件。在哪里？我替你去拿，好不好？

老太太　我自己去，你不知道。（丁西林《一只马蜂》）

例中的各个话轮都是围绕换衣服来说的，话题专一。

B. 真实准则

要求所说的话必须真实可靠，不能说假话，不能说根据不充分的话。这是对会话“质”的要求。例如：

② 周朴园　你——你贵姓？

鲁侍萍　我姓鲁。

周朴园　姓鲁。你的口音不像北方人。

鲁侍萍　对了，我不是，我是江苏的。

周朴园　你好像有点无锡口音。

鲁侍萍　我自幼在无锡长大。（曹禺《雷雨》）

周朴园询问鲁侍萍的姓氏籍贯，鲁侍萍如实回答，真实无假。

C. 适量准则

要求所说的话必须满足交际所需要的信息量，既不能不足，也不应冗余。这是对会话“量”的要求。例如：

③“你多大了？”

“十九”。

“参加革命几年了？”

“一年。”（茹志鹃《百合花》）

一问一答，问什么，答什么，既充分满足要求，又不拖泥带水。

D. 简明准则

要求所说的话必须简明扼要，有条不紊，不能晦涩、啰嗦、混乱、有歧义。这是对会话“方式”的要求，如例③。

E. 守序准则

要求所有参与谈话的人必须按发话人的话语提示、情态暗示，或根据发话人所谈内容的需要，积极而有序地接话。一般情况下，参与谈话者既不能当接不接，也不能随意插话，乱抢话头儿。例如：

④ 何淑芳　吃饭，吃饭吧。一乐，你请的那位陪客怎么还没来？

傅一乐　对了，还有慕朱呢？

管　家　陶先生接了一个电话就走了，这是他留的一张条子。

傅一乐　（接阅纸条）哦，走了！好吧，好吧。

何淑芳　（看纸条）怎么，他到香港去了？

傅一乐　是呀，是呀。（对陈毅）要不要追他回来？

陈　毅　要走，就让他走嘛，以后总还是要回来的。回来的时候我们再欢迎。

傅一乐　那……吃饭，吃饭吧。（沙叶新《陈毅市长》）

例④发话人何淑芳的话语提示一乐为接话人，傅一乐马上接话；管家知悉傅一乐所提出的问题，所以自觉接话。第二轮，何淑芳提出的问题与傅一乐所看的纸条有关，所以傅一乐马上回应，与此同时傅一乐紧接着又以情态示意陈毅为接话人，所以陈毅马上回应。四人谈话，各守其序，有条不紊。

(2) 合作原则的利用。

合作原则是对会话者的基本要求。会话者应该共同遵守合作原则，以保证会话的顺利进行和交际目的的圆满实现。这是对合作原则的积极利用。

但在实际交际中，除了有些会话者由于某种原因而无意违背合作原则之外，还有的会话者利用人们对合作原则的信守，故意违反合作原则，借以实现自己的某些意图。这是对合作原则的消极利用。

违反合作原则主要有四种情况：

A. 交谈者在不让受话人觉察的情况下悄悄违反合作原则；

B. 交谈者公开宣称不愿合作，不遵守准则；

C. 交谈者顾此失彼地违反合作原则；

D. 交谈者故意明显地违反合作原则。

违反合作原则会产生如下几种结果：

A. 导致会话不能顺利进行，甚至中断。例如：

⑤ 施　请你替我查一查，johnie 那死胚的船什么时候回到上海来？

赵　喔喔，那船叫什么名字啊？

施　那倒……唔，有个丸字的。

赵　哈哈……有个丸字的船可多得很呐，譬如说……

施　那么……（夏衍《上海屋檐下》）

发话人请受话人查船到港时间，但没说出船的名字，只说出船名中有个“丸”字，信息量不足，致使谈话不顺利，没有实现交际目的。这是违反了适量准则。有时受话人公开宣布不与发话人合作，不回答发话人所提出的问题，而说些别的事情，致使谈话中断，这是对关联准则的违反。

B. 造成误解甚至受骗。例如：

⑦ 吉　　陪我不结婚。(走至余前伸出双手)陪我不要结婚!
余　　(为他两目的诚意与爱所动)可以。(以手与之)
吉　　给我一个证据。
余　　你要什么证据?
吉　　你让我抱一抱。(释其手,作欲抱状)
……
吉　　对,我知道,我们是天生的说谎一对!(趁其不防,双手抱之)
余　　(大喊)喔!(老太太由右门,仆人由左门,同时惊慌入。吉已释手)
老太太　什么事,什么事?(余以一手掩面,面红不知所言)
吉　　(走至余前,将余手取下,视其面)什么地方?刺了你没有?
老太太　什么事?什么一回事?
余　　(呼了一口深气)喔,一只马蜂!(以目谢吉)(丁西林《一只马蜂》)

例⑦“余”本来是因男友拥抱而惊慌喊叫,当老太太问“什么事”时,却以一句谎话“喔,一只马蜂”遮掩过去,蒙骗了老太太。这是违反了真实准则。

C. 产生言外之意。这主要是会话者为了灵活运用语言,增强表达效果而故意明显地违反合作原则而产生的结果。违反合作原则的关联准则、真实准则、适量准则、简明准则和守序准则都可产生言外之意。例加:

⑧ 周　萍　(过意不去地)爸爸。
周朴园　你太莽撞了。
周　萍　可是这个人不应该侮辱父亲的名誉啊。
(半晌)
周朴园　克大夫给你母亲看过了么?
周　萍　看完了,没有什么。
周朴园　哦(沉吟,忽然)来人!(曹禺《雷雨》)

例⑧周萍本想谈“这个人不应该乱侮辱父亲的名誉”这一话题,但周朴园有难言之隐,不愿谈这个话题,所以沉默“半晌”,才说了一句:“克大夫给你母亲看过了么?”故意转移话题,违反了关联准则,其言下之意是“请不要谈这个问题”。

从以上分析可知,违反合作原则是造成言外之意的一种手段,如果使用得当,有助于意思的适切表达。对合作原则的若干准则的违反不是绝然分开的,有时是相关联的,违反了这一准则的同时,可能也违反了另一准则。

2. 礼貌原则

(1) 礼貌原则的基本要求。

所谓礼貌原则，是指在话语交际中，交际双方所应遵守的社会礼貌规范。遵守礼貌原则，是保证谈话顺利进行并取得理想效果的重要条件。礼貌原则主要包括损益准则、褒贬准则和趋同准则。

A. 损益准则

要求说话人尽量说些有益于对方、不利于自己的话。这样，容易获得别人的感激和信任。例如：

① 关汉卿：四姐，真是对不起，为了我的著作，竟然把你连累到这个地步。

朱廉秀：什么话？我不说过你敢写我就敢演吗？说这话的时候，我就打算有今天的。(田汉《关汉卿》)

例中关汉卿主动把朱廉秀坐牢的责任归在自己头上，朱廉秀也不愿关汉卿为自己承担责任，都遵守了损益准则。

B. 褒贬准则

要求说话人多说些褒扬对方、贬抑自己的话。这样，容易与对方拉近距离，取得认同。例如：

② 巡警 (真的问她自己) 您贵姓？

女客 (很高兴的) 我？我——也姓吴。

……

巡警 (再也想不出别的话) 府上是？

女客 我？我住在北京西四牌楼太平胡同关帝庙对面……(丁西林《压迫》)

巡警询问对方姓氏称“贵”，询问住处称“府上”，都是遵守褒贬准则。

C. 趋同准则

要求说话人尽量说些与对方减少分歧、趋向一致的话。这样，容易取得对方的理解，有利双方的沟通。例如：

③ 男客 (袋里摸出纸烟盒) 你不抽烟吧？

女客 我不抽烟，不过我并不反对旁人抽烟。(喝了一口茶)

男客 谢谢你。(丁西林《压迫》)

(2) 礼貌原则和合作原则的关系。

礼貌原则和合作原则是相辅相成的。遵守合作原则，本身就是一种讲究礼貌的表现，遵守礼貌原则，则是更好地实现合作的基础。因此，一般说来，谈话人既要遵守合作原则，又要遵守礼貌原则，两者是基本一致的。但有的时候，两者又是相冲突的。例如：

> ③ 沙很客气："要是三胜得罪了你，不用理他，年纪还轻。"
>
> 孙老者有些失望……"我来领教领教枪法!"他不由的说出来。
>
> 沙子龙没接碴。……"三胜，"沙子龙拿起个茶碗来，"去找小顺们去，天汇见，陪孙老者吃饭。"（老舍《断魂枪》）

孙老者提出"领教领教枪法"，沙子龙不愿意，但又不便直说，所以不接碴而言他。这是为遵守礼貌原则而违反了合作原则中的关联准则。

为了遵守礼貌原则而不得不违反合作原则是较常见的情况。此外，有时也有为遵守合作原则却违反了礼貌原则。例如：

> ④ 觉慧看了觉新一眼，又埋下头把书页往前面翻过去，翻到有折痕的一页，便高声念着下面的话，好像在答复觉新一般：
>
> "我们是青年人，不是畸人，不是愚人，应当给自己把幸福争过来!"
>
> "三弟，请你不要念了。"觉新痛苦地哀求道。
>
> "为什么?"觉慧追问。
>
> "你不晓得我心里很难受。我不是青年，我没有青春。我没有幸福，而且永远不会有幸福。"这几句话在别人说来也许是很愤激的，然而到觉新的口里却只有悲伤的调子。
>
> "难道你没有幸福，就连别人说把幸福争过来的话也不敢听吗?"觉慧对他的大哥这样不客气地说，他很不满意大哥的那种日趋妥协的生活方式。（巴金《家》）

例中觉慧说"难道你没有幸福，就连别人说把幸福争过来的话也不敢听吗"，是真话，遵守了合作原则中的真实准则，但却违反了礼貌原则中的趋同准则。

总之，合作原则与礼貌原则是相辅相成的，有时又是相冲突的。

(3) 礼貌原则的运用。

礼貌原则的运用，关键在于得体。礼貌过头，让人感到别扭、卖弄，甚至认为虚伪、谄媚；礼貌不够，让人觉得唐突、粗野，甚至认为没修养。过与不及都会影响交际效果。如何做到得体，这是一个非常复杂的问题。首要的一点，就是要切合语境，选择恰如其分的话语形式。具体来说，要特别注意如下三个问题：

第一，要根据谈话的对象来选择最恰当的话语。一般来说，对于尊长者、陌生人或者交往不多的人，往往要选择礼貌程度高的话语；对于具有同等关系的人、下属、比自己年龄小的人或关系密切的人，往往要选择礼貌程度较低的或一般性的话语。

第二，要根据谈话的场合来选择最恰当的话语。一般来说，在正式场合，要选择礼貌程度高的话语；在非正式场合，要选择礼貌程度较低的或一般性的话语。

第三，要根据谈话的内容来选择最恰当的话语。一般来说，如果是很严肃的话题、重大的事项，就要选择礼貌程度高的话语；如果是一般性话题、不大的事情，就要选择礼貌程度较低的或一般性的话语。

四　话语交际的制约因素

话语交际是一种很复杂的人际活动，参与交际的一方在什么情况下说什么、怎么说，另一方怎么理解、如何回应，往往要受到很多因素的制约，一般都不能随心所欲。归纳起来，制约话语交际的因素主要有交际目的、交际者、交际话题、交际方式、交际场景、社会文化背景这六个方面。

（一）交际目的

交际目的是实施话语交际的内在驱动力，人们都是为了某一目的才参与话语交际的。交际目的一旦确定，交际者就必须围绕交际目的，选择得体的话语，运用恰当的方式来准确地表达自己的意思；结合具体语境，着力领会发话人所表达的内容和意图，积极地做出得体的回应。可以说，一定的交际目的往往就决定了话语交际的整个过程及其方式方法。凡是切合交际目的的得当的话语交际，就会成功；反之，就要失败。例如：

①少年　伯母。
母　啊，李大哥，钓鱼来吗？
少年　伯母，您瞧，今天的运气不错吧。
母　哦呀，真是，拿回去可以大吃一顿了。
少年　不，这是孝敬您的，快拿盆子来吧。
母　那可谢谢你了。你真是个可爱的孩子，又能干，又勤快。
少年　承您老人家夸奖。
母　真是，我要有你这样一个孩子多好。
少年　有好女儿不一样吗？
母　女儿究竟是女儿，男孩子做的事情总做不了。再说，女儿总是要嫁给人家的，也不能守娘一辈子，是不是？

少年　……倘使女儿嫁了人还能守着您，那不更好吗？

母　　好是好，那怎么能办得到呢？

少年　怎么办不到？

……

少年　那么，伯母，你把春姐许配给我，妥当不妥当呢？我家里有几亩好地，还有一点点坡地，我又能干活，从不偷懒。家里隔得这样近，您看还有什么不好呢？

……

母　　定下也可以呀。

少年　那么您就是我的娘了。春姐没有爸爸了，我没有娘，这一来，彼此都有了。

母　　孩子，我刚才不是说过吗？我也愿意有你这么一个儿子。（田汉《南归》）

例中少年主动与春姐的母亲搭话的目的，是想求婚。所以从这一交际目的出发，他有意提出一些话头，朝主题上引，并尽说一些讨对方欢心的话，谈得很投机，所以赢得了对方的喜欢，对方答应把女儿许配给他。少年成功地实现了交际目的。

交际目的千差万别，千变万化，可粗略地分为如下四种类型。

(1) 施予型：即为了向他人或传递信息，或提供帮助，或给予抚慰，或提出褒扬，或表示理解和同情等等。

(2) 求取型：即为了向他人或获取信息，或寻求帮助，或求得抚慰，或争取肯定，或祈望理解和同情等等。

(3) 授受型：即对他人施予，又向他人求取。或互通有无，或交换信息，或相互帮助，或互致问候等等。

(4) 倾谈型：即无取予意图，只为诉说、闲聊。或倾诉心中郁闷，或陈说感受打算，或邂逅寒暄，或聚会闲聊等等。

这些不同类型的交际目的，都会对话语交际有不同要求，务必准确把握。

（二）交际主体

交际主体即交际者，也就是交际双方。交际者对话语交际的方方面面起着决定性的作用。不同的交际者，由于性别、年龄、民族、籍贯、身份、经历、信仰、性格、生活环境、社会背景、文化水平、身心素质、兴趣爱好、即时境遇等不同，在话语交际中的表现和要求就会不同，这些角色特征都深刻地制约着交际活动。这种制约作用，不仅体现在发话人必须针对受话人的角色特征来精心组织话语这一必然要求上，也体现在受话人必须根据发话人的角色特征来准确理解话语这一重要过程中。例如：

② 蔷薇　有人说，生活像条江，它是美丽的，然而总是曲折的，可我说，因为它总是曲折的，所以才是美丽的！你说呢？

付尔　……要我说，生活就像马路一样，它是美丽的，又总是需要打扫的。（剧本《付尔》）

③ 何淑芳　您这位……？

陈　毅　哦，敝姓（四川乡音）陈。

何淑芳　（听错了）沈先生，怎么让你一个人在这里，一乐也不陪一陪。

陈　毅　傅总经理刚才见过面了，他到厨房有事去了。你是傅太太吧！

何淑芳　不敢当，沈先生请坐。

何淑芳　沈先生，我好像在哪儿见过你？

陈　毅　可能，非常可能。

何淑芳　你是哪家公司的大老板吧？

陈　毅　大老板？哦，对，我是上海市的大老板。

何淑芳　上海市的大老板？请问哪家公司？

陈　毅　国营公司。

何淑芳　贵盈公司？是百货行业？

陈　毅　对，我倒是要开办一家最大的国营百货公司。

……

何淑芳　真的！沈先生的魄力大。

陈　毅　我的本钱大。

何淑芳　一乐能请到沈先生来做陪客，真不简单。（沙叶新《陈毅市长》）

例②交际者蔷薇是女演员，付尔是男清洁工，不同的职业、文化修养和性别等因素，造就了他们话语风格上的明显差异，前者深刻典雅，后者朴实无华。这表明交际者的角色特征对其话语交际具有明显的制约作用。例③交际者何淑芳误以为陈毅是哪家公司的大老板，交际者陈毅市长考虑到何淑芳是老板太太这一身份特点，出于与她拉近距离，以便通过她做好她丈夫留在上海办厂的工作这一目的，便将错就错，发话时大谈生意上的事，谈得对方佩服不已。最后何淑芳主动提出："我一定不让他走，叫他早日开工！"陈毅充分利用对方的角色特点，抓住了切合对方特点的话题，赢得其认同和信赖，顺利地达到了交际目的。

正是由于交际者的角色特征对话语交际的若干层面都有很强的制约作用，因而在具体的话语交际活动中，参与交际的各方都必须充分考虑自身和对方、他方的角色特征这一要素，正确地实施交际行为，通常所谓“见什么人说什么话”就是这个道理。如果忽视这一点，交际就很难成功。比如，如果把中国人常用的“你吃饭了没有?”“你家里几口人?”“你一个月能拿多少工资?”之类的寒暄语拿来对英美人讲，对方会觉得你无聊、爱管闲事；如果英美人夸你，你按中国人的习惯一味谦虚地说“不”，他们就会认为你不诚实，或你不相信他的判断力。这些都是由于交际者的民族文化差异所带来的交际习惯差异。

（三）交际话题

交谈话题是谈话的轴心，它限定了交际者谈话的内容范围和话语选择。交际者必须紧扣这个轴心来组织话语，选择表达方式，推进交谈进程，交际才会取得成功。如果偏离了话题，话语就不能取得理想的交际效果，甚至可能会失败。例如以上所举例③，陈毅能够紧紧抓住谈生意这个话题，循循善诱，赢得了何淑芳的信赖，取得了很好的交际效果。而张天翼笔下的“华威先生”则不然，无论是在“难民救济会”“通俗文艺研究会”上，还是在“文化界抗敌总会”“战时保婴会”上，不管会议的主题是什么，他都讲同样的“两点意见”，话不对题，东扯西拉，令人生厌，毫无效果。可见，话题对话语交际的制约是非常明显的。

不同的话题，决定了对话语的不同选择和组织。如果是交际者共知的旧话题，话语的组织就可简略一些，可省去一些不必要的铺垫、解释和说明；如果是新话题，话语的组织就需要详明一些，有时还应有一些必要的铺垫和说明，给对方以充足的信息，便于对方理解和接受。如果是重大话题，必须字斟句酌，精心组织，严密表达，潜心理解，慎重反馈；如果是较小的话题，即可简单构思，灵活掌握，轻松交谈，随机反馈。如果是郑重话题，必须尽可能选择书面化正式性语体，力求表达的规范、文雅、准确、严谨和简明扼要；如果是一般性话题，必须尽可能选择口语性语体，力求表达平易明晰、清新自然、生动活泼。

（四）交际方式

交际方式包括时空的设定、媒介的选择和交流模式的确定等方面。这些要素都对话语交际具有制约作用。是即时交流，还是异时传达；是当面交流，还是远距离传达；是打电话、发电报、传电子邮件，还是书面送达；是单向表达，还是双向或多向交流，这些交际方式的不同，对话语交际的某些方面的要求就会有所不同。例如，如果是即时、当面交流，话语就可以简单、随意一些，因为根据需要还可以当场补充、修正、说明和询问，而且还有态势语帮助交际；如果是异时、远距离传达，话语就需要详明严密一些，因为不便于及时补充、修正、说明和询问，也没有态势语的帮助。

（五）交际场景

交际场景就是指交际者所面临的即时环境，亦通常所谓场合。它包括背景、人物、气氛等要素。背景方面包括场地（室内还是室外，家里还是办公室等）、摆设、光线（是明是暗）、气候、媒介等子要素；人物方面又包括多少人、什么人等子要素；气氛方面包括背景气氛（是婚宴、还是葬礼等）、交际进程中的即时气氛（如谈得融洽还是僵持）等子要素。任何交际都是在一定的场景中进行的，因而任何话语交际都不可避免地要受到交际场景的制约。交际场景中的任何要素（包括子要素）都可能会对话语交际产生直接的重要的影响。例如：

④ 老船夫问那个水手，这船什么日子下行，谁押船。那水手把手指着大老。老船夫搓着手说：

“大老，听我说句正经话，你那事走车路，不对；走马路，你有份的！”

那大老把手指着窗口说：“伯伯，你看那边，你要竹雀做孙女婿，竹雀在那里啊！”

老船夫抬头望见二老，正在窗口整理一个渔网。（沈从文《边城》）

⑤ 皓　……思懿，你，你去跟杜家的管事说，说叫——（有些困难）叫他们把那寿木抬走，先，先（凄惨地）留下我们这所房子吧。

……

江　（蓦然回头，走到皓的面前非常善意地）爹，这有甚么可难过的呢？人死了就死了，睡个漆了几百道的棺材又怎么样呢？（原是语调里带着同情而又安慰的口气，但逐渐忘形，改了腔调，又按他一向的习惯，对着曾皓滔滔不绝地说起来）这种事您就没有看通，譬如说，您今天死了，睡了就漆一道的棺材，又有什么关系呢？

彩　（知道他的话又来了）江泰！

江　（回头对彩嫌厌地）你别吵！（又转脸对皓和颜悦色，十分认真地劝解）那么您死啦，没有棺材睡又有什么关系呢。（指着，点着）这都是一种习惯！一种看法……

皓　（再也忍不住了，高声拦住他）江泰！你自己愿意怎么死，怎么葬，

都任凭尊便。（苦涩地）我大病刚好，今天也还算是过生日，这些话现在大可不必——（曹禺《北京人》）

例④交际者利用交际场景的有利条件（当面、光线充足），通过手势辅助话语交际——“那水手把手指着大老”“那大老把手指着窗口说”——既省减了话语，又使表达含蓄灵活。假如在漆黑的夜晚如此交际，就会让人摸不着头脑。可见，连光线要素也制约着话语交际。例⑤江泰所说的话从理论上讲并没有什么错，但他忽视了自己所处的场合：自己的岳父曾皓病愈回家，又正值老爷子的生日，债主却点着要老爷子的备用棺材，老爷子不肯，但又想不出别的还钱的法子，全家人都在为此伤心、着急。在这样一种特殊场景下，江泰本想劝慰老爷子，结果却适得其反，交际完全失败。可见，场景对于话语交际具有很强的制约性。通常所谓“在什么山上唱什么歌”就是强调要针对不同的场景选择不同的话语。

（六）社会文化背景

社会文化背景是话语交际所处的更广阔的交际场景，任何话语交际都不可能脱离或改变这个大的场景，因此不可避免地要受到这一要素的制约。不同的社会文化形态，都有不同的交际范式和特殊要求。中国和西方不同，比如前面所提到的日常见面寒暄语，中西方差距就很大。中国人之间见面可以问“你吃饭了没有?”作为招呼语，表示礼貌；但如果你在西方国家中也是如此见面打招呼，对方一般就会感到莫名其妙，甚至认为你无聊。中国人之间见面，可以问寒问暖：“你冷不冷?”“你穿少了吧？应该加一件衣服。”“你穿得太少了，会冻坏的。”以此来表示对对方的关心和爱护；但如果你在西方人群中也这样做，别人就会认为你多事儿，把他当小孩甚至是不知冷暖的傻子看待，会很不高兴。即使在中国，不同时代也有不同的交际范式，如古代与现代不同，“文革”时期与改革开放时期不同；不同的地域交际范式也不同，如大陆与台湾不同，台湾与香港不同，等等。这都是因为社会文化背景不同所致。因此，任何交际者都不得不服从于他所处社会的要求，要根据特定的社会文化背景来选择话语、理解话语。例如：

⑥ 有一位从美国来上海教英语的女教师，听到人民公园有一个“英语角”，便去那里观光一番。回来后有人问她观感如何，她面带不愉之色回答说：“我好像去了一次海关或警察局，因为他们老是问我：‘你叫什么名字?’‘你几岁?’‘你有几个孩子?’‘你的丈夫是干什么的?’‘你在中国挣多少钱?’”（戚雨村《语言对比和文化对比》）

例中美国女教师之所以交际失败，是由于她置身中国这个对她来说是全新的社会文化背景之中，她不理解这个背景下的交际规则和特定话语的特定含义，而是按照她在美国社会文化背景下所形成的交际定式来解读这次交际，因此产生了误解。

制约话语交际的因素是很复杂的，以上只是述其主要方面。再则，制约话语交际的各个因素也不是孤立的，它们在交际中实际上是综合发挥作用。这都需要交际者在具体的交际过程中随机把握。

检测与思辨

一、写出本节的内容提要。(400 字左右)

二、谈谈语用意义的性质和特点。

三、就你的话语实践谈谈礼貌原则和合作原则的关系。

四、根据四种类型的交际目的各写出一段话语。

五、谈谈制约话语交际的几个主要因素。

第二节 话语表达

一 话语及其表现形式

(一) 什么是话语

话语就是言语成品，具体说，是指能切分成长短不等、意义完整的独立部分的连续体。这种意义完整的独立部分可以是超句统一体、段落乃至篇章等。这些部分由多少不等的句子组成，句子与句子之间通过指代、替换、重复、省略、词汇接应等多种手段加以衔接。例如：

> ① 诚信是道德素质最基础的组成部分。诚，就是坦诚，忠实，表里如一；信，就是可信，信誉，言行一致。从本质上看，诚信同质，密不可分；从表现形式上说，诚于内而信于外。只有内心诚实，才能对外取得信任和信誉。诚信的反面是虚伪和欺诈。说假话，搞欺骗，口蜜腹剑，言而无信，制假贩假，弄虚作假，坑蒙拐骗等等丑恶的东西，都是与诚信格格不入的。

这是由 6 个句子组成的段落，是用重复和词汇接应的手段衔接起来的话语。

话语的产生决定于交际的需要。在社会活动中，人们有着各种各样的交际需要。交际应有明确的交际目的、具体的交际内容、特定的交际对象、得体的交际方式，人们正是根据这些交际因素的不同来组织言辞，从而形成不同的话语。

话语形式有明确的界限，话语信息则没有明确的界限。话语形式是承载言语信息的。形式是明确的，而具体承载的信息常常是“多义”的。比如，见面跟人打招呼说“你好”，形式是明确的，但所载的信息则不一定明确：可能是见了师长，真心实意地问好；也可能是对方跟你打招呼了，不得不回应一声；还可能是两人之间有隔阂，不打招呼怕会引起更深的误会，勉强打个招呼，其实心里根本不想理对方。一个话语所含有的信息，有时可以从多个角度去理解。

话语从表现形式的角度可以分为两类，一类是作为口语组成部分的话段，一类是作为书面语组成部分的文段。这两类话语各具特点。

口语指语言存在的口头形式，以语音为物质材料。口语和书面语都是语言存在的客观形式，而口语是第一性的形式，书面语是在口语的基础上建立和发展起来的。与书面语相比，口语有如下特点：

1. 口语的变化、发展比较快，创新的成分比较多。

2. 口语比较粗糙，含有不准确、不规范或多余的成分。

3. 口语用于直接交际，可借助语言环境和身势、表情等辅助手段，简化、省略的情况比较多。

书面语指语言存在的书面形式，以文字为物质材料记录语言而成。书面语是语言存在的第二性形式。书面语以口语为基础建立并发展，反过来对口语也有重大影响。书面语有如下特点：

1. 变化和发展比较缓慢，规范性较强而创新成分少。

2. 运用时可以有较长的加工过程，因此比较细密、精确，长句和复句使用频率高。

3. 可以突破时空限制用于间接交际，对实际语境的依赖较少，所以简化和省略的现象较少。

口语和书面语这两种话语的表现形式在具体的话语表达上也具有不同的个性。在运用话语进行表达时，需要利用它们不同的个性特征来提高表达效果。

（二）口语表达

口语表达包括了很多方面的话语活动，如会话交谈、介绍解说、报告发言、朗读演讲等等，有些是无文字凭借的口语表达，有些则是有文字凭借的口语表达。无论是哪一种口语表达，除了要遵循话语交际的合作原则和礼貌原则，适应话语表达的共同要求，还要注意训练发音，运用语音因素传情达意，使表达声情并茂。

1. 训练发音

话语表达中的口语表达一般来说要求语音响亮、清晰、有力、动听，达到“珠走玉盘”的效果。要达到上述要求，必须掌握一定的发音方法，使得说话有力度，不吃字，不倒字，声音持久而富有魅力。主要的发音方法有以下几个方面。

(1) 用气发声。气息是发声的动力，也是共鸣的基础，声音的亮度、力度，音色的优美，嗓音的持久不衰，都取决于气息的正确控制和使用。呼吸时，要使用有控制的胸腹联合呼吸。

(2) 共鸣控制。人们可以通过共鸣训练扩大发音效率，改善声音质量。人体共鸣腔有头腔（包括喉腔、咽腔)、口腔、胸腔等。对口语表达者来说，取得最佳效果的共鸣方式，应是“口腔为主，三腔共鸣”的方式。

(3) 吐字归音。汉语音节的发音过程可分为字头、字腹、字尾三个阶段。口语表达中，要吐字有力，字音准确，“立得住”；归音到位、完整，达到“字正腔圆”的效果。吐字归音的要领是：

出字，即字头的发音，要求发音部位准确，蓄气充足，干净利落，弹发有力。

立字，即字腹的发音，要求成“拉开立起”之势。汉语的字腹是主要元音，它口腔开合度最大，泛音共鸣最丰满，声音最响亮，再加上字腹是声调（字神）的主要体现者，所以立字非常重要。

归音，即字尾的发音，要求字尾略收，肌肉渐松，干净利索，趋向鲜明。注意开尾音节要用渐弱的声波来结束音尾，不要改变口腔的大小。另外语流中感情色彩的变化要延伸，也多体现在韵尾上，归音要注意归出“味儿”来。

2. 运用语音因素传情

口语表达或用口头形式表现书面语作品时，有意利用语音因素传达语义内容，表达思想情感，能达到声情并茂的表达效果。现代汉语的语音因素涉及很多方面，从表达的角度看，以下几个方面是值得关注的。

(1) 重音的确定。重音就是重读。在话语表达中，它有强调重点、凸显情感的作用。语句序列中，词语在语义上并不是同等重要的，而是有主次的不同。这就需要对有声语言中词语的轻重进行设置，重要的词语需要重读，以示强调。同样的一句话，重音位置不同，表意重点就不一样。如果词语的重读处理不当，会使语义含混不清，不能正确表达内容。

重音在非重音的映衬下得以体现，声音的轻重在话语中是有变化的，否则，话语听起来就显得机械呆板。表示快乐、责备、悲壮的句子，是先重后轻；表示热烈、不平的句子是先轻后重；表示庄重、满足、优雅的句子，是中间重而头尾轻。

(2) 音量的调整。音量是指声音的大小。说话时，人们声音的大小会不断变化，这种变化一般是由思想感情的变化所决定的。情绪低沉、畏惧胆怯、悲伤难过时，声音就会比较小；情绪激昂、无所顾忌、急于表达时，声音就要大些。有时也通过音量大小的比照来传递某种言外之意。例如：

② 有些同学认为，考上了大学，可以轻松一下了，六十分万岁。但我不这么认为，上大学只是我们人生又一个重要的开端……

这段演讲词的前面部分声音要小一些，以示这是错误的思想；后面表示正确思想的部分声音要大一些，以提醒和激励听众。

(3) 停顿的把握。停顿是话语中的停歇之处。它以一定单位时间里间歇的次数和长短形成话语的节奏。停顿得当能正确表意，同时能使口语表达抑扬顿挫，清晰度高，表现力强。有时还可以借助停顿巧设弦外之音、言外之意。如："你去那儿?"句子本来不长，意思也很好理解，但如果在"你"之后停顿一下，表达效果就不同，增加了言外之意，意思是："就你这么个人，也敢去那儿?"

(4) 语调的选择。语调的升降可以表示不同的语气，表达丰富变化的感情。降调，调子先平后降，用于表示肯定、感叹、请求、自信、祝愿等语气；平调，调子基本保持同样的高度，语势平稳舒缓，用于表示叙述、严肃、冷淡、悲痛等语气；升调，调子由平到高，多表示疑问、反问、惊异、呼唤、号召等语气；曲调，是升调和降调的组合，调子或先升高而后降低，或先降低而后升高，常常用于表示感叹、夸张、讽刺、含蓄、意在言外等语气。要根据表达的需要认真选择恰当的语调。

(5) 语速的控制。说话和朗读速度的快慢，要根据交际场合和表达内容来定。就交际场合而言，日常生活中对话的速度一般较快，而教学、演讲、会议发言等为了便于听话人接收理解，速度要稍慢一些。就传情达意的需要来讲，一般表达抒情、描绘的内容，压抑、痛苦、深沉等情感的语速较慢；表达欢快、激昂、愤怒等情感则语速较快。

语音因素在口语表达中传情达意的作用远不止上面所说的这些，而且这些因素是互有联系、共同起作用的。这需要我们在话语实践中认真学习，在具体语境中灵活运用。

（三）书面语表达

在书面语表达中，文字等书面符号有很重要的作用。因此，除了话语表达的共同要求之外，书面语表达还要注意书写，并充分运用书面符号表意，以提高表达效果。

1. 注意书写

(1) 书写规范。在书面语表达时书写要规范工整，要运用规范汉字，同时做到字迹清楚，工整美观，以利于阅读者辨认理解，否则可能会影响交际。我国卫生部曾专门颁布《病历书写基本规范》，要求病历书写文字工整、字迹清晰。

(2) 行款得体。行款指书写或排印文字的行列款式。不同的书面语体对行款有不同的要求，如诗歌与散文、一般文章与公文等等，行款各不相同。因此要根据不同语体的要求，规范得体地处理安排行款。有时行款还具有一定的形式意义，如将文字分行排列就会具有一定的“诗味”，可恰当利用。如将“清晨，火红的太阳从东方冉冉升起”分行排列，“散文”就变得类似于“诗歌”了：

清晨
　　火红的太阳
　　　　从东方
　　冉冉升起。

(3) 卷面整洁。书写时卷面整洁与否有时也影响到书面语表达的效果。因而这看似语言之外的表达因素也要引起我们足够的注意。

即使现在越来越多的人是运用电脑来进行写作，其“书写”（运用电脑排版打印）的规范、得体、整洁仍然是我们要注意的基本要求。

2. 运用书面符号表意

(1) 利用汉字结构表意。汉字的结构可以利用来表意。如以汉字结构为基础的修辞手法析字，主要是对汉字结构部件进行分合、增减，借以表意。例如，“此木为柴山山出，因火成烟夕夕多”，此＋木＝柴，山＋山＝出；因＋火＝烟，夕＋夕＝多，意趣盎然。又如：

> ③ 他结婚不久就认识到：这场人人羡慕的婚姻将毁掉所有。看看“婚”字就知道：这真是女人让男人发了昏啊！而妻子恰恰对这个字有相反的解释：女人只有发了昏才会嫁给男人！（张炜《外省书》）

将“婚”字分成“女”与“昏”两部分，借以发挥表意。

(2) 利用汉字字体表意。字体指汉字的形体。现行汉字的形体首先有手写体与印刷体之分，印刷体又有各种变体。不同字体笔画的粗细、走势、疏密及字的整体轮廓各不相同，会使人产生不同的视觉感受和心理联想。如宋体笔画方正谨严，风格严谨；仿宋体笔画纤细秀丽，风格清丽；黑体笔画粗重匀称，风格厚重；正楷笔画丰满端正，风格端庄；魏碑笔画古朴拙壮，风格古拙，等等。因此可以根据不同的文体类型、结构层次、表达内容和表现情感，在书面语中选择相应的字体，以明晰层次、协调风格。如书面广告中常变换字体以突出要强调的部分，或根据商品与服务的特点，在同一则广告中灵活地运用几种不同的字体，以提高广告受众的随意注意率。

(3) 利用汉字字号表意。字号指根据印刷体汉字尺寸大小规格所编的代号，一般从初号到八号。电脑中还可根据表达需要自行定义字的大小尺寸。字号的大小也可利用来帮助表意，提高表达效果。如联想公司广告语利用大号字突出“联想”二字：

结**联**世界　着**想**中国　（联想电脑）

(4) 利用标点符号表意。标点符号除了通常的作用以外，有时还可以使话语的意义更加明确。例如，“我同意他也同意你怎么样”是有歧义的，我们可以用不同的标点形式对不同的意义加以明确：“我同意，他也同意，你怎么样?”“我同意他，也同意你，怎么样?”又如，“他是获奖小说的作者”与“他是《获奖小说》的作者”在口语中有歧义，但在书面语中则一目了然，根据书名号的有无可确定到底是哪一种意义。标点符号还可变异运用，以使表达生动，产生特殊的表达效果。

二　词语的选择

话语表达，是说话人或写作者把所要表现的思想感情通过一定的语言形式组织成话语的过程。表达的核心是如何组织话语。交际中要使表达准确、鲜明、生动、得体，就需要根据现代汉语的特点来选择恰当的表达方式，包括词语的选择、句子的配置、辞格的运用等等。先谈词语的选择。

词语的选择主要从以下三个方面考虑。

（一）求准确

表意准确是词语选择最基本的要求。为了准确无误地表达所要表达的内容，在话语中就必须选择词义与之准确对应的词语。

1. 准确传神

用词准确，能够生动传神地表情达意。例如：

① 有一句话说出就是祸，
有一句话能点得着火。
别看五千年没有说破，
你猜得透火山的缄默？
说不定是突然着了魔，

突然青天里一个霹雳

爆一声

"咱们的中国!"(闻一多《一句话》)

② 赵大伯是个能干人，他是一个"全把式"，不但田里场上样样精通，还会罩鱼、洗磨、凿砻、修水车、修船、砌墙、烧砖、箍桶、劈篾、绞麻绳。(汪曾祺《受戒》)

例①中选择"爆"极准确，显示了那种火山爆发般的爱国最强音，倘用"喊""叫"，都不如"爆"能显示这种火山爆发般的力度，也无法准确表达诗人炽烈如火的爱国情怀。例②中一共有10个动宾短语，作者通过各个动词及与之搭配的相应宾语，准确形象地描写了赵大伯这个"全把式"的能干。再如康朗英《流沙河之歌》："田想水想得心焦，水想田想得心跳。"虽然都是拟人，但一个用"心焦"，一个用"心跳"，符合"田"与"水"的各自特点，十分准确。反之，如果说田"跳"、水"焦"，比拟就显得不恰当了。

2. 寓繁于简

选择词语要根据话语的整体要求，选择具有高度概括性和意味深长的词语，达到用词简练而表现力丰富的效果。既可以选用表示动作、姿态、表情等的词语，突显人物的外部特征和内心世界，也可以在用词时设弦外之音，表言外之意。例如：

③ 不过这些学生作笔记不大上劲；往往他讲得十分费力，有几个人坐着一字不写，他眼睛威胁地注视着，他们才懒洋洋把笔在本子上画字。(钱钟书《围城》)

④ 于是明子就开蒙入学，读了《三字经》、《百家姓》、《四言杂字》、《幼学琼林》、《上论、下论》、《上孟、下孟》，每天还写一张仿，村里人都夸他字写得好，很黑。(汪曾祺《受戒》)

例③的动词"画"，用在这里既是对学生们无心于学业、随意潦草写几笔这一动作的准确简练的描绘，从另一个角度也透露出教师方鸿渐才疏学浅、教学能力不强，导致课堂教学失败的言外之意。例④的形容词"黑"用得极为传神，是对"村里人"善意的调侃，表达中不动声色的淡淡幽默等言外之意，都透过这个"黑"字简练生动地体现了出来。

3. 细察同义

语义方面，注意仔细辨认和选择意义相同相近的词语，可以使话语的表达丝丝入扣。每一组同义词虽然有基本相同的意思，但在语义的轻重、范围的大小、感情和语体以及搭配对象等方面，都有细微的差别。比如，动物的鸣叫是有不同的：狮吼、虎啸、猿啼、狼嗥、犬吠、马嘶、鸡叫、鸟鸣等等。要注意词语之间细微的语义差别，做到正确使用。另外，同义词的连用可以加强语势；同义词的配合使用，可以避免词面重复，丰富语言的表现力。例如，钱钟书在《围城》里写陆子潇把行政院亲戚的来信和他写给外交部朋友的信都放在桌上：

⑤ 这一封来函，一封去信，轮流地在他桌上装点着。

“函”和“信”同义，但“函”还可表“公函”之义，配合使用，既可以使话语不单调乏味，也“迎合”了陆子潇“拉大旗做虎皮”的心理；而从“摆放”“装点”“陈列”等一组临时同义词中选用“装点”，反话正说，表现出作者鄙视陆子潇爱慕虚荣的言外之意。

（二）求生动

语言生动可提高表达效果，使人爱听爱读。词语的选择要追求表意的生动。

1. 化静为动

静态的东西，也可以通过联想，用动态的词语进行烘托、渲染，使之化静为动，形象可感。如下面一段话，通过词语的选择化静为动，把静卧的铁轨写得活灵活现，极为生动：

① 然而，两根纤细、闪亮的铁轨延伸过来了。它勇敢地盘旋在山腰，又悄悄地试探着前进，弯弯曲曲，曲曲弯弯，终于绕到台儿沟脚下，然后钻进幽暗的隧道，冲向又一道山梁，朝着神秘的远方奔去。（铁凝《哦，香雪》）

例中选择的一连串词语“延伸”“盘旋”“前进”“绕”“钻”“冲”“奔”，以及“勇敢”“悄悄地”“试探”等，赋予了冰凉的铁轨以鲜活的生命，静止的铁路一下就活了起来，生动而传神。

2. 形象描绘

达到生动效果的手段是各式各样的，如有的是因语言形象而显生动，而语言的形象性则可以通过选择恰当的词语绘形、描色、摹声等来体现。例如：

② 最为瑰奇伟丽的还是黄山中的云海。我们登山的季节正值九月初秋，宿雨初晴，碧空如洗，巨壑深谷，烟云弥漫，浩瀚无涯，宛如波涛起伏的大海。远近峰峦，像岛屿一样，隐现在虚无缥缈的云海之中。白云来去，时起时伏，赛似波涛汹涌澎湃，山风起处，松涛轰鸣，又有点像拍岸的潮汐声。我很佩服创造出“云海”这个名称的人，他的想象力真是丰富，我们很难想出什么词汇比“云海”这个名称更能形象地描绘出黄山云景的实况了。（黄秋耘《黄山秋行》）

作者通过一连串词和短语的选用，浓墨重彩地描绘了初秋的黄山碧空下虚无缥缈、瑰奇伟丽的云海之形，奇美无比。

3．含蓄表意

有时不便于直接表达，或直接表达效果欠佳，则可以借助于话语的各种形式来含蓄地表意。例如：

③ 有人在为自己的成绩编排理由，他原本尽可以不编排的，但由于他的分数偶然间被人看到，弄得他不得不轮番使用各种关联词语：假如……因为……其实……然而……（潇潇《“高四”学生》）

例中通过选择对应的关联词语，构成一个话语表达的框架，虽然并没有实际的语义内容，但这种框架的形式意义却含蓄地表现出那些成绩不够理想的学生是如何竭力掩饰自己窘境的，其嗫嚅之态宛然可见。

（三）求特效

为了突出强调某一内容，或使语言幽默诙谐，人们有时突破常规，变异地使用词语，以求得某种特殊的表达效果。变异使用词语的形式主要有曲解词义、转换功能、反用色彩等。

1．曲解词义

词语的意义往往不等于字面意义的简单相加，但人们有时出于表达的需要，故意从字面上加以曲解。例如：

①“在北大荒一走就是十八里呢，你走过吗？”我想起通往咱们北大荒新开荒地边的那条尘土飞扬的土道。

“当然走过！那是‘水泥马路’。一下雨，连泥带水，能把你的长筒雨靴都粘下来！”（肖复兴《达紫香》）

② 在初步确定的大瑶山隧道位置上方，他们打了48个深钻孔，其中在2平方公里的关键地段，为了避免“一孔之见”，他们集中打了7个深钻孔……（李建军《深山里的国魂》）

例①故意从字面上把“水泥”曲解为“水”和“泥”，别有风趣。例②中的成语“一孔之见”本比喻狭隘的主观见解，这里却将“一孔”曲解为一个钻孔。使语言表达显得幽默诙谐，回味无穷。

词义曲解有时是利用词语中某一成分的多义性，故意对词义进行歪曲解释。例如：

③ 朋友们背后曾说她这样漂亮而无儿女，真是个“绝代佳人”。（钱钟书

《猫》）

“绝代”本为“当代独一无二”之意，这里却被曲解为“断绝后代”。

2. 转换功能

转换功能，是指临时地改变词的词性和语法功能，赋予词语新的活力。按语法规则，在相应的句法位置上一般要用相应词性的词语，但有时为了取得特殊的表达效果，可在特定语境中活用词性，转换词语的语法功能。例如：

④ 如果你在饭桌上吃出了滋味，却又说不出滋味在哪里，那你不妨在沈宏非的《写食主义》里找找看。看他如何吃得很儒雅，很文化，很乡土，很城市，很广州，很南方，很中国。（安然《文字的盛筵》）

⑤ 与老头子下过象棋的丁政委俯下身子对着他耳梢说：“你还能跟我楚河汉界一回吗？”（从维熙《伴听》）

在“很×”的句法框架中，“×”一般应是形容词，但例④的7个“很×”组合中，只有“儒雅”是形容词，其余6个都是名词，但它们进入“很×”框架后，都转换功能，活用为形容词了，意思是“很有那种味道和风格”。例⑤“×一回”框架中，名词性的成语“楚河汉界”活用成了动词。

3. 反用色彩

词语的感情色彩和语体色彩要求适应相应的表达内容和特定的语言环境，否则就会影响表达效果。但人们有时故意地反用色彩，却能收到很好的表达效果。例如：

⑥ 但海婴这家伙却非常顽皮，两三日前竟发表了颇为反动的宣言，说：“这种爸爸，什么爸爸！”真难办。（鲁迅《致增田涉》）

⑦ 他有次往饺子馅里放了两把盐，把大伙咸得饺子汤不够喝，最后司务长又烧了一锅开水，供大家稀释体内的氯化钠。（石国仕《海战前后》）

例⑥是感情色彩的反用。一个贬义的“反动”，见出鲁迅语言的风趣诙谐，同时字里行间洋溢着他对孩子的挚爱。例⑦中的“稀释”和“氯化钠”都是科技术语，作者却把它用在日常生活的语言环境当中，显得语体色彩很不协调，然而正是在这种不协调中显示了语言的幽默和风趣。

三　句子的配置

汉语有多种多样的句式。句式的多样化，为人们恰当地选择句式，以取得最佳表达效果提供了可能。话语表达时，可以通过对句子语序、结构、形体等的调整配置，来实现对句式的恰当选择。

（一）语序的安排

语序是汉语重要的语法手段，也是话语表达需要考虑的重要因素。汉语的语序一般是比较固定的，如主谓宾定状补等句法成分通常都有其相应的位置，偏正结构的多层修饰语一般也有固定的次序，如果不按一般规律安排语序，就会损害语意的表达。但有时为了达到某种特殊的表达效果，可以在不改变原意的基础上，灵活变动某些语序。例如：

① 我是一个人，有血、有肉；
我有一颗心，会喜、会愁。（纪宇《风流歌》）

例中通常语序应该是“我是一个有血有肉的人，我有一颗会喜会愁的心”，但诗人为了押韵，为了强调“有血、有肉”和“会喜、会愁”，就将语序作了调整，从而增强了话语的表现力，使一个有着崇高使命感的人物形象跃然纸上。

（二）结构的整散

汉语书面语中，大多数情况是整句和散句的交错配合。所谓整句，是指排列在一起的一对或一串结构相同或相似、语气一致的句子；而散句，是指句子的结构方式各不相同，句形长短不一、语气各异的一组句子。整句的表达效果是形式上的整齐美，表意上的凝重美，多用对偶、排比、层递、顶真、回环等修辞方式造成。散句灵活自然，表达效果是形式上的变化美和表意上的飘逸美。整句与散句配合使用，能取得生动活泼的艺术效果。例如：

② 对于教育我们有太多不满；改革教育，需要有太多努力。我们不满，是因为仍然满怀希望；我们努力，是因为深怕理想成为空想。牢骚闲谈已经太多，教育更需要参与。我们深知现实的复杂，也明了矛盾的尖锐，但是复杂不能回避，尖锐必须面对。我们不屑于“花边新闻”，更耻于“泡沫报道”。心系国脉民生，关注弱势群体。这将意味着我们将目光投向最广大百姓最真实的平常生活。铁肩道义，辣手文章。虽不能至，心向往之。“头版报道”期待着直面现实的观察和深入矛盾的思考。文章字数在2000～3000字之间。文章忌大而无当，忌浮浅无根，忌矫情媚俗，忌学院气过重。（《现代教育报》2002年4月12日）

这是一则征稿启事，有8组整句和部分散句，整散交错，整中见散，避免了语句的呆板单调，使得话语错落有致，富于变化，从而增加了文章的气势和波澜。

（三）句形的长短

句子的长短，没有具体的标准，只是相对而言。长句一般指形体较长、结构比较复杂的句子；短句一般指形体较短、结构比较简单的句子。长句主要是由于修饰语比较多，联合结构比较多，或分句中的结构层次比较多而形成的，其特点是周密精细。短句是由于要简明地叙述和描写事物，如实地记录口语，或表示紧张激动的情绪、坚决肯定的语气而形成的。短句包括短单句，也包括复句中的短分句。短句表意明快有力，生动活泼。例如：

③ 鲁迅是在文化战线上，代表全民族的大多数，向着敌人冲锋陷阵的最正确、最勇敢、最坚定、最忠实、最热忱的空前的民族英雄。（毛泽东《新民主主义论》）

④ 小草偷偷地从土里钻出来，嫩嫩的，绿绿的。园子里，田野里瞧去，一大片一大片满是的。坐着、躺着，打两个滚，踢几脚球，赛几趟跑，捉几回迷藏。风轻悄悄的，草软绵绵的。（朱自清《春》）

例③是一个长句，例④都是短句。

在实际的话语表达中，更多的时候是长句和短句结合运用，以使文章更好地表现客观事物的丰富多彩、逻辑关系的复杂细密和思想感情的跌宕起伏。例如：

⑤ 白杨树不是平凡的树。它在西北极普遍，不被人重视，就跟北方农民相似；它有极强的生命力，磨折不了，压迫不倒，也跟北方的农民相似。我赞美白杨树，就因为它不但象征了北方的农民，尤其象征了今天我们民族解放斗争所不可缺的朴质、坚强，以及力求上进的精神。（茅盾《白杨礼赞》）

（四）句式的变换

汉语中存在着同义句式，人们可以变换使用不同的句子形式来表达基本相同的意思。比如，“把”字句和“被”字句，肯定句和否定句等等，它们都可以用来表达基本相同的意思，但在语用上各有千秋。“把”字句通过介词“把”将受事成分提到动词前边，表达上是要突出对受事成分的处置。例如：他把杯子打破了。“被”字句将受事成分置于句首，并通过介词“被”引出施事，表达上往往是要突出事情的不如意。例如：杯子被他打破了。

肯定句是对事物作出肯定判断的句子。否定句是对事物作出否定判断的句子。一般来说，肯定句表达的语意比否定句表达的语意要强一些。例如：

⑥ a. 这篇文章写得好。
　b. 这篇文章写得不坏。

⑦ a. 这个人坏。
　b. 这个人不好。

两例的b句肯定的程度要轻些、委婉些，同时表达了不便重说的言外之意。双重否定句表达的仍然是肯定的意思，但比一般肯定句的语意更强烈，而且往往隐含着言外之意。例如："他要干的。""他不得不干。"后一句除了表达"他要干的"意义之外，还含有"他要不干，就会怎么怎么样"的意味。

由于同一句式表达的基本意义相同，但在语用上存在差异，因此，在进行话语表达时，要充分把握同义句式之间的细微差异，作出恰当的选择，以准确地表达情意。

四　节律的调整

节律也叫声律、音律、韵律，通常是指语音的规律性变化，一般包含声韵调、语调、重音以及音节配置等方面的因素。无论是口语表达还是书面语表达，都要注意调整节律，创造和谐的节律形式，以提高话语的表达效果。在现代汉语中，节律的调整主要是充分利用汉语的音乐性，努力做到音节匀称、平仄相间、韵律和谐、叠音传神等，使话语具有一种音乐美。

（一）音节匀称

现代汉语双音节词占优势，古汉语的不少单音词在现代汉语里变成了双音节词，单、双音节词的同义并存现象以及汉语的一些修辞手段，都为合理调配音节提供了有利的条件。话语表达要注意词语单双音节的互相搭配，以求音节的谐调平衡，使话语朗朗上口，产生旋律感。例如，莫泊桑的一部小说有两种译名，一为《俊友》，由两个单音节词组成；一为《漂亮朋友》，由两个双音节词组成。单对单，双配双，显得都很谐调。如果不管音节是否谐调平衡，译成《俊朋友》或《漂亮友》，读起来都比较别扭。又如："……在雅安天全县帮助实施退耕还草工程期间，饮山泉水，住茅屋。"（《光明日报》2001年1月18日）其中"饮山泉水，住茅屋"就音节来说就不太谐调平衡，如果调整为"饮山泉水，住茅草屋"或"饮泉水，住茅屋"，读起来就谐调了。

音节的谐调平衡，匀整对称，还可从更大的语言单位上去考虑，如短语、分句、句子等。例如：

> ① 也想返回身来，纵缰驰马，奔腾于广袤无垠的塞外草原之上，逶迤翻腾的幽燕群山之间，然后随着那蜿蜒南去的老龙头，纵身跳进那碧波万顷的渤海老洋里，去一洗那炎夏溽暑的汗水，关山万里的风尘……（峻青《雄关赋》）

例中有两处相互对应，形式上显得整齐匀整，且末一字平仄相对，读来音律齐整，铿锵悦耳。

（二）平仄相间

一段话语中如果字音的平仄相同，就没有节奏感，如“西安飞机公司通知”，字字皆平，听起来就比较单调呆板；如能交错安排平仄，就能造成一种节奏美，如“瓜熟蒂落（平平仄仄），水到渠成（仄仄平平）”，平仄相间，听起来显得抑扬顿挫，波澜起伏。又如：

② 这一夜，只觉泉鸣不绝于耳，不知是梦？是醒？

梦也罢，醒也罢。我愿清泉永在。我愿清泉常鸣。（谢大光《鼎湖山听泉》）

例中描写作者所听到的奇妙泉声，满怀激情地歌颂这饱含生命活力的泉乐交响曲，最后两句“我愿清泉永在。我愿清泉常鸣”，“永在”是仄声，“常鸣”是平声，互相配合，铿锵和谐，表现出音乐的美感，增强了表达的效果。

（三）韵脚和谐

韵文（如诗歌等）一般是要求押韵的。押韵是指在某些句子的相应位置（通常是句尾）用上韵母相同或相近的字。押韵可产生一种回环往复的音韵美，从而增强诗歌的节奏感。散文中偶尔用韵，也可使文章具有音乐美。例如：

③ 那河畔的金柳，
是夕阳中的新娘；
波光里的艳影，
在我的心头荡漾。（徐志摩《再别康桥》）

④ 醉过方知酒浓，爱过方知情重；理智只不过是人生的一部分，感情才是人生的全部。（林清玄《少年游》）

为了押韵，有时还可以临时改变词中语素的顺序或短语中词的顺序。例如，四季的顺序一般是“春夏秋冬”，但有时出于押韵等表达上需要，可以对这种惯常的顺序加以变换。如《红楼梦》中的曲子《枉凝眉》：“一个枉自嗟呀，一个空劳牵挂，一个是水中月，一个是镜中花。想眼中能有多少泪珠儿，怎禁得秋流到冬，春流到夏！”曲中四季的顺序是“秋冬春夏”，将“夏”放到句末跟上文的“呀”“挂”“花”押韵。韵律的和谐更好地表现了曲中所带的哀怨凄婉的色彩。

（四）叠音传神

叠音即音节的重复叠加。叠音形式包括重叠使用的词语和结构上含有叠音语素的词语，如“美美（的）、飘飘洒洒、平平整整、一座座”“皑皑、急匆匆、金灿灿”等。

词语重叠使用，除了在语法上有附加意义之外，在表达上还能增添形象性。如说“他个子高，眼睛大”或“他个子很高，眼睛很大”，都没有说“他个子高高的，眼睛大大的”来得形象生动，并透出一种喜爱之情。结构上含有叠音语素的词语则更具形象性。例如：

⑤ 醉人的香气扑面而来，很难分清这是哪一种花的香气。在这个天地里，那绿茸茸的细草，碧莹莹的苔藓，似乎也都散发出清香。（于敏《西湖即景》）

例中的两个形容词用得各有妙处。同是描绘“绿”，“绿茸茸”绿得有丝绒般的质感，“碧莹莹”则绿得鲜亮亮地逼人眼目，叠音的传神由此可见一斑。

五　辞格的运用

辞格即修辞格，是为提高话语表达效果而运用的一些特殊的修饰方式。汉语的辞格多种多样，常用的辞格也有 20 多种，每种辞格都各有特点。恰当地运用辞格，可以提高话语表达的效果。

（一）比喻、比拟、借代、夸张

1. 比喻

比喻就是打比方，即根据不同事物之间的相似性，用乙事物来说明描摹甲事物。甲是本体（被比方的事物），乙是喻体（用来打比方的事物），中间常有连接本体和喻体的比喻词。比喻的基本类型有明喻、暗喻和借喻，此外还有很多变化形式。

明喻的格式为“本体 ＋ ‘像’类喻词 ＋ 喻体”。“像”类喻词包括“像、如、仿佛、好比”等等。例如：

① 凌宇说，我妈不断地给我找对象，她说她要找一个和我匹配的人，就好像电脑要配一个好猫一样。（丁伯慧《先锋时代》）

暗喻的格式为“本体 ＋ ‘是’类喻词 ＋ 喻体”。“是”类喻词包括“是、变成、成为、等于”等等。例如：

② 历史是一条长长的河，不断又有细流的渗去和汇入。（韩少功《传统文化的危机》）

借喻只出现“喻体”，本体和比喻词都不出现。如下例中“红宝石”是喻体，本体“红菱”和比喻词“像”都未出现：

③ 都唱。歌攆人。人撵手。手如飞。歌声里，桶梢里堆满了红宝石。（王

明义《采菱女》)

比喻的变化形式主要有引喻、博喻、较喻、反喻等。引喻不用比喻词，本体和喻体多为平行句式，喻体在前在后都可以；博喻是运用多个喻体对一个本体进行描写；较喻是在比喻的基础上将本体和喻体进行比较，说明本体超过或不及喻体；反喻则是以与本体没有相似之处的事物作喻体，否定本体像某种事物，从反面衬托说明本体。例如：

④ 漫长的旅途检验好马，艰苦的历程考验英雄。(谚语)

⑤ 交人要交心，浇树要浇根。(谚语)

⑥ 这歌声太美了，像小提琴的华彩，像钢琴的变奏，像溪水在山涧流淌，像夜莺在山间鸣唱。(董恒波《魔音》)

⑦ 在这样的气候中，艰苦劳动不要说，最困难的是水，比金子还要宝贵的水一点一滴都得从海南岛上运来。(秦牧《在仙人掌丛生的地方》)

⑧ 我们四川还有人用牛粪作燃料，至于那些又臭又长的文章，恐怕连牛粪都不如。(郭沫若《关于文风问题》)

⑨ 秋并不是名花，也并不是美酒，那一种半开、半醉的状态，在领略秋的过程上，是不合适的。(郁达夫《故都的秋》)

例④例⑤是引喻，例⑥是博喻，例⑦例⑧是较喻，例⑨是反喻。

运用比喻能使话语在写人状物时化平淡为生动，绘声绘色；说理叙事时变抽象为具体，通俗易懂。

2. 比拟

比拟是根据想象，把物当作人，把人当作物，或把甲物当作乙物来描写。比拟可分为拟人、拟物两类。拟人即把物当作人来描写；拟物则是把人当作物，或把甲物（多抽象）当作乙物（多具体）来描写。例如：

⑩ 圆圆的满月，倚在窗台等着我们。待我一出门，又调皮地从窗前跳到门畔，引着我走过窑厂的大烟囱，走过白杨树……(王安忆《运河边上》)

⑪ 她们看见不远的地方，那宽厚肥大的荷叶下面，有一个人的脸，下半截身子长在水里。那不是水生吗？又往左右看去，不久，各人就找到了各人丈夫的脸。啊，原来是他们。(孙犁《荷花淀》)

⑫ 中年是下午茶……总之这顿下午茶是搅一杯往事、切一块乡愁、榨几滴希望的下午。(董桥《中年是下午茶》)

例⑩是拟人，例⑪例⑫是拟物。

比拟能使话语充满形象感与动态感，使人产生丰富的联想。比拟和借喻在形式上有区别：比拟只出现本体和对拟体进行描写的词语，不出现拟体；借喻则只出现喻体而不出现本体。

3．借代

借代不直接说出要说的人或事物，而借与之有密切关系的其他人或事物来代替。例如：

⑬该院急诊室内一名头部外伤流血不止的中年男子和一穿短袖衬衣的男子撕扯起来，“短袖衬衣”将“头部外伤”打倒后欲逃走，被在附近值勤的经警队员扭送至保卫处。(《楚天金报》2002 年 9 月 11 日)

⑭明天开始考试，同屋的一个双簧管和一个大提琴，吃过饭就出去找地方练琴去了。……说到这里，年轻的双簧管和大提琴进来了。

运用借代能够很好地突出人或事物的形象特征，使之具体生动。借代不同于借喻：借喻可以还原为“本体＋喻词＋喻体”的形式，如“红菱像红宝石”；借代则不行，如不能说“那男子像短袖衬衣”。

4．夸张

夸张是故意“言过其实”，对人或事物作扩大或缩小或超前的描述。恰当地运用夸张，能突出事物的本质特征，使描述的对象形象鲜明生动。例如：

⑮ 那些刚扔下杠绳的兵们，每人手里都抓了三两个馒头，大口大口地咬着、嚼着、咽着，那饥渴贪馋的神情简直连铁也消化得了。(江奇涛《人·鸟·岛》)

⑯ 袁天成说：“不行！满喜你也请回去歇歇吧！活儿我不做了！三颗粮食，收不收有什么关系？”(赵树理《三里湾》)

⑰ 她一对充满灵气的凤眼黑白分明，闪耀着春天的光彩，还未微笑，便在鹅蛋脸上漾出一对酒窝。(阿章《三少校》)

例⑮是扩大夸张，例⑯是缩小夸张，例⑰是超前夸张。

(二) 对偶、排比、反复、顶真、回环

1. 对偶

用一对字数相等、结构相同或相似的短语或句子对称组合起来表意的辞格叫对偶。对偶有严对、宽对之分。

严对的要求是：上下联⑴字数相等；⑵语法结构相同；⑶相对部分词性相同；⑷平仄相间（单句）和相对（联句），如“仄仄平平平仄仄，平平仄仄仄平平”；⑸词语不能重复。例如：

① 破帽遮颜过闹市，漏船载酒泛中流。（鲁迅《自嘲》）

现在使用较多的是符合上述标准(1)(2)(3)的宽对。例如：

② 脉搏中有马蹄的撞响，血液中有烽火的摇曳。（章德益《我应该是一角大西北的土地》）

对偶是最具有汉民族特色的一种修辞方式，它还可以从意义上分为正对、反对和串对（流水对），分别表现事物间的相同相近、相反相对或互相关联的关系。对偶语言凝炼，结构对称，极富表现力。

2. 排比

由三个或三个以上的意义相关、语气一致、结构相同或相似、音节数相同或相近的一串词、短语或句子（分句）连用表意的辞格叫排比。排比的各项中往往重复一些词语，重复的词语叫提示语。排比最突出的作用是使话语结构整齐匀称，语势贯通酣畅。例如：

③ 喝！好大一个金盆似的月亮！庄严、肃穆、悠闲、喜悦、安静、慈祥，金光华贵，无法形容！对着西方正在消逝的斜晖微笑，对着大海微笑，对着人间微笑。这才真正是“海上生明月”呢！这个“生”字用得真好呀！它，是大海的产子，宇宙的婴儿，黑夜的银灯，人间的装饰。天空为之变色，大海为之改容，陆地为之肃穆。（秦兆阳《海边销魂记》）

例中有四处运用了排比，文势酣畅淋漓。

3. 反复

特意重复要突出某些内容或某种思想感情的词语或句子的辞格叫反复。反复在话语中能起到突出内容、强调感情的作用。反复可分为连续反复和间隔反复两类。例如：

④ 刚才摘下来的那串珍珠项链正在灯下，每一颗浑圆的珠子都自成一个光影迷离的世界，好像正呼应着书上的标题，不断重复闪动着那两个字——记忆、记忆、记忆……（席慕蓉《记忆》）

⑤ 苏州城里，有不少这样别致的小街小巷：长长的，瘦瘦的，曲曲又弯弯；石子路面，经夜雾洒过，阵雨洗过，光滑、闪亮。在它的旁边，往往淌着一条小河，同样是长长的，瘦瘦的，曲曲又弯弯。（风章《水港桥畔》）

例④是连续反复，例⑤是间隔反复。

4. 顶真

用前一句结尾的词语做下一句的开头，使前后句子头尾递接的辞格叫顶真。顶真前后句首尾上传下接，结构严谨，语气贯通，在表达中能取得层层推进、环环相扣的效果。例如：

⑥ 苏州菜有它一套完整的结构。比如说刚开始的时候是冷盘，接下来是热炒，热炒之后是甜食，甜食的后面是大菜，大菜的后面是点心，最后以一盆大汤作总结。（陆文夫《美食家》）

5. 回环

前后语句中的词语相同而次序相反，形成封闭的环状结构的辞格叫回环。回环运用得好，能反映出事物之间互相依存的关系，而且语言精辟，耐人寻味。例如：

⑦ 中国需要 WTO　WTO 需要中国（《人民日报》2001 年 11 月 11 日）

⑧ 摔碎了泥人再重和，
再捏一个你来再捏一个我；
哥哥身上有妹妹，
妹妹身上有哥哥。（李季《王贵与李香香》）

（三）引用、仿拟、飞白、镶嵌

1. 引用

援引他人话语，以说明问题、描绘事物的辞格叫引用。运用引用可以增强说服力，或者增强生动性，或者造成幽默感。引用从形式上可以分为明引与暗引两种，前者注明出处，后者不注明出处，多为耳熟能详的名句。例如：

①“疲马恋旧秣，羁禽思故栖”是孟郊的句子，人与疲马羁禽无异，高飞远走，疲于津梁，不免怀念自己的旧家园。（梁实秋《疲马恋旧秣，羁禽思故栖》）

② 桃源洞离桃源县二十五里，从桃源县坐上船沿沅水上行，船到白马渡时，上岸走去，忘路之远近，乱走一阵，桃花源就在眼前。（沈从文《桃源与沅州》）

例①明引孟郊诗句，且用于比喻，生动而具说服力。例②则暗引陶渊明《桃花源记》中“忘路之远近”句，颇见风趣。

2. 仿拟

仿拟包括仿词和拟句两大类。仿词就是比照已有的词语，通过联想临时仿造出新的词语，如“新闻—旧闻”；拟句则是比照现成的诗文名句，抽换其中的某些词语仿造出新的句子。话语中运用仿拟能增加语言的幽默感和讽刺意味，提高表达效果。例如：

③（方鸿渐）凑满一千多字的讲稿，插穿了两个笑话。这种预备并不费心

血，身血倒赔了些，因为蚊子多。（钱钟书《围城》）

④ 在过去的七八十年中……从“志于学”到超过“从心所欲不逾矩”。曲曲折折，坎坎坷坷，既走过阳关大道，也走过独木小桥；既经过“山重水复疑无路”，又看到“柳暗花明又一村”，喜悦与忧伤并驾，失望与希望齐飞，我的经历可谓多矣。（季羡林《赋得永久的悔》）

例③是仿词，例④是拟句。

3. 飞白

明知其错而将错就错，有意把白字、别音等如实地记录或援引下来的辞格叫飞白。运用飞白可以鲜明地刻画人物性格，增强语言的真实感，还能产生幽默风趣或讽刺戏谑的效果。例如：

⑤ 点完名，马中作了总结：“名字起得都不错。”然后才开讲，在黑板上写下三个字：“黔之驴”。这时“耗子”逞能，自恃文学功底好，想露一鼻子，大声念道：“今之驴。”下边一阵哄笑。（刘震云《塔铺》）

⑥（中年人）带着别扭腔的普通话向老师朗声讲道：“你老师的，一个是？好好，好得很嘛，我委员的一个是，区上的信我们看了，正在修房子，马的还没有派，你的就来了，好，好，好得很嘛。”……文教干事说：“这是本地语法。”（张放《老师》）

4. 镶嵌

将有关的词语整体或分别嵌入到句子的相应位置上的辞格叫镶嵌。镶嵌的词语可以整体嵌入，也可以分别嵌入相应句子的句首、句尾或句中等位置。镶嵌运用得好，可以使语言结构精致巧妙，并且具有诙谐风趣的表达效果。例如下面的广告语：

⑦ 共享一片祥云，共塑一个国魂！（祥云国货）

⑧ 青翠纷披景物芳，
岛环万顷海天长。
啤花泉水成佳酿，
酒自清清味自芳。（青岛啤酒）

⑨ 家家获益，
事事利民。（益民百货）

⑩ 同声同气福民济世，
仁心仁术医国医人。（同仁堂药店）

（四）双关、反语、拈连

1. 双关

利用语音或语义条件，有意使语句同时兼有两种意思，言此而意彼的辞格叫双关。运用双关可以使话语表达含蓄深刻、活泼机智。根据语音的同音性和语义的多指性，双关可分为谐音双关和语义双关。例如：

① 小葱拌豆腐—— 一青（清）二白（歇后语）

② 刘瘸子……一年到头在传达室里坐着还嫌累，轻易不开大门，职工上下班全走旁边的小门，汽车走后门。冷占国老为这件事骂街：“就朝这一条，机械厂也搞不好，不走大门，尽走旁门歪道！”（蒋子龙《拜年》）

例①是谐音双关，例②是语义双关。

2. 反语

故意运用与本来意思相反的词语或句子来表意的辞格叫反语。运用反语或可加大讽刺力度，或使语言诙谐风趣。如：

③ 当三个女子从容地转辗于文明人所发明的枪弹的攒射中的时候，这是怎样的一个惊心动魄的伟大呵！中国军人的屠戮妇婴的伟绩，八国联军的惩创学生的武功，不幸全被这几缕血痕抹杀了。（鲁迅《记念刘和珍君》）

④ 譬如说你住在二楼或三楼上吧。楼或小窗下，是人来人往的街道或汽车如流的马路，那么早、午、晚你就会被迫“享受”众声汇合而成的噪音流了。（舒巷城《噪音篇》）

3. 拈连

利用上下文的语势联系，把适用于甲事物的词语拈来顺势连用于乙事物的辞格叫拈连。拈连可使话语表达自然畅达，简练含蓄，同时增加表达新颖感和深刻性。例如：

⑤ 前面不远处是夕佳楼，那儿有茶座，对雨品茗，畅说古今，岂不更有味道？不料来到夕佳楼下，却登不了楼，一把铁锁，锁住双扉，也锁住了游人的兴致。（袁鹰《杏花春雨江南·雨中过煦园》）

例中将适用于具体事物“双扉”的词语“锁住”，顺势拈来连用于抽象事物“兴致”，自然而巧妙。

（五）辞格的综合运用

为了表达的需要，有时在话语中连用某些辞格或同时运用几种辞格，这是辞格的综合运用。辞格的综合运用主要有连用、兼用和套用三种情况。

辞格的连用包括相同辞格的连用和不同辞格的连用。辞格连用可以强化同一辞格的表达作用，或使不同辞格的表达效果结合在一起，增强语言的生动性。如：

① 如果以乐器来对应四季，我想春天应该是小号，夏天是定音鼓，秋天是大提琴，冬天是圆号和长笛……还可以以艺术形式对应四季，这样春天就是一幅画，夏天是一部长篇小说，秋天是一首短歌或诗，冬天是一群雕塑。(史铁生《我与地坛》)

② 飘飘摇摇，纷纷扬扬，像烟一样轻，像玉一样莹，像银一样白，从天空洒下，亲吻着久别的大地，啊，北国的第一片雪。(谢树《雪》)

例①是相同辞格的连用，两个部分各以四季为本体，以 4 个不同的喻体构成 4 个暗喻，一共连用了 8 个暗喻。例②是不同辞格的连用，接连运用了比喻中的博喻和比拟中的拟人。

比喻连用与博喻的区别在于：博喻是一个完整的比喻，由一个本体和几个喻体构成，喻体分别从不同的角度来说明本体；比喻连用则是几个本体分别与不同的喻体构成的几个比喻接连出现。

辞格的兼用即在一个话语片段中同时运用两个或更多辞格，几个辞格融合在一起，形式浑然一体，特点兼而有之，从不同的角度看是不同的辞格。辞格兼用可以使几种不同的辞格互相衬托，产生多种表达效果。例如：

③ 这时天已大亮，家人和街坊都已起床，于是她尽情地刷牙漱口，她发出的声音非常之响，好像一列火车开进了她们的院子。(王蒙《风筝飘带》)

例中明喻兼夸张，通过形象的比喻来夸张地渲染“她”发出的声音之大。

辞格的套用指从整体看是一种辞格，但其中的某一部分又用了别的辞格，即一个辞格中又包含有一个或几个其他辞格。辞格套用可使几种辞格互相照应，互相配合，产生强烈的表达效果。例如：

④ 离开渔船，走上堤岸，只见……那沉甸甸的稻谷，像一垄垄金黄的珍珠；炸蕾吐絮的棉花，像一厢厢雪白的珍珠；婆娑起舞的莲蓬，却又像一盘盘碧绿的珍珠。(谢璞《珍珠赋》)

例④从整体看是排比，排比中的每一项又都是一个明喻，最后一项还兼用了比拟。

检测与思辨

一、写出本节的内容提要。(400 字左右)

二、举例谈谈在口语表达中如何运用语音因素传情，在书面语表达中如何运用书面符号表意。

三、“词语选择就是在表达时要选用优美的词语”，这话对吗？谈谈你的看法。

四、举例说明调整节律应该从哪几个方面进行。

五、举例说明应该如何配置句子。

六、自选一首诗词并朗诵，发挥有声言语的优越性，力求达到声情并茂的效果。

七、比喻的类型很多，除了教材谈到的类型之外，你能再举出几种吗？

八、举例说明辞格综合运用的三种情况。

第三节　话语理解

一　语境的利用

语境是人们运用语言进行交际的言语环境。语用学要研究不同语境中语意的恰当表达和准确理解。

语境对话语的理解具有十分重要的意义。例如，“筷子掉了！”这句话在不同的语境中的语用意义是不一样的：在餐厅里对服务员说这句话，意思是“请再给我一双筷子”；在家里，刚学会用筷子的幼儿对母亲说这句话，意思是“帮我拣起来吧”；在同学聚会的饭桌上，对指手画脚、高谈阔论、筷子碰掉了都全然不知的邻座同学说这句话，那意思是“不要动作过大，否则还会把碗碰翻”。可见，在话语理解中，需要充分地利用语境，这样才能对话语的意义作出准确的理解。

语境包含不同的构成因素，下面从语境因素对话语理解的制约，来说明理解话语时需要充分地利用语境因素。

（一）上下文

上下文语境指口语中的前言后语和书面语中的上下文。阅读和理解的正确与否，在很大程度上取决于有无上下文观念或能否对上下文进行分析。例如：

①“妈妈生了小孩！”小姐姐居然敢拉住了姑母的手，往屋里领。

“啊！孩子还不够数儿！添多少才算完呢？”（老舍《小人物自述》）

单独看例①中的话语，很难明白为什么小姐姐拉姑母的手是“居然敢”，而姑母又为什么对生孩子表现得那么不耐烦。实际上在上文有一段对姑母的描述：“姑母是我们家的霸王，除非父亲急了敢和她顶几句，其余的人对她是连眼皮也不敢往高里翻一翻的。”而且下文又做了交代：“姑母有过两个孩子，据她自己的评判，都是天下最俊秀的娃娃。”但是都不幸夭折了，“所以，姑母老觉得别人的孩子活着有点奇怪，而且对生儿养女的消息得马虎过去就马虎过去，省得又想起那梳着甜锥锥的宝贝儿来”。上下文语境帮助读者理解了老舍笔下姑母这个人物的性格和这段话语的意思。

（二）交际情景

交际情景是语境的重要因素。具体包含以下几个方面：

1. 时间地点

言语交际总是在特定的时间和特定的地点中进行的。不同的时代，不同的制度，决定了不同的社会政治环境，并支配着人们的思想意识和言语交际，因此，话语需要在特定的时空语境下才能准确地理解其意义。例如：

② 王利发：诸位主顾，咱们还是莫谈国事吧！（老舍《茶馆》）

要准确理解王掌柜对茶客们说的“莫谈国事”这句劝告语，就必须依赖说这话的时空语境：时间是1898年（戊戌）初秋，当时康梁变法维新运动刚刚失败；地点是北京裕泰茶馆。在这种时空语境下，老百姓谈国事是会招来杀身之祸的。

2. 交际场合

场合是指在一定的时间、地点，交际者就某个话题，以某种方式，为某种目的（意图）进行言语交际的一种景况。对话语的理解不能离开当时的交际场合。例如：

③ 一位政府官员问波特金：“大夫，请告诉我，做什么样的练习对减肥最有效。”

“转动头部，从右至左，然后从左至右。”波特金回答。

“什么时候做呢？”

“当别人款待你的时候。”（《外国名人辩才趣闻·当别人款待你的时候》）

例③的具体时间是在苏联有腐败滋生的时候，地点是在医生那里，交际的双方是医生和政府官员，他们的话题是怎样减肥，方式是官员向医生请教，官员的目的是想减肥，医生的目的是要教育官员。在这样的场合下，医生的话语富有针对性，官员理解医生话语中的含义不会出现偏差。阅读者也能够通过这一具体的交际场合正确地把握这段话语的意义。

3. 交际对象

在话语交际中，发话对象和受话对象的个人特征及双方之间的关系，也是影响话语理解的重要因素。

（1）双方关系。

交际时，说话人和听话人处于一定的关系之中：是同盟者还是敌人，是朋友还是陌生人，是长辈还是晚辈，是领导还是下级等等。感情有亲疏之分，关系有性质之异，水平有高低之别，这些都会影响到话语的理解。例如：

④ 有个叫丘浚的穷秀才，有一天到杭州去拜访一个叫做珊的和尚。珊和尚见他一副穷酸相，因而傲慢无礼，出言狂妄。一会儿后，杭州将官的公子也来拜访珊和尚，珊和尚立即下台阶恭迎，态度谦卑，一副奴才相。

丘浚见了心中十分不平，等那将官的公子走后，他责问珊和尚："你和尚接待我丘浚态度傲慢，可是接待将官的公子却那么恭敬，这是为什么？"

珊和尚辩解说："接就是不接，不接就是接。"

丘浚听了勃然大怒，顺手拿起一根棍子，对着珊和尚边打边说："打是不打，不打是打。"（《中国名人辩才趣闻·打是不打，不打是打》）

例④中的秀才原来是很尊敬和尚的，所以来"拜访"。但和尚的所作所为改变了他对交际对象的认识，所以"责问"和尚。和尚觉得交际对象是个穷秀才，就胡乱辩解一番，秀才听出了对方话语中明显的轻慢之意，就以其人之道还治其人之身。

(2) 身份·职业·性别。

交际对象由于身份、职业等的不同，对话语的理解会表现出差异。例如：

⑤ 1964年11月，周恩来、贺龙等赴莫斯科参加庆祝十月革命的纪念活动。在一次宴会上，苏联国防部长马林诺夫斯基竟对贺龙说："我们现在已经把赫鲁晓夫搞掉了，你们也应该仿效我们，把毛泽东也搞下台去，这样我们就能和好。"

贺龙当场顶回了对方的恶意煽动，并向周恩来如实作了汇报。周恩来立即向勃列日涅夫提出抗议，并严肃指出：马林诺夫斯基的讲话是对中国的严重挑衅。

勃列日涅夫对周恩来掩饰说："马林诺夫斯基今天喝醉了，是酒后失言，不必介意。"

周恩来立即尖锐指出："这不是什么酒后失言，而是酒后吐真言。"（《中国名人辩才趣闻·是酒后吐真言》）

作为苏联国防部长的马林诺夫斯基，说出了非常不符合他身份的言论，贺龙和周恩来以中国领导人的身份和政治家的职业敏感性，敏锐地察觉了苏联人的阴谋，立即提出了严正的抗议。勃列日涅夫本想狡辩，周恩来识破了他的诡计，给予有力的驳斥。贺龙和周恩来作为中国党和国家的领导人，在与苏联人交际时根据自己的身份和职业，及时理解判断出苏联领导人的别有用心，对其话语作出了正确及时的反馈，避免了事态的进一步扩大。

交际对象的性别，有时也会对话语交际产生影响。例如：

⑥ 中学语文老师让学生打标点，是这样一句话："女人没有了男人很恐慌。"结果，绝大多数男同学这样标点："女人没有了男人，很恐慌。"而女同学绝大多数标成这样："女人没有了，男人很恐慌。"

例⑥说明性别因素会影响人们对话语的理解。

(3) 思想·文化·教养。

思想、文化、教养是构成言语环境的主观因素。"文如其人"，"言为心声"，人们的思想文化水平和教养程度，对话语的理解也有深刻的影响。例如：

⑦ 一个乡村人口普查员填写人口登记表时，问一位没有文化的老太太："您有配偶吗?""啥哩?"老太太愣了半天答不上来。人口普查员急了，说："您有老伴没有?"老太太一笑，说："什么'配偶'，说'老伴'不就得了!"

例⑦中老太太没有文化，理解不了人口普查员书面语色彩浓厚的词语，使得双方的交际出现了障碍。又如：

⑧（董斜川对方鸿渐说）你既不是文纨小姐的"倾国倾城貌"，又不是慎明先生的"多愁多病身"，我劝你还是"有酒只须醉"罢。(钱钟书《围城》)

这段话是在赵辛楣举行的小型宴会上董斜川对方鸿渐说的。出席宴会的人有哲学家褚慎明、诗人董斜川、留学归国的"洋博士"方鸿渐和苏文纨小姐。这些人的文化水平和教养程度，使他们完全能够体味出董斜川话语的含义。

（三）民族文化和社会习俗

民族的历史文化背景的不同，社会习俗的不同，也会影响到人们对于话语的理解，有时还会造成理解的障碍。例如：

⑨ 一位美国乘客在中国民航客机上看到一位中国空姐长得非常漂亮，就情不自禁地赞美起来：

乘客：小姐，您真漂亮!

空姐：哪里，哪里。

乘客：(指着小姐的眼睛、鼻子）这里，这里。

美国人情感外向，喜欢直截了当地称赞别人，而中国人表达感情是含蓄的，"哪里，哪里"是中国人惯用的自谦语，意思是"我并不漂亮"。美国人没有理解这一点，闹了笑话。这里，空姐的话语也说明了她不了解美国的文化背景，因此没有很好地理解美国乘客的意思，所以选择了不恰当的表达方式，导致了交际的失误。

中国几千年的文化传统也影响着人们的话语理解。比如，中国人把"龙"视为高贵的、神通广大的吉祥神物，并用来象征前程远大。中国封建时代的皇帝是“真龙天子”，中国人自称是“龙的传人”。但学习汉语的英美留学生对这一点就不容易理解，因为在英美，“龙”是一种能喷烟吐火，为巫师或魔怪守护财富的怪物，甚至被视为“魔鬼、恶魔”。他们更难以理解“亚洲四小龙”的真正意思（为使英美人士理解准确，英文报刊把“四小龙”翻译为“四只老虎”）。

说印欧语的西方人有时还很难理解中国人的交谈方式。比如，朋友见面常问“吃了吗?”“去哪儿?”这实际上是问候语，但欧美人士会理解为真正的询问而心生不快。中国人宴请宾客时总会殷勤劝食，西方人却认为这是一种强迫行为；中国人有尊老爱幼的传统，对长者要用礼貌的称呼语“爷爷”“奶奶”“叔叔”“阿姨”等，而西方的老人，更愿意你直呼其名。总之，不同的民族文化和社会习俗，有时会造成人们话语理解的障碍。

二　指示语的把握

指示语是指表示指示信息的词语。话语中的指示信息是话语理解的重要方面，而指示信息的理解离不开具体的语境。

（一）人称指示

人称指示指言语交际中涉及的关于人物人称的指示。人称指示最典型的是人称代词，除此之外，还有人名、职务等。

人称指示可以分为三类：

1. 第一人称指示

第一人称指示指说话人或包括说话人在内的群体，即“我”或“我们”“咱们”。第一人称指示语有单数和复数的区别，复数形式在用法上又有包括式和排除式的不同。比较：

① 他是咱们班新来的同学，咱们都要关心他。

② 他是我们班新来的同学，你们班有没有新同学来?

例①“咱们”是包括式，例②“我们”是排除式。但要注意，“我们”有时是排除式，有时是包括式，要根据具体的语言环境来理解。

人称指示语在话语中有时还可以变通使用，要注意正确理解。

2. 第二人称指示

第二人称指示指听话人，即“你”或“你们”。第二人称指示信息有时可以通过第一人称指示语来表达，如汉语的“我们”和“咱、咱们”都可以用来借指“你”

或"你们",在理解的时候需要特别注意。例如:

③ 我相信,我们每个同学一定会担起时代赋予我们的重任。(我们=你们)

④ (对小孩儿)咱别闹了,一会儿我带你去逛公园。(咱=你)

例③例④这种用法,能给听话人带来亲切感,在正式场合,多出自长者、领导之口;非正式场合,则多为父母所使用。

第二人称指示语还可以以单数形式泛指任何人。例如:

⑤ 你想将来有所作为,你就得刻苦学习,在各方面锻炼自己。

第二人称指示语有时还可以指第一人称"我"。例如:

⑥ 这个人挺有意思,你向他借东西,他肯定会拒绝,他向你借东西倒是开得了口。(你=我)

3. 第三人称指示

第三人称指示是指第三方,即"他/她"或"她们/他们",不包括说话人和听话人。但在实际运用中,第三人称指示语有时也用来借指说话人和听话人。例如:

⑦ 凤姐道:"……至今珍大哥还抱怨后悔呢。你这一来了,明儿你见了他,好歹描补描补,就说我年纪小,原没见过世面,谁叫大爷错委他的。"(曹雪芹《红楼梦》)

例⑦后边的一个"他"实际上是指说话人"我"。

从以上情况可以看出:人称指示语在话语中有时可以变通使用,或人称变换,或单复数变换,或泛指、借指等等,这些都需要借助语境来理解。

(二)时间指示

时间指示指话语交际中涉及的关于时间的指示。时间指示通常以说话人的说话时刻为依据。

1. 时间的类别

历法时间和度量时间。历法时间指有固定起点和终点的时间,是由一定数量的小时段组成的有固定名称的时段。如具体的年份"2002年"、月份"6月",以及"五四以来""新中国成立前"等。度量时间指用以计算时段长短的时间,如从3月19日到4月18日是一个月,从去年9月1日到今年8月31日是一年等。

编码时间和解码时间。面对面交谈,编码和解码几乎同时进行,编码时间和解码时间的差别不明显。但如果是从地球的东半球打电话给西半球,这时,二者的时间差异就很大,当处在西方的人说"明天"时,处在东方的人应理解为"今天";处在东方的人说"明天"时,处在西方的人应理解为"后天"。

2. 时间指示语的主要类别

时间名词：从较长一段时间着眼，说话时间为“当今、现在”，说话前一段时间为“过去”，后一段时间为“将来”。从某天着眼，说话时间为“今天”，过去的三天从近到远依次为“昨天、前天、大前天”；未来的三天从近到远依次为“明天、后天、大后天”。如果着眼于年，情况也大致一样。

方位词：表示时间的方位词主要有“前、中、后”。未到说话人选定的时间参照点，则为“前、以前、之前”；正在参照时间之内，则为“中、之中、时、期间”；超过参照时间，则为“后、以后、之后”。表示时间参照点的词语，放在方位词前面。例如：

① 吃饭之后，我们再仔细商量一下。

时间副词：以说话时刻或说话人选定的时间为参照点，正说话时间为“正、正在”等，发生不久为“刚刚、刚”等，即将要发生为“马上、立刻”等。在选定的时间参照点之前发生为“将要、就要”等。例如：

② 李老师正在上课，小王的手机响了。

③ 他准备妥当就要出发去旅游时，单位打来了电话。

趋向词：以说话时间或说话人选定的时间为参照点，“起来”表示某个动作或某种状态时间上的起点及延伸，“下去”表示某个动作或某种状态时间上的继续。例如：

④ 小宝的妈妈一关门出去，小宝就哭起来了。

⑤ 看样子他们俩要没完没了地扯下去了。

助词：助词“着”表示动作的发生与说话时刻或说话人选定的时间参照点同时。“了、过”表示动作发生在说话时刻或说话所选定的时间参照点之前，但“了”前的动作可能延续到现在，“过”前的动作不延续到现在。例如：

⑥ 这本小说我只看了一半。(可能还在看)

⑦ 这本小说我只看过一半。(现在没看了)

3. 时间指示语的特殊用法

时间指示语的特殊用法主要是指时间名词的换用和虚用。“今天、昨天、明天”常用于指“当今、过去、未来”，“今天、明天”可虚指任何一天。例如：

⑧ 世界的明天是属于你们年轻人的。(明天＝未来)

⑨ 你的电话今天今天打不通，明天明天打不通，你到底开机了没有？

（三）空间指示

空间指示指话语交际中涉及的关于处所、方位等的指示。空间指示以说话人所处空间位置为依据。

1. 相对位置关系

说话人和听话人之间的相对位置关系，对于理解空间指示语至为重要。这种相对位置关系可分为两种：面对关系和同向关系。

面对关系：说话人和听话人面对面时，某些表示空间的词语可能会产生歧义。选择不同的参照点，它们有不同的含义。说话人的左边，是听话人的右边；说话人的前面，有时是听话人的前面，有时是听话人的后面。例如：

① 你找刘老师？前面那位就是。

② 你回头看看前面那座山，它好像并不是很高。

说话人为了准确表达，往往指明是听话人的哪一边，如“你的左边”“你的前面”等。

同向关系：说话人和听话人朝同一方向。这时，双方对表示“前”“后”的空间词语有共识，但对“左”“右”的理解仍有选择参照点的问题。汉语交际中，一般是以双方位置为参照点。如果说话人以自己所在位置为参照点，一般说成“我左边”“我右边”；如果以听话人位置为参照点，则说成“你左边”“你右边”。

2. 空间指示语的主要类别

表示处所的代词：表示处所的代词“这里、这边、这儿”指会话中双方所在地方；“那里、那边、那儿”指离双方所在地有一定空间距离的地方。电话中，指示说话人所在的地方一般用“我这里”，或单用“这里”；指示听话人所在的地方一般用“你那里”。

方位词：方位词“东、南、西、北”和“前、后、左、右、中”是常用的空间指示语。“东、南、西、北”是以天体为参照点，因此，听话人、说话人对它的理解比较一致。“前、后、左、右”等是以听说双方自身为参照点，因此，听说双方常常各有自己的理解，尤其是处于面对关系的时候。例如：

③ 你看西边那座山，真高！

④ 你看右边那座山，真高！

“西边”听说双方有一致的理解。“右边”则常指说话人的“右边”，也可能指听话人的“右边”。

动词“来、去”：“来”指从别的地方到说话人所在的位置。例如：

⑤ 她来不来参加晚会？

“去”指从说话人位置到听话人位置或另外的地方。例如：

⑥ 我明天去你那儿拿书，你等着我。

⑦ 我下午去火车站接她，咱们一起去吧！

还有其他一些位移动词都有空间指示作用，如“回、走、离开”等。

3. 空间指示语的换用和虚用

空间指示语的换用主要是“来”“去”的换用。如“我就去，你等着我”可以说成“我就来，你等着我”，这是一种以听话人为中心的表述方法，这样用“来”，实质上和“去”相当，只不过语用意义有所不同。

空间指示语的虚用，主要是在对举使用的时候。例如：

⑧ 这儿也要人，那儿也要人，哪儿有那么多人？

⑨ 他带着球左边晃一下，右边晃一下，就是让你断不下来。

⑩ 一来二去，两人很快就成了朋友。

例⑧的“这儿”“那儿”泛指所有的地方；例⑨的“左边”“右边”泛指不确定的某一边；例⑩的“来”“去”泛指互相之间的交往。

以上的人称指示、时间指示、空间指示，是最基本、最常见的指示。这三种指示反映出语言的运用对语境的依赖作用。

三 前提的推知

（一）前提

一般来说，任何一句有意义的话都有其特定的前提。前提是包含在话语的意思之中的，而不表现在话语的字面形式上。例如：“到网吧把孩子找回来。”这句话有一个前提：“孩子在网吧里。”言语交际中，人们既要理解话语的表面意义，也要把握话语的前提。

前提一般是交际双方共知的，也有的话语的前提是受话人所不知道的。有时这种前提还是说话人所要表达的正意所在，只不过表达的方式是间接、委婉的，需要受话人根据语境或从话语中去推知。例如：

① [夫人云]　小姐近前拜了哥哥者！

[末背云]　呀，声息不好了也！

[旦　云]　呀，俺娘变了卦也！（王实甫《西厢记》）

《西厢记》中老夫人曾许诺：谁能解孙飞虎之围就将崔莺莺许配给谁。待张生解围后，老夫人却变了卦，可又不便明说，只好采用委婉的表达方式。张生和崔莺莺已两情相悦，他们虽然不知道老夫人已经改变主意，但在这种特定的语境下，很快推知到老夫人话语的前提（“张生是哥哥”），领会到老夫人话语的真正含义：他们只能以兄妹相待，不能成亲。

（二）前提触发语

前提往往由特定的词语触发出来，这些触发前提的词语称为前提触发语。交际中，人们可以通过这些前提触发语来把握话语的前提。前提触发语主要有以下几类：

1. 助词“了”。“了”一般表示动作的完成和肯定事态出现了变化或即将出现变化，可以充当前提触发语。例如：

① 孩子们可以在村里读书了。

从“了”字可以推知，这句话包含“孩子们以前不能在村里读书”的前提。

2. 某些表示状态变化的动词。如“开始、停止、改正、纠正、解决”等。例如：

② 他现在开始每天早锻炼。

③ 上级下达了停止演习的命令。

例②的前提触发语是“开始”，含有“他以前没有早锻炼”的前提；例③的前提触发语是“停止”，含有“演习正在进行”的前提。

3. 某些表示心理活动的动词。如“后悔、懊悔、忘记”等。例如：

④ 小张后悔当初没有抓紧时间多学点英语。

例④的前提触发语是“后悔”，含有“小张当初没有好好学英语”的前提。

4. 表示频率、时间等的副词。如“又、再、也、还、马上、立刻”等。例如：

⑤ 我明天还要去武汉大学听课。

⑥ 你别急，我马上就过来。

例⑤的前提触发语是“还”，含有“我已经去武汉大学听了课”的前提；例⑥的前提触发语是“马上”，含有“我现在还没有过来”的前提。

5. 疑问代词。如“为什么、什么时候”等。例如：

⑦ 你什么时候才能把文章写完？

⑧ 你舞跳得那么好，为什么不去参加舞会？

例⑦的前提触发语是“什么时候”，含有“文章还没有写完”的前提；例⑧的前提触发语是“为什么”，含有“你没有去参加舞会”的前提。

6. 表示选择、假设、让步等关系的词语。如“要不是……就……”、“是……还是……”、“不是……就是……”、“要么……要么……”、“如果……就……”、“虽然……但……”等等。例如：

⑨ 你要么今天去报到，要么明天去报到，随便。

⑩ 如果你现在不来，那我就走了。

⑪ 虽然他身体不好，但每天仍然在外面奔波。

例⑨的前提触发语是“要么……要么……”，含有“必须去报到”的前提；例⑩的前提触发语是“如果……就……”，含有“你现在还没来”的前提；例⑪的前提触发语是“虽然……但……”，含有“身体不好就应当在家休息”的前提。

7. 某些限定语和修饰语。例如：

⑫ 我参加工作的时候才19岁。

⑬ 她懂事、体贴的10岁的女儿，给了她莫大的安慰。

例⑫的前提触发语是“参加工作的时候”，含有“我已经参加工作”的前提；例⑬的前提触发语是“懂事、体贴”，含有“女儿懂事、体贴”的前提。

（三）前提与话语理解

前提一般是话语交际双方共知的，有时受话人不知道发话人的前提，但可以通过语境来推知。如果没有或无法从语境中推知话语的前提，受话人就难以领会发话人的意思，交际就会产生障碍。例如：

①“你从实招来罢，免得吃苦。我早都知道了。招了可以放你。”那光头的老头子看定了阿Q的脸，沉静的清楚的说。

“招罢！”长衫人物也大声说。

“我本来要……来投……”阿Q胡里胡涂的想了一通，这才断断续续的说。

“那么，为什么不来的呢?”老头子和气的问。

“假洋鬼子不准我!”

“胡说！此刻说，也迟了。现在你的同党在哪里?”

“什么？……”

“那一晚打劫赵家的一伙人。”

“他们没有来叫我。他们自己搬走了。”阿Q提起来便愤愤。

“走到哪里去了呢？说出来便放你了。”老头子更和气了。

“我不知道……他们没有来叫我……”（鲁迅《阿Q正传》）

例①里，“老头子”的话语的前提是“阿Q参与了抢劫赵家”，所以要阿Q“从实招来”，但这个前提是不存在的，因此阿Q并不能完全理解“老头子”的话，双方越说越说不到一起去，交际就出现了障碍。可见，话语交际中，要理解对方的话语，首先要把握对方话语的前提。

四　语用意义的推导

（一）语用意义

语用意义是在具体语境中获得的话语的临时意义，是话语的言外之意。语用意义关注的不是说话人说了些什么，而是说话人说这句话可能意味着什么。例如：

①边裁令旗一挥，太极虎就心领神会：这一场要输基本上很难！（《武汉晚报》2002 年 6 月 23 日）

这个句子是在第 17 届世界杯足球赛中，裁判屡次误判，使韩国队连克数敌，闯进 4 强的语境下写出来的。从“这一场要输基本上很难”中我们可以品味出作者的言外之意：讽刺韩国不完全是靠真本事进入 4 强，而在相当程度上靠的是裁判。

话语的语用意义是根据特定的时间、地点和人物等具体语境因素而推断出来的。交际中，说话人总的说来是遵守着合作原则的，但有时却有意地违反合作原则的某项准则，以迫使听话人去推导话语的真正含义。例如：

②苏沛敏：“杰，你已经背了我三十年，整整三十年哪！”
赵　杰：“我愿意再背你三十年、四十年、五十年……”

例②中苏沛敏（妻子，瘫痪）重复说“三十年”，其特殊的语用意义是：“你背我的时间太长，吃的苦太多。”而赵杰（丈夫）说“三十年、四十年、五十年……”，其特殊的语用意义是“我愿意背你一辈子，愿意吃一辈子苦”，交谈双方有意不说简练的话，明显地违反了简明准则，听话人能从对方的话语中推导出特殊的语用含义，充分表达了患难夫妻之间忠贞不渝的爱情。

（二）语用意义的推导

语用意义的推导，是听话人根据合作原则中的某项准则，对话语进行分析、判断、推理，以获取语用意义的过程。

言语交际中，有意违反合作原则中的某项准则，可以造成语用意义。话语理解时，一方面要了解话语的字面意义，但更重要的，是要推导、领会话语的语用意义。例如：

①朴：（向下人）跟太太说，叫账房给鲁贵同四凤多算两个月的工钱，叫他们今天就走。去吧。

萍：爸爸，不过四凤同鲁贵在家里都很好，很忠诚的。

朴：嗯，（呵欠）我很累了。我预备到书房歇一下。你叫他们送一碗浓一点的普洱茶来。（曹禺《雷雨》）

例①中周萍说“四凤同鲁贵在家里都很好，很忠诚的”，意思是“能否把四凤和鲁贵留下”。但周朴园没有正面回答周萍，而是说“我很累了”。这里，周朴园故意违反了关联准则。从其话语中，听话人周萍不难领会到它的语用意义：四凤和鲁贵不能留下。至于具体原因，周朴园不想解释，也不便解释。又如：

② 关山林……就转过头去问跑堂的：该你们多少钱？跑堂的先前就一直在注意他，看他穿着日本的黄呢军大衣，知道他铁定是个当官的，又见他剑眉豹眼，虎口狮鼻，胡子刮得青碴碴的，举手投足之间总让人隐隐嗅到一股没洗净的血腥味，心里先就有些怵，赔着笑脸说，长官，不敢说该，照说呢，您老三位能来小店吃饭，是瞧得起，给了面子，不敢找您老讨赏，只是本店本钱小，生意难做，实在赔不起呀！关山林说，你这人好嘴碎，问你该多少钱，你照直说就行了，怎么全是废话？跑堂的连忙笑道，长官骂得好，小的就是嘴碎，小的再不说废话了——按说呢，五个菜，三荤两素，一箩饼，两壶茶水，该收长官的两块三毛，咱给长官添了气，这零头就舍了，您老给两块钱就中。（邓一光《我是太阳》）

例②中跑堂的话语啰嗦，有意违反了简明准则，听话者关山林自然能够从中推导、领会出他的语用意义：想收钱但又不敢直说。关山林明白了他的意思，所以才要他“照直说”。

检测与思辨

一、写出本节的内容提要。（400字左右）

二、选取一篇短篇小说，分析语境对话语理解的作用。

三、举例说明人称指示语“我们”“你”在实际话语中的多种用法。

四、前提触发语主要有哪几类？请举例说明。

五、违反合作原则中的任何一项准则，都可以造成语用意义。请从言语作品中找出四个实例加以说明。

第四节　语体风格

一　语　体

（一）什么是语体

不同的交际领域和交际目的，使人们在交际活动中形成许多在运用语言材料和表现手段上具有不同特点的语言表达体系，这种根据不同交际领域和交际目的而形成的各具特点的语言表达体系就是语体。各类语体在运用语言材料、运用语言的表现手段时所呈现的不同特点，集中表现为不同的语体色彩。各种语体的不同特点和不同的语体色彩，都是通过语音、词汇、语法、修辞方式、篇章结构等等语言因素，以及一些伴随语言的非语言因素具体表现出来的。这些能形成不同语体色彩的因素，叫做语体要素，可简称为体素。

语体要素中的语言因素以语言材料和语言表达手段的具体形式表现出来，如双声、叠韵、拟声、叠音、儿化韵、谐音、押韵、音节的谐调、平仄的交替等，都是能够体现语体色彩的语音材料和语音表达手段。儿化韵多用于口语语体和文艺语体中，呈现出口语语体色彩或文艺语体色彩；押韵一般用于文艺语体中的韵文体，呈现出文艺语体色彩。其他如词汇、语法、修辞方式等，都可能因其语言材料或相应的表达手段经常用于某一语体环境而形成一定的语体色彩。这些具有特定语体色彩的各类语言材料和表达手段构成语体要素，而特定语体要素的集合，最终就形成某个独立的语言表达体系即语体系统。

某一交际领域内受其影响形成的语体系统形成以后，反过来，如果要在这一交际领域内有效地进行交际，就必须运用相应的语体来表达，否则就可能会因为不得体而影响交际效果。除非是为了取得某种特殊的交际效果，一般不会在交际中运用不得体的语体，或在某一语体的言语交际作品中明显插入其他语体的表达材料或手法。

语体不等于文体，它与文体既有联系又不是一回事，不能完全等同。语体是适合某一交际领域和交际内容的语言表达体系，其分类依据是运用的语言材料及其表现手段等；文体是文章的体裁，有时也特指文学的体裁，其分类依据是文章内容、结构与表现手法等。但因为二者之间有种种联系，某些语体正好与某些文体相对应。

例如文艺语体下分韵文体与散文体，韵文体中又分为格律体、自由体、说唱体，这是语体的分类，是从语言运用的特点体系着眼的；文学体裁根据其结构形式分为诗歌、散文、小说、戏剧等，诗歌中又分为格律诗、自由诗，或分为抒情诗、叙事诗等，这是文体的分类，是从结构、情节、形象、表现手法等着眼的。文体中格律诗、自由诗的分类与语言表达特点有关，与语体中韵文体内部的格律体、自由体恰好对应；而抒情诗、叙事诗的分类标准主要是与其内容和表现手法有关，因而没有相对应的分语体。

（二）语体类型

1. 语体分类

对现代汉语的语体系统进行分类，可首先分为口头语体与书面语体两大类，书面语体内又可再分为政论语体、科技语体、文艺语体和事务语体，这四种语体内部还可再分出不同的分语体。一般而言，现代汉语的语体分类大致如下：

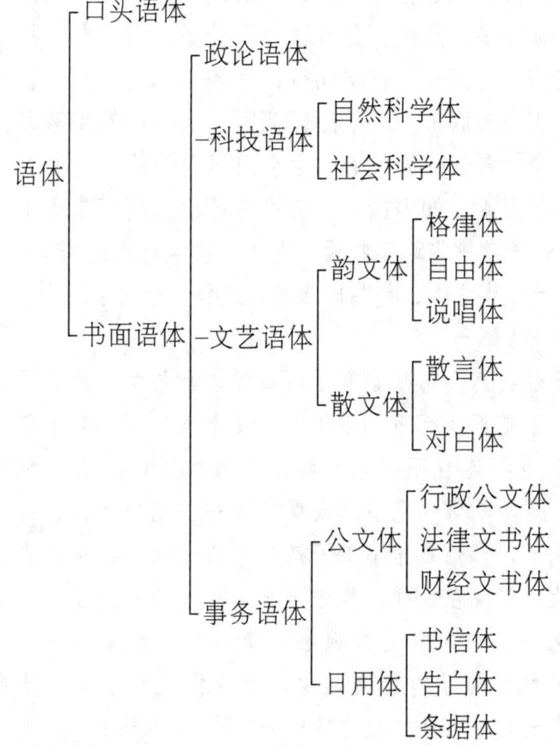

要注意区分语体同语言表达形式的关系。语体是不同交际领域内语言运用特点的体系，语言表达形式是语言的传达方式，也就是人们运用语言的物质显现形式，

指语言是通过口头传达出来诉诸人们的听觉，还是通过语言的记录符号——文字在书面上传达出来，诉诸人们的视觉。口头语体言语作品的典型传达方式是口头表达形式，也可用书面表达形式传达，即写出来的口头语；书面语体言语作品的典型传达方式是书面表达形式，也可用口头表达形式传达，即说出来的书面语。比如，所谓比较正式的口头语体实际上就是书面语体的口头表达形式，如教师讲课、正式会议上的讲话、事先有准备的演讲等。口头语体、书面语体同口头表达形式、书面表达形式的相互关系见下图：

口头语体　　　　　　　　　　口头表达形式
传达　　方式
书面语体　　　　　　　　　　书面表达形式

2. 现代汉语口头语体

口头语体的主要特点是遣词造句较为随意，话题经常变换，语气生动活泼，风格平易自然。词语多运用口语词、方言词、俚俗词，以及惯用语、歇后语、谚语等俗语；语音上语调变化丰富，停顿较多，儿化、叠音也出现较多，而且有一些语流音变；句法上多用询问句、祈使句、独词句、省略句等，且多用单句，不加长修饰语，即使运用复句，一般也较少使用关联词，句子比较简短，语气词使用较多；修辞方式上多用形象性辞格，如比喻、夸张、借代等。由于口语交流的双方多为面对面，因此口头语体经常运用非语言因素，如表情、手势等态势语，而正是有了这些非语言因素的帮助，口头语体中句子常常省略某些成分而不致影响意思的表达。

文艺语体中有些人物对话属于口头语体，是写出来的口头语。例如：

① 赵老：他心眼儿并不坏！

四嫂：我知道，要不然我怎么想跟您商量商量呢。当初哇，我讨厌他蹬车。因为蹬车不是正经行当，不体面，没个准进项。自小妞儿一死啊，今儿个他打连台不回来，明儿个喝醉了，干脆不好好干啦。赵大爷，您不是常说现下工人最体面吗？您劝劝他，叫他找个正经事由儿干，哪怕是作小工子活掏沟修道呢，我也好有个抓弄呀。这家伙，照现在这样，他蹬上车，日崩西直门了，日崩南苑了，他满天飞，我上哪儿找他去？挣多了，愣说一个子儿没挣，我上哪儿找对证去？您劝劝他，给他找点儿活干，挣多挣少，遇事儿我倒有个准地方找他呀！（老舍《龙须沟》）

这段对话中，句式的简短，语气词与儿化词的丰富，加上其中大量口语词和北京方言词的运用，都极富口语色彩，是典型的口语语体。

3. 现代汉语书面语体

书面语体也称为书卷语体，主要包括政论语体、科技语体、文艺语体、事务语体等。

(1) 政论语体。

政论语体是在论述政治、社会问题，进行政治鼓动时运用的一种语体。

除政治术语外，政论语体多用一些通用词语，但为了增强鼓动的艺术感染力，也不排斥艺术性词语，句法上可选用各类句子，有时还运用一些增强形象性的修辞方式。例如：

② 当今年的新年钟声敲响，全中国人民、全世界人民都怀着无比兴奋的心情迎接将要到来的新世纪曙光。值此重要的历史时刻，我们为千百年来人类文明的巨大进步深受鼓舞，为我们的党和人民在过去的岁月中所创造的辉煌业绩骄傲自豪，为有中国特色的社会主义事业焕发生机和活力而充满信心和力量。（人民日报1999年1月1日社论《迎接新世纪的曙光——元旦献辞》）

(2) 科技语体。

科技语体是记载、传播社会科学和自然科学研究成果时运用的一种语体。

科技语体主要是叙述说明而非描绘抒情，因此其语言讲究逻辑性、科学性、简明性。科技语体大量运用科技术语，经常运用非自然语言的符号、公式、图表等，如“≥ ≈ ≠ ≯ ∵ ∴ ∈ ≌”等。由于科学技术互相交流的需要，科技语体还往往在运用术语时插入相关外语的对应词语。句式严整而较少变化，而且有一些特定的句式框架，如“当且仅当……”“设……”等。修辞上较少运用修辞方式，特别是形象性、描绘性的修辞方式。科技语体分自然科学体与社会科学体两类分语体，各自特点又稍有不同。例如：

③ 假定信息码率为Rb/s，可用信道的带宽为WHz。直扩采用二进制相移键控。为了充分利用信道的带宽，取PN序列每秒变化W次。W的倒数用T_c表示，T_c称为码片间隔。PN序列的最小矩形脉冲称为码片，其持续时间是码片间隔。一个信息码的传送时间相当于它的矩形脉冲的持续时间$T_b=1/R_0$扩展因子G为：

$$G=\frac{W}{R}=\frac{T_b}{T_c}$$

(陈显治等《现代通信技术》)

④ 美感是否有关联想的问题与形式和内容的问题密切相关。康德是偏重形式而忽视内容的。他的学说在近代影响极大。近代艺术无论在理论方面或在实

施方面，都在倾向形式主义。向来学者喜欢把艺术分为两个成分，一个是“内容”，又称“表现的成分”（representative element）或“联想的成分”（associative element）；一个是“形式”，又称“形式的成分”（formal element）或“直接的成分”（immediate element）。比如说图画，题材或故事属于“表现的成分”，颜色、线形、阴影的配合属于“形式的成分”。再比如说诗，我们读了一首诗所了解的意义是“表现的成分”，它的音节则是“形式的成分”。（朱光潜《文艺心理学》）

社会科学体与政论语体在语体特点上有些交叉。

(3) 文艺语体。

文艺语体是运用语言塑造艺术形象反映社会生活时运用的一种语体。

文艺语体开放性极强，有助于生动表达的词语、句式、修辞方式等都可以运用，还有一些文艺语体色彩极浓的专用“艺术辞藻”，如“皓月、碧波、绚丽、婆娑、飞舞、徜徉、似水流年、袅袅婷婷”等。文艺语体运用语言的特点总的来说具有情意性、形象性、生动性、变异性、音乐性、多样性、独创性等。由于文学体裁丰富多样，其对应的语言运用特点体系也相应地不止一种，因而文艺语体内部又可分为若干分语体。

文艺语体首先可分为韵文体、散文体两大分体。韵文体指文艺语体中讲究用韵的一种分语体，其显著的标志是有鲜明的节奏与和谐的韵脚构成的韵律特征。韵文体特别注重语言的音乐美，凡有助于加强音乐性、提高表达效果的语音材料和表达手段，如押韵、双声、叠韵、叠音、拟声以及音节的配合、平仄的调配等等，都可以根据需要选用。现代的韵文还具有分行排列的特殊形式，从行款上就明显地区别于散文体。韵文体内部还可再分为格律体、自由体、说唱体。韵文体由于要适应其表达特点，词语运用与句法结构往往采用一些变异用法。例如，郭小川的《青纱帐——甘蔗林》押的是江阳辙，用了“芬芳”；在《甘蔗林——青纱帐》中则调换语序成为“芳芬”，因为押的是人辰辙。又如，徐志摩的《苏苏》中“苏苏是痴心的女子，/像一朵野蔷薇，她的丰姿”有别于一般的句法结构，将谓语前置，突显“像一朵野蔷薇”，且“丰姿”与“女子”押韵。

散文体与韵文体相对，其内部再分为散言体与对白体，前者与小说、散文，后者与戏剧等文体大致对应。散文体的形式特点是散行排列，不讲究韵律，但仍注意利用语音因素提高表达效果。因无形式限制，散文体遣词造句、谋篇设格就自由而洒脱。所以比之韵文体，散文体更可兼容词汇体系中的所有词语，对所有的句式句型全面开放，凡有助于加强形象性、情意性的修辞方式都可以运用，语言的表现风格也相应呈现出丰富多彩的特点。例如：

⑤ 深巷里花香浮动。合欢树细枝密叶柔柔地沿街飘拂。凤凰木成堆的树叶像绿色的层层云片，掩映着一幢幢小楼，影影绰绰的。墙头藤萝蔓生，时或有一丛丛早开的象牙红探出头来，喜孜孜地红艳照人。长巷仄径，庭院深锁，疑是无人居住，忽然随风吹来飘忽的钢琴声，钢琴诗人肖邦的《升F长调夜曲》带着春日迟暮的气息，明亮而又迷茫。芬芳的音符款款飘垂，飘垂在小巷深处，犹如瓣瓣落花消逝在春水里。（何为《白鹭和日光岩》）

(4) 事务语体。

事务语体是机关团体以及人民群众之间相互处理事务时运用的一种语体。

事务语体可分为公文体与日用体，其中公文体又分为行政公文体、法律文书体、财经文书体；日用体又分为书信体、告白体、条据体等。

事务语体的主要特点是质朴、平实、简明，有些有固定格式和专用术语。其中公文体的特点是具有庄重性、程式性、套语性，术语运用较多，句法上运用带套语的框架式句子格式，陈述句与非主谓句运用较多。例如：

⑥ 第十六条　公民为完成法人或者其他组织工作任务所创作的作品是职务作品，除本条第二款的规定以外，著作权由作者享有，但法人或者其他组织有权在其业务范围内优先使用。作品完成两年内，未经单位同意，作者不得许可第三人以与单位使用的相同方式使用该作品。（《中华人民共和国著作权法》）

日用体的特点是平实、简明。其中书信体较为灵活，正文可以丰富多样，形式也不拘一格。但开头、结尾以及信封等也有特定的表达格式，还有些固定的问候语与祝颂语如“你好、此致、敬礼、顺颂、春祺、冬安、教祺、撰安”等。告白体主要用于简短的启事等，一般无固定格式限制。条据体如借条、领条、介绍信等，也有些套语，如“今借到”“今领到”“此据”“兹介绍”“为荷”等，涉及款项与物品的数字须大写为“零、壹、贰、叁、肆、伍、陆、柒、捌、玖、拾、佰、仟”等。

（三）语体渗透

1. 语体的相对独立和相互渗透

各类语体对其他语体要素都具有排斥性，以保持各自的独立性和稳固性。但随着交际领域的日益扩大，交际内容的日益繁复，要想更好地达到交际目的，各语体又得根据表达的需要而吸收一些其他语体的要素，以完善自己的语体系统，丰富自己的表现力，这就形成了语体的渗透。

2. 语体交叉渗透的方式

语体间互相交叉渗透的方式主要有三种。

(1) 加合式渗透。

为帮助甲类语体更好地完成交际表达任务，在甲类语体中加入乙类语体的体素，乙类语体的体素渗入之后，甲类语体的基本特征保持不变，这种形式的体素渗透称为加合式渗透。以加合式方式进行渗透的体素可以是个体形式的，也可以是板块形式的。

个体形式即某个词语、某种句式或某类辞格等。个体形式的加合式渗透，如在文艺语体中运用某一科技术语，在事务语体中加入一个感情真挚的呼告等等。板块形式指一个完整的具有某种语体色彩的自然语言或非自然语言片断，是一种体素的组合。板块形式的加合式渗透，如在文艺语体中嵌入一段完整的法律公文、一幅逼真的科技图表、一张清楚的财务账单等等。这类加合而入的体素，个体的容易辨认，板块的更是色彩鲜明，完全可以独立出来。

加合式渗透是在保持甲语体特征的基础上引入乙语体的体素。来自乙语体的体素经过功能改造，被包含兼容于甲语体之中，既适合甲语体的表达，又保留着乙语体的语体特征。渗入的体素以一种有别于甲语体的鲜明特点，在甲语体内产生一种语体色彩的鲜明对照或极度不协调，在对照和不协调中求得诸如幽默诙谐、精确简练、生动形象之类的修辞效果，从而更好地为甲语体的交际目的和表现内容服务。例如："他明白自己上当了，杯子里的溶液不但未使他心绪宁静，倒叫人像中了魔一样神经错乱了。他忽然想起初中学过的一个化学名词，叫乙醇中毒。"(中杰英《在地震的废墟上》)在描写科学家生活时不直言"酒"与"醉"，而代之以"溶液"和"乙醇中毒"的术语，其鲜明的科技语体色彩，在文艺语体中既切合人物身份，又使语言颇具情趣。

以加合式渗入的体素是个体还是板块形式，在接受渗透的各语体中有不同情况。一般说来，政论语体、事务语体等只接受个体形式的体素渗透，文艺语体就整体而言两种形式都可接受。进而言之，其分语体韵文体通常只接受个体形式的渗入，散言体则对个体和板块的体素渗入都可以接受。

(2) 融合式渗透。

两种语体的体素整体性地相互渗透，形成一种体系性的相互融合，使两种语体浑然交融为一体，这种形式的融合称为融合式渗透。

融合式渗透并用两种语体的体素，渗透力是双向作用的，其结果是甲中有乙，乙中有甲，从不同角度观察就是不同的语体形式。这时它既是甲，又是乙，另一方面却又不是甲，也不是乙，而可能成为一种新的体式丙。丙兼用甲乙两种语体的体素，产生出一种新的语体色彩，这种色彩兼有甲乙的特点又有别于甲和乙。

融合式渗透往往产生发展出新的语体或分语体，如文艺性科学语体就是由科学语体与文艺语体的体素渗透融合而产生的一种新的混合语体，又可分为文艺性自然科学体和文艺性社会科学体。与文艺性自然科学体相对应的体裁就是科学文艺与科普作品；文艺性社会科学体则对应有文艺性评论、哲理小说、哲理散文、哲理诗等等。

其他混合语体的具体体裁还有新闻语体与文艺语体交融渗透产生的报告文学，事务语体和文艺语体交融渗透而产生的广告等等。某一语体内部各分语体之间，其语体要素也可能会交融渗透，产生新的分语体。文艺语体内部的散文诗就是文艺分体间散文体与韵文体的体素融合式渗透的产物。

同加合式渗透相反，融合式渗透不是在差异中见效果，而是在两种语体的基础上追求一种新的和谐统一，于和谐中体现出修辞效果。充分利用两种语体的语言材料和表现手段，为日益复杂的交际目的和内容服务。

(3) 框架借用式渗透。

除了加合式和融合式渗透以外，还有一种比较特殊的体素渗透形式，就是借用乙语体的框架格式来完成甲语体的交际任务，通俗地说，就是用乙瓶来装甲酒，如利用韵文格式写作的布告、公约，用公文形式写作的小说、杂文等等。从体素的整体性渗透来看它近于融合式渗透，但它无意于产生一种非甲非乙的融合体系，而是重在利用乙语体框架格式的鲜明语体色彩来映衬甲语体的内容，以求得特殊的修辞效果，这种从差异中见效果的方式又使得它近于加合式的渗透。因此这种渗透方式可称之为特殊的框架借用式渗透。如陈亭初的微型小说《提升报告》，叙述主人公李力四次被拟提升，终因各种原因而未能实现。小说的形式是典型的公文，全篇由四个提升报告及批复构成。李国文的小说《非绝密档案》在语体框架上则由16件档案组成。

融合式渗透可能产生新的混合语体，框架借用式渗透却只是临时借用某种语体的框架来表述本应由另一种语体表述的内容，以营造特殊的修辞效果，一般不会形成新的语体。

（四）新兴语体

1. 语体发展与新兴语体

社会的发展，科技的进步，都会影响到语言的运用，使语言在某些领域运用时产生新的特点，加上既有语体之间的交叉渗透融合作用，一些新的语体就应运而生。语体的发展主要表现在两个方面，一是现有某些语体内部随社会发展和语体渗透而产生新的变化、新的特点；二是随着社会的发展和语体的渗透融合产生一些新的语体。

比如，法律文书用语和法庭辩论用语都具有浓厚的法律用语特点，同时前者具有较强书面语体特征，后者带有一定口头语体色彩，可视为法律口语体和法律书面体，而这两者就可能会一同构成一种独立的法律语体。同样，新闻语体、广告语体等都是在几种语体渗透融合的基础上慢慢独立为一种新兴的语体的。

新兴语体的语体色彩具有浓厚的时代特征。这里讨论两种新兴的语体：广告语体和网络语体。

2. 广告语体

广告是商品经济的产物，广告语体则是随着广告的发展而发展起来的。我国古代及近现代广告发展不快，直至改革开放前，广告不多，形式也单调，就语体角度而言还不足以称之为“体”。改革开放以来，广告事业的飞速发展促进了广告语体的迅速发展，广告语体慢慢开始独立，逐渐显现出开放性、艺术性、独创性等特征。

(1) 开放性。

表达的多种需要和所用媒体的多样化，决定了广告语体是一个开放的系统，其排斥性最小，开放性最强，在语体渗透中显得最为活跃。只要是有利于提高表达效果的语体成分，广告语体均可吸收运用，兼收并蓄。如广告语体可兼容各类语体色彩的词语、各种句式和各种辞格，语言表达手段多种多样。比如，广告作品所运用的词汇系统就是一个开放的系统，根据具体的语言环境和不同的表达需要，既有口语色彩明显的“干嘛、敢情、今儿”，也有书面色彩很浓的“骄阳、回眸、徜徉”；既可出现描绘性非常鲜明的艺术辞藻“明眸、飘逸、瑰丽”，也可出现专业性极强的科技术语“光驱、电极、变频”等等。

广告语体的开放性还体现在所借用的语体框架的多样化。由于广告使用的媒体种类较多，表现形式各异，使得广告语体在语体渗透上表现得特别活跃，可根据媒体的类型及其特点灵活地借用口语语体和各种书面语体，使自己的表现形态灵活多样，从而提高表达效果。其体裁形式，如借用文艺语体框架的诗歌体广告、小说体广告、散文体广告、曲艺体广告等，曲艺体广告又包括相声、快板、山东快书等。

广告语体的开放性还体现在其对各种语言风格的兼容并包。比如，可通俗直白，如“好吃得不得了”（食品），也可典雅含蓄，如“影动半轮月，香生一握风”（扇子）；可科学严谨，如“三行数字动态梳状滤波器，内置 8bit、D/A、A/D 变换，克服亮、色串扰”（彩电），也可诙谐幽默，如“也许你会网到一条美人鱼”（渔网）。变化灵活，不一而足。

(2) 艺术性。

广告作品是传播经济信息的艺术品，因此广告语体第二个重要特点就是具有艺术性。广告语体尽力调动和充分运用语言的各种表达手段来塑造生动的艺术形象，以充分发挥艺术的感染力。如运用各种语音手段来增添语言的美感。词语运用则在准确的基础上尽量利用词的色彩，如运用具有感情色彩的“温柔、优雅、欢欣、憧憬”等。具有视觉形象的“露珠、璀璨、晶晶亮”，具有听觉形象的“小叮当”，具有嗅觉与味觉形象的“香喷喷、甜丝丝”，具有触觉形象的“滑嫩、热乎乎”等形象色彩的词语也多有运用。

运用各种修辞方式是广告语体营造艺术性的重要方法之一。无论是表达形象生动的比喻、想象奇特的比拟、构思巧妙的双关，还是句式整齐的排比、形制精短的对偶、结构精巧的镶嵌，以及典雅蕴藉的引用、幽默诙谐的仿拟，广告语体都能根据表达需要和特定语境，借助这些修辞方式丰富的不同表现力来提高表达的艺术性。

(3) 独创性。

广告语体的独创性，体现在语言运用上是活泼新颖，选择和运用词语、句式、修辞方式等力求出新，有时甚至逸出规范，以引起广告受众的注意。

在用词造句方面，广告语体竭力花样翻新。例如，对成语进行活用，仅取其字面义来表意，出人意料，效果独特，如磁盘“一见如故”，牙刷“一毛不拔”，语言诙谐而且抓住了产品的本质特点进行重点宣传，表现了磁盘保存信息安全可靠和牙刷坚固耐用不掉毛的特点。又如，一则“挺身而出，展露女性最美的曲线”的孕妇装广告，幽默地表达了对女性和母亲的赞美。

为了追求用词的独特，广告中所用的词语有时几近生造，如“幼滑、芳醇、美白”等等。词类活用的情况在广告中也时有所见，如“永恒、好古典、好欧洲哎”（青柠香茶）中对名词的活用。虽然某些用法有争议，但至少都因其独特的效果而在消费者脑海中留下了较深的印象。

在修辞方式的运用上，广告语体仅次于文艺语体，修辞方式的种类较多而且尽量翻新，以取得独特效果。所谓翻新，主要是采用新颖的修辞材料如比喻的喻体、比拟的拟体等，如“工业的心脏起搏器”（电力公司）、“《计算机世界》，信息高速公路的驾照”（《计算机世界》杂志）等。

广告语体中还有一种独特的“品牌双关”，以品牌名称为构成材料，既可表达词语字面所表示的一般意义，也可表达品牌的意义。如“愿山水流进千家万户”（山水牌净水器)。

在书面符号的运用和书面形式的行款排列上，广告语体也每每有所创新，如书面广告或利用汉字的形体表意，或变换字体、字号来突出广告内容的某一点，甚至将图画与文字结合起来表意，以取得特殊的修辞效果。如武汉金鑫大厦的广告：“一金的价位，四金的享受。”巧妙地利用了大厦名称“金鑫”的字形特点，形象地说明了房价与房质的比例之合算。

3. 网络语体

电脑的出现与互联网的日益普及，使得书写工具和用来承载书面语言的物质载体都有了根本的革命性改变，这种改变使得人们利用计算机及其互联网进行的书写和阅读等书面交际活动的习惯较之传统方式也有了一定的改变，这种改变甚至已经导致了网上交际所用的某些书面符号的变化。网络与计算机作为书面语言新兴的物质载体给语言运用带来的新特点，使得网上的语言运用体现出独特的“网络语体”特点。

网上言语交际的形式或作品，主要有 E-mail、BBS、chatroom 和网络原创文学作品。网络原创文学限定于运用电脑“书写”并首先在网络上发表和传播的文学作品，不包括将已有的纸质文学作品和新闻作品录入电脑再上传至网络的。

严格地说，网络语言运用的特点体系现在还不足以构成一种独立的成熟语体，但随着网络、网络文化和网络文学的进一步发展，网上运用语言的特点极有可能会系统化，最终成为一种独特的新兴语体。目前网络已经越来越深入我们的生活，如“.com”“e 时代”已经时常见诸报端，还出现了“e 键钟情”之类谐音仿拟的修辞现象。

网络语体的特点主要表现在以下几个方面。

(1) 网络用语的专用性。

除了通用的词语之外，网上交际还运用一些在网络上通行的具有网络语体色彩的特殊专用语。网络用语的专用性主要体现在四个方面。

一是运用网民，特别是“网虫”们创造和喜欢运用的词语，如“网虫、大侠、菜鸟、美眉、伊妹儿、东东、帖子”等。还有“网人”“网友、网恋”都是“网虫”们创造并在网上常用的词语。网上还有一些用英语字母构成的“BTW”（By The Way，顺便说一句），用汉语拼音字母构成的“MM”（妹妹）、“GG”（哥哥）等缩写词。

二是运用网络、计算机的专业术语。除了网上关于网络与计算机专业的文章理所当然地运用一些专业术语之外，为了提高表达效果，一些网络文学作品也在特定语境中恰当地运用了这些术语。

三是利用网名和网站域名体现特殊表达效果。网虫的网名可说是姓名中的“另类”，内容和结构都五花八门。有些名字在现实生活中是不可能出现的，如句子形式的“浪漫的歌，轻轻地唱”“云里去，风里来，带着一身的尘埃”“突然想通了”，不能全部读出音来的“FIGHT ♂”“@ _ @”“良哥 ? /a＞”等。

四是运用一些不同于自然语言的专门机器“语言”。如利用标点和其他符号组合创造出一些形象的表情符号来表意，例如：

:—) 善良的微笑

:—} 滑稽的微笑

:—D 哈哈大笑

:—P 吐舌头笑

:＜ 气愤

:~(掉眼泪

(2) 语体要素的开放性。

网络语体的开放程度很高。首先，网络语体作为一种书面语体，它对口语语体的词语、句式等要素，直至语体框架都是开放的。

其次，书面语体中的文艺、科技、政论、事务等语体，文艺语体内部的散文体、韵文体等框架形式，甚至不成“文”的句子，在网络语体中都可运用。从一些网络幽默作品的题目《论猪八戒同志》《对×××的终审判决书》《×××访谈录》《××服务器被袭击事件调查报告》等可见其所借用的框架之丰富。

(3) 语言风格的多样性。

网上交际运用语言较为自由，作者可极大地张扬个性和个人运用语言的特点，语言风格也相应地体现出多样化的特点，庄重的、随意的，严肃的、戏谑的都有。比如，下面两例颇具幽默诙谐风格：

① 经　理：“你有何特长?”

求职者：“我的手臂特长。”(司空摘星《求职者》)

② 八　戒：到如今，我也不隐瞒了。我就是八戒.com的首席执行官，公司三个月后准备在美国上市。(J博士《大话西游之女儿国》)

(4) 网络特点的艺术性。

除了运用语言的艺术手法提高艺术性以外，网络语体的艺术性还带有网络特点。其表现之一是运用计算机、网络及其术语作为修辞方式的语言材料。例如：

③ 你是本站之耻，是BBS界最大只的电脑病毒，你简直是被雷打中不堪使

用的 286cpu。各大网路各大站应该将你列为 Baduser，将你 delete 掉。不，应列为 Worstuser，编成乱码后再 delete 掉，免得你用 undelete 指令，借尸还魂回来。(Julian Wang《水蓝蓝 BBS 站杀人事件》)

④“电脑迷”婚恋趣话

1. 约会——我准备去访问一个新主页。

2. 对女友印象——她的界面看起来很友好。

3. 写情书——编写应用程序。

4. 求婚——你愿与我共享一台主机吗？

5. 婚检——我们去做个系统检测，顺便杀杀病毒。

6. 布置新房——把我们的桌面重排一下吧！

7. 结婚——我终于同她联网了！

8. 吵架——看来我和她还有些不兼容。(佚名《电脑和网络趣话》)

表现之二是将网络术语艺术化，如将“轻轻的我走了，正如我轻轻的来”“路漫漫其修远兮，吾将上下而求索”等诗文名句中的“我走了”代替通常的“离开”“返回主页”，“上”“下”则代替“上一页”“下一页”等作为链接标记词语，颇见意趣。

(5) 书面符号的特殊性。

网络语体实际上也是一种“书面”语体，但又是一种特殊的书面语体，它不是以纸张等为媒介，而是以电脑屏幕为显示媒介，因而在书面符号的运用上具有电脑和网络所带来的特点。

其一，混用计算机上的多种文字符号。汉字、英语字母、汉语拼音字母，甚至注音字母等多种文字和注音符号都可在网上混用。

其二，运用计算机上的非文字符号“@ ♯ $ ¥ ％ ∧ ¢ ＊ // £ ※ ¤ § △ □ ☆”等表意。例如：“我们常以棒球比赛来形容跟女孩间的进展。一垒表示牵手搭肩；二垒表示亲吻拥抱；三垒则是爱抚触摸；本垒就是已经※&@☆了（基于网路青少年性侵害防治法规定，此段文字必须以马赛克处理）。”（痞子蔡《第一次的亲密接触》）用没有语言意义的符号组合形象地对文字作“马赛克处理”。

其三，创造一些运用计算机符号组合的表情符号。这一点前面已经说明。

值得注意的是，网络语体在语言运用上存在明显的不足。网上言语交际的随意性和网络文学即兴的、快餐式的创作，使得有些作品在语言上缺乏推敲磨炼，带来语言运用上相应的不足。主要表现在语句的粗制滥造，标点的随意乱用，文字的错讹和别字泛滥等方面。另外，有些作者特别不注意行款的规范和美观，影响阅读的连贯性和读者的耐性。这些都有待于规范。

二 风 格

（一）什么是风格

在语言学中，风格指的是语言风格。这里的语言风格是广义的，包括语言风格和言语风格，既包括民族语言体系内部的各种特点，也包括民族语言在运用中体现出来的各种特点，即运用语言时呈现出的格调和气氛。广义的语言风格是一个综合的系统。

这个综合的风格系统中包含有一些子系统，如语言的功能风格、民族风格、时代风格、表现风格、个人风格等。前面所述的语体实际上也是语言风格系统中的一个子系统，即语言的功能风格。将语体与风格并列论述，是为了突出这种功能风格。

各种类型的风格系统都是同类标准下无数个体风格的集合。

（二）风格类型

除语体即语言的功能风格外，主要的语言风格类型还有如下几种：

1. 民族风格

民族风格指某一民族语言体系的特点及其在运用中所体现出的特色。语言运用中体现出的特色与民族语言体系的特点密切相关。民族语言在语音、词汇、语法等方面有异于其他民族语言的特点，必然在语言表达上体现出来，最终呈现出某一民族语言的独有风格。如汉语表达上的音节匀称、韵律和谐、语音铿锵悦耳等风格特征，就源自于汉语有声调，元音占优势，单音节语素居多且音节与汉字相对应等特点。例如：

① 江南的山水是令人难忘的，缭绕于江南山水间的丝竹之音也是令人难忘的；在那烟雨濛濛的小巷深处，在那杨柳依依的春江渡口，在那黄叶萧萧的乡村野店，在那白雪飘飘的茶馆酒楼……谁知道，那每一根颤动的丝弦上，曾经留下多少生离死别的故事。（严阵《江南丝竹》）

语言民族风格的形成不仅与语言系统及其表达特点有关，而且与蕴含于语言之中的民族心理、民族文化传统等等有关。如汉语中的对偶、顶真、回环、析字、析词、拈连等辞格，固然与汉语的构词法、句法特点有关，更与汉民族的心理特点和审美情趣分不开。民族语言中一些独有的语言材料更是同民族文化有关，因为语言就是文化最好的投影，文化的方方面面必然表现于语言之中。例如：

② 一年后，我的眼睛才看见同班的女同学。她们有的已是孩子妈，有的虽不是孩子妈却也是罗敷有主；有的性情孤僻老气横秋，有的盛气凌人令人望而

生長。只有一位和我年龄相同，志趣相近，而且也对我“东边日出西边雨”……（刘绍棠《十年河东十年河西》）

运用“罗敷有主”“东边日出西边雨”等颇具汉语民族特色的语言材料含蓄表意，文化意蕴很深，加上一些成语的运用，这段话语极富汉语民族风格。

言语作品的民族风格在翻译时很难保留和复现，因为用以转换的工具是与之不同的另一民族语言及其运用特点的系统，代表着另一种民族文化。

除了民族风格以外，其他的语言风格类型都是某一民族语言内部及运用这一民族语言进行表达时，从不同角度观察所呈现出的各种风格分类。

2. 时代风格

时代风格指某一时代运用语言的各种特点所形成的时代特色。首先，古代汉语、近代汉语、现代汉语本身就是不同时代汉族人运用的汉语，其自身的特点就表现出不同的时代风格。其次，即使同是运用某一时期的汉语（如运用现代汉语）进行表达，不同时期的言语作品也会具有不同的时代风格，这主要是运用具有不同时代特色的词语所致，因为词语是语言中最为敏感的因素，最能反映社会的发展和时代的进步，反映一个时代的政治生活、经济生活和文化生活，而这种种社会因素也必然要反映到语言运用中来。如 20 世纪初“五四”时期的言语作品和 20 世纪与 21 世纪之交的言语作品就呈现出不同的时代风格。例如：

③ 伊底眼变成忧愁的引火线了；
不然，何以伊一盯着我，
我就沉溺在愁海里了呢？（汪静之《伊底眼》）

④ 我喜欢做一个世纪末的自由职业者，像台湾的 Migi，她可以穿着睡衣在家通过国际网络上自己的网站，推销电脑、高科技设备赚钱，成为一个成功的网络自由职业者，拥有自己的私人收费网站，不用听从别人吩咐和意图做事，每个月等着那几张可怜的工资。自从看过这个勇敢的梦想实现家的自述以后，这也成了我的理想，我发誓要像她一样拥有自己的网络书店和客户，利用网络做我自己想做的一切事，成为本地一名著名的网络作家，这样再不需要出版社来先给我审稿，一分钟之内全世界都有我的读者，这感觉是多么的酷！（赵波《晓梦蝴蝶》）

“伊”“底”“引火线”和“世纪末”“网络”“网站”“电脑”“高科技”“网络自由职业者”“网络书店”“网络作家”“酷”等分别体现了 20 世纪初期和末期的时代特色和语言风格。

某一时代流行的风尚、观念、文化心态、审美情趣等也都对语言的时代风格有影响。

3. 地域风格

地域风格指运用语言的地方变体所形成的地域特色。方言语音、词汇、语法中所体现的独具地方特色的风貌与韵味是形成语言地域风格的主要因素。为营造语言地域风格而运用语言的地方变体主要有两种情况。一是通篇全部运用方言。通篇运用方言体现出的语言地域风格自然最为浓郁，如地方戏曲、曲艺，用方言创作的小说。这类作品当地的人非常喜欢，但别地的人往往不能听懂、读懂，或不能完全听懂、读懂。二是在普通话表达中夹用方言成分，如老舍的大部分作品、邓友梅的《那五》等具有北京特色，冯骥才的《神鞭》、《三寸金莲》具有天津特色，池莉的《太阳出世》和《冷也好热也好活着就好》、彭建新的《孕城》等具有武汉特色，这些地域风格形成的原因之一都是在表达中运用了一些方言成分。这类言语作品运用方言成分要适当，不能过滥，有时为了让听读者易于理解，对方言成分可以采用适当方式加以注释说明。例如：

⑤ 李浩淼比陆建设小四五岁，他称陆建设为“拐子”。用普通话解释，“拐子”与“哥们”相近，但武汉市所谓的“拐子”含有老大的意思，匪气十足。（池莉《你以为你是谁》）

形成地域风格主要是运用方言词语，方言语法成分运用较少，方言的语音特点也可形成独特的表达特色。如武汉某餐馆在门口大书“乐在吃中”，以博一笑。因为武汉话中“吃”与“其”同音，“乐在吃中”与“乐在其中”谐音比照而生幽默。电视系列喜剧《东北一家人·风水》中一骗人的“能持大师”被剧中人物戏谑地误称为“能吃大师”，则是因为东北话（包括普通话）中“吃”与“持”声韵相同。以上两例如果互换一下使用环境，其由于方言谐音所致的具有地方特色的诙谐幽默风格就不可能产生。

地域风格主要分布在文艺、新闻、广告等语体中，政论、科学、事务等语体中一般则要避免地域风格。

4. 表现风格

表现风格指运用语言的各种表现方法和修辞手法所形成的语言风貌格调。一般认为语言的表现风格主要有10类，构成对立统一、两两相对的5组。

(1) 繁丰与简洁。

繁丰即语言铺陈，运用浓墨重彩充分铺叙，描写细腻，虚实结合，惟恐不详，多用长句、复句，运用多种辞格，尤其是常用比喻、比拟、反复、排比等辞格。例如：

⑥ 但当他已具备了充分依据，他就以惊人的顽强毅力，来向哥德巴赫猜想挺进了。他废寝忘食，昼夜不舍，潜心思考，探测精蕴，进行了大量的运算。一心一意地搞数学，搞得他发呆了。有一次，自己撞在树上，还问是谁撞了他？他把全部心智和理性统统奉献给这道难题上了，他为此而付出了很高的代价。他的面颊带上了肺结核的红晕。喉头炎严重，他咳嗽不停。腹胀，腹痛，难以忍受。有时已人事不知了，却还记挂着数学和符号。他跋涉在数学的崎岖小路，吃力地迈动步伐。在抽象思维的高原，他向陡峭的巉岩升登，降下又升登！善意的误会飞入了他的眼帘。无知的嘲讽钻进了他的耳道。他不屑一顾；他未予理睬。他没有时间来分辩；他宁可含垢忍辱。餐霜饮雪，走上去一步是一步！他气喘不已，汗如雨下。时常于到他支持不下去了。但他还是攀登。用四肢，用指爪。真是艰苦卓绝！多少次上去了摔下来。就是铁鞋，也早该踏破了。人们嘲笑他穿的鞋是破了的：硬是通风透气不会得脚气病的一双鞋子。不知多少次发生了可怕的滑坠！几乎粉身碎骨。他无法统计他失败了多少次。他毫不气馁。他总结失败的教训，把失败接起来，焊上去，作登山用的尼龙绳子和金属梯子。吃一堑，长一智。失败一次，前进一步。失败是成功之母；成功由失败堆垒而成。他越过了雪线，到达雪峰和现代冰川，更感到缺氧的严重了，多少次坚冰封山，多少次雪崩掩埋！他就像那些征服珠穆朗玛峰的英雄登山运动员，爬呵，爬呵，爬呵！而恶毒的诽谤，恶毒的污蔑像变天的乌云和九级狂风。然而热情的支持为他拨开云雾；爱护的阳光又温暖了他。他向着目标，不屈不挠；继续前进，继续攀登。战胜了第一台阶的难以登上的峻峭；出现在难上加难的第二台阶绝壁之前。他只知攀登，在千仞深渊之上；他只管攀登，在无限风光之间。一张又一张的运算稿纸，像漫天大雪似地飞舞，铺满了大地。数字、符号、引理、公式、逻辑、推理，积在楼板上，有三尺深。忽然化为膝下群山，雪莲万千。他终于登上了攀登顶峰的必由之路，登上了（1＋2）的台阶。（徐迟《哥德巴赫猜想》）

简洁即语言简练，干净利落，言简意丰，多用白描，所用句子大多结构简单，少用修饰成分，形象性的辞格也运用较少。例如：

⑦ 我是1946年离开昆明的。一别翠湖，已经三十八年了，时间过得真快！我是很想念翠湖的。（汪曾祺《翠湖心影》）

注意繁丰不是啰嗦不堪，简洁也不等于语言干瘪。

（2）藻丽与平实。

藻丽即词藻绚丽，丰富多彩，多用形容词和具有形象色彩的词语，运用带描绘性的修饰语，句式富于变化，同时多用具有形象效果，有助于描绘和抒情的比喻、比拟、夸张、摹状、排比、对偶、移就、通感等辞格。例如：

⑧ 湖上的早晨是迷人的，也许是因了热河泉的缘故吧，轻纱笼罩的湖水显得那样温柔、清澈，像是多情少女的眼睛。朝霞仿佛格外垂青这湖上的晨光，她似乎等不及水面上轻柔的白纱散尽，就把自己的全部艳丽倾注进湖中了。这时，是湖上最绚丽多彩的时节。水是浓绿的，像碧玉；霞是艳红的，像胭脂。碧玉般的绿，胭脂般的红，这自然界中最鲜明、最美妙的色彩交融在一起了：绿水温情地拥抱着红霞，胭脂尽情地在碧玉上流丹。当人们为这湖上的奇观深深陶醉，一时竟闹不清究竟是湖水飞上了霞中，或是红霞落进了塞湖的时候，朝日又把万道金光射向湖面了。这时湖上微风乍起，细浪跳跃，直似搅起满湖碎金。当嬉戏的细浪潜到湖底憩息的时候，湖水又恢复了平静。（郭秋良《山庄湖色》）

平实即语言朴实无华，一般不加修饰，多用白描，通常不变异运用词语，通用词、口语词运用较多，且多用短句、陈述句等，句式较少变化，具有描绘性的辞格也运用较少。例如：

⑨ 这两位老人家，是三里湾两个能人。玉梅爹叫王宝全，外号“万宝全”，年轻时候给刘老五家当过长工，在那时候学会了赶骡子，学会了种园；他什么匠人也不是，可是木匠、铁匠、石匠……差不多什么匠人的活儿也能下手。王申也是个心灵手巧的人，和万宝全差不多，不过他家是老中农，十五亩地种了两辈子，也没有买过也没有卖过，直到现在还是那十五亩地。他一个人做惯了活，活儿做得又好，所以不愿和别人合伙，到活儿拥住了的时候，偶然雇个短工；人家做过的活儿，他总得再修理修理，一边修理着一边说“使不得，使不得”，因此人们给他送了个外号叫“使不得”。按做活儿说，在三里湾，使不得只赞成万宝全一个人，万宝全也很看重使不得，所以碰上个巧活儿，他们两人常好合作。（赵树理《三里湾》）

(3) 明快与含蓄。

明快即开门见山，用词显豁，语气利落，明朗晓畅，无论叙事、抒情还是议论，都是直言不讳，一语道破，听读者很容易理解。例如：

⑩ 开国典礼那天，我同大伯一同到百货公司去买布，送他和大娘一人一身蓝士林布，另外，送给女孩子一身红色的。大伯没见过这样鲜艳的红布，对我说：

“多买上几尺，再买点黄色的。”

“干什么用？”我问。

“这里家家门口挂着新旗，咱那山沟里准还没有哩！你给了我一张国旗的样子，一块带回去，叫妞儿给做一个，开会过年的时候，挂起来！”

他说妞儿已经有两个孩子了，还像小时候，就是喜欢新东西，说什么也要学会。（孙犁《山地回忆》）

含蓄即委婉曲折，格调深沉厚重，语言含而不露，欲语还休，常用婉曲、双关、反语等辞格，言尽而意无穷，耐人寻味。例如：

⑪这半年我又看见了许多血和许多泪，然而我只有杂感而已。

泪揩了，血消了；

屠伯们逍遥复逍遥，

用钢刀的，用软刀的。

然而我只有“杂感”而已。

连“杂感”也被“放进了应该去的地方”时，我于是只有“而已”而已！（鲁迅《而已集·题辞》）

对反动派的愤怒全蕴含在“而已”之中，含而不发，让读者自己去体味。

（4）庄重与诙谐。

庄重即庄严郑重，常规运用词语，句式严整，语气郑重，表意明确清晰，不用双关、反语、仿拟、飞白等具幽默效果的辞格。例如：

⑫还有故宫，本来是我国人民以汗水和智慧创造的瑰宝，但在过去它是供关门做皇帝、与人民隔绝的所谓禁地。也只有在新中国成立后，它才得到了新的生命，成为全国各族人民和世界人民昂头向往的文化娱乐圣地，成为光辉灿烂的世界级文物。因此，我对故宫不但是非常熟悉的，也是无限重视的。每当重游之时，我看到它保存得基本完好，而且许多地方作了精心的整修。国家百废待兴，还不遗余力保护了北京众多的文物，像恭王府。老舍故居等次一级的文物，也都保护修葺，不遗余力。我也经常参观北京新型的建筑、工程，那些现代化的建设，处处令人感奋兴起。北京既是古老，又属年轻，生气勃勃。（爱新觉罗·溥杰《我的深沉的爱》）

诙谐即诙谐幽默，常根据需要变异运用语言，活用词类，反用色彩，大词小用，故意制造词语、句式与语境的不协调，运用具有幽默效果的夸张、双关、反语、仿拟等辞格。例如：

⑬沐浴就是洗澡，似是无甚奇处。但能给予科学的说明、概括、阐发的人并不多。

朱慎独……立志于沐浴学这一新学科的创建。他费时15年，写下了七卷

《沐浴学发凡》，内容包括“人体与沐浴”、“沐浴与循环系统”、“沐浴与消化系统”、“沐浴与呼吸系统”、“沐浴与皮肤”、“沐浴与毛发”、“沐浴与骨骼”、“沐浴与心理卫生”、“沐浴与青春期卫生”、“沐浴与更年期卫生”、“沐浴与家庭”、“沐浴与国家”、“工矿沐浴”、“战时沐浴”、“沐浴与水”、“沐浴与肥皂”、“浴盆学”、“浴衣学”、“搓背学”、“按摩学”、“沐浴方法论”、“水温学”、“浴巾学”、“沐浴的副作用”、“沐浴与政治”、“沐浴的历史观”、“沐浴与反沐浴”、“沐浴与非沐浴”、“沐浴的量度”、“沐浴成果的检验”、“沐浴学拾遗”、“沐浴学拾遗续(一)——续(七)”等章，堪称洋洋大观，走在了世界前列。

这本《沐浴学发凡》被译成十余种外文，而且由于这七卷浩瀚巨著，有两个君主立宪国家授予朱慎独以皇家荣誉学位。看来前五千年，后五百年，神州内外，朱慎独是稳坐沐浴学头把交椅了。(王蒙《冬天的话题》)

“沐浴”而至于“学”，幽默已出，还要不厌其烦罗列出《沐浴学发凡》中各章内容，更是令人喷饭。诙谐的表现风格于此可见一斑。

(5) 豪放与柔婉。

豪放即高昂豪迈，语势奔放，大气磅礴，语言营造的意境雄奇刚健。例如：

⑭我到坝顶俯视，才看清黄河有如无数巨龙扭在一起飞旋而下，在窄窄两山之间，它咆哮，它奔腾，冲起的雪白浪头比岸上的山头还高，是激流，是浓雾，旋卷在一起，浩浩荡荡，汹涌澎湃，远去，远去，再远去，整个黄河都为白烟银雾所笼罩。

可是没有料到，我真正一览黄河的雄伟神姿，是在从乌鲁木齐飞回北京的飞机上……

……仔细看时，才知道是黄河。这苍莽无垠的母亲大地啊，是它的乳汁，从西北高原喷涌而出，哺育着千秋万代子子孙孙。它纵横奔驰，呼啸苍天。这条浩荡的黄河，一下分散作无数条细流，如万千璎珞闪烁飘忽；一下又汇为巨流，如利剑插过深山。(刘白羽《黄河之水天上来》)

例⑭中对称的句式、反复的修辞方式，加上密集运用的四字短语，一起构成了雄浑豪放的语言风格，笔墨酣畅淋漓，使得形式与内容相得益彰，全面丰富地表现了雄美壮观的黄河的万千气象。

柔婉即轻柔婉转，格调柔和舒缓，意境秀美幽雅。例如：

⑮凭窗站了一会儿，微微的觉得凉意侵人。转过身来，忽然眼花缭乱，屋子里的别的东西，都隐在光云里；一片幽辉，只浸着墙上画中的安琪儿。——这白衣的安琪儿，抱着花儿，扬着翅儿，向着我微微的笑。

“这笑容仿佛在哪儿看见过似的，什么时候，我曾……”我不知不觉的便坐在窗口下想，——默默的想。

严闭的心幕，慢慢拉开了，涌出五年前的一个印象。——一条很长的古道。驴脚下的泥，兀自滑滑的。田沟里的水，潺潺的流着。近村的绿树，都笼在湿烟里。弓儿似的新月，挂在树梢。一边走着，似乎道旁有一个孩子，抱着一堆灿白的东西。驴儿过去了，无意中回头一看。——他抱着花儿，赤着脚儿，向着我微微的笑。（冰心《笑》）

例⑮语言柔和清新，尤其是儿化词“弓儿”“驴儿”“花儿”“脚儿”“哪儿”，叠音词“潺潺”“微微”“默默”等的运用，对柔婉语言风格的形成有很大的作用。

就语体而言，一种语体可能会整体呈现某种表现风格，如公文体的庄重，事务体的平实。文艺体则由于其开放性和语言运用的丰富多彩，整体上看可以兼备各种表现风格，其内部则因不同的体裁、作家、作品等体现出不同的表现风格。

各种表现风格相互依存，相辅相成，都要根据表达内容和具体语境适当运用，做到无过无不及，得当得体。

5. 个人风格

个人风格指作者个人运用语言的各种特点所形成的独有风貌和气派。个人风格不仅与其运用语言的特点有关，而且与作者的所处时代、知识结构、思维特点、性格特征、语言修养、生活经历、心理特点甚至所居地域环境有关，或者说正是这些因素影响和形成了个人运用语言的特点。

个人风格表现为某一作者在选词造句、选用某些语法格式、修辞方式与表现手法等方面的独特风貌与气派。从另一角度看，个人风格实际就是民族风格、时代风格、地域风格、表现风格等在某一作者个人的言语作品中的具体表现。如鲁迅的杂文具有含蓄、诙谐的风格，这是表现风格；同时又呈现出20世纪二三十年代的时代特色；另外他的杂文又具有鲜明的汉民族风格。这些相关风格组成个人风格的复合体，表现为个人风格的不同侧面。

检测与思辨

一、写出本节的内容提要。（400字左右）

二、谈谈你对现代汉语语体分类的看法。

三、举例说明语体渗透的三种情况。

四、试述新闻语体或法律语体的特点。

五、选取两位作家谈谈其作品言语的个人风格。

主要参考文献

1. 本社. 语言文字规范手册. 北京：语文出版社，1991.
2. 胡裕树. 现代汉语参考资料. 上海：上海教育出版社，1982.
3. 邢福义. 现代汉语（全1册）. 北京：高等教育出版社，1991.
4. 李行健. 普通话和方言. 上海：上海教育出版社，1985.
5. 裘锡圭. 文字学概要. 北京：商务印书馆，1990.
6. 苏培成. 现代汉字学纲要（增订本）. 北京：北京大学出版社，2001.
7. 唐兰. 中国文字学. 上海：上海古籍出版社，1979.
8. 袁家骅，等. 汉语方言概要（第二版）. 北京：语文出版社，2001.
9. 詹伯慧. 汉语方言及方言调查. 武汉：湖北教育出版社，2001.
10. 董少文. 语音常识. 北京：文化教育出版社，1964.
11. 林焘，王理嘉. 语音学教程. 北京：北京大学出版社，1992.
12. 罗常培，王均. 普通语音学纲要. 北京：商务印书馆，1981.
13. 吴洁敏，朱宏达. 汉语节律学. 北京：语文出版社，2001.
14. 徐世荣. 普通话语音常识. 北京：语文出版社，1999.
15. 符淮青. 现代汉语词汇. 北京：北京大学出版社，1985.
16. 贾彦德. 汉语语义学. 北京：北京大学出版社，1999.
17. 刘叔新. 词汇学和词典学问题研究. 天津：天津人民出版社，1984.
18. 刘叔新. 汉语描写词汇学. 北京：商务印书馆，1995.
19. 周祖谟. 汉语词汇讲话. 北京：人民教育出版社，1962.
20. 丁声树等. 现代汉语语法讲话. 北京：商务印书馆，1980.
21. 吕叔湘，朱德熙. 语法修辞讲话. 北京：中国青年出版社，1979.
22. 吕叔湘，等. 现代汉语八百词. 北京：商务印书馆，1980.
23. 吴为章，田小琳. 汉语句群. 北京：商务印书馆，2000.
24. 邢福义. 汉语复句研究. 北京：商务印书馆，2001.
25. 邢福义. 汉语语法学. 长春：东北师范大学出版社，1997.

26. 邢福义. 邢福义自选集. 长春：东北师范大学出版社，2001.
27. 邢福义. 词类辨难（修订本）. 北京：商务印书馆，2003.
28. 张寿康. 构词法和构形法. 武汉：湖北人民出版社，1981.
29. 赵元任. 汉语口语语法. 北京：商务印书馆，1979.
30. 朱德熙. 语法答问. 北京：商务印书馆，1985.
31. 朱德熙. 语法讲义. 北京：商务印书馆，1982.
32. 陈望道. 修辞学发凡. 上海：上海人民出版社，1976.
33. 何自然. 语用学概论. 长沙：湖南教育出版社，1988.
34. 刘焕辉. 言语交际学. 南昌：江西教育出版社，1986.
35. 沈开木. 现代汉语话语语言学. 北京：商务印书馆，1996.
36. 索振羽. 语用学教程. 北京：北京大学出版社，2000.
37. 王希杰. 修辞学通论. 南京：南京大学出版社，1996.
38. 张弓. 现代汉语修辞学. 石家庄：河北教育出版社，1993.
39. 张志公. 修辞概要. 上海：上海教育出版社，1982.
40. 郑远汉. 现代汉语修辞知识. 武汉：湖北人民出版社，1979.
41. 郑远汉. 言语风格学（修订本）. 武汉：湖北教育出版社，1998.

后　　记

本教材是为了适应学科和社会发展的需要而编写的，主编为邢福义和汪国胜。邢福义提出编写指导思想和写作基本框架，何洪峰、吴永德、卢卓群、汪国胜和周建民分别牵头拟定第一章至第五章的写作大纲，各编委分工写出初稿。初稿完成后，先由各章牵头人进行修改，再由汪国胜统改定稿，最后由邢福义审订。编委具体分工如下：

第一章第一节	冯学锋（武汉大学）
	郑梦娟（江汉大学）
	何洪峰（华中科技大学）
第一章第二节	邵则遂（湖北教育学院）
第二章第一节	王求是（孝感学院）
第二章第二节	王群生（荆州师范学院）
第二章第三节	赵和平（沙洋师范专科学校）
第二章第四节	吴永德（华中师范大学）
第三章第一节	吴永德
第三章第二、三节	陈淑梅（黄冈师范学院）
第三章第四～六节	卢卓群（湖北大学）
第四章第一、二节	汪国胜（华中师范大学）
第四章第三、四节	孙松发（中南民族大学）
第四章第五、六节	曾常年（华中师范大学）
第五章第一节	赵世举（武汉大学）
第五章第二节	熊一民（江汉大学）
	周建民（江汉大学）
第五章第三节	熊一民
第五章第四节	周建民

本教材参阅了大量文献，吸收了相关成果，但未能一一列出和注明，在此

对文献作者表示衷心的感谢。由于编者的教学和科研任务都很繁重，许多问题来不及作深入的思考和仔细的斟酌，因此，教材中肯定存在不少这样那样的问题。我们恳请大家多提意见和建议，帮助我们在将来修订时进一步完善这部教材。

本教材承蒙刘晓嘉、严定友、范军诸位老师细心审读，并多有指正，我们深表谢意！

编　者

2011 年 4 月 12 日